金泽镇拾遗

Jinze Zhen Shiyi

吴玉泉／著

中共上海市青浦区委员会党史研究室
上海市青浦区地方志办公室／编

上海文化出版社

霞光帆影（青浦区融媒体金泽镇分中心供稿）

青西郊野公园（青浦区融媒体金泽镇分中心供稿）

黄浦江上游水源地金泽水库（区水务局供稿）

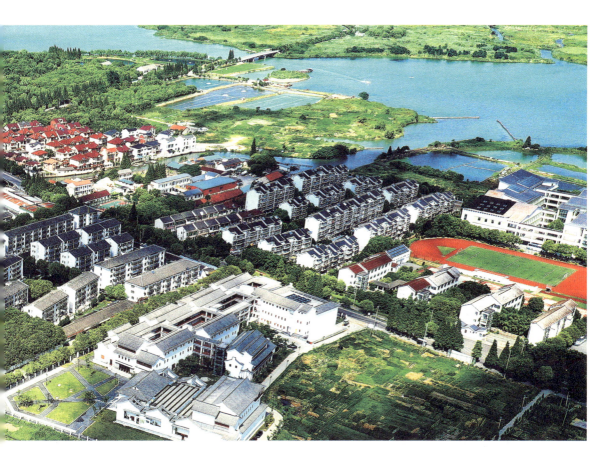

上图：金泽镇貌　　下图：莲湖村　　（青浦区融媒体金泽镇分中心供稿）

古镇一隅

古镇一景

大观园 （青浦区融媒体金泽镇分中心供稿）

颐浩寺不断云

状元古楼

（青浦区融媒体金泽镇分中心供稿）

商榻阿婆茶展示活动

田山歌展示活动

乡村腰鼓队表演

打莲湘表演 （青浦区融媒体金泽镇分中心供稿）

金泽民俗活动，上图为宣卷表演，下图为庙会现场　　　　　　　　　　　（青浦区融媒体金泽镇分中心供稿）

目　录

前　言

　　江南文化是中国优秀传统文化的重要组成部分,既灵秀颖慧又兼具旷放豪迈,崇尚文教也开放包容。长江中下游尤其是地处长江三角洲的上海、江苏、浙江、安徽是江南文化的主要发源地和承载区域,青浦就是其中的一个典型。

　　青浦历史悠久,早在七千年前就已经成陆,六千年前已有先民居住,在这块土地上劳动、繁衍、生息,创造了灿烂的崧泽文化,延续至今,不断推陈出新、丰富发展,随着社会经济的进步,在水陆要道处逐渐形成了集镇,其中位处青浦西部的朱家角、金泽、练塘三个古镇至今保存完好,且随着各自的发展,其文化也在不断地充实。青西三镇具有深邃的历史文化底蕴、清丽婉约的水乡古镇风貌、古朴的民俗风情,并融合了近现代的红色文化元素,独树一帜,都是驰名中外的"中国历史文化名镇"。它们与长三角地区其他古镇一样,对今人和后人来说,都是一份宝贵的社会财富和巨大的无形资产,是经济社会发展的文化资源、品牌优势,也是促进长三角区域可持续发展的重要精神家园。

　　当前,中共青浦区委正率领全区人民积极贯彻以习近平同志为核心的党中央制定的两大国家战略,即参与举办中国国际进口博览会和建设长三角生态绿色一体化发展示范区。同时,全力打造与青浦跨越式发展相匹配的"上海之门"。厚重精致的文化之门是其中重要的组成部分。深入挖掘青西三镇的历史文化,记载志书未能记载的内容,助推创建长三角江南文化示范区和一体化的文化发展体系,是时代对青浦

1

史志工作者参与长三角一体化实践的必然要求，也是我们在新形势下履行"存史、资政、育人"使命的具体体现，为此，区委党史研究室、区地方志办公室携手本区具有较高史学造诣及文学功底的热心人士吴玉泉老师，用三年左右的时间编纂"青西三镇历史文化系列丛书"——《朱家角镇拾遗》《金泽镇拾遗》《练塘镇拾遗》。因该系列丛书主要是补志书编纂之所遗，故曰"拾遗"。

本系列丛书作为志书的补充，面向喜爱江南文化、关心青浦历史沿革的各地各界读者。选材广泛，只要符合江南文化这一主题，文艺杰作、产业建筑、镇域沿革、名人轶事等，皆可入书。记史叙事强调真实、独特、精细、通俗，凡志书已记载的，一般不纳入。书中个别篇目引用了民间传说，我们在文中也予以注明。

《金泽镇拾遗》是继《朱家角镇拾遗》出版后本系列丛书的第二部。本办陈松青同志审阅了全稿，并与赵峰、李晓静、姜依霖等同志一起参与了编辑工作，提出了修改、完善的意见。但由于资料的局限性及编者水平所限，肯定存在疏漏不当之处，敬请专家及广大读者赐教。

本书编纂过程得到了金泽镇领导、镇文体中心、青浦融媒体金泽分中心以及金泽镇史志爱好者等单位和个人的大力支持、帮助，在此一并表示感谢。也恳求熟悉练塘历史的各界人士，给我们提供有关线索与资料，力求后续之作编得更好。

编　者

2020 年 11 月

绪论篇

金泽镇历史沿革

金泽镇位于青浦境域西南,是苏、浙两省进入上海的西大门,也是上海唯一与江苏省和浙江省交界的镇。金泽镇东与朱家角镇接壤,东南与练塘镇相接,西南与浙江省嘉善县丁栅镇、大舜镇毗邻,西北与江苏省吴江市莘塔镇、昆山市周庄镇和锦溪镇交界。水陆交通便捷,是苏、浙、沪的重要交通枢纽。318 国道和沪青平高速公路贯穿全镇。境内湖塘星罗棋布,河港纵横交叉,是个典型的江南鱼米水乡。2014年,获住房和城乡建设部、国家文物局授予第六批"中国历史文化名镇"荣誉称号。

金泽镇历史悠久,古称"白苎里",早在四千年前的良渚时期就有先民在此劳作。公元 960 年前(宋初)已建镇,有兴于宋、盛于元之说。相传昔日有穑人获石如金,故曾取名"金石",也有此地为"水乡泽国",且"盛产鱼米赛金",故称"金泽"。

近代,金泽古镇也是孕育红色革命的见证地。曾任中共中央副主席、国务院副总理的陈云曾在此领导金泽等青西地区的革命斗争,保留至今的状元楼茶楼,是他当年宣讲革命道理的地方。此外,从金泽还走出了徐勋、许崇道、陆学乾等革命志士,为革命事业作出了杰出的贡献。

金泽至今仍完整地保存了自宋以来的古镇格局和风貌。古镇以水为脉,呈南北向"两街夹一河"的总体布局,河道间分布着众多古石桥,联系贯通起街巷与宅院,花岗岩石铺就的上下塘街,商铺、民居鳞次栉比,形成了典型的水乡城镇格局。国家级主航道太浦河、急水港是通往江苏、浙江、安徽等省的重要航道,也是黄浦江的黄金水道。全镇总面积 108.49 平方公里,其中耕地面积 2092.33 公顷,水域面积 26.5平方公里。

金泽镇人文景观诸多。金泽镇是上海唯一位于两省一市交界处的镇,是典型的江南水乡古镇,享有"江南第一桥乡"的美誉。古镇现存古桥 28 座,其中位于古镇核心风貌区内的有 7 座,是上海保留古桥最多的古镇。这里不仅有两座上海地区最古老的宋代古桥,而且在金泽塘上不足 400 米的长度里就集聚了普济桥、迎祥桥、放生桥和如意桥等建造年代跨越宋、元、明、清四个朝代的古桥梁,以其分布之密集、形式之丰富、年代之久远,为其他古镇所无法比拟。

据史料记载,金泽原有"六观、一塔、十三坊、四十二虹桥",且有"庙庙有桥,桥桥有庙"之谚,每一座桥梁不仅各有特色,而且都与寺阁庵庙有关。如今绝大部分寺庙已废,但当年的桥却风姿犹存。

金泽古镇传统历史建筑众多,除已纳入市、区级文物保护单位外,尚有数量众

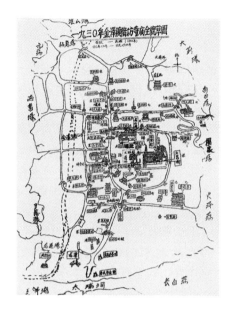

1930 年金泽镇桥坊寺庙全貌草图

多的不可移动文物点,总建筑面积达 43252 平方米。民居依河而建,临河面街,别具风格,且大部分民居建筑中仍有原住民生活。其中,陈宅、王宅、许家厅等民居建筑是金泽传统民居的代表,原生态的生活气息浓郁,颇为难得。

金泽镇民俗文化历史悠久,内涵丰富,除了"宣卷""田山歌""打莲湘"等民间文化活动以外,每逢农历三月二十八和九月初九的庙会更是热闹非凡,是千年古镇金泽的特色民俗。境内资源丰富。著名书法、篆刻家钱君陶曾为之题写"金泽古桥甲天下"七个大字。

金泽,1958 年成立人民公社,1984 年建镇。1996 年时,镇辖面积 25 平方公里,人口 1.5 万人,辖金姚、建国、团结、金泽、新池、李红、徐联、东西、杨都、大丰 10 个村委会。

2004 年 3 月 4 日,经市政府批准,撤销原金泽镇、商榻镇和西岑镇建制,建立了新的金泽镇。区划调整后,新的金泽镇行政区域范围的面积为 108.49 平方公里,总人口约 6.13 万人,辖 30 个行政村和 5 个居委会。2010 年第六次人口普查,青浦区金泽镇常住总人口 67735 人。据 2019 年《青浦年鉴》的数据统计,全镇户籍人口有24224 户,62696 人。

原"商榻镇"位于区境西部,紧靠 318 国道,东濒淀山湖。明初成镇,为商旅往返苏、松途中下榻处,因而得名。1957 年由江苏省划归青浦,1958 年建商榻公社,1984年改乡,1993 年建镇。1996 年,面积 37.2 平方公里,人口 2.7 万人,辖蔡浜、东星、东风、前行、港溇、王巷、祥坞、双浜、朝阳、长北、新罗、商车、官字圩、许七、石米、陈东、湖雪、石米荡18个村委会和1个居委会。

原"西岑镇"位于区境西南部。318国道过境。1949年归金泽区管辖,1958年建公社,1984年改乡,1994年建镇。1996年,面积18.6平方公里,人口1.1万人,辖陈港、岑卜、西蔡、张隍、西岑、山深、塘联、塘北、王田、育坪、河祝、永新12个村委会和2个居委会。2000年,曾撤销西岑镇、莲盛镇,设立新的西岑镇。

2019年12月1日,国家发展改革委印发《长江三角洲区域一体化发展规划纲要》和长三角生态绿色一体化发展示范区总体方案。方案指出,选择青浦区金泽镇、朱家角镇,江苏省苏州市吴江区黎里镇,浙江省嘉兴市嘉善县西塘镇、姚庄镇作为长江三角洲区域一体化示范区的先行启动区。

金泽镇又是佛教胜地,建于宋朝景定元年的"颐浩禅寺"曾以5048间宏伟建筑名扬江南。故有"虽苏(州)之承天,杭(州)之灵隐莫匹其伟"之说。现已局部修复,并有赵朴初先生题词"颐浩禅寺",四季香火旺盛。

金泽镇民俗风情浓厚,主要体现在香汛和古节上。为了使这些香汛、古节内容丰富、场面热闹,古镇形成了许多有趣的"风情"。主要有:一是"堂明",这是一种奏乐加演唱的组织,创立于金泽,一个堂明通常由十余人组成,吹奏乐器,演唱戏文,增加热闹的气氛;二是"打醮",是在夏季举行的一种特殊的祭奠仪式,用来祭神拜祖;三是"丝竹班",这是一种民乐演奏组织;四是"田歌",这是一种原始的演唱艺术,也是一种口头文学。

金泽是水乡泽国,江河湖水密布,盛产鱼、鳗、虾、鳖、蟹、鳝。由于水质好,水产品肉嫩鲜美,远近闻名。特有的土特产,还有状元糕、豆腐干。金泽状元糕色泽金黄,香气扑鼻,可口香甜;赵家豆腐干肉质细腻,咀嚼有味。

上海市青浦区与金泽镇人民政府重视古镇文化遗产的保护和历史遗存的传承,编制了科学的规划,制定了完善的保护措施。2011年编制完成了《上海市金泽历史文化风貌区保护规划》。成立了古镇保护管理委员会,组建领导小组,聘请专家顾问,有序推进古镇管理、保障经费、改善民生等各项保护工作,投入了大量资金用于保护修缮工作,并对各级文保单位和不可移动历史建筑进行挂牌保护,设置警示标识,保育古镇环境,提高居民保护意识,永续传承古镇文化遗产。

附录:(材料辑自志书)

一、建制沿革

北宋太平兴田三年(978年),金泽属浙西路秀州华亭县。

南宋建炎元年(1127年),华亭县改由嘉兴府辖,金泽随属。

元至元十六年(1279年),设浙江行省和松江府,金泽归松江府领之。

自明万历元年(1573 年),复设青浦县制,金泽始属青浦县治。

清乾隆八年(1743 年),青浦设海中、海上、华中、华上四乡,金泽属华上乡四十二保。

宣统元年(1909 年),全县划十六个自治市、区,金泽为自治区之一。

民国元年(1912 年),改自治制为市、乡制,金泽为乡。

民国十八年(1929 年),全县设 13 区,金泽为第 5 区。

民国二十三年(1934 年),全县并区,设 8 个区,金泽为第 4 区。抗战期间,金泽为第 8 区;抗战胜利后,恢复为第 4 区。

民国三十七年(1948 年)2 月,撤区并乡,全县设 27 个乡镇,金泽为乡。

1949 年 5 月,青浦解放,全县设 1 区、1 市、10 个联合办事处,金泽为第二联合办事处。

1949 年 7 月,全县设 8 个区,金泽为区。

1957 年 5 月,撤区并乡,全县计 3 镇 16 乡,金泽设乡。

1958 年 9 月,金泽成立人民公社。

1984 年 4 月,金泽恢复乡建制,但仍保留公社管委会,实行政社分设,乡政府行使行政职权。

1986 年 5 月,金泽撤乡建镇,为市郊首批两个撤乡建镇之一。

2004 年 3 月,经上海市人民政府批准,撤消金泽镇、商榻镇、西岑镇建制,成立新金泽镇。

二、行政区划沿革

清乾隆八年(1743 年),金泽属华上乡四十二保,辖钱盛、西岑、杨舍、关王庙、山浮、商榻诸村庄。

民国十八年(1929 年),金泽为青浦县第五区,辖杨舍、姚簖、金泽港、杨垛、潘家湾、俞家浜、夏卜港、西旺、东西田、南旺、池家港、罗田浜十二乡以及南大街、北大街、长街三镇。

民国二十三年(1934 年),金泽、西岑、商榻合并为第四区(金泽区),下辖金泽、西岑、商榻三镇以及陈舍、西庄、杨田、徐旂、田北、莲南、莲北、钱港、莲西、薛南、港马、渔荐、祥田十三乡,一直沿至民国三十六年止。

民国三十七年(1948 年)2 月,金泽改为乡,设上塘街、下塘街、徐南、田北、西庄、杨田六保。

1949 年 5 月 11 日,金泽解放,设联合办事处。7 月,成立区政府,下 1 个镇 7 个乡,即金泽镇、莲南乡、杨田乡、钱盛乡、西岑乡、莲北乡、田北乡、徐南乡。

1950 年 3 月,商榻区的淀西、港北、石米、沙田 4 乡划属金泽区,时金泽区辖 1 镇、11 乡,共 92 个行政村。

1956 年 8 月,金泽区的淀西、港北、石米、沙田划归昆山县辖。

1957 年 5 月,全县撤区并乡,由杨田乡、徐南乡、淀湖渔民合作社、金泽镇合并为金泽乡。

1958 年,金泽成立人民公社。1962 年 2 月,调整公社范围,龚潭、江都、田山庄、陈田舍、西张港分别划给 西岑公社和莲盛公社,时金泽公社共有 16 个大队,下辖 105 个生产队和 4 个大集体。

1963 年,合并为 8 个大队,即徐李、新旺、杨湾、金联、东西、建国、金姚、杨舍。

1986 年 5 月,金泽撤乡建镇,实行以镇管村的新体制。8 月,组建三个居委会:上塘街、下塘街、园林石化街。时金泽辖 9 个村和 3 个居委会。

2002 年 5 月行政区划调整,将原 9 个行政村撤建为 7 个行政村。撤消徐联村、李红村建制,新建徐李村;撤消团结村、杨垛村建制,新建杨湾村。

至 2004 年 2 月,金泽镇辖徐李、新池、金泽、杨湾、东西、建田、金姚 7 个村民委员会,金溪、金杨 2 个居民委员会。

区划调正后,金泽镇下辖 30 个行政村(新港、莲湖、爱国、东天、龚都、任屯、田山庄、钱盛、淀湖、岑卜、西岑、三塘、育田、河祝、徐李、新池、金泽、东西、杨湾、建国、金姚、蔡浜、东星、淀西、王港、双祥、沙港、南新、雪米、陈东)和 5 个社区居委会(西岑、莲盛、金溪、金杨、商榻)。

桥乡金泽　魅力依旧

　　金泽镇是一个以桥闻名的古镇,向有"江南第一桥乡"之称。在镇区下塘街一带,还有一段长约350米的河道。河道上并列的五座古桥,竟然跨越了宋、元、明、清四个朝代,所以有"四朝古桥一线牵"的说法。至今镇上仍保存着宋元明清所建的七座古桥梁,分别是迎祥桥、祖师桥(如意桥)、放生桥、普济桥、天王桥、万安桥与关爷桥(林老桥)。建于宋朝咸淳三年的普济桥,还是上海地区最古老的石拱桥。

　　金泽镇不但历史悠久,人文景观诸多。民俗文化也历史悠久,除了有"宣卷""田山歌""打莲湘"等民间文化活动以外,每逢农历三月二十八和九月初九的庙会,更是热闹非凡,是千年古镇金泽的特色民俗风情。这些乡风民俗,应被视为金泽地域特征鲜明的非物质文化遗产。阿婆茶,是中国水乡商榻的特色茶俗。在商榻,曾流传着吃阿婆茶的习俗,转眼间已有整整700多年了。如今,阿婆茶已成为商榻社区的一张文化名片。商榻社区的宣卷,纯朴而别具韵味。

　　金泽镇紧紧以规划为引导、生态为基础、产业为支撑、文化为灵魂、典型为先导,以村美、田美、路美、水美、人美为抓手,按照"全面普及、打造精品、彰显特色、长效运行、连线成片"的工作要求,着力打好四张牌,以改善农村生产生活条件和人居条件,全力推进美丽乡村建设。

"江南第一桥乡"勒石

打好生态环境牌

自《长三角生态绿色一体化发展示范区总体方案》公布后,地处沪苏浙交界处的金泽,已成为上海市长三角一体化发展的前沿阵地,金泽镇也翻开了生态绿色高质量发展的新篇章。金泽镇正以更高的站位、更实的举措、更大的担当,紧紧抓住长三角一体化上升为国家战略的机遇,进一步做好生态治理工作,打造美好人居环境,加快华为青浦研发中心和西岑科创中心的建设,提升乡村振兴空间品质,积极融入长三角一体化发展,全力打造一流生态绿色的滨水人居之地。

良好的生态禀赋是金泽镇的一大优势。金泽镇区域面积有108.49平方公里,其中水域面积26.5平方公里,占区域总面积的近25%。全镇河湖密布,共有336条河道,上海21处自然湖泊有19处在金泽境内。金泽镇是黄浦江上游水源地金泽水库的所在地。金泽镇林地面积1769.209公顷,森林面积1573.249公顷,森林覆盖率14.52%,绿化覆盖率更是达49.51%。这里还建有一个以湿地为特色的青西郊野公园,这里也是上海郊区水质和大气环境质量较好的地区。

打好生态人居牌

随着长三角一体化发展上升为国家战略,金泽镇长期守护的"绿水青山"优势正在逐步转化成发展优势。金泽镇正紧紧围绕长三角一体化发展的要求,着力优化自然生态环境,加快补齐突出短板,凝聚振兴发展强大合力,树立起生态绿色发展的新标杆。

2018年7月,莲湖村被纳入首批市级乡村振兴示范村,青浦区和金泽镇分别成立指挥部,建立健全挂图作战、会议推进等机制,以领导靠前指挥、部门各司其职、群

金泽古镇的屋顶景观

众广泛参与的强大合力,奋战 100 天,通过 13 项任务清单及"五大"振兴任务,成功创建莲湖村市级乡村振兴示范村,村子变美了,变好了,老百姓收获了幸福感和满意度。

金泽镇的美丽乡村群落不仅发生在莲湖。目前,蔡浜村、东西村已获评市级美丽乡村,岑卜村、双祥村的区级美丽乡村已完成验收。金泽镇还将以点带面,以莲湖、蔡浜、东西等美丽乡村为核心,带动周边区域,通过做好特色农业规划,打造特色农业品牌,引进龙头农业企业入驻,发展科技、品牌和互联网+模式,以点带面,努力将金泽全域建设成为产业生态高效、环境优美宜居的新农村。

示范区最大的空间在乡村,区域乡村发展也进入了快车道。作为先行启动区的金泽,更将以"长三角一体化发展乡村振兴示范区"为目标,以国家绿色生态农业(金泽)示范区创建为引领,推进生态绿色农业发展规划的落地与分步实施,进一步提升空间品质,完善公共配套设施,注重产业培育升级,真正实现乡村振兴。

打好生态产业牌

2020 年以来,金泽镇推进生态治理工作,整合职能部门全面统筹,加强现状排摸和梳理,加快推进产业结构调整转型、建设用地减量化及二级水源保护区清拆等工作,不断优化空间结构,为一体化示范区建设发展打下扎实基础。自 2019 年底,金泽根据水源保护要求,开展了二级水源保护区清拆工作。金泽镇坚决守牢发展和生态两条底线,让全镇人民充分享受到生态建设带来的红利。

金泽镇在持续深化莲湖村乡村振兴示范村建设的同时,依托莲湖村身处郊野公园、毗邻红柚园的区位优势,培育特色农业,重点发展"一粒米、一条鱼、一颗果"工程。大力发展互联网+农业,与自在青西、叮咚买菜等合作,拓宽农产品销售渠道,实现产业联动。以宅基地委托流转为契机,持续开展产业对接,引进一批优秀文创与旅游产业,以产业振兴促进农民增收。与此同时,金泽镇还努力通过莲湖的品牌效益,辐射周边爱国村、新港村、河祝村、西岑村(山深)等村,营造"湖 + 郊野"的景观片区,凸显游客体验、生态旅游、参与农事活动等,形成"环大莲湖片"美丽乡村群落。

金泽镇还在做好特色农业文章上下功夫,大力发展特种水产,建成一批水产养殖基地,使特色水产养殖面积占 60% 以上。稳步推进粮食规模经营,目前粮食规模经营面积已经达到 23833.9 亩,占全镇粮田总面积的 90% 以上,产量达 13448 吨(据 2018 年 1 月 26 日《金泽镇政府工作报告》)。倾力打造品牌农业,制定产业化扶持政策,以组织化推进规模化,以标准化推进产业化,以品牌化推进市场化,全面提升金泽农产品的市场竞争力。做好旅游农业文章,充分利用淀山湖旅游定位优势,结合农业项目建设以及新农村改造,先后建成了一批以观光、休闲农业为核心的,集自然保护、生态景观、生态度假、生态旅游、环境保护处理等为一体的农事旅游景点,如岑卜水韵农庄、金泽立早庄园等,初步形成了游、食、住、购、娱为一体的特色产业链,以金泽独有的农业特色来吸引游客。

华为研发中心落户金泽,彻底改变了金泽地区的产业创新生态,并有望联动周边区域打造上海西部科创中心的核心承载区,成为辐射带动整个一体化示范区的产业创新"神经中枢"。围绕华为研发中心落户金泽的契机,金泽镇西岑科创中心将以华为项目为重要支撑,构建创新、人文、活力、绿色的科创小镇,带动青西地区的整体发展提升。

金泽镇还将继续推进西岑规划片区建设。华为的上海海思技术有限公司已注册金泽。金泽镇将加快引进华为上下游产业链等高水平研发机构和高能级创新主体,不断优化营商环境,提升开发区招商引资服务水平,并进一步盘整周边资源,以"湖＋X"的理念在该区域布局休闲康体、文化体育、创新经济、绿色经济等高端产业,形成"湖＋古镇""湖＋湿地""湖＋乡村""湖＋人居""湖＋科创"的错位发展布局,构建创新经济、绿色经济的产业集聚地。

打好生态文化牌

注重文化的传承和保护,将源远流长的桥庙文化资源和散落在民间的民俗文化,如舞龙、舞狮、宣卷、田歌、打莲湘、荡湖船、挑花篮等10多种样式组织起来,形成"一村(居)一队、百花齐放"的民间文艺队伍格局,并建成"一村(居)一乐"和"桥乡之声"等品牌文化。推进民间文化的保护,商榻宣卷、商榻阿婆茶和金泽烙画已先后被列入上海市非物质文化遗产保护名录。

通过举办全镇性的莲湘文化展示、民间民俗艺术展演、广场文艺周周演、桥乡之声文艺演唱会等活动,深度挖掘金泽本土文化,不断传承和弘扬传统文化。具有浓郁江南乡土风情的"新四民会馆"和金泽工艺馆也已建成。今后还将建设江南乡土文化理论研究所和创意工坊,挖掘、研究、保护、再现江南地区各种乡土文化,逐步形成文化产业。

近年来,金泽镇根据创建学习型小区的工作要求,积极整合教育资源,创新活动方式、方法,充分发挥社区教育培养人、教育人、凝聚人、引导人、塑造人的作用,利用本地得天独厚的教育资源优势,坚持不懈抓载体建设,不断探索社区教育的有效形式,走出了一条属于自己的新路子。

金泽地区拥有丰厚的学习资源,开展以健康教育、老年教育、科普教育等培训活动,以提高社区成员文化素质的活动。实现资源的共享及最大化利用,完善社区教育,形成社区教育网络体系。他们开展了丰富多彩的文化体育娱乐活动。"七彩夕阳欢乐行"文艺演出、商榻文艺团队巡回演出、"聚古镇、看发展"元宵庆典活动

著名书法家、篆刻家钱君陶先生题写的"金泽古桥甲天下"

等,各类形式多样的活动相继开展,并于 2010 年推出了"一村一乐"项目,全镇 30 个村全部建立"一村一乐"文艺演出队,共有队员 600 多名,引导全镇居民开展健康有益的娱乐活动,形成了村村有队伍、村村有平台、村村有活动的文化发展模式,从而营造了农村浓浓的文化氛围。

金泽镇还重视对传统民俗文化习俗的传承和保护,并在社区学习的所有氛围中,予以推广。针对"阿婆茶""宣卷""桥文化"的传承,开展了各类丰富多彩的活动,学校有专门的拓展课程,社区有专门的文化小团体,并定期开展各类文化探究活动。在近几年的实践中,充分利用阿婆茶、宣卷、桥庙文化和民间文艺等这一独特的文化资源,充分利用其传统性、广泛性、趣味性、观赏性的特点,以特色文化为切入点,将"阿婆茶"文化等转化成课程资源,努力构建教育教学活动的有效载体。莲盛民间山歌历史悠久,相传已有数百年之久。1949 年后,广大群众创作了许多新民歌,有歌颂党和社会主义的,有抒发劳动人民翻身后喜悦心情的,有歌唱新人新事新风尚等,内容和格调都具有鲜明的时代特征。

除了一年一度的"桥乡之声"大型文艺演唱会、民间文艺集中展示演出等品牌文化活动项目外,镇其他文体活动也开展得有声有色,并形成"天天有活动、月月有汇演、人人都参与、无处不欢乐"的生动场景。村村演、社区演、交流演、巡回演、节日演等文艺活动,让群众不出社区,便可享受到包罗万象的文化大餐,从文化的被动旁观者,变成了主动参与者,成为文化创造的主体,并在参与中形成了和谐、愉悦的生活场景。

打好生态亲情牌

金泽镇和江苏、浙江毗邻镇本就地缘相邻、人文相亲,如今作为长三角一体化示范区先行启动区,断头路被打通,渡口建起了大桥。2020 年以来,连接吴江康力大道的东航路,已经开始施工。长三角地区人才交流锻炼已经开展,西塘、汾湖(黎里)两镇已有 3 批 12 名乡镇干部、村(社区)干部前来金泽镇挂职。对接西塘、姚庄、汾湖、锦溪等镇的环淀山湖战略协同区党建联盟已经形成,不同层面、内容丰富的互通互联活动正在展开。金泽镇还和毗邻镇一起,利用好三地传统革命基地、红色教育资源、历史文化遗址、美丽乡村示范村等党性教育资源,实现三地党建资源的叠加与互补,继续加强三地群团组织对接,围绕各自领域工作,发挥各自职能优势,在共建中实现共赢。

为进一步加强营商环境资源的共享,已实现了跨区域证照通办,并将继续探索三地科学合理的营商环境共享机制,避免同质化竞争,通过统筹协调机制实现三地差异化发展,并在太浦河的综合治理方面,实现了三地环境监测、监察、应急处理联合运作。

如今,来到桥乡金泽,如站在镇政府顶楼,可以尽情"放眼长三角"。向南远眺,太浦河就在眼前,太浦河以南便是浙江姚庄镇和西塘镇。向西眺望,更能清楚地看到江苏汾湖高新区的康力电梯。沪苏浙三地从这里看过去,紧紧地挨在一起。若闲逛古镇,除了依旧能看到古桥、古刹,还能体验到古镇传承古韵的那股灵动的活力,故今日桥乡,比以往更具魅力。

金泽镇荣获"全国历史文化名镇"称号

2014年3月17日,住房和城乡建设部、国家文物局公布了第六批中国历史文化名镇(村)名单。经过专家评审并按有关评审规定和评价体系认真审核和筛选,青浦区金泽镇以其悠久的历史、诸多的人文景观、深厚的文化底蕴以及淳朴的民俗风情荣获"第六批中国历史文化名镇"称号。至此,青浦区已拥有三个(朱家角、练塘、金泽)中国历史文化名镇,占全市10个"中国历史文化名镇"的30%。

金泽镇位于上海的最西部,与江苏、浙江毗邻,作为江浙沪的交界处,是上海通往苏、浙两省的西大门,是苏、浙、沪两省一市的金三角地区。2004年3月,由原金泽、商榻、西岑镇合并,组建新金泽镇,辖30个行政村、5个居委会。域内有上海最大的天然淡水湖泊——淀山湖。金泽境内湖泊星罗棋布,河网纵横交错,水域面积占总面积的三分之一以上,为典型的江南水乡泽国。G50沪渝高速,从金泽镇北面穿过,318国道贯穿全境,太浦河流经镇区南部,水陆交通便捷,为上海西部的交通枢纽要冲。

古桥与枕河人家

这里有丰厚的历史底蕴

据历史记载,金泽镇兴于宋盛于元。至今仍完整地保存了自宋以来的古镇格局和风貌。古镇以水为脉,呈南北向"两街夹一河"的总体布局。深厚的历史文化底蕴也吸引了众多文人荟萃于此。南宋宰相吕颐浩择金泽之风水宝地,建宅舍为寺,取名颐浩禅寺。元代书画家赵孟頫、管道升,文学家牟巘,散文家唐顺之等都在金泽留下了动人的故事和众多的诗书画作。

金泽因水而兴,因桥得名,更以"桥桥有庙,桥庙共生"为特色的桥庙文化闻名海内。在古镇辖区内现尚存古桥7座,分别为建于南宋的万安桥(1260年)、普济桥(1267年),元代至元年间的迎祥桥(1335—1340年)、林老桥(1264—1294年),明代的放生桥、天皇阁桥,清代的如意桥,都具有鲜明的江南水乡古镇特色,其分布之密集、形式之丰富、年代之久远为江南古镇之首。著名学者、书法家钱君陶曾观之动情,挥毫赞誉"金泽古桥甲天下"。

自宋以来,金泽古镇寺庙迭建,至民国还有一观、二寺、三阁、四庵、十三庙建筑。最早的寺庙"东林禅寺"相传始建于东晋年代。最大的寺庙"颐浩禅寺"始建于宋景定初年(1260—1264年),后经元、明、清数度扩建合成一藏,相传有屋5048间,约3万平方米,以其规模之宏大、建筑之雄伟称雄江南。

《松江府志》称"虽杭之灵隐,苏之承天,莫匹其伟"。元、明时誉为"樊刹林宫",曾令历代官宦、高僧、名士等前来朝拜。如元代书画名家赵孟頫、文学家牟巘,明代户部尚书夏元吉、散文家唐顺之、史学家王世贞,清代大臣徐乾学、史学家高士奇都曾留下足迹,有过书画和文章。现尚存三株古银杏树,植于大殿前的一株系西域奔卜尔纳亲手所栽,已有700多年树龄。寺院历代香火极旺,方圆百里香客络绎不绝。

历经沧桑的帽梁石,见证着古老的历史

传说明朝皇帝朱元璋、军师刘伯温平定江南群雄建立明朝后，来金泽游览颐浩禅寺。刘伯温通晓天文地理，曾指出金泽是风水宝地，要建造大量的庙宇。

至今古镇核心风貌区内，放生桥旁有总管庙，林老桥旁有关帝庙，另外，颐浩禅寺、杨震庙、城隍庙等多处尚存，保留至今的有形桥庙文化空间使金泽古镇渐渐形成一年两次的金泽庙会，延续至今，即每年的农历三月二十八和九九重阳日，还从桥庙文化衍生出许多如民俗、饮食、演艺等民间非物质遗产文化，异常珍贵。

这里有颇强的古镇保护意识

2005 年《上海市郊区和浦东新区历史文化风貌保护区范围划示》确定的风貌区规划范围南北长约 1.3 公里，东西宽约 0.5 公里，总用地面积 51.78 公顷。古街、古宅、古桥、古寺为金泽古镇"古"之所倚，是金泽古镇的有形文化遗产要素。上下塘街则是古镇有形遗产的主干，这两条风貌街巷被 7 座古桥及颐浩禅寺沟通缝合，构成了金泽独有的桥庙文化特色。金泽古镇传统历史建筑众多，除已纳入市、区级文物保护单位外，尚有数量众多的不可移动文物点，总建筑面积达 43252 平方米。

为进一步贯彻实施古镇保护规划，金泽镇党委、政府始终提倡原生态、保持和延续传统格局、还原历史风貌的宗旨，立足于自身实际情况以保护为先，专门成立了"金泽古镇保护管理委员会"，下设"金泽古镇保护办公室"和"金泽古镇保护专家顾问组"，机构人员 20 多人，形成了一个组织严谨、协调一致的古镇保护机构。2012年 8 月开始进行第六批中国历史文化名镇申报工作，2014 年 2 月获批成为第六批中国历史文化名镇。

自 2009 年以来，为促进风貌区城市更新与社会文化的协调发展，结合风貌区的实际情况，金泽古镇依据《上海市历史文化风貌区和优秀历史建筑保护条例》，结合《金泽历史文化名镇保护区保护管理暂行办法》落实各项措施，切实加强古镇保护。由于金泽古镇的低密度开发，镇域内无大型的工业，自然生态保持较好，古镇上大部分民居建筑中仍有原住民生活其中。古镇居民至今还保留着江南水乡悠闲、恬静的居住环境，他们为古镇注入了生气，可以说金泽古镇是一个"活"的古镇。

为正确处理古镇保护和古镇发展旅游产业的关系，金泽镇坚持整体性、原真性、可持续性和分类保护的原则，专门制定了一系列保护规划，加大了古镇保护资金的投入力度，其中单用于古镇保护、修旧如旧和有关管线入地工程和污水处理厂的总投资已达 5.92 亿元。这些年来，金泽镇在投入大量资金用于古镇环境整治和居民生活环境改善的同时，在专家指导、科学规划、尊重民意的基础上，还加大了对古镇历史文脉和民俗文化的挖掘与传承，定期召开保护与发展专家咨询会，挖掘古镇古文化、原生态景点，结合当地发展需求，与周边古镇实施差异化竞争，避免同质化建设，做到既保持古镇风貌自然质朴，又让人感到独辟蹊径，独具匠心。

金泽不仅拥有深厚的桥庙文化，悠久的传统文化内容也十分丰富，门类广泛，"田山歌""阿婆茶""宣卷"和"烙画"等都已闻名沪上。目前已成功申报 1 项国家级和 3 项市级非物质文化遗产，这些无形的文化瑰宝，代表着当地的民俗风气，展现了当地的民俗精神、民俗情感、民俗历史。

这里对"非遗"有着深度的挖掘和保护。

"田山歌"，作为国家级非物质文化遗产，在金泽水乡有几百年历史，是一种原始的演唱艺术，也是一种口头文学。其歌词内容主要来自当地民众现实生活，极为丰富多彩，题材多为表现当地民众的劳动、生活、思想、爱情等方面，是观察上海及周边稻作地区社会生活、风情民俗的重要手段。目前，在金泽镇雪米村已设立了传承基地。"阿婆茶"，是一种"以茶为礼，以茶待客"的传统风俗，是构筑睦邻和谐的文明道德风尚，久而久之自然成为金泽地区的一种特有的民俗风情。"宣卷"，即讲书的意思，它由一人主宣，二人帮衬，小乐队伴奏，其形式近似苏州评弹，又不尽相同，更具特色。宣卷源于唐代的"俗讲"和宋代的"谈经"，宣卷艺人的说讲语言特别注重通俗易懂，以吸引和取悦观众。"烙画"，巧妙自然地把绘画艺术的各种表现技法与烙痕艺术融为一体，形成自己独特的艺术风格，所制作的作品为茶褐色，古朴典雅，精美绝伦。

另外，金泽还拥有许多传统节日、传统手工艺和特色传统风俗，其中"金泽状元糕""赵家豆腐"与"梅花糖豆"被当地居民称为"金泽三宝"。

这里保持和延续着传统格局和历史风貌

在周边古镇繁荣发展的今天，金泽镇一直提倡以原生态、保持和延续传统格局、还原历史风貌为宗旨，开发和发展古镇。这一特点使得金泽更为与众不同和独一无二。

金泽至今仍完整地保存了自宋以来的古镇格局和风貌。古镇以水为脉，呈南北向"两街夹一河"的总体布局，核心区以金泽塘及北胜浜为水路主干，构成"一纵一横多分支"的水系脉络。古镇主要道路为两纵一横，方向与主要水系的走向一致。河道间分布着众多古石桥，联系贯通起街巷与宅院，花岗岩石铺就的上下塘街，商铺、民居鳞次栉比，形成了典型的水乡城镇格局。

金泽上塘街和下塘街是老街，建于宋、元年代，距今已有 600 多年历史，全长东西约 1000 米，南起迎祥桥，北至金鹰桥。古镇现今的古街古宅，还保存得较好，如长街是一条长 200 米的街，还保留着较完整的明清建筑，整条长街坐落着数十座结构相似的明清宅院，形式整齐，规模宏大。比较完整的如许家老宅，建筑结构平面布局，沿着纵轴线由东而西布置合理。类似的老宅在金泽镇还有很多，列入区不可移动文物的就有十多处。

古街、古宅、古桥、古寺共为金泽古镇"古"之所倚,是金泽古镇的有形文化遗产要素。上下塘街则是古镇有形遗产的主干,这两条风貌街巷被7座古桥沟通缝合,构成了金泽节场的仪式之路和神圣之路。街道两侧的商铺构成古宅之外金泽古镇的另一主要建筑类型,商铺与老街一起构成了历史街区最显著的公共空间。街道巷弄间古意悠然,宅院屋舍内别有洞天,桥头古刹畔香火缭绕,绿茵环抱中生机盎然,完整保存的古镇历史文化空间,原真地承载了活态的金泽古镇水乡生活。

金泽古镇传统历史建筑众多,除已纳入市、区级文物保护单位外,尚有数量众多的不可移动文物点,总建筑面积达43252平方米。金泽传统建筑遗产类型丰富,既有民居宅邸,又有庙宇庭院,还有工业遗产等。其特色民宅在建筑风格上不同于江南六镇的奇巧精致,以朴素明快见长,其中旧日的长街两侧建筑,均以青石为墙基,明风犹存,最为可贵。民居依河而建,临河面街,别具风格,且大部分民居建筑中仍有原住民生活其中。陈宅、王宅、许家厅等民居建筑是金泽传统民居的代表,原生态的生活气息浓郁,颇为难得。

金泽河埠头

19

典籍篇

金泽历史上的进士、举人名录

（附：杂途、封赠）

在清道光年间（1821—1850 年），由周凤池玉台氏纂、蔡自申又山氏续纂的《金泽小志》第三卷之"科目"一节中，作者列出了当时明了的进士、举人的简易名录。后参见《金泽志》（2003 年版），予以补充，足见"金泽"出能人，"桥乡"出贵人。"国家宾兴大典，由科第登仕籍者，为闾里光。今悉照邑志所载，寄籍而为土著者附焉，副榜、武科、荐举、岁贡均并登之，而事例杂途亦附列卷末"。

进士
明代
杨道亨　明嘉靖三十五年丙辰科。历官正定府知府，云南按察司副使。
杨　铨　明嘉靖三十五年丙辰科。官至江西按察司副使、广东布政司参政。
杨汝成　明天启五年乙丑科。官至礼部侍郎。

举人
明代
杨豫孙　字幼殿，杨扇人。明嘉靖丁酉科。按县志：戌子举人
枢　子　注明富林人，可不载。
杨道亨　字九华。嘉靖壬子科。浙江。
杨　铨　字朝明，杨扇人。嘉靖壬子科。顺天。
杨于世　字后溪，杨扇人。嘉靖壬子科。
杨有为　字选卿，谢泽人。嘉靖乙酉科。
杨于庭　字后湖，杨扇人。万历戊午科。
杨继礼　字彦履，自曹泾移居杨扇。万历己卯科。
杨汝成　字符玉，继礼子，杨扇人。万历已酉科。顺天。
杨虞官　字建之，杨扇人。天启辛酉科。官至江都县教谕、德化县知县。
黄德遴　字公铨，本镇人。天启甲子科。官至东乡县知县。
杨懋官　杨扇人。崇祯癸酉科。

清代

张龙骧　字标年。嘉兴籍迁居本镇。康熙丁巳科。顺天。官山东聊城县知县。

陈　桂　字宝南，本镇人。康熙丁酉科。官浙江桐庐县知县。

蔡　英　字培元，本镇人。雍正甲辰补行癸卯正科乡试，浙江中式。官汤溪县
　　　　教论。

陈　鉴　字其言，秀水籍本镇人。雍正甲辰补行癸卯正科乡试。浙江中式。

池树仪　字叙初，池家港人。乾隆戊午科。己未登明通榜。官蒙城县教论。

倪　倬　字汉甫，西陈人。嘉庆庚申恩科。官长洲县教谕。

黄　茂　字柜伯，本镇人。嘉庆丙子科。拣选知县。

倪　皋　字歃一，倬子，西陈人。道光壬午科。官溧阳县教谕。

蔡自申　字时升，本镇人。道光壬辰科经魁。

冯景澄　字子仪，官字圩人。道光癸卯科。

王诵尧　改名炳华，字伯瀛，渔郎村人。咸丰辛亥恩科。拣选知县。

黄元音　字律甫，玉田人。同治甲子并补行戊午科。

唐昱德　字服虞，西陈人。同治庚午并补行壬戌恩科。

副榜

明代

杨继益　字义谦，杨扇人。万历癸卯科应天副榜。官剑州金判。

武　科(武职附)

清代

许尧章　康熙丙午科。浙江举人。

许治杰　康熙壬午。科举人。

顾翼飞　乾隆癸西。科举人。

许国泰　雍正年间，由行伍官青村营都司。

庄九如　雍正年间，由监生入伍，抚标官太湖协千总。

荐举

元代

姚　玭　浙垣大臣荐辟，不就。

明代

杨德懋　杨扇人。洪武初郡县交章荐之，不就。

杨学时　字中甫,杨扇人。天顺间,以孝行举乡饮。

(恩岁优贡例贡附,非廪增附援例者不列)

卫正传　字毅所,万历中贡。沂州州同,蜀府审理正。

卫正蒙　高淲人。万历中由府学贡。金坛县教谕。

杨虞裔　天启中岁贡。

清代

卫尔侯　字求章。康熙初岁贡。正传孙,正蒙从孙。

池南珍　池家港人。秀水学贡。

池泽来　字王年,池家港人。南珍子。庠姓张。雍正四年岁贡。官六安州学正。

蔡　芳　字御题,康熙中嘉兴府学贡。

陈自镐　字师孟。乾隆三十八年岁贡。

倪　泌　字宾肃。乾隆五十六年恩贡。

赵斐友　字心如。道光二年岁贡。桃源县训导。

周鹏飞　字凌九。道光十年岁贡。

胡　珑　雍正间附贡。

沈英钟　附贡。

倪　珂　府学附贡。

杨占鳌　府学附贡。

陈鞠怀　字诗兴。附贡。

附:杂　途

明代

杨　珪　成化辛丑岁饥,输赈于边,授八品官。

杨　完　正德庚午岁饥,出粟助赈,授承仕郎。

杨继美、杨继芳、杨继英　以上三人俱道亨子,隆庆三年议叙。

杨允荣　杨扇人。万历初年,议叙上林苑苑丞

杨道脒　字侍山,杨扇人。嘉靖三十九年,援例任南乐县县丞。

杨世荣　字明庵,杨扇人。万历初年,议叙鸿胪寺序班。

杨丞烈　杨扇人。任四川管州州判。

清代

顾　诜　康熙年例州同。

俞尔彰　康熙年例州同。

沈宝维　乾隆年例州同。

王　沅　嘉庆初年例州同。

陆见球　道光三年捐赈平粜,例得议叙从九。

陆日照　道光三年捐赈平粜,例得议叙从九。

杨　埙　道光三年捐赈捞棺,例得议叙州目。

沈金坡　道光三年捐赈平粜,例得议叙从九。

黄尚德　道光三年捐赈平粜,例得议叙从九。

黄大伦　道光三年捐赈平粜,例得议叙从九。

唐备五　道光三年捐赈平粜,例得议叙从九。

陈德嘉　道光三年捐赈平粜,知县李宗颖奉宪给"谊敦任恤"额。

陆仪道　道光三年捐赈平粜,知县李宗颖奉宪给"乐善好施"额。

陈鼎勋　道光三年捐赈平粜,知县李宗颖奉宪给"乐善好施"额。

附:封　赠

明代

杨应元　以子道享仕,封刑部郎中。

杨道东　以子继礼仕,赠翰林院编修。

杨学时　以子世荣仕,赠南京鸿胪寺司宾署署丞。次子允荣仕,晋赠鲁府长史司右长史。

杨学和　以嗣子世荣仕,赠南京鸿胪寺司宾署署丞。

榻　溥　以子铨仕,赠南京吏科给事中,晋赠江西按察司副使。

清代

蔡重光　以子英仕,赠汤溪县教谕。

倪其禄　以子倬仕,赠长洲县教谕。

(选自《金泽小志》第三卷之"科目")

《金泽小志》见证了二百年前的金泽

《金泽小志》之桥梁

在清道光年间（1821—1850 年），由周凤池纂、蔡自申续纂的《金泽小志》第一卷之"桥梁"一节中，作者列出了当时知晓的桥梁 29 座，有的至今尤存，有的当年已废，足见"桥乡金泽"并非空穴来风。

金泽"四面巨浸"，内多支河，桥梁尤多于他镇，古称四十二虹桥，今尚存十之六七。其桥废而名存者，亦附载。（见《金泽小志》桥梁篇）

迎祥桥 在南栅，东大周圩、西有字圩。元代至元中建。明天顺六年重建，黄子秀施桥柱。清乾隆五十六年胡国进重修。此桥高架五碇，月印川流，水天一色，为八景之一。

里仁亭桥 在南厍港东口，南有字圩、北跨字圩。元至元中建，明永乐间重建。清雍正间又建。向有亭，今废。

吉庆桥 在迎祥桥西北，跨有字圩。元至元中建，明崇祯间里人费姓修，清雍正三年重修。

为美桥 在南厍。今废。

百家桥 在南厍，南有字圩、北跨字圩。初建无考。清乾隆五十六年里人重修。

香花桥 在莲社庵隔岸。初建无考。清康熙七年谢君平、袁拳山等重建，乾隆四年李芳先领募重建，道光八年僧朗然领募重修。

称心桥 在丁家浜口。初建无考。

观音桥 在谢家湾东。今仅存基，当地人呼为石桥港。

庙湾桥 在芦田湾。跨有字圩，基尚存。

如意桥 在东沈港口，南大周圩、北坐字圩。元至元中建，明崇祯间里人费姓重修。清乾隆三十三年黄汉东、僧济贤重修。

放生桥 在如意桥北，跨坐字圩。初建无考。明崇祯间重修，清乾隆五十六年陆开诚重建，时得残碣云，崇祯四年，夏人化与如意桥同修。

普济桥 在大山门北，东坐字圩、西跨字圩。俗名圣堂桥，又名紫石桥。宋成淳元年建，清雍正初年黄元东重整石栏杆。

安乐桥 在禅寮港口，南跨字圩、北位字圩。上有亭，飞檐映水。初建无考。清康熙六年，僧普能领募重建。嘉庆十三年，里人募资重建。

太平桥　在安乐桥北,跨位字圩。初建无考。清嘉庆二十五年里人重建。

安寿桥　在神道浜北,东位字圩、西跨字圩。旧时架木为梁,清康熙五十四年沈伯安重建石桥。

百婆桥　跨中市,东坐字圩、西位字圩。宋景定元年建。清乾隆十三年重建,乾隆三十七年徽商吴选侯修,嘉庆十九年里人重修。

寺西桥　在石假山西,跨坐字圩。又名寺界桥,俗名混堂桥,相传桥堍有浴堂,故名。

塔汇桥　在北沈浜口,南坐字圩、北正朝圩。昔时有塔,故名。初建无考。明嘉靖三十六年重建。清乾隆五十五年里人重建,沈学诗作记。

东归桥　在塔汇桥东,跨正朝圩。元时建。今港湮为沟,仅以石板通行人。

寿康桥　在小北沈浜,东正朝圩、西正朝圩。初建名诸家桥。清康熙年间许文尚重建,更名。嘉庆二十五年里中绅士重建,改名登瀛桥。

白石桥　在漫子港口,南接西田村,北接东朝圩、郎家圩。又名石星桥。桥石晶莹可爱,游人登眺九峰,隐隐耸翠,为金溪名胜。明代嘉靖年间有媚严嵩者,折去,而桥不复建。

天王阁桥　《松江府顾志》云,堂阁皆据桥祠所像为名,与塔汇桥东西相峙,南位字圩、北正推圩。桥之北堍有托塔天王庙,因名。初建无考。清康熙三十七年重建。

西归桥　在天王阁桥西北,跨正推圩浜口。元时建。明为板桥。

万安亭桥　跨市北,东正朝圩、西正推圩。顾志云,至正二年,亭建如穿廊,数间飞出,其出尽处,又有佛庐相向,高与亭埒,亭中四望,水天一色,淀山时其东,真奇观也。谚云"四十二虹桥",万安为首。东西皆有佛阁,宋景定间建。明嘉靖四十年,僧性显修。万历四十八年重修。清乾隆五十六年重修。

佛阁亭桥　在万安桥东堍。元至正年间,僧古田募建,当地人呼为旱桥,林青有记。清康熙十六年重修,僧行如作记。

林老桥　在万安桥西北,南正推圩、北跨字圩。元时林姓老人建,故名。一云林青建,又名临了桥。清雍正四年修俗呼关爷桥,以北堍有关帝,故名。

增福桥　在薛家港,南正朝圩、北有字圩。初建无考。清乾隆二十七年重建,五十六年重修。嘉庆二十四年里人重修。

延寿桥　在杨寮荡,东服字圩、西裳字圩。三砆吞纳薛淀、龟荡之流,为一镇咽喉之位。元至正间建,明代存桥基,清顺治九年俞尔彰重建。

惟善桥　在延寿桥外,南服字圩、东北乃圩。初建无考,清乾隆初年许起云重修。

(选自《金泽小志》卷之一)

《金泽小志》之祠庙

在清道光年间(1821—1850年),由周凤池纂、蔡自申续纂的《金泽小志》第二卷之"祠庙"一节中,列有当时知晓的祠庙36座,有的至今尤存,有的当年已废,足见"桥桥有庙,庙庙有桥"并非胡编乱造。

稽古有功德于民者,悉载祀典,行于国,及于乡,祠庙设焉。而木本水源,宗祠尤重。外此,梵刹琳宫,有则举之,莫敢废也。今各表其时代,合为一编。(见《金泽小志》祠庙篇)

文昌祠　在坐字圩颐浩寺大殿东。宋时建,清康熙年间,蔡英、胡大成倡议,与同志共捐田十九亩为惜字费,方丈拨僧司之,月两次收贮合镇字纸,至今如旧。

关帝庙　在林老桥北堍,上有阁。初建无考,清光绪二年重修。

东岳庙　古时在钟家圩。元至正间里人林青迁建东沈港。明正德六年重修,沈霁作记。

县城隍行官　在国字圩。清康熙年间建,雍正七年重修,乾隆四十七年里人增建寝官。

总管庙　在放生桥北。明代建,清道光二十年重修。

刘猛将军庙　在东朝圩。初建无考。清康熙二十九年重建,增阁三楹,四窗洞达。上供文昌、关帝圣像,蔡重光重塑,名文星阁。清嘉庆十六年里人重修,陈德嘉捐田六亩,倩庵僧收沿乡字纸焚化,以补颐浩寺僧所不逮。清道光十一年重修驳岸,用故僧近禅积赀也。

英烈侯庙　在正朝圩。

五路堂　在国字圩。明代建。

火神庙　在林老桥北。

施相公庙　在位字圩,俗名方家庙。

葛仙翁祠　在安乐桥南。

周大中丞祠　在潘家湾,清康熙时建。明代巡抚周孔教于万历中赈济,驻节于湾,活人甚多,村民立祠追祀之。

海忠介公祠　在东朝圩刘猛将军庙右。祀明巡抚海瑞。

颐浩寺　在坐字圩,宋景定元年间建。向有草庵名永安,廓以吕颐浩故宅,因易名。郡志称曰:虽杭之灵隐,苏之承天,莫匹其伟。元元贞间,赐今额。明洪武中,僧大渊(邑志作大圆)修。清顺治十一年五月,正殿毁,存耳殿。十七年,僧行如修。清乾隆四十年,僧振远募资重修。寺有下院四座——日月山东院、雪隐西院、啸云南院、梅雪北院。清咸丰四年,僧法源募资重修。

颐赋寺　宋末李氏舍宅建。今废。

颐正寺　在镇南。旧志云,"得金泽形胜。"今废。

辉和庵 府志载,在泖西金田村。元至正年间,僧允中建。明嘉靖年间,驸马都尉邬景和题额曰"金田宝藏"。西有莫是龙题"绿云堂",张寰题"清修堂"。银杏、罗汉松各一,宋时物也。

觉乘寺 在辉和庵西。有村女盛氏、钱氏为尼于此。明代隆庆、万历年间建,名慈福庵,俗名钱盛寺。今废。府志载:在金泽四十二保。里人盛氏女与甥女钱氏为尼,俗呼钱盛寺。元泰定年间顾复有记。清顺治四年,高光侯重修。

归真庵 在颐浩寺南。元代至治年间建。今废。

三官帝阁 跨禅寮港,在安乐桥上。康熙丁亥年间毁,里人复建。

地藏殿 在国字圩,明时建。

葛仙翁祠 在安乐桥南。

莲社庵 在有字圩,又名西庵。元泰定间建。明天顺年间重修。清道光八年,僧朗然领募重修。

圆通庵 在塔汇桥南,初名玟筥堂。宋时建。明正德十一年,王瑜重修。清康熙间,僧戒思重修。

梅庵 在正朝圩,宋时建。

万寿庵 在迎祥桥,元时建。明万历十九年,徐炎重建,当地人呼为小天竺。今废。

昆卢阁 在百婆桥东。与颐浩寺同时建。今废,基存。

兴隆庵 即何大明王祠,在东沈港。清乾隆二十九年改庵。

西指庵 在杨垛。清康熙年间僧实相建。

元帝行宫 在普济桥东,宋时建。清乾隆五十六年重修,光绪二年里人重建。

南圣堂 在如意桥南堍,初建无考。

天王庙 在天王桥北堍。

许氏家祠 在正推圩西归桥北。清康熙间,许君亮建。

许氏宗祠 在坐字圩北沈浜。清嘉庆十一年,许永熙节祭产余租建。

恩晖堂 在正朝圩蒲荇漾滨,清乾隆五十八年建。中有轩亭花木,蔡之容、倪倬均有记。

俞氏家祠 在俞家浜。清道光六年,俞锐积累族人资建。

(选自《金泽小志》卷之二)

29

《金泽小志》之古迹

在清道光年间(1821—1850年),由周凤池纂、蔡自申续纂的《金泽小志》第二卷之"古迹"一节中,作者列出了当时知晓的古迹35处。这些古迹在当时就已废毁。足见"古代金泽"确是文化底蕴深厚之地。"我里于宋元间号多名胜,今皆湮没。然废址残础,父老犹能指数,编之以资凭眺。志古迹。"(见《金泽小志》古迹篇)

白苎村　古时在白米港。

白米港　古时米航所集,故名。

椒树潭　在莲社庵南。古有椒树植其旁,故名。

龙　潭　在芦田圩。水极清冽,传说昔有龙降而成潭。

铜　埂　在扬尖汇埂外。有墩,云沈万三建塔基。

石假山　在坐字圩。元至大二年筑。山多奇石,有观音、枯树、钓鱼、僧尼问答诸峰今尚存。山前又有五老峰,已仆于地。

桃源洞　在山下。

金鲫池　即旧时放生池。在假山西南,今湮。

夏忠靖公遗像　在颐浩寺山门。今废。

尚书旧榻　夏忠靖公治水东南有声,曾憩天香亭,遗一榻,里人思之不忍弃,彝陵归老作"尚书旧榻"额。清顺治初亭毁,移额于选佛场之左侧。

有衮楼　在颐浩寺东房。藏徐文贞衮衣,故名。

来　间　在文昌祠旁,为橐庵上人卧室,毛锡年书其额。潘耒亦与友善,一日访晤不值,留诗二律。

不断云　赵松雪画,镌于颐浩寺大雄殿前香花池石栏上。

无缝街　在不断云北。

鹤颈街　在山门内。枫阴夹路,饶有山林深致,后伐尽。

宜　静　在月山东院。元初僧奔聂卜而纳建,唐荆川有诗。清代时玉章上人复新之。

白社书院　宋卫富益建,在石神庙泾邑志作石人泾。社日祀先圣乡贤,会布衣友,赋诗讲道于此。至大年间,毁之。

社　学　县志载,明代万历年知县卓钿建。今无考。

税课局　明洪武七年建,明正统元年初革,十一年复置。新旧邑志皆载,今遗址无考。

林青义塾　废址在有字圩,元林青建。清康熙间顾武绳筑别室。今废为菜圃。

宋相国吕颐浩别业　在坐字圩。

明徐文贞公别业三所　一在莲社庵东,一在坐字圩,一在郎家湾。今皆废。

得月楼　在百婆桥西北。明嘉靖五年杨怡山建。

晚翠轩　章文焕所居。按府志:"文焕自题云,距吴江东南五十里曰金泽,当风波湍洞时不敢求安,力树拱把之木数十株,计三四年,稍加蓁茂。又数年,郁然成林,乃筑室其下,名曰晚翠。基址无攻。"

杨云溪别业　在万安桥南。明弘治间建,明正德十一年重建。有园亭花果之胜,今废。

冯御史别墅　在国字圩,明郡人四铁御史冯公恩筑,今废。俗称冯家地。

花园基　在东伐圩。朱文祥旧宅。

南园　在国字圩。胡三息别业,旧多名卉。今废。

凤池轩　在池家港。池泽来读书处。

藏缤荡　在镇东南三里。

桑林　在国字圩。广数亩,即东林寺基。古井砖街,今尚存。

西林寺　在西湾。今废为田。

绿绮庵　在潘家湾。今废。

荷花池　在梅庵后。

颐浩寺鸳鸯殿画壁　绘有梵天两尊,高大奇伟。左一尊年久失神,右则神气勃勃,目光如射,真仙笔也。或云吴中沈石田书。

(选自《金泽小志》卷之二)

金泽乡贤颂金泽

一、颂湖河港

《满江红·淀山湖》（宋　吴文英）

云气楼台，分一派、沧浪翠蓬。开小景、玉盆寒浸，巧石盘松。

风送流花时过岸，浪摇晴练欲飞空。算鲛宫，只隔一红尘，无路通。

神女驾，凌晓风；明月佩，响丁东。对两娥犹锁，怨绿烟中。

秋色未教飞尽雁，夕阳长是坠疏钟。又一声，欸乃过前岩，移钓篷。

吴文英（约 1200—1260 年），字君特，号梦窗，晚年又号觉翁，四明（今浙江宁波）人。原出翁姓，后出嗣吴氏。与贾似道友善。有《梦窗词集》一部，存词三百四十余首。其词作数量丰沃，风格雅致，多酬答、伤时与忆悼之作，号"词中李商隐"。）。

二、颂桥梁

《张汝遇记》

志载，桥之著名于金溪者二十，安乐桥其一也，莫知其所自。始修而复圮者再，往来者咸病焉。嘉庆戊辰议复建，拂拭石梁，知重建于康熙丁未岁。其创始于何时，究无可考也。今之复建是桥也，里中耆老绅士图度经营，四方善信捐资饮助，众擎克举，聿观厥成。夫桥之为工钜矣，而兹桥之建为尤钜。桥之巅，上出为亭，桥之西，架空为堂。而需石，而需木，而需瓴甓，庀材鸠工，良非易易。乃起工于戊辰之腊，落成于己巳之夏，阅六月而告竣，其有数存乎其间与？夫非众姓之乐善好施者多与？夫非岁丰登而家饶乐故与？夫为善最乐，而善莫大于济众。后之人过是桥者，几相忘于利济之功，而不知当日之相与以有成也。其所用之缗，具载碑阴，司事之人，均勒诸石。其捐资之数，另镌于碑，传之后日，庶有稽焉。

佛阁亭桥

金溪桥之有亭者三，而万安则今之鲁灵光也。或云起自宋人，或云以大寺盖股之余材而为之。历年既久，兴废不一。乙卯岁，有优婆塞谢完石者，悯檐脊之倾颓，椽桷之差脱，募资修茸，远近善信，乐为之助。再越寒暑而告成，来乞予记，且述某之胼胝不足惜，众姓之布施不可泯也。

予鸠众姓之布施者有三，一则不住相佈施，谓掷江湘而不顾，割身体以乐施，誉之不喜，毁之不退，此固上根出俗者之所为也。次则着我布施，谓金钱之报不爽，笠帽之果昭然，或祈福于将来，或释愆于既往，此固中人执着者之所为也。下则着人佈施，谓一饼犹拣细，一饭犹观沙，初非有意于津梁，特营心于世故，此固人情往复者之所为也。夫不住相者不必记也，十之一耳。着我者意亦不在记也，居十之半。着人者特以记为名者也，比比然矣。虽然，三代而下，惟恐其不好名，况更有无意于名者，名之所以可久，予又安能默默乎？是记也。吾将以众姓之佈施者，已进而更进也，亦以劝众姓之未布施者，观感而兴起也，则万安幸甚，凡金溪之桥亦幸甚。名具列于碑阴。

修桥者，嘉靖四十年则有僧性显，万历二十七年则有居民张清，各有碑载不赘。完石，法名超壁，里人也。时用银廿五两零，所募十四两三钱，余皆完石之资。康熙十六年三月朔旦，传临济正宗三十二世住持颐浩寺释行如撰，澄藏篆。

《题访于亭云》(昔有无名氏)

针宇摩霄屃气浮，石梁横外卧苍虬。银蟾浴海三山近，琪树惊寒万籁秋。
题柱未能回驷马，步虚先已渡瀛洲。五云直北神京在，紫极遥光接凤楼。

《金泽亭桥》(清·王桓)

湖西风景好，亭榭映垂虹。潇洒秋烟外，玲珑夕照中。
渊灵营别塞，僧贝出禅宫。夜泊闻歌声，凭栏有醉翁。

注：诗人王桓，字公山，于晚间游览亭桥，盛赞万安桥美丽和热闹，桥上的亭楼小榭，在晚霞的映照下，古桥如横卧的彩虹，傍晚的炊烟，轻盈幽静，萦绕漫舞，读书人从书房出来，僧人从寺庙出来，在观赏这夕阳下的夜景。诗人乘船，夜间停泊在桥边，听到清脆响亮的歌声；凭靠在船栏，看到酒肆的醉翁。诗人以优美的笔触，借景抒情，赞美万安桥四周民生的富足和谐，充满着太平盛世的气氛。

迎祥桥 在金泽南首，元至元年间（1335—1340年）始建，明天顺六年（1462年）重建，清乾隆三十三年（1768年）黄汉东修，2015年又再次修缮。是江南著名的元式桥梁。迎祥桥造型特别，造桥材料采用砖、木、石组合结构，桥柱用青石拼成，石柱架条石作为横梁，横梁上密排楠木，桥面两边外侧覆贴水磨方砖，以保护木梁。它是梁式五孔砖石桥，桥长34米，宽2米多。桥面无栏杆，是典型的元式桥梁，标志是元朝建国后的桥梁特点。经专家鉴定，桥中的楠木、青石均为元代原物。

《南桥夜月》(清·陈自镐)

虹影环空烟渚宽，高悬皎月壮宵观。波摇天半蟾宫冷，珠落江心蛟窟寒。

清雾翳林风淡荡,惊湖触柱水回盘。凭虚应有乘槎客,欲上星河云外看。

陈自镐,字师孟,号玉溪。乾隆三十八年贡生,工诗文,善于写景抒情,晚年论医济人,乐于助人,享年71岁。

注:该诗生动地描写了迎祥桥夜景:桥影环空,烟雾笼罩水中陆地,天空的月亮更加美丽壮观,江水的浪花冲向半空,使月宫寒冷,清晨的迷雾遮住树林,轻风吹拂泊船的水湾,河水冲击桥柱,使水波回旋,过桥犹如乘木筏,仿佛在银河上遥看大地,这古桥和江水更加绚丽多姿。诗人用形象的比喻,夸张的手法,描写迎祥桥夜月的美丽景色,抒发了热爱古桥的思想感情,将人们引入无限遐想。

天皇阁桥 位于金泽镇下塘街。因桥北堍有天王庙,即以庙名为桥名。初建于明代(1698年),清康熙年间按原样重建三孔连拱桥,桥的正中有石刻如意图案,并有多种佛教图案的浮雕,拱圈石内侧有八仙吉祥图案,佛教文化能在整座古桥上体现。天皇阁桥桥身高大,仅次与朱家角的放生桥,是江南少有的三孔连拱石桥,中间一个大孔,两岸的小孔按桥的比例缩小,既美观又便于舟萁和泻洪。

《天王桥》(民中国·陈宗伊)

西眺吴江水接天,东濒江水影团月。

神灵所卫峙南北,渡尽苍生不计年。

注:诗人以饱蘸感情之笔,赞美古桥的雄伟气魄和美丽的外形,形象地起到赞美家乡的作用,乡民们在桥上快乐地往返,整首诗表达了诗人无限热爱家乡的思想感情。

天皇阁桥(天王桥)

三、颂祠庙

《沈霁记》

五岳绵亘山东，突然为天下诸山冠，自古天子四时巡狩，皆始于此。后世寝不逮古，更为封禅之举，盖以祈福要利益也。诗曰"惟岳降神，生甫及申"，则其山之灵应有自来矣。

夫山有神异，其秀气特钟于一方。今神祠满天下，止崇奉东岳之神，岂自东之外，其神不显邪？按天地之生气属于东，老氏者流，为世人祝长生计，故取意于此，不暇及其余也。

予承乏南道时，往勾留公事，便道至金泽之颐浩寺以观胜概。偶见一新宫，殿庑廊宇，巍然特建，因入而览焉。

予将问其故，旁有一善士钱端揖而告予曰："此东岳行宫，元至正初，林宣使所创，迄今历年既久，风雨倾颓。端因募缘，得里人吴祥首倡，不惜费赀，鸠工修葺如故。兹欲立一石以传不朽，乡未有请，今得遇长者，不识肯为垂念否？"

予应之曰"岳神之变化往来，有无莫测，窃见福善祸淫，天道昭昭。金泽乃松郡之一隅，人心未必如古皆善而无恶也，子能诚心修善，吴君辈又能协力赞襄，天人报施之应，自有不可得而泯灭者。

况地气所钟，在在灵异，胡必计岳神之果行寓否耶！里闾之民，感发而兴，起者劝，恶者化，岁时祈祷，得有所依，使林公一念延于无穷，则子之功，不特有及于乡民而已也。"遂书此以记之。时正德十二年五月。遂以勒石。南京兵务吏目杨永祥书。苏州孔悌刊。

《蔡重光记》

康熙戊寅仲夏，余次儿英，年十六，从本邑童子试归，染病濒危。后流毒左足，卧床两载，几成痼症，医药罔效。余素敬信威灵公府主城隍大神，虔叩祈佑。向来寝宫在正殿西偏，甚湫隘。一夕，梦大神谕："尔将寝宫改建正向，保汝子平安。"余即相地拓基庀材，经始于庚辰季秋。甫起工，英儿即觉左足和畅，至次日竟崛然起坐，举家惊喜，合镇称异。

夫以英儿积年重症，获大神佑救于冥冥中，感应捷于影响，不特顶戴洪思，靡有涯矣，而厥灵濯濯，真日监在兹也。工既讫，立愿嗣后寝宫修理，一应独任，兼诚后之子若孙，永远随时加葺，勿致邻于坍毁漫漶，是余之一点诚心所切嘱也。因记以勒石置壁间。

《颐浩禅寺记》(元·牟巘)

寺据淀湖之金泽,距松江七十里。宋景定初,巨族费辅之,因里人吴进之之施,有感于中,遂相与唇商齿榷,买其族庐,始创经堂,以庋大藏。命道崇主之,躬汛扫,延方来,晨光夕照,不辍翻阅。又以如信践履真实,俾贰厥事。崇既没,信继之,冰蘖口体,竭蹶经营。爽垲其地之隘陋者,澄驶其水之卑窪者,审曲面势,鸠工饬材,弃其旧而新是图。至元戊子,建大雄殿,构山门,翼两庑。楼阁堂室,丹垩璀璨,像设宏丽,香灯炜煜。凡寒燠宴息之处,出内储偫之器,靡所不备,过者忻然。

元贞改元,被旨升院为寺。越五年而信殁,今住持清林宝月大师志圆,趣向不群,克踵其后。又明年得旨,甲乙流传,而明满总寺事。者旧明寿、明净、明亮、永如、崇辉、明显等,合志率力,复大阐山门,建问园通殿,治洪钟,登篑虚。又六年,造毗卢阁,奉千佛,显贤劫应世之次第。

至大初年,广庖湢。明年拓方丈,即其后篑土为阜,垒石为峰,以壮形势,增羡膏腴,汰除硗瘠,以永具瞻。阅历岁月,续底于成,圆状其事求予记。予语之曰:佛氏清净之教,雄冠九流,揭云汉而昭日星,莫不知其高远也;因果之衡,平吞三世,禀雪霜而莹冰玉,莫不知其暴白也。

云仍守之,恒务清白,故能风动遐迩,泽及幽明。大厦干霄,大田无税,盖有以也,苟或专口体之安,放戒检之峻,不希冀于正觉者,得无愧乎?而今而后,夕惕朝兢,颐神养浩,潜修密证,大用繁兴,使重元之化,永永常住,殆其庶乎?若曰以志养气,以气养勇,塞乎天地之间,而为颐浩者,此予子舆氏之言,不复为上人道也。至大三年正月望日记。

《饭僧田记》(清·徐乾学)

淀山湖之西南,有地曰金泽,居民数千家。有寺曰颐浩,殿宇崇宏,相传南宋吕相故宅。明万历中,有司议撤其材,以为公署。华亭徐文贞公止之,留吴道子画大士像及所赐袈衣于其内,仍施田饭僧。远近善信,续有所施,最后总戎汝君,布金增扩为田若千亩。

岁在甲午,大殿告灾,僧众迸散,其居者又俩背戒律,荡耗资财。田或售之人,或归其主,斋钟不鸣,禅诵歌绝。壬子冬,橐庵和尚自华严来居焉,道力所持,百废咸理。修后殿,葺山门,筑垣一周,植榆百株,学人参习,薪薪济济。于是,故家长者各以其田来归,转售者渐次收购,而后饭僧之田复完。使来请记。

予惟释氏之徒,食于天下,其道三燮,而日趋于穷。其始也养于人,持钵而食,操瓢而饮,帝王之馔不加美,草木之味不加恶,舍卫之宗风固然。其继也以自养,耕于深山,樵于茂林,量腹而进食,度形而受衣,此高僧古德,冥楼纯俗者之所属也。

其末也以养人,聚方袍圆顶之俦,列屋而居之,积囷而食之,以得众为门庭,以广缘为坛席,今之尊宿皆然。夫高坐而致方釜,视乞食则安矣,闭门而给千人,视数米则丰矣。然而养于人者,人求之也,自养者无求也,养人者求于人也。

其体弥安,则其心弥劳,其得弥丰,则其道弥降。橐之为人我知之,择僻地而居,取愿士为徒,游乎真率之区,耽乎寂寞之途,不召而人自趋,不植而人自扶。其复是田也,曰:"我天下之钝人也,不敢优游以养真,不欲龌龊以从俗,进不能追瓶钵之高致,退不能立轰之门墙,其惟勤手足,量晴雨,以岁入供碗饭,节其余以支隙圮。后人循而守之,勿壤勿忘。"呜呼!彼自命为人天推出,而汲汲求世者,闻橐庵之风,亦可以少愧矣。橐庵名行如,字子山,磐山之孙,而南涧之子也。

首事复田者,本镇里老并文贞之后,总戎之子。名具列于碑阴。

《募修禅堂疏》(清·潘耒)

金泽镇在苏、松之交,故有颐浩寺,以宋相吕颐浩营建得名,高宗尝驻跸焉。规模最为阔大,度可居千僧。后渐颓废,而殿宇楼阁犹存古制。三十年前大殿复毁,门庑荡然。我橐翁和尚以磐山嫡孙,宏法于此,真参实究之士,翕然趋附,四众尊礼,远近皈心。重建天王殿,葺诸寮舍。稍有端绪,而橐化去。嗣法参鲁师,克绍宗风,坚苦撑拄,方思缵前人未竟之绪,而丙子风灾,更被摧毁,屋裂壁穿,僧无宁宇。参和尚与其徒辛勤愁苦,四出呼额,以谋修复者四年于兹矣。功未有绪。岂其心力之未画兴?亦未遇大心檀越协力赞成耳?夫湖泖之间,烟水茫茫,风涛浩淼,僧之问津者,恒徬徨无以投足。幸有头浩古刹,法幢巍然,僧至如归,其为衲子津梁,视他刹尤切。寺为金泽镇之模表,往日寺盛,则镇中生齿繁甚,郁郁葱葱;近日寺衰,而居人气象,亦渐寥落。识者谓有关风会,是其成坏,不独僧众之休戚,亦居民之利害繁焉。吾顾仁人君子,不特从三宝起见,兼于民俗关怀,恻然兴慈,翩然喜舍,积少为多,合涣为萃,亦非极重难举之事。夫一二人心力,不如百千人心力之大,百千人心力,不如合为一二人心力之尤大。联而用之,协而成之,将见大殿可复,全寺可兴,岂独一禅堂云尔哉!吾企踵望之矣。

《重修颐浩寺天王殿、选佛场合记》(清·蔡　英)

吾里颐浩寺剏于宋。至国朝初年正殿荗,耳殿亦几颓废,幸康熙壬子岁子山和尚卓锡兹土,唱缘聿新。子山逝,无绩灯者,数十年,又降圮坏矣。乾隆丁巳,雪鸿禅师主讲席,同监院白峰上人句募诸方,作葺治计。将诹日度工,会雪鸿负疴辟院,事寝。阅二年,白峰决志整顿,经始于庚申仲春,竣于腊月。寺之内外,无不坚致丹腹,其功殆不可泯泯也。又六年壬戌,含虚禅师来,念天王殿为寺观瞻,募缘饬理,殿完好。又七年己巳,含师同监院雨方重建选佛场于殿后,规模壮彩,颇费心力,其功有足多者。因思寺宇之兴废,开于修复之存亡,世称古刹伙矣,往往鞠为茂草。兹以炉余旧殿,到今美润整齐者,子山为之前,而雪鸿、白峰、含虚、雨方为之后焉。冀嗣今恒有人焉[抄本作"也"],仔肩施葺,则变荒为理,易败而成,以引之弗替,是乃祇林之幸也夫。余嘉厥功,更期永厥美观,爰合书之镵于石。乾隆十四年己巳菊月记。

《铸钟记》(清·范惟一)

颐浩寺创自宋景定间,里人费辅之捐宅建之。三门雨庑,制极委曲,圆通诸殿,规甚巍峨,云间首寺也。又惧晨昏失度,乃铸洪钟,声彻遐迩。奈历年既永,举寺倾废,荒凉万状,钟遂不闻。壮游观此,浩叹如噎。方欲与乡之贤士大夫共兴以续,讵虞倭夷变惊,一弛到今。乙卯年,有僧性显自昆山来,托身颐浩寺,素食草蚝,目击荒芜,锐心倏举。又得父老任祚,倡义扶持,更新饬故,惟要用急。譬之汤滚沸者,先之去薪,况一寺之倾,安能遽复,而一钟之成,犹可猝办。遂汲汲铸钟之是务。适予宦游之眼,显僧羽衣跣足来见,首以铸钟为请,予仍以此情愬之乡违。逮四方募缘[抄本作"经"],越载鸠工告成。宋时绝响,始克再振,一方晨暮,不致愆期,胥此钟之力也。显僧任老之德,其与钟不朽矣。

《过颐浩寺》(明·黄平)

画舫观风泊雁沙,那堪连日雨如麻。寺中欲去泥沾屐,舟里消闲酒泛霞。
渔火近看还隔岸,梵音听处欲忘家。明朝日霁同僧话,徒倚阑干数落花。

《颐浩寺》(清·徐充)

闻道东林胜,年深碧殿荒。青萝延古佛,黄叶积空房。
烛烬分湖月,钟寒带夜霜。布衣真吏隐,随意踏长廊。

《头浩寺》(清·吕屏)

座插群峰碧玉簪,猿啼月出胜东林。日衔高阁湖光满,雾隐遥岑海气深。
台下尚书遗旧榻,壁间学士寄佳吟。山僧留得供清玩,何必囊中贮俗金。

《颐浩寺》(清·胡暗)

逃禅日伴老僧游,翠石清池事事幽。幻室梅花堪卧雪,修林桂树奈徂秋。
煎茶候月前山立,燃烛敲钟隔院流。阵阵香风来不及,任他野外斗泥牛。

《过颐浩寺》(清·夹山老人)

古殿巍峨插半云,钟声晚落树前村。也知地主招贤惯,踏破先朝石上纹。
徽笑堂中草色深,高踪何地可追寻。秋光此夕风摇落,是处黄金缀晚林。
曲径余分双镜池,年年有月映寒漪。山中老衲频拈杖,闲趁婵娟下翠帷。

枫树参差落晚云,楼头光射衮龙文。金山玉带相传后,又记风流到水村。

跋(清·住持僧行如)

先朝甲申年,老人以予之故,受一轮监院请于圆通精舍,而杖一至止。
今予复以老人之故,勉为属据,则吃家常饭,说骨董话,犹是老人之旧也。
因勒其遗诗四首,俾住者知所景行焉。康熙丙辰腊八日。

《颐浩寺怀古》(清·张汝遇)

寺古非全胜,葱葱气尚佳。禅房余曲折,残碣半沉埋。
草长鱼池岸,榆深鹤颈街。寻吟不觉久,暮鼓出萧斋。

《夜宿颐浩禅寺》(明·夏原吉)

每愧无才位六卿,观风今出凤凰城。锦帆载月临金泽,宝刹披云驻玉旌。
楼阁巍峨同上竺,江山清古拟南衡。何当了却公家事,来共高僧话月明。

《顾伯骐记》(清·顾伯琪)

盖闻九元七祖,地祇不一,而幽冥教主地藏悲尊,度一切轮回,功力尤大,世皆崇之。金泽多佛刹,四十二虹桥,桥各有庙,供散圣,而地藏慈尊独无专殿,惟安乐桥三元堂塑像于大帝之侧。执香顶礼者,辄怦怦其不安。会桥南有胡氏屋,欲售于人。诸善信皆大欢喜,因缔四十八愿,益以住持僧照礼衣钵资,得白金六十两有羡,买之。改民居为空门,迎神登殿,与三元堂外分而内合。堂本倚桥驾空,下临流水,两旁皆官路,爰商于堂之南首,更增阁一楹,作石级,逶迤以通殿,俾住持便上下。谨启扃焉,其亦足以妥神灵而慰众心矣。顾此特为草创之始,至于增华饰美,尚有待于布金长者。抑吾更有虑焉;僧与俗之不相侵占也,此以居民故宅为菩萨净土,他日或有觊觎其地者,衅起多端,诬为私相授受,欲归汾田阳,否则故昂其值,以偿前阙,可奈何?诸善信皆深领吾言,请为记勒石,以告将来者。

《宿西指庵》(清·吕樾)

精舍傍溪边,停桡薄暮天。觅闲来此地,投宿爱逃禅。
树密风声近,堂虚佛火悬。喜无尘梦绕,孤枕得安眠。

《长至后过庵遇雪》(清·吕樾)

酿雪逢长至,西风刺面来。有田皆种玉,无树不飞梅。
水阔涛偏壮,阴浓冻未开。重过精舍近,趺坐绝尘埃。

四、颂古迹

《观六禅颂》（明·陆树声）

颐浩寺当淀河之金泽，马郡中之望刹。国初司徒湘阴夏公，以治水至，弭节焉。今所传尚书楣故在，岁久古迹渐湮。万历癸酉郡建新邑，吏议撤材于寺，寺所称大士殿议及焉。

时少师存斋徐公，谢政居里第，僧偕徒聚往告公。公曰："成毁一相独，奈何毁已成，不可。吏议乃止。僧以公慈念护持，图所以示信方来者。请于公。公解所御蟒袍，辍家藏吴道子大士像畀僧，僧受而藏焉。

计非专宇，曷以称崇奉也，乃合檀信相地于大士殿之后，左折而北，作楼三楹，中设大士像，袭蟒袍，函置之。负艮向离，爽垲开靓，凭虚肆眺，烟云登睫，景气增腾。公门下士嘉禾吕君为题曰"有衮"，一时缁素，觇兹兴举，赞仰殊胜。以为兹寺自湘阴公寓节以来，日蛰荒残，胜缘难再，公一言金汤，转坏为成，用仍旧观。复因之振起同缘，庄严佛土于丛林中衰之日，其有大造于缁锡若此。

昔裴相公夺笏于慈明，苏端明解带于了元，缁林故宿，至今美传之。矧公慈愿所加，衣法两施，拟量公德，奚啻轶美。公自辅相两朝，秉钧轴勋，庸亘字字。暨谢政归，托意禅乘，居成功不宰，而寰海内衣被麻泽，诵司马洛中者，日想见公衮衣之光也，岂藉以庄严而已哉！昔司马温公再相元祐，功德盖一世。

尝观其所作《六禅颂》，以功德被万物，为佛果位，论者谓温公得世相之禅，然则公亦何待是而托于佛也耶？楼之作，始于丁丑秋七月，落成于戊寅冬十二月，立石于己卯秋八月。

《登有衮楼》（明·屠隆）

白云都在妙高峰，大乘曾分南北宗。定处香烟酣独鹤，醒来清梵出双松。
欲栖西极灵岩雪，且听东林惠远钟。心似头陀犹有鬓，了如水月本无踪。

《登有衮楼有感示印上人》（清·王　原）

绵历众水潴，平田若浮鹄。昨冒练湖涛，白荡乱名目。春风无定方，舟行辄相触。
自哂涉险多，惊眩心颇熟。携侣招提游，夕晖挂高木。寺毁遗址存，羊豕任躏蹴。
平地艺杂蔬，云连石犹属。荒阜走牧儿，三峰尚孤矗。衮衣何处缀，空楼旁修竹。
鬖眉俨遗挂，留偈谁收录。印公今才子，遁世脱白服。百篇咏梅诗，泠泠叩清玉。
爱君落花吟，一句为三复。不见十五载，髭白皱肤肉。诗情老更健，天赋疑所独。
难得古人内，何暇论流俗。君诗非漫作，托意少怨戚。古今倏成壤，如转觯膏毂。
因君倍深感，老泪落盈掬。

《游藏缤荡》(朱应祥)

风细潮平酒力微,坐深凉沁薄罗衣。
棹声忽度芦花渚,应有渔翁罢钓归。

《访来间不值》(诗二首)(清·潘耒)

南朝遗刹村墟里,阁影钟声碧浪涵。一径曲盘灵隐路,数峰青割洞庭岚。
名贤去后空留榻,,龙藏焚余不记函。何日祇林还壮观,一堂凡圣与交参。
屡叩松关访导师,寒潭白日照须眉。道尊南涧初移席,人古东堂好梦思。
法器珠沉须捞漉,宗风澜倒要揩持。护巢狮子能哮吼,门外狸奴莫浪窥。

五、颂土产

《莼菜》(元·黄君瑞)

鲛人绣满水仙裳,地轴天机不敢藏。冰縠冷缠琼缕滑,翠钿清缀玉丝香。
江湖有味索情久,京洛思归引与长。欲剪吴淞缝不得,漫拖秋思绕诗肠。

《僧如海送莼菜》(明·王鏊)

玉盘急足送莼丝,风味新鲜慰所思。
金泽老僧三昧手,当时张翰未曾知。

《四月尝莼菜感赋》(清·莫如忠)

水村珍产日尝新,五亩从荒计未贫。
翻笑季鹰归不早,秋风摇落苦思莼。

《咏莼》(清·顾清)

秋风吹嫩碧溪莼,春韭寒菘别置论。入手细牵青不断,盈筐满贮绿仍匀。
许同玉鲙成双美,未数金盘馔八珍。多渴长卿愁内热,谢他清淡养天真。

《采莼》(清·韩奕)

采莼春酒作羹尝,玉滑丝柔带露香。
欲笑季鹰未知味,秋风起后始思乡。

《咏莼》(清·胡鸣玉)

露葵风味出寒泉,嫩绿肥红剧可怜。菰米并炊资下箸,鲈鱼同买不论钱。
绕过春雨渔船滑,乍起秋风客思牵。堪怪士衡湖畔住,偏将千里斗芳鲜。

（注：甘香泉，迎祥桥南百步外有湾，湾之水香面甜，品茶者多汲之）。

《鲈鱼》（朱彝尊）

水面层排赤马船，纤鳞巨口笑争牵。吴娘不怕香裙湿，切作银鲈脍可怜。
微霜一夜泖湖东，杨柳丝黄两岸风。不信轻舟来往疾，筠篮验取四鳃红。

六、颂杂记

《呈诗四律》（清·屠赤水）

井田仁政又更新，踏偏郊原有脚春。览胜漫登仙佛境，悟空分现宰官身。
花迎黼黻龙鱼动，云度肩舆鸟雀驯。午夜钟声喧暂息，恍疑来入化城人。

海门烟寺暂维航，小步云峰憩石堂。清爱市朝堪吏隐，职思田赋为农忙。
篮舆凤戒鸾和静，珠玉留题翰墨香。择胜有亭祠有碣，此中遗爱比甘棠。

珠林胜景绝氛埃，会值公余引兴来。画艇光浮江月动，锦袍香拂洞云开。
竹林花雨僧禅定，石磴松风鹤梦回。讽罢莲经仙磬晚，上方此夜烛星台。

王事驰驱一解鞍，偶过山寺借蒲团。经翻贝叶开龙藏，水注莲花供涅盘。
吟月夜闻金磬寂，拱辰朝望玉楼寒。云霄指日翔鸾凤，甘露天香拂羽翰。

《金泽竹枝词》（清·胡大成）

霉雨初晴晒网天，缘杨村外网牵连。家家浓望渔舟利，估酒烹鸡赛□□。
芦汀舴艋小如杯，野鹜浮来便放开。今日雪飘风亦急，鸭媒飞去又飞回。

历代文人咏金泽

颐浩寺八景（元·牟巘）

贝多林

灵根自西至，兹焉郁成林。晨夕得禅诵，妙语无古今。

金鲫池

赪鳞跃清沼，洋洋每娱客。幸在放生池，岂有吞钩厄。

梅雪轩

雪神万丈折，梅见独精神。会当结青子，岂无调鼎人。

天香亭

双桂植亭前，金粟秋富贵。太史不在座，一嗅复三嘬。

石假山

累石俨成阜，如室还如楼。生公虽不作，时至仍点头。

蒼蔔室

美哉蒼蔔花，清香恒满屋。数声金磬鸣，闲把楞伽读。

凌云阁

高阁何人营，巍然出云表。宾主互登临，一览九峰小。

微笑堂

瞿阁何人营，花多独微晒。缅怀三千年，流芳犹未泯。

牟巘（1227—1311 年），字献甫，一字献之，学者称陵阳先生，井研（今属四川）人，徙居湖州（今属浙江）。以父荫入仕，曾为浙东提刑。理宗朝，累官大理少卿，以忤贾似道去官。恭宗德祐二年（1276 年）元兵陷临安，即杜门不出，隐居凡三十六年，卒年八十五。于元初客金泽寺，碑铭多出其手。

金泽即景（明·沈恺）

金鲤鱼

我不爱凡鳞，愿蓄黄金鲤。白日雷行天，龙跃乘云起。

石假山

陟岐即为山，何必登崇冈。我羡古达人，白首不下堂。

游金泽诗

十年闻胜地,及见过于闻。萝叶遮泉眼,松身写石纹。

狄分朝暮果,洞老古今云。旧寺千盘里,僧田薄可耘。

又游金泽诗

不到云林久,殊深野外情。白蘋愁对客,元鹤舞留人。

酒引山公兴,诗惭谢眺清。只怜圆寂镜,谁此学长生。

沈恺,字舜臣,别号凤峯,华亭(今松江属上海市)人。嘉靖八年(1529 年)进士,穆宗(1567—1572 年)时官至太仆少卿,书仿张旭,有龙蛇飞动之势。历官至刑部郎中,尝棹舟来金泽游,有吴道子大士像赞,并金泽即景诗。

金泽后八景(清·张奂曾)

薛淀烟波

金溪面面水滢洄,巨浸惟何薛淀哉。红蓼乱粘风浪阔,渔帆远去鸭媒来。

晴朝历历千村树,雨夕昏昏一壤堆。对此烟波愁尽遣,忘机鸥鸟共徘徊。

三环夕照

北环桥下水南流,桥上斜阳西望收。湖面无波成紫陌,树头有影想红榴。

凭高晚景终难尽,穷远烟光得易浮。真个目前无限好,落霞飞去水悠悠。

云峰古刹

孟頫如椽笔势道,云峰二字壮千秋。榆阴一路遮斜径,香稻两行浸碧流。

旧说宋时丞相宅,舍为竺国法王邱。文贞亦是前贤辅,赤乌犹存有衮楼。

湾潭春水

湾湾流水积成潭,到得春来色转蓝。铺面新萍青个个,参天高柳绿毵毵。

游鱼或跃初惊饵,过鸟群栖似盍簪。拟借岸边闲隙地,可能于此结茅庵。

百婆明月

百婆重建宛如虹,一有妲娥更不同。上下级咸停兔魄,往来人似步蟾宫。

波心沉镜鱼儿舞,桥面无灯狮子红。见得夜深人未睡,朱栏群倚趁凉风。

远浦征帆

浩淼烟波极目望,孤舟摇荡起乌樯。水光竟与天光接,帆影相随云影长。

未识王孙忙鹿鹿,但看舟子喜洋洋。分明一副潇湘景,那得倪迂作画良。

水村风柳

村南村北尽通潮,丛木周遮半柳条。照水不愁无媚眼,迎风尤喜自夸腰。

轻吹飞絮翩翩舞,斜拂烟波习习飘。渔艇乍来阴柳下,数声欸乃雨潇潇。

假山怪石

匪山是石石多偻,磊石成山山更幽。五老峰真庐岳面,半坡苔掩夜叉头。

虽多虎豹狰狞状,可与钟松伴侣俦。米丈不来谁下拜,牧童横笛共春秋。

张免曾　大学生,金泽人。学识渊博。在结诗社论文中称"金溪五老"之首。著有《金泽后八景》诗、《竹虱集》、《希姓汇补》等佳作。

金泽新八景（清·陈自镐）

颐浩晨钟

云峰高耸上方临,青籁常飞空际音。淡月犹然依古寺,晓风蓦地到寒林。

静中灵鹫原如昔,劫外青鸳尚有今。五百年来钟未断,一天霜白任谁侵。

石山远眺

披磴纡回绕径松,夕阳人在最高峰。炊烟直上平林静,远骛惊还暮霭重。

涧咽寒泉曾过雨,云封古树但闻钟。尘情到此都消却,欲借高梧写胜踪。

桑林春色

和风扑面送春来,路入桑林景物回。清荫晓疑云影合,柔条寒倩日华催。

鸠贪叶密呼灵雨,雉喜丛深雏蛰雷。少妇莫嗟黄落易,新成沃若足徘徊。

龙潭垂钓

闲云一片影迷离,地僻村幽绿水湄。龙去尚留灵雾涌,潭清好把细丝垂。

澄川日落烟飞远,野渚风微浪起迟。仿佛富春栖隐处,鹿裘持钓有余思。

芦田落雁

声断宾鸿万里秋,荻花风冷碧矶头。路径辽海寒云接,影拂平沙夕照留。

绮陌到春刚远别,绣塍才熟即来投。芳禾栖亩雍鸣度,好向江村托素侯。

雪漾征帆

平湖远远起涛声,一路风帆次第行。芦叶岸边残雪涌,蓼花影裹淡烟横。

云连巨浸鲸波澜,浪涌遥峰雁阵惊。惭愧燕矶飞渡日,余生空抱壮游情。

三里耕归

一缕炊烟澹翠微,荷锄人背夕阳归。长堤远远来黄犊,疏柳垂垂抵绿扉。

昨夜轻雷园笋茁,前溪涨伏鳜鱼肥。村肴把酒延邻叟,笑指陇头夕雾霏。

陈自镐,字师孟,号玉溪。乾隆三十八年贡生,工诗文,善于写景抒情,晚年论医济人,乐意助人,享年71岁。

金泽古桥的文保碑文撷录

为了更好保护文物,保护好老祖宗遗留下来的历史文化遗产,上海市文物管理委员会和青浦区相关文保职能部门为金泽的普济桥、迎祥桥、万安桥、金泽放生桥、如意桥、林老桥、天皇阁桥等古桥设置了文物保护标志石碑,简称"文保碑"。但在金泽古桥系列中,塔汇桥和普庆桥至今尚无"文保碑"。

普济桥(紫石桥、圣堂桥)文保碑

正面 上海市文物保护单位 普济桥 上海市人民政府 一九八七年十一月十七日公布

上海市文物管理委员会立

背面 普济桥,建于宋咸淳三年(公元 1267 年),紫石砌置,俗称紫光石桥,又名圣堂桥。清雍正初重建石栏,1982 年维修。

普济桥桥畔原有圣堂庙,故俗称圣堂桥。普济桥又以紫石砌置,故又名紫石桥。东西向跨金泽市河上,单孔弧形石拱桥。初建于南宋咸淳三年(1267 年),清雍正初年重修时加置石栏,至今已有七百多年的历史,是上海地区保存最完好、最古老的石拱桥。桥长 26.7 米,宽 2.75 米,拱跨径 10.5 米。桥体坡度平缓,桥面较窄,具有明显的宋代石拱桥的特征。桥项圈刻有咸淳三年题刻,拱圈内券石上镌刻莲幡状,有

金泽普济桥文保碑

"咸淳三年"等题证,现已模糊不清。

注释 普济桥是上海最古之石拱桥,有"上海第一桥"之誉,1987 年被列为上海市第四批文物保护单位,并已列入《上海辞典》《中国名胜词典》条目。

普济桥的建桥设计,极其讲究。它的拱圈砌置,与河北省著名的赵州桥相同,采用并联砌置。它的石料,与上海松江县方塔公园内的望仙桥相同,多为紫石(故俗称紫石桥)。紫石是武康石的代名词,宋代的江南石桥多以紫石为主,当雨过天晴时,桥面晶莹光泽,宛如一座用紫石镶嵌的宝石桥。此桥历史久长,后世又多更换,桥体杂以青石,花岗石等石材。桥两侧置栏板,两堍均有引桥,现已不完整。

据有些资料显示,古时的普济桥桥顶有木框架子,装置木门,晚间关闭木门,以护两岸镇民的安全。此桥与镇北的万安桥,在建造年代、建造式样和使用石料等方面,都很相近,故被称为"姐妹桥"。这是金泽乡民对古桥的特有感情。当代桥梁专家唐寰澄先生称:"论上海古桥之大,唯朱家角放生桥;论上海古桥之古,当推金泽普济桥。"

迎祥桥文保碑

正面 青浦区文物保护单位 迎祥桥 青浦区人民政府 二〇〇一年五月公布

青浦区文物管理委员会立

背面 元至元年间(1335—1340)建,明天顺六年(1462)重建,清乾隆三十三年(1748)修缮,2000 年又修。五跨简支梁石柱式砖、木、石混合结构。长 34.5 米,宽2.45 米,中孔跨径 6.4 米,两侧跨径依次为 5 米和 4.3 米。在桥保护范围内有任何建设,须经区人民政府批准。

注释 迎祥桥在金泽镇最南端。砖木石混砌五孔梁桥,东西向跨金泽市河。始建于元代至元年间(1335—1340 年)。明代天顺年间(1457—1464 年)和清代乾隆三十三年(1768 年)两次修建。该桥石壁顶部横置帽盖梁,梁上琢有 5 个半圆形凹槽,横卧五根 25 厘米粗的楠木梁,以稳固地搁置。楠木梁上的桥面结构由砖木组成,在楠木梁上横铺枋板。枋板上密铺用石灰糯米拌浆砌成的青砖,形成砖体桥面。两侧采用水磨箩底砖覆贴,既可保护木梁,又增加美观,还能起到压重稳固作用。桥面两坡小有踏级。

迎祥桥纵向坡度和缓,整座桥体略呈弧状,横跨水面,宛如长虹卧江,颇为轻巧。因此,"迎祥夜月"被列入金泽八景之一,有"月印川流,水天一色"之胜,同时伴以精巧的桥面造型,在全国堪称罕见。这在桥梁建筑技术上被称为"连续简支梁结构"。元代已能应用这种原理造桥,比西方要早数百年的历史。

迎祥桥头立有"金泽古桥甲天下"石碑,置碑帽,为著名金石书画家钱君陶所

著名金石书画家钱君陶题写的石碑

书。此碑引你从此处开始,向北可目睹古镇上的七座颇具特色的金泽古桥。

为了保护古桥,在桥南100米处,建造了一座大型水泥公路桥。一般的载重过桥,均走公路桥,以减轻历史古桥的负荷。在古桥的东南面,另辟园地,建造古亭,栽种树木花草,俨然是个小花园,供游者赏景休憩。桥墩二边均以水泥墩柱作了加固。桥堍建有仿古亭,上有对联一副:"虹影环空如入画,水天一色合吟诗。"赞美古桥景色优美、充满诗情画意。

万安桥(万安亭桥)文保碑

正面　青浦区文物保护单位　万安桥　青浦区人民政府　二○○一年五月公布

青浦区文物管理委员会立

背面　又称万安亭桥,宋景定年间(1260—1264)建,元至正二年(1342)桥上加建廊亭。明嘉靖、万历及清乾隆三次修缮,1999年又修。单孔石拱桥,长29米,宽2.6米,拱跨10.2米,拱高4.8米。在桥保护范围内有任何建设,须经区人民政府批准。

注释　万安桥又名万安亭桥,位于金泽镇北市梢,东西向跨市河,单孔石拱桥,桥面呈弧形。始建于宋代景定年间(1260—1264年),元至正二年(1342年)桥上因加建了廊亭,故名亭桥,明代和清代多次重修,并立碑勒石。桥长29米,宽2.6米,高5.5米,拱跨10.2米,拱高4.8米。此桥的结构、造型和用石,与镇南的普济桥基本相同,两桥同跨一河,南北相望,故称为姐妹桥。

据《金泽志》(2003年12月版)记载,关于万安桥桥面亭阁的建造,曾用楠木,是建造颐寺的余料,用料考究,雕作精细,因此受到历代重视。在桥的东堍,建有桥挑式引桥,也即岸桥,属于桥上挑桥,亭下有阁,这也是特有的古桥建筑。

万安桥文保碑

万安桥历来受到重视和爱护。曾有碑文云："万安幸甚,凡金溪之桥幸甚。"万安桥于1959年就被列为青浦县文物保护单位,是金泽极珍贵的古桥。

金泽放生桥(总管桥)文保碑

正面　青浦区文物保护单位　金泽放生桥　青浦区人民政府　二〇〇一年五月公布

青浦区文物管理委员会立

背面　俗称总管桥,明代始建,清乾隆五十六年(1791)重建,2001年修缮。单孔石拱桥,长28.5米,宽2.4米,拱跨1.7米,拱高4米。在桥保护范围内有任何建设,须经区人民政府批准。

金泽放生桥文保碑

注释 因朱家角镇的五孔石拱桥名为放生桥,此桥公布名前加了"金泽"二字,全名"金泽放生桥"。放生桥俗名总管桥,位于古镇南部,北邻普济桥,南近如意桥。南北向跨金泽市河的支河口,单孔石拱桥。放生桥始建于明代,崇祯元年(1628年)重修,清乾隆五十六年(1791年)重建。因桥下有放生河,故名,又因桥堍有总管庙,俗称总管桥。桥石采用花岗石和青石混砌,拱券采用纵联并列砌置法。

如意桥(祖师桥)文保碑

正面 青浦区文物保护单位 如意桥 青浦区人民政府 二〇〇一年五月公布

青浦区文物管理委员会立

背面 俗称祖师桥,元至元年间(1271—1294)始建,清光绪二十五年(1899)重建。单孔石拱桥,长20.6米,宽3.2米,拱跨8.6米,拱高4.2米。在桥保护范围内有任何建设,须经区人民政府批准。

如意桥文保碑

注释 如意桥俗名祖师桥,位于金泽镇南部,迎祥桥北,放生桥南,南北向跨市河与东胜港的支河口,单孔石拱桥。元至元年间(1279—1294年)始建,清乾隆三十三年(1768年)重修,光绪二十五年(1899)重建,为镇上最完整的一座单孔石拱桥。桥南堍原有祖师庙,因又名祖师桥。花岗石砌置,打凿整齐,拱券采用纵联分节并列砌置法,长20.6米,宽3.2米,拱跨8.6米,拱高4.2米。桥面雕凿盘龙,右端有如意图案,有完整护栏和望柱。

如意桥两侧刻有对联:其一,相传是地方绅士所作:"顾名思义祖师庙主善为师,前果后因如意桥发心遂意。"此联是赞美祖师的宗首,是阐说如意桥的哲理,很容易让人理解。其二,相传是明朝军师刘伯温所作:"化险境为坦途千秋如意,赖博施以济众一路平安。"此联的含义正迎合朱元璋的思想,用兵统一天下,化险境为平坦,从胜利走向胜利。治国平天下,靠关心民众,国泰民安。

如意桥桥拱倒映碧水,桥拱与倒影虚实相接,恰成一圆形,堪称是金泽镇的一大名胜。

离金泽不远的江苏吴江有一座永安桥,据说天气晴朗时,站在如意桥上可遥望永安桥三环洞,隐约相映,当地人称这二桥为"雌雄桥"。如意桥桥身整齐优美,犹如新建一般,乡民也称"新桥"。如意桥已于 1994 年被列为青浦县第四批文物保护对象。

林老桥(关爷桥、关帝桥)文保碑

正面 青浦区文物保护单位 林老桥 青浦区人民政府 二○○一年五月公布

青浦区文物管理委员会立

背面 俗称关爷桥,元至元年间(1264—1294)建,清雍正八年(1730)重建,2000 年修缮。单孔石拱桥,桥长 24 米,宽 3 米,拱跨 8.45 米,拱高 3.35 米。在桥保护范围内有任何建设,须经区人民政府批准。

注释. 林老桥俗名关爷桥,位于古镇北首,万安桥北,南北向跨市河西侧的支河口,单孔石拱桥。桥北对着关帝庙,故又名关帝桥。始建于元至元年间(1264—1294年),清雍正八年(1730 年)重建,2000 年修缮。故桥身保养较好。桥长 24 米,桥高4.5 米。因年久,桥面青石十分光滑,显得古朴典雅。

林老桥文保碑

天皇阁桥（天王桥）文保碑

正面 青浦区文物保护单位　天皇阁桥　青浦区人民政府　二○○一年五月公布

青浦区文物管理委员会立

背面 明代始建，清康熙三十七年（1698）重建，2001年修缮。三孔石拱桥，长22.2米，宽2.8米，中孔拱跨6.8米，拱高4米，两边孔拱跨4米，高1.8米。在桥保护范围内有任何建设，须经区人民政府批准。

注释 天皇阁桥在金泽镇都称天王桥，位于金泽镇下塘街，与上塘街的塔汇桥遥遥相对。因桥北堍有天王庙，即以庙名为桥名。初建于明代（1698年），清康熙年间按原样重建三孔连拱桥，桥的正中有石刻如意图案，并有浮雕"轮回""宝幡""连座"等多种佛教图案，拱圈石内侧有八仙吉祥图案，桥的楹柱上刻有"南无阿弥陀佛"等字样，这是典型的佛教文化，能在整座古桥上体现。天皇阁桥是金泽唯一的三孔石拱桥。

金泽天王桥，不仅历史悠久，而且桥型优美，这三孔拱桥，古朴典雅。这古老的建筑物，掩映在绿影的婆娑之中，放射着历史的光芒。天王桥于1994年被列为青浦县第四批文物保护单位。

金泽天皇阁桥文保碑

古韵篇

金泽非物质文化遗产

金泽非物质文化遗产名录

国家级名录——田山歌

田山歌是我国江南地区一种颇具个性特征的民歌形式。上海地区唱田山歌的历史源远流长。在青浦区的赵巷、练塘、金泽、朱家角等乡镇，很早就有田山歌的流传事迹，其中尤以金泽地区为甚。同时衍生流传于松江、金山、奉贤等区，均系水稻耕作区域。外省传播区域为江苏吴江、浙江嘉善等邻近地区。

青浦地区的田山歌是农民在耘稻、耥稻时，由一人领唱、众人轮流接唱的田山歌，又称吆卖山歌、落秧歌、大头山歌。主要流传于青浦区的练塘、金泽等地区。其演唱形式独特，自成一格。金泽的吆卖山歌的演唱形式是分头歌、前卖、前嘹、发长声、赶老鸦、后卖、后嘹、歇声等部分组成。其中的赶老鸦、歇声是合唱，而前卖、后卖、发长声等部分是一个人独唱。前卖和后卖即是承上连接的意思。而所谓的前嘹、后嘹是顺着前句接唱辅助词"虚词"的意思。练塘的落秧歌分头歌、买歌、嘹歌。头歌部分由一人独唱，接着是买歌部分由男声合唱，然后是嘹歌部分，由女声合唱，并作反复。

青浦田山歌的歌词内容来自生活。反映生活，丰富多彩，具有社会认识、教育、娱乐、审美等功能，其主要内容表现在劳动、生活、思想、爱情等方方面面，是观察青浦及周边稻作地区社会生活、风情民俗的重要手段。

青浦田山歌有其独特的音乐特点。田山歌音调高亢，旋律起伏也较大，经常出现八度的大跳进行，其他如三、五度的跳进也经常出现。另外，由于田山歌是散板散唱，因此形成较多的拖腔。田山歌的曲调，一般在句逗结束处旋律都有下行的规律性特征，而段落的结束音一般都落在调式的主音上。田山歌的主体基本上是单声部，但在各句逗连接时，后句逗常常采用侵入法，侵入到前乐句的结束音上，构成二乐句的重迭，民歌手称之为"迭起来"。由于演唱时形成的前后乐句的重迭，就构成了二个声部的和声音程效果，产生了同度、八度、四度、五度等不同种和声效果，也有二度、七度不协和音程出现，这就产生了特殊的多声因素。田山歌是由劳动人民自己创造的一种劳动歌曲。它既能抒发劳动人民的感情,诉说自己的欢乐与痛苦,又能陶冶性情、解除疲劳。因此田山歌在青浦区各地流传极广,在农村代代相传,流传至今。

市级名录——金泽庙会

金泽民俗庙会主要由每年农历三月二十八的"廿八汛"和九月初九的"重阳汛"两大香汛组成。"廿八汛"源于东岳大帝的诞辰祭祀,"重阳汛"源于杨震(民间俗称杨老爷)的诞辰祭祀。香汛期间,进香船只停满大小河道,各庙香火旺盛,街道、庙会场人山人海,除了信众的祭拜和神灵出游等信仰活动外,演戏、宣卷、唱神歌、打莲湘、舞龙、舞狮等各种民间娱乐活动汇集,各地来赶庙会的小商小贩,遍及大街小巷,形成了集信仰、娱乐、商贸于一体的盛大民俗庙会。

历史上,金泽地区信仰活动频繁,每逢"佛诞",佛教徒至庵堂烧香拜佛,祈求五谷丰登、延年益寿。每逢初一、月半,在本村或附近庙宇烧香拜神,祈求逢凶化吉。据清道光十一年(1831 年),镇人蔡自申修纂的《金泽小志》记载:"东岳神赛会,每年三月二十八日、九月初九日两举。远近村农为一日之游,由来已久。"可知,东岳庙在清末已形成大型庙会。如果依据颐浩禅寺和东岳庙的建造年代推断,金泽庙会的开始年代最早可追溯到宋元年间。

市级名录——商榻阿婆茶

淀山湖西畔的水乡小镇商榻地区,自古以来,沿袭着一种民间习俗——"阿婆茶"。这里的农家人,特别是农村里的阿婆,每天你来我往,聚在一起,几张桌椅围坐在农家客堂里或廊棚里,桌上放有咸菜苋、萝卜干、九酥豆等自制的土特产,边喝茶边聊天,谈山海经、拉家常、嘴不闲、手不停(做针线活等),其乐融融。这种以茶为礼、以茶待客,并能交流思想感情的生活习俗,久而久之就成为商榻风俗礼仪。

013 年金泽镇"非遗"传承展示活动《商榻阿婆茶》表演

商榻阿婆茶的起源至今难以作出确切的考证,但是这里的许多人家,至今仍然或多或少地保存着祖辈传下来的各式茶具:有印有宋代景德年号的青花小瓷碗,也有颜色艳丽、图案华美的盖碗;有形象逼真、古朴典雅的莲花观音茶壶,也有胎薄质细、小巧玲珑的茶盅,等等。商榻人煮茶的工具也非常具有传统特色:家家户户灶间里都有一只壁灶,边上有风炉相通烧的水,泡出来的茶,更为清纯、香郁。

1949 年以来,随着社会文明程度和人民生活水平的提高。商榻人吃"阿婆茶"的茶文化品位也有所提高。商榻人除了保持传统的喝茶方式之外,相继延伸了与家庭和人生的几件大事相关的喝茶新习俗:如结婚要喝"喜茶",生孩子要喝"添丁茶",造房子要喝"进屋茶",上大学喝"状元茶",参军喝"报国茶",等等,名目繁多,不下 20 多种。逢年过节,家家户户都要买上几斤茶叶和几张大红纸,把茶叶分开包装。如果走亲访友,茶叶总是必备礼品之一。品茗飘香的阿婆茶,是商榻人生活中无形的链、无声的缘。

市级名录——商榻宣卷

在农村,说起商榻宣卷,顾名思义,即讲书的意思。它由一人主宣,二人帮衬,小乐队伴奏,其形式近似苏州评弹,又不尽相同,更具特色。

宣卷源于唐代的"信讲"和宋代的"谈经",至清代出现以唱宣卷为职业的艺人。宣卷艺人以讲故事的形式,为民众说讲民间事物和民间传说,故宣卷艺人又被人们称之为"说讲人"。由于听讲的对象大都是本地农民,所以宣卷艺人的说讲语言特别注重通俗易懂,以吸引和取悦观众。据传,当时的宣卷艺人没有多少文化,他们表演的宣卷没有脚本,故事情节都是艺人们从平时观看的古装戏中照搬过来,然后写上自编的唱词,卷成纸卷,表演时摊在桌上,用通俗的语言宣讲卷中故事,并加入了应景的即兴演唱。

为了增加演出气氛,表演者还配备了一只木鱼,边敲边唱,自编几曲如南无阿弥陀佛之类的"经赞调",这便是原始的木鱼宣卷。后来,宣卷艺人逐步开始注重自身形象,脱下土布衣,身穿长衫服,袋放丝绢,手拿折扇。同时增加了两名女演员作帮衬,有对有答,有呼有应,一改以往一人说到底的单调状况。木鱼也弃之不用了,取而代之的是二胡、三弦、竹笛、扬琴、琵琶之类的民俗乐器伴奏,于是,木鱼宣卷就演变成了一直延续至今的丝弦宣卷。商榻地区一些农民纷纷效仿学起宣卷,在自家的客堂内竞相表演,最多时有 4 个班子,从事宣卷表演者多达 15 人。

20 世纪四五十年代,宣卷艺术在商榻地区被人们淡忘,但仍有几位宣卷爱好者即兴表演。党的十一届三中全会后,商榻文化站曾组织以宣卷为主的宣传队,在全乡巡回演出两个多月,受到村民欢迎,每场演出观众都报以热烈的掌声。2006 年春,镇文体中心重新成立了宣卷表演队。用独特的艺术形式,寓教于乐,营造了社会主义新农村建设良好的文化环境。镇里还在商榻中学、小学里增设"宣卷"表演兴趣班,让孩子从小喜欢并学唱宣卷。学校将"宣卷"作为艺术教育特色项目,通过课程拓展探讨研究"宣卷"艺术,通过走访商榻"宣卷"传人,收集整理宣卷剧本、编辑成册,延伸学习领域,并形成品牌。2009 年 6 月 被命名为青浦区宣卷传承基地。2010 年 5 月,商榻"宣卷"被上海市教委评为艺术教育特色项目。

市级名录——金泽烙画

中国烙画是中国传统画之一,烙画,也称烙花、烫画、火笔画。它是以温度在摄氏 300 度至 800 度的烙铁代笔,利用碳化原理所形成的一种绘画艺术。烙画不施任何颜料,绘画时,在竹木、宣纸、丝绢等物品上取其相应温度,进行勾、擦、点、烘等手法,巧妙自然地把绘画艺术的各种表现技法与烙画艺术融为一体,形成自己独特的艺术风格,所创作的作品为茶褐色,古朴典雅,精美绝伦。

出生于古镇金泽的潘琼英老先生,自幼酷爱烙画艺术,至今已有 3000 多幅作品问世,并被中外烙画爱好者收藏。他创作的"清明上河图""金泽重阳古镇图""重固福泉山全图"等烙画,先后被青浦博物馆等多家单位收藏。2010 年,他创作的烙画"金泽古桥甲天下"荣获中国书画艺术最高奖项——金菊奖。由于成绩显著,他被中国书画艺术家协会等权威部门命名为"人民功勋艺术家"称号,并担任中国书画学会副主席、中国当代艺术协会副主席等职务。

2011 年 4 月 19 日,青浦区人民政府发出《关于公布第三批青浦区非物质文化遗产名录的通知》,公布"金泽烙画"为第三批青浦非物质文化遗产名录。

市级名录——簖具制作技艺

在 2015 年的遗产日之际,第五批上海市市级非物质文化遗产名录正式公布,金泽镇"簖具制作技艺"入选其中,是继"宣卷""阿婆茶""烙画"之后第四个被列入市级非物质文化遗产名录的项目。

"簖具制作技艺"申报项目从年初就开始筹备申报方案,金泽镇"非遗"普查员多次下访到商榻地区,寻到了像张根林、徐福根、徐金福等一批有着簖具制作经验的老渔民,下水还原了传统簖具的原貌,并将其制作过程进行全程跟拍、记录。其申报工作经过普查、搜集资料、填写申报书、拍摄申报片等流程,历时 4 个月。申报材料于 5 月中旬递交上海市"非遗"保护中心。期间更有市、区级"非遗"专家慕名而来,给予了很多专业的实施建议和鼓励。

簖是从"沪(沪)"演变而来的,而"沪"亦是上海的简称,可谓家喻户晓。簖(沪)是一种靠阻断鱼蟹退路的方式的渔具。据史料记载,公元三世纪,附近一带的居民多以打鱼为生,渔民们发明了竹编的捕鱼工具"沪",后经改良成为现在的"簖"。簖从最初的捕鱼工具演变为现今的地名,它见证了上海的历史演变,是上海的水文化和民间智慧的集中体现,更是多个世纪渔民生活的真实写照。

青浦田山歌

青浦田山歌,主要传唱区域为青浦区金泽镇(含商榻)、朱家角镇等一带,同时衍生流传于松江、金山、奉贤等区,均系水稻耕作区域。外省市传播区域为江苏省苏州市的吴江县、浙江省嘉兴市的嘉善县等邻近地区。

青浦田山歌有其悠久的历史

田山歌是由劳动人民自己创造的一种劳动歌曲。它既能抒发劳动人民的感情,诉说自己的欢乐与痛苦,又能陶冶性情、解除疲劳。因此田山歌在青浦区各地流传极广,在农村代代相传,流传至今。

1953 年 9 月,由上海市青浦县的 10 位农民组成的田山歌队,在首都北京参加了"全国首届民间音乐舞蹈汇演",他们因演唱的青浦田山歌代表作"邀卖山歌"《五姑娘》而荣获"优秀演出奖",得到了国内外专家的一致好评。周恩来总理还亲切接见了田山歌队的演员们。从此,青浦田山歌成为上海田山歌特有的名称而闻名全国。

关于田山歌的流传记载,最早可以追溯到清朝年间。民国版《青浦县续志·杂记》载:"唱田歌悠扬赴节,声闻远近。"充分表明这种土生土长的田山歌已在民间被广泛传唱,闻名遐迩。"因为在农村劳动的时候,田山歌的功用是解乏,它随着劳动方式的存在而诞生。农民有一句话就是,天气越热,汗水出得越多,唱起歌来就越有

1953 年,青浦田山歌唱到了北京

劲。上海西乡的民歌手演唱田山歌,可以从日出东方一点红,一直唱到日落西山鸟归巢。

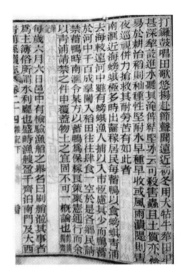

民国版《青浦县续志·杂记》

在上海流传的田山歌有各种各样的名称,有大山歌、响山歌、邀卖山歌、耘稻山歌、耥稻山歌。不仅有各种各样的称谓,而且每一种称谓有它固定的旋律和音调。"田山歌研究专家如是说了田山歌的来历和功用。

青浦田山歌的歌词内容表现在劳动、生活、思想、爱情等方方面面,来自生活,也反映生活,是观察青浦及周边稻作地区社会生活、风情民俗的重要手段,且具有社会认识、教育、娱乐、审美等功能。

青浦田山歌有其独特的音乐特点

田山歌音调高亢,旋律起伏也较大,经常出现八度的大跳进行,其他如三、五度的跳进也经常出现。另外,由于田山歌是散板散唱,因此形成较多的拖腔。

田山歌的曲调,一般在句逗结束处旋律都有下行的规律性特征,而段落的结束音一般都落在调式的主音上。田山歌的织体基本上是单声部,但在各句逗连接时,后句逗常常采用侵入法,侵入到前乐句的结束音上,构成二乐句的重迭,民歌手称之为"迭起来"。由于演唱时形成的前后乐句的重迭,就构成了二个声部的和声音程效果,产生了同度、八度、四度、五度等不同种和声效果,也有二度、七度不协和音程出现,这就产生了特殊的多声因素。

田山歌是由劳动人民自己创造的一种劳动歌曲。它既能抒发劳动人民的感情,诉说自己的欢乐与痛苦,又能陶冶性情、解除疲劳。因此,田山歌在青浦区各地流传极广,在农村代代相传,流传至今。

张永联等人在田间唱田山歌

村民正在田间唱田山歌

60多年过去了,当年到北京参加全国比赛的10位民歌手,他们的平均年龄早已超过了70岁。这么些年,老人们没有忘记当年的荣耀,也没有忘记韵味悠长的田山歌,他们发展了"队伍",传承着古老的民间艺术,和着时代的节拍,迎来了田山歌的又一个"春天"。

2007年12月19日至21日,由国家文化部和陕西省人民政府联合主办的中国原生民歌大赛在西安隆重举行,青浦田山歌代表上海参加了这次全国原生民歌最高水平的比赛,并一举荣获了优秀传承奖和优秀演唱奖两大奖项。

2007年,青浦田山歌被列为上海市首批非物质文化遗产,并被列入市重点保护项目。

附录:

商榻田山歌

商榻田山歌有:《虫字山歌》《二姑娘》《十二条手巾》《荒年山歌》《十字古人》《东乡十八镇》《十二杯酒》《哭七七》等。特别是歌唱商榻地区的地名歌谣、地名传说也有不少。如《淀山湖短歌》就有四首,地名传说有《南北藏土好》《泥城坝》等。

急水港短歌

（一）四个车闯直苗苗,搭个车棚小楼高。小黄牛打水团团转,木龙起水扬青苗。

（二）急水港里直苗苗,也无曲弯也无桥。顺风拉起蓬来驶,逆风把起两橹摇。

（三）沙田河里白洋洋,龙字圩相对道堂浜。朱家坞托出烧窑货,匠人浜独出好姑娘。

荒年山歌

正月梅花开起头,江南百姓苦愁愁。今年二十年份遭大难,糠菜薄粥吃得呒出头。

二月里来杏花白扬扬,拖男带女去借粮。左邻右舍在饿肚皮,含之眼泪回家再商量。

三月桃花红喷喷,拿只篮头挖草根。三亩头草根吃得精打光,大男大女面黄肌瘦吓煞人。

四月蔷薇白杨杨,眼泪汪汪卖家生。台条椅凳都卖光,卖剩下场头三间赤脚破老棚。

五月里来石榴黄,场角上剩块鸡吃田也卖光。卖得赤脚地皮光,手里无地无田这种日子苦难尝。

六月荷花透水清,各家人田里稗草长得密层层,老娘伯母十只指头拨得只只红。叫伲丈夫打把"滑结"(镰刀)捉头遍。

七月凤仙节三春,风潮水大吓煞人,低田没脱无其数,高田也没半收成。

八月里来木犀香,花烛夫妻细话细商量,大男大女甩在场角上,独家做来独家吃,各逃性命自逃身。

九月里来菊花黄,大妈阿婶黄苗把起把到稻头黄,大男小女年年哎哎哭,望伲捉之早稻救之荒。

十月里来芙蓉开,讨帐先生跑拢来。缺之陈债陈租还不起,新债新租又要逼上来。

十一月里水仙开,缺之租米解昆山,解到昆山要打一百零五加三单八记,开年芒种放出来。

十二月里腊梅开,监牢里放出来吃顿年夜饭,大男小女还在哭哎哎,望伊荒年去之总要熟年来。

莲盛田山歌

莲盛田山歌,又称稻稻山歌,是农民在田间劳动时唱的一种劳动歌。

其田歌的演唱形式自成一格,有头歌、前买、前撩、长声、后买、后撩、歇声等几个部分组成。头歌即领唱,由一人率先拨开嗓子,高声领唱,前买、前撩、长声、后撩,同声合唱。田歌音调高亢、嘹亮,色彩明快,悠扬动听,易唱易传,是劳动人民自己的艺术创造。田歌既能抒发感情,倾诉自己的悲欢和愿望,又能陶冶性情,激奋精神,消除疲劳。因此,富有艺术魅力,在民间流传甚广。旧时本地几乎村村有歌声,人人会唱几句。田歌易编易唱易传,有的歌手能见物生情,随口歌唱。本乡田歌从演唱的内容,大致分为三类:一是传流歌谣,如《十二月花名》等。二是即兴创作,俗称见花篮 买花篮,看见什么唱什么。三是新民歌,如《红太阳照亮任屯村》等。

民间山歌历史悠久,相传已有数百年之久。民间山歌,有反映劳动人民生产和生活的,有揭露封建社会黑暗和丑恶的,也有反映婚丧喜庆、风俗习惯的,还有唱古人和地名。山歌虽长短不一,但唱词基本上以七字成句,形似七律,唱起来 琅琅上口。如《十二只香台》《二十八岁姑娘当梢公》《小小舟船荡上行》《姐撩郎》《大花名》《大花名山歌》《五姑娘》《香台歌》《小私情》,还有《擦身经》《梳头经》等。1949 年后,广大群众创作了许多新民歌,有歌颂党和社会主义的,有抒发劳动人民翻身后喜悦心情的,有歌唱新人新事新风尚等,内容和格调都具有鲜明的时代特征。附歌选:

十二月花名

正月梅花叶头尖,二月杏花白如银,三月桃花满树红,四月蔷薇似星星,
五月石榴一点红,六月荷花结莲心,七月凤仙挂金灯,八月桂花喷喷香,
九月菊花九重阳,十月芙蓉引小春,十一月里水仙开,十二月腊梅黄如金。

新民歌选《任屯村上送瘟神》

春风杨柳万千条,水乡景色分外娇。
任屯村上送瘟神,男女老少齐欢笑.

金泽田山歌

长工苦

长工苦到正月中,开开大门四面风。上欠公粮下欠债,央人托保做长工。

长工苦到二月中,将就衣衫去上工。东家见了咪咪笑,飞来鹁鸪上鸟笼。

长工苦到三月中,清明时节雨朦朦。东家坟上飘白纸,长工爷娘坟上出青蓬。

长工苦到四月中,磨刀割麦忙匆匆。东头割到西头去,不敢抬头望烟囱。

长工苦到五月中,耘稻除草生活多。白天不见亲人面,晚上独自流眼泪。

长工苦到六月中,扛车抬轴装水车。上芹有水东家哈哈笑,下芹无水骂长工。

长工苦到七月中,家家蒸糕闹哄哄。人家热闹他无份,揩台端凳叫长工。

长工苦到八月中,东家娘娘心肠狠。一碗饭盛得 72 个苍蝇钻得过,还说长工吃口凶。

长工苦到九月中,磨刀割稻急匆匆。腰酸背痛二腮红,还讲长工是懒虫。

长工苦到十月中,牵枕做米闹哄哄。日里牵得无石数,夜里做来不顶工。

长工苦到十一月中,挑水淘米拔胡葱。十个指头冻得红通通,不敢拿柴引火烘。

长工苦到十二月中,锄头铁镩交代侬大相公。全年吃侬一年平安饭,开年再不做长工。

（由金泽浦才根提供）

金 泽 庙 会

　　近年来,青浦区非物质文化遗产保护工作严格遵循"保护为主、抢救第一、合理利用、传承发展"的工作方针,扎实做好非物质文化遗产的抢救、保护、管理和合理利用工作。此次"金泽庙会"的入选,进一步推进了青浦区"非遗"文化的发掘、保护和传承。金泽至今还保有着仪式感满满的庙会活动。2018 年 11 月,上海市文化广播影视管理局公布了第六批市非物质文化遗产代表性项目名录推荐名单。青浦区的"金泽庙会"项目,被列入第六批上海市非物质文化遗产代表性项目扩展名录。

　　庙会在一些古镇都有,朱家角农历七月廿七日泥河滩香期,白鹤农历三月半的青龙寺庙会,旧青浦农历六月廿六日的城隍庙会等,都曾兴盛一时。但金泽庙会规模大,人气旺,既是信众的一个庙会盛典,也是民众的一次节庆。金泽庙会营造商机,促进旅游,为当地经济、文化发展构建一个群众性载体。

　　历史上,金泽地区信仰活动频繁,每逢"佛诞",佛教徒至庵堂烧香拜佛,祈求五谷丰登、延年益寿。每逢初一、月半,在本村或附近庙宇烧香拜神,祈求逢凶化吉。宋元以来,金泽寺庙众多,且历代延续,规模宏大,吸引周边地区广大信众前来烧香拜佛。香火不断,历久不衰,但一年中规模盛大的有两次,因而形成声名远播的"金泽庙会",构建千年古镇别具特色的民俗风情。

　　据清道光十一年(1831 年),镇人蔡自申修纂的《金泽小志》记载:"东岳赛神会,每年三月二十八,九月初九两天。远近村农为一日之旅,由来已久。"可见,东岳庙在清末已形成大型庙会。如果依据颐浩禅寺和东岳庙的建造年代推断,金泽庙会的开始年代,最早可追溯到宋元年间。

　　金泽民俗庙会一年举办两次。上半年在农历三月廿八日,称"廿(念)八汛",源于东岳大帝的诞辰祭祀;下半年在重阳节,称"重阳汛"。源于杨震(民间俗称杨老爷)的诞辰祭祀。"汛"指"香汛",因为烧香敬佛赶庙会的日子是固定的,像汛期一样按时而来,人如潮涌。香客虔诚礼拜,游客探奇览胜,商贾招财进宝,全都凭借庙会这一平台。所以过去曾有"一年生活靠两汛"之说,这是商家的体验,也反映庙会的盛况。

　　金泽庙会已有 1000 多年历史,它既是古代传统集市的一种形式,又是汇集民俗风物和民间文艺的一种形式。1949 年后,曾中断一段时间,现又逐渐恢复,只是形式和内容因时而变,经济成分加重,文化内涵丰富,旅游目的凸显。

　　念八汛　农历三月廿八日,是金泽古镇每年第一个大庙会,俗称"念八汛"。此时正值桃红柳绿、春耕开始之际。苏、浙、沪各地的农民,结伴到金泽进香,祈求风调雨顺,五谷丰登。金泽四乡的村民,在这个节日里,也到镇上游玩、看戏、上馆子,以备祈福、舒展之后投入春耕生产。

　　金泽镇"念八汛"特别隆重、热闹,和东岳庙东岳大帝有关。三月廿八日正是东岳大帝的生日,所以祭祀活动特别隆重。金泽镇民在此香汛要进行盛大佛事:

　　三月廿六日,数十座庙宇里的神祇,换上新袍,戴上新帽,准备坐轿。轿前后装上灯光,抬出来巡游,香客皆席地跪拜。

　　三月廿七日,金泽最高的阴府神祇东岳大帝被隆重抬出,坐轿停放桥顶,开始"召皇"。镇民抬着各个神祇("神"指天神,"祇"指地神,"神祇"是泛指众神),快步行走,接受召见。由此,香汛进人高潮,观看的民众,人山人海。

　　三月廿八日,神祇由镇民抬着,陆续回归庙宇。镇民抬着神像"出巡",丝竹、吹打队伍随后。附近村民则组织一队队游行队伍,有"扎肉提香":扎肉提香者,口中念念有词,用钢针弯成钩形,穿透手臂表皮,并排数只钢钩,钩上吊着花篮、泥塑佛像,甚至吊铁香炉、大铜锣的,这样忍痛行街,以示自己的虔诚,所以参与者都是宗教的信徒。还有踩高跷、跳花篮舞:女香客身着彩衣彩裤,肩挑两只荡悠悠的花篮,边唱边行。队伍浩浩荡荡、蜿蜒数里,尾随着神像,周游全镇。男女老幼人头攒动,围观争看,使香汛高潮迭起。

　　金泽镇的大寺基场地上,搭台演戏,为香汛助兴。镇民们自己筹款,到苏州或嘉兴请戏班子唱戏,上演的剧目有《跳加官》《龙凤呈祥》《四郎探母》等人们喜闻乐见的戏曲。还有杂耍艺人、小商小贩、江湖郎中、三教九流也都汇集在庙前广场,吃、用、玩、耍应有尽有,热闹非凡。这三天(旧时有长达半月)热门的"念八汛",大大带动金泽的商业经济。

　　20世纪四五十年代,利用庙会的传统习俗,还组织开展城乡物资交流,受到

庙会扎肉提香

庙会表演

群众欢迎。"文化大革命"期间,废除庙会。改革开放后,政通人和,百废俱兴。镇内重建颐浩禅寺和杨爷庙,香汛又逐渐恢复,香客逐年增加,而随着时代的发展,游行内容也逐渐摒弃封建糟粕,有舞龙队、舞狮队、秧歌队、打莲湘等,气氛同样热闹非凡。

重阳汛 农历九月初九,为金泽古镇每年的第二个大香汛,俗称"重阳汛"。此时秋高气爽,丰收在望。村民们乘香汛来金泽进香,祈求国泰民安,五谷丰登。

旧时因交通以舟楫为主,香汛之日,载客的大小舟船鱼贯而入,布满市河。有的在庙会前一天就举家老少和亲属偕同到金泽。前来烧香赶集看庙会的人们,东自浦东、上海、松江,西有嘉兴、苏州、杭州一带,络绎不绝。人们敲锣打鼓、陆续到杨震庙、颐浩禅寺、总管庙等寺庙,烧香祭祀,祈求平安幸福。还有百人组成仪仗队,为"杨老爷"出会,丝竹吹拉,氛围肃穆。

"重阳汛"期间,寺庙内大多旌旗飘飘、鞭炮声声,人如潮、歌如海。庙前广场则有舞狮、打莲湘、挑花篮等各种民间歌舞聚集于此,沪剧、越剧以及民间小调等夹杂其中。唱词内容大都涉及健康、长寿、平安等。周围城镇的小商小贩们纷纷来金泽赶集,带来的商品,吃、穿、用应有尽有。这些商贩们,大多集中在金泽的大寺基几百平方米的广场上,摊位密集,鳞次栉比,水泄不通。此外,在金泽镇中心通向东岳庙的一条300多米长道路上,同样是设满小摊,并有玩杂耍的,拉洋片的,打拳卖药的——百艺逞能,吸引游人。

外地的香客、游客们,有的当天不能回去,就夜宿在各个庙宇。金泽四乡的香客们,各村都备有一只大船,可容近百人。船内食、宿俱全,船外披红戴绿,大船挤满河道。重阳汛一般延续三天。

如今,盛行的"金泽庙会"仍能带动当地商业商机,在上塘颐浩禅寺东门口到东库江桥杨震庙之间,1500米长道路两侧摆满摊位。集镇中心的主要商业街金溪路两侧彩道板上,也成为商贩摆摊的地方。服装、鞋帽、床上用品、农用物品、家用小商品等等,琳琅满目,品种繁多,都是小商品的世界,商贩交易的市场。进香、购物、旅游各得其所。庙会,不仅是人们对神祇的敬奉和对福祉的期盼,也带给人们变换一下生活方式的乐趣。

资料选自:《金泽小志》(清道光十一年(1831年)《金泽志》(2003年12月版) 《青浦旅游志》(2012年版)

商榻阿婆茶

阿婆茶是水乡商榻的特色茶俗。在商榻流传着吃阿婆茶的习俗,转眼间已有整整700多年了。婆婆、婶婶妇女们喜欢聚在一起,叽叽喳喳,谈这谈那,做着针线,拉着家常。嘴渴了,喝口茶。这就叫吃"阿婆茶"。无论吃得怎么样,大家都要吃茶,哪怕20世纪60年代生活条件异常艰苦的时候,老婆婆们也没有间断吃茶。商榻人吃了那么多年茶,不吃心里总有点空落落的。如今,"阿婆茶"成为商榻一张文化名片。

据《青浦旅游志》(2012年版)载:在青浦,淀山湖周边金泽、朱家角等地区,这种习俗非常盛行,商榻是这一饮茶习俗的代表区域,故称"商榻阿婆茶"。商榻人不讲"喝茶",而习惯上称之为"吃茶"。商榻地区喝"阿婆茶"最早的起源点已经无从考证,大约形成于宋朝以后,明清时期的商榻地区商业发展迅速,"阿婆茶"便开始盛行,已经有700余年历史。"阿婆茶"的形成和这一地区妇女的劳作方式有关。青浦西部数镇都依傍在淀山湖畔,早年当地集居的村民,男劳力外出捕鱼或耕作,妇女们在家编制虾笼、织补渔网,或纺纱织布、缝补衣衫。寂寞的劳作非常单调、乏味。渐渐地,阿婆、阿姨们就凑在一起"做生活"(方言"干活"之意),带上自家腌制的咸菜、萝卜干,边干活,边谈笑,喝茶、吃咸菜,把手工劳作和休闲沟通合二为一,变成一种自得其乐的劳逸结合形式。久而久之,人们就把妇女们这样的喝茶形式称为"阿婆茶"。

2014年金泽镇"非遗"传承展示活动中商榻小学
阿婆茶传承基地学生正在制作阿婆茶

有一首民谣这样唱道:柴板响声大,茶水香又糯,阿婆阿婶闲话多。歌谣真实地反映出喝"阿婆茶"的生动景象。"阿婆茶"不仅是一种饮用的生活习惯,而且成为人们喜庆活动的一种形式和载体。还有一首歌唱"阿婆茶"的歌:世代流传吃"阿婆茶",翻身造屋进宅茶,情投意合相亲茶,光荣参军报国茶,双方恋爱订婚茶,男婚女爱结婚茶,生男育女养囡茶,皆大欢喜满月茶?大家来吃"阿婆茶",开创辉煌庆功茶,呜哎——呜哎——"阿婆茶"的功能,在生活中已经被扩展了。

阿婆茶的传说

阿蒲说 据说,很久以前,在淀山湖中的一座小山上住有一个叫阿蒲的人,她是一位诚实、善良、心肠好的老婆婆。她在山上种了许多茶树。每到春季采茶的时候,阿蒲总会带上她的茶叶到四处走一走。路经商榻时,她看见一群穷苦的乡亲们,就顺手送了一些茶叶给他们。以后每年都这样做。从那以后,商榻就有了茶叶,乡亲们也开始用茶解渴的习惯了。后来,人们为了纪念这好心肠的阿蒲婆婆,就把喝茶叫做"阿蒲茶".后来,把"蒲"改成了"婆"。从此商榻人喝茶又有了一个更响亮的名字——"阿婆茶"。

金口说 据说,乾隆年间,皇帝带着几名大内侍卫来到江南小镇——商榻。那天,太阳把田园大地晒得干枯干枯的。乾隆口干舌燥,精疲力竭,但就是找不到喝茶的地方。突然,他看见对面一个屋子里有一帮老妈妈正津津有味地喝着茶,有的还在嗑着瓜子。皇帝因口渴得厉害,匆忙间把话说错了,他把"阿婆,喝口茶好吗?"说成了"阿婆,茶"。那些阿婆们就把茶双手递了过去。皇帝接过茶,咕嘟咕嘟地喝了起来。侍卫们看到了都眼馋。乾隆喝完后,向阿婆又要了几杯给侍卫,喝足后,他对那些老妈妈诚恳地说了声:"谢谢。"便掉转马头回宫了。后来,人们才知道前来讨茶的是乾隆皇帝,就把吃茶叫做了"阿婆茶",这个风俗也就传了下来。

庙会说 在商榻急水港的南岸,有座石人庙。这座庙大雄宝殿的正门朝东,对着烟波浩淼的淀山湖。意为保佑进出淀山湖的渔船、商船的平安。商榻的村民和过路的商船都要进庙烧香拜佛,以求平安。烧香拜佛规模最大的要算庚申日。每逢庚申日,那些老婆婆们带上香烛和供奉用的食品,有糕点水果和咸菜,三五人家合摇一只小船,从各自的村庄出发。急水港边泊满了小木船,石人庙前人山人海。那一天,戏班子也前去唱戏,场面非常热闹。庙里的和尚对香客招待的是清茶一碗。那一碗普通的茶,十分的灵验,有求必应,能保平安。为了喝到那一碗茶,香客们耐心等待,不吃到是不肯起锚上船回家的。以后有多个庚申日,都是天气突变,狂风大作,闪电雷鸣,这种天气是过不了急水港的,这可急坏了老婆婆们,也急坏了石人庙里的和尚。后来有一高僧路过,指点了迷津。他说庚申日如遇天气不好,不来石人庙也无妨,只要平日里到庙里烧香时,请点茶叶回去,自家泡了喝,也能保平安。以后,每遇这种天气,老婆婆们便聚在一块儿,点点香烛拜拜佛,当然还要泡一碗从石人庙里求来的茶,求得平安,商榻的人们就叫它阿婆茶。

阿婆茶的方式

烧水点茶 过去家家制有专烧树干柴块的煮水烘炉,用陶罐瓦罐盛水,木柴燃煮,禁忌和金属物品接触,这样可以保证茶的色、香、味俱佳。沸水泡茶醉而香淳,且水越窜滚、茶味道越浓郁解渴。商榻把这种古老而别具风味的煎茶方式叫"炖茶"。用青浦方言来说,就很押韵。茶具均用密封性能好的盖碗。

首次沏茶 先点好茶酿,即先用少量的开水沏泡,然后迅速将盖子盖上。沏茶饮茶:一个人独喝茶,则隔5分钟左右,在点好茶酿的盖碗中再冲满开水;若数人同饮,则依前例掌握好点茶和沏茶的时间。吃"阿婆茶",不太讲究茶叶的贱贵之分,喝茶时,先在桌上放几碟腌菜、商榻阿婆茶酱瓜、酥豆之类的小吃,作为佐茶菜。街坊的阿婆、阿姨们相约从各家会聚而来,宾主相互招呼,依次就坐。然后大家围着八仙桌,磕磕瓜子,喝喝茶,一边做针线,一边聊家常,沟通信息,疏解郁结,其乐融融!满桌子的清醇茶香,满屋子的街坊情谊。

阿婆茶

茶清情意浓 有一首民谣这样唱道:一杯阿婆茶,两根咸菜苋,三根萝卜干,四个蜜枣青。20世纪80年代,日本茶道研究专家曾来商榻考察,就被"阿婆茶"的随意而精致、普通而独特,在简朴中蕴含着古老的智慧而折服。随着生活水平不断提高,水乡的"阿婆茶"发生很大的变化:原先纹路密布的大茶碗,今时用上色彩鲜艳的玻璃杯;往昔喝的是老茶叶,今时喝起西湖龙井、黄山毛峰、碧螺春新茶。茶桌上也一改往昔的酱菜,出现花生仁、香瓜子、糖果、话梅等。

为了延续"阿婆茶"的古老传统,有识之士提出把这个流传700年的茶文化习俗作为"非物质文化遗产"保护起来。2006年,青浦区金泽镇把"阿婆茶"作为一项"非物质文化遗产"进行申报。2007年6月5日,青浦"阿婆茶"已被列入上海市政府发布的首批上海市非物质文化遗产名录。青浦人喝了700多年的"阿婆茶"正在延续下去。它代表 一种上海独特的传统文化。

阿婆茶的名目

春茶 是每年春节到来之际的饮茶仪式。茶客们从大年初一开始喝茶,每天轮换一家,直到附近的每一户人家都轮到,才告收场。轮到举办"春茶"的主人家,天一亮就得派人逐户上门相请,这叫"喊吃茶"。

喜茶 男女双方正式举行婚礼后,于第二天一清早进行的喝茶前,左邻右舍的乡邻们总要先入新房"道喜",向新婚夫妇说上几句吉祥如意的话,然后,由新娘引领乡邻们入座。喝茶时,主人要为每位来客端上一碟由女方带来的茶点,然后,新娘在婆婆的引领下为每位来客斟茶。

撬臀茶 女儿长大了,到了出嫁的年龄。在举行结婚仪式的前几天,新娘娘家的左邻右舍为了表达对新娘的依依不舍,或白天或黄昏,叫将要出嫁的新娘吃茶,同时叫上左邻右舍的乡邻同去。和睦的邻里关系可见一斑。

监生茶 生了小孩要请邻居吃茶。生小孩有接生婆,在传说中还有监生娘娘,在场监生小孩出世才太平。吃茶既谢监生娘娘,同时让茶客们看看小孩生得怎样。这一天,本家还宴请亲朋好友吃饭。

寿头茶 当小女孩长到13周岁后,小姑娘已婷婷玉立,父母就邀左邻右舍吃茶。一般吃茶的规模比较大,有好几桌,晚上还得邀请亲戚朋友吃饭。这标志着小姑娘已长大,应保持姑娘家应有的矜持。

农闲茶 每年新秧插落,农活忙完,农妇们闲着没事,自发喊吃茶。一般规模不大,五六个人左右,平日里关系比较好,今日你请,隔日她邀,很是热络。

状元茶 是指儿子、女儿通过十多年寒窗苦读,考上大学,为了庆祝,表示喜庆,邀左邻右舍吃茶。前去的妇女们也相当懂得树立榜样来教育人的道理,总会带上尚在小学阶段读书的娃娃们。

望朝茶 姑娘出嫁后的第一天,兄长或弟弟要去探望,看看新娘的婆家的家境如何、新娘是否称心。新郎也会请来一班小弟兄,陪伴第一次上门的舅子吃茶。

回门茶 姑娘出门后的第二天要回娘家探望父母亲,以表示今后会来娘家看望。娘家会请邻居来陪着刚出嫁的女儿吃茶。

十二朝茶 结婚后的第十二天,新娘又要回娘家探望父母亲。十二天代表十二个月。新娘回家后,父母要请邻居陪新娘吃茶,在热烈的气氛中,茶客们还询问新娘十二天在婆家的情况、待人如何等。

新月茶(满格茶)　结婚后一个月即满月时,新娘的左邻右舍会轮流请新娘子吃茶,一是表示团圆扎根的意思,同时也是新娘第一次走出家门,取得了从今往后可随意走动的资格。

元宝茶　大年三十,吃过年夜饭,全家人坐在一起吃茶。桌上摆放着尚好的茶点,在和融的气氛中谈一年来的收益状况。家长要给子女发压岁钱,成了家的子女也给老人送钱。家长会嘱咐幼小的子孙好好念书。全家人还要讨论新的一年如何持家理财的打算等。

担盘茶　亲事决定后由男女双方选定结婚的日子,男方将备办好彩礼由介绍人用盘送给女方,并通知已经定好的结婚日,俗称担盘。这次男女双方都要请邻居吃茶。

元宵茶　正月半的吃茶,一般由老人、长辈召集,东邻西舍的女主人都得出席。晚上要放野火,这是一种闹元宵的方式。为防火烛,确保安全,在放野火前家长们总要向孩子们叮嘱一番,待到天黑大人在家接灶君,孩子们则到田头放野火,每到这时田野里到处都是火把。孩子们点着火把,在田埂边兜圈:"炭炭田角落,一亩三石六。"

分家茶　弟兄成家后一般是要分家的。房屋家产分定后,请来吃茶的茶客们都会看看问问,最为关心的是老人怎样住,有的还亲自走入老人的房间看看,以圆老人满意,全家欢乐。

进屋茶　新房子造好后,全家搬进新居安排妥当后,就要请邻居来吃茶。茶客对老人居住的安顿情况很敏感,老人住的好与差直接影响着茶客们的情绪。

生日茶　做生日,现在很普遍,本家要请邻居和好友来吃茶,一边祝福生日快乐,一边分享清香的茶和糕点。

做寿茶　一般高龄老人,如六十大寿,七十、八十高寿,做儿女的请有关人吃茶,以祝贺老人身体健康,长命百岁。

吃讲茶　吃讲茶是一种调解纠纷的传统的好方式。村与村、户与户之间发生争执,为避免官司,一般由威望高的老长辈出面,召集当事双方到指定地点,一边吃茶,一边调解,通过摆事实讲道理,达到大事化小、小事化了,用私了的方式调解处理好纠纷。这种解决内部矛盾的方式,深受民众的欢迎。

庚申茶　庚申茶,是按六十花甲子排列,每六十天中就有一天。庚申日这天,老年妇女集中在寿堂或庙宇吃茶,俗称坐庚申。吃的喝的均她们自己带来。早年,要数石人庙的规模最大,人数最多,他们摇船而来,风雨无阻。

商 榻 宣 卷

　　江南水乡商榻的土特产"宣卷",相传源于唐代的"俗讲"和宋代的"谈经",是一门古老的民间艺术。在江南淀山湖畔,这种土生土长的民间曲艺已流传了千余年,至今仍受到水乡居民的喜爱。

　　商榻地处沪苏交界西部边缘,"商榻宣卷"由苏州传入。据说当时有一位农民爱说戏文,后来他又自编了几段"念经词"插入其中,并配上一个木鱼伴唱,很受人们喜爱。当时称为"木鱼宣卷",也叫"客堂戏"。这就是"商榻宣卷"的前身,相传已有近百年的历史。

　　宣卷,一人主宣为主,二人帮衬附唱,再用丝竹乐器伴奏。艺人在为观众表演时,有说、唱、做、念,南腔北调有之,别具一格,韵味浓郁。早在 20 世纪 30 年代,水乡商榻就有民间艺人开始表演宣卷。久而久之,在淀山湖一带有了名声。早些时候的宣卷,只有木鱼宣卷。艺人在承袭古曲的基础上,自编一些富有故事情节的节目,善于掌握听众心理,讲到"热闹敷衍处"刻意盘旋,妙趣横生。随着社会的发展,宣卷艺人开始注重起自身形象及舞台效果,脱下土布穿长衫,袋藏丝绢、手拿折扇,讲戏台上放一块四方形的木扳子,名叫起拍。艺人开头唱的第一句就是:"起拍一响,宣卷开场!"在说、做、念、唱等方面更贴近生活了,并有了单调的木鱼宣卷,配有琵琶、扬琴、竹笛、三弦之类的民族乐器。

　　水乡商榻的宣卷,纯朴而别具韵味。有句名言这样说:"越是民族的越是世界的。"正因为这样,连同一些外国客人对中国民间古老的宣卷亦情有独钟,千里迢迢觅宝似地从老远赶来,感受这种富有民间意蕴的文艺表演。1990 年秋天,来自日本早稻田大学乐泽文化研究学院、东京皇家学院、广岛大学一行十多位教授和专家,在上海市文联、社科院、民协等有关领导的陪同下,饶有兴趣来到商榻参观考察了这一朵盛开在中国民间的艺术之花"宣卷"。

商榻宣卷　源于清代

　　"宣卷",民间曲艺的一个曲种。在五唐时代,像宣卷、说书、评弹,民间以说话(讲故事)为业的艺人,称之为"说话人"。据说当时的民间艺人,为了照顾迟到的听众,不得不先以闲话敷衍,刻意盘旋,妙趣横生。免得晚进场的观众听起来摸不着头脑,影响书场秩序。因此演出正文之前先由"入话"开场,入话又称"笑耍头回"或"得胜头回",与俗讲的"押座文"相仿。听话对象,一般是文化水平相对较低的城乡民众,故说者特别注重语言的通俗易懂。"话须通俗方传远",正是古人总结出来的一条艺术经验。从此,古色古香的"宣卷",揭开了神秘的面纱,从民间深处农家客堂里,千呼万唤走了出来。通过参加汇演的形式,才逐渐从农村登上了城市的大舞台,一曲充满乡愁味道的古韵,受到了广大民众的热烈欢迎。

民间宣卷到全国解放前夕,已日见衰落。但在青西金泽商榻地区,宣卷这种古老的文艺样式,却一直活跃在群众活动中,除了保持原有的曲目外,也注进了一些新的内容。宣卷艺人常在节假日为四乡的农民演出,很受欢迎。至20世纪50年代,在商榻当地的民间,仍有民间宣卷艺人,逢年过节串村走户,或在村头巷尾搭起草台,为村民群众演出,深受广大村民的喜爱。如商榻民间宣卷老艺人孙建达、姜友明,所表演的传统宣卷《孟姜女》《车棚产珠》闻名四镇八乡,通过汇演和交流,得到江浙沪戏曲专家的好评和赞赏。

如今,金泽商榻的老百姓闲暇时,仍喜欢请民间艺人表演宣卷。艺人们坐在方桌边,被观众团团围住,原汁原味的表演,引来阵阵叫好声。

雪米村村民进行宣卷表演

口口相传 千年传承

一种古老的民间艺术能传承千年,实属不易,其生命力顽强,主要因为深深扎根于老百姓中间。全国解放初期,商榻宣卷在南新村孙建达、雪米村姜友明两位民间老艺人的努力下,得以挖掘和流传。

党的十一届三中全会以来,镇文化站在开展文艺下乡的活动中,把宣卷重点推出,并积极创新,创作了不少现代节目,还培养了新一代宣卷艺人。在孙建达、姜友明两位老艺人的传授和辅导下,孙留云、朱其元等一批中青年宣卷传人在原有的唱念说的表现形式上不断改进,吸收了戏曲中的有关曲调,融合贯穿其中,使其更完美,更动听。

1980 年,商榻文化站曾组织以"宣卷"为主的文艺宣传队,在全乡巡回演出两个多月。自 1982 年以来,"商榻宣卷"先后有 10 余次参加区各类群众文艺汇演。

1983 年,由青年演员孙留云等 7 人组成的宣卷队,创作演出"商榻宣卷"《懒阿新遇仙》,参加上海市农村业余曲艺创作节目交流演出,被评为优秀节目。

1984 年,在上海农村元宵灯会上,又演出根据传统曲目整理的《螳螂娶亲》,受到市委领导以及文化界人士的重视,《新民晚报》2 月 21 日以《春来又闻宣卷,古曲已有传人》为题,对商榻宣卷作了报道。1985 年 9 月在市区巡回演出,场场爆满,令市区观众耳目一新。

如今,在商榻地区,9 个行政村几乎每个村都有宣卷表演者,其中雪米村有两个宣卷表演队,业余宣卷演员有 30 人。一直以来,宣卷都靠民间艺人口口相传代代相传。新一代民间艺人孙留云近年来主宣的《阿婆茶》《螳螂娶亲》等曲目走南闯北,有了名气。

宣卷演员 后继有人

目前,商榻地区宣卷表演者年龄大多在 60 - 70 岁之间,演员青黄不接,后继乏人。金泽镇政府为了挽救这一千年民间艺术,除了成立镇、村两级业余宣卷表演队外,还聘请宣卷传人孙留云进镇文体中心,专门从事宣卷艺术的挖掘整理工作。经过多年多的努力,现在《招贤红榜》《螳螂娶亲》《阿婆茶》《肚背对话》等 4 个传统宣卷和现代宣卷剧本已整理出来。镇里还在商榻中小学校里增设"宣卷"表演兴趣班,让孩子从小喜欢并学唱宣卷。

2003 年,商榻中学率先成立"宣卷兴趣班",专门聘任"商榻宣卷"第二代传人孙留云、朱其元为指导老师,为"商榻宣卷"在 2007 年上半年申报上海市非物质文化遗产项目提供了活态生存资料。

2005 年 6 月 2 日,金泽镇文体中心、镇妇联等单位协同举办了一次别开生面的民间文艺擂台赛,把"宣卷"重点推了出来。孙留云登台表演的传统保留节目《螳螂娶亲》,以独特的表演形式,使观众耳目一新,博得了阵阵掌声。并得到前来参加观摩演出的市、区文化部门的有关领导、专家学者的高度评价和极大关注。上海音乐家协会、中国社会音乐研究会著名作曲家侯小声观看后,对金泽镇有关领导说:"商榻宣卷后继有人了。"事后,有关部门就把商榻宣卷列入市级非物质文化遗产保护工程,给予重点抢救和挖掘。2009 年 6 月,商榻中学被金泽镇人民政府、青浦区非物质文化遗产保护分中心命名为上海市非物质文化遗产项目"宣卷"的青浦区传承基地。

2010 年,金泽中学、商榻中学、西岑中学三校合并为金泽中学,继续在学校中推

2007 年 6 月 5 日，青浦宣卷被收录为上海市第一批非物质文化遗产

广传承这一民间艺术，组建了桥乡韵社团，建立宣卷教室和小型排练室，聘请孙留云为辅导老师，每周一课，培养了马添乐等十多位学生成为第四代传人，同时建立宣卷研究会，开展非物质文化进校园，走访民间宣卷传人等活动，不断创新，形成品牌。每年创作节目参加社区文化群文活动。

近年来，金泽中学将"宣卷"作为艺术教育特色项目，从创建到发展取得了丰硕的成果。以保护非物质文化遗产为主旨，聘请当地的民间艺人为指导老师，弘扬先进文化。通过培训展示传承宣卷艺术，通过课程拓展探讨研究宣卷艺术；通过走访商榻宣卷传人，收集整理宣卷剧本、编辑成册，延伸学习领域，不断创新，将商榻宣卷发扬光大，并形成品牌。

2010 年 5 月，在上海市教育委员会主办的全国第三届中小学生艺术展演（上海市活动）中，"商榻宣卷"被评为"艺术教育特色项目"。2011 年以来，分别参加了上海市中福会举办的上海市首批乡村学校优秀节目汇演、2015 年上海市首届学生文艺节，"唯实杯"第三届上海市少儿曲艺大赛活动，荣获传承奖。同时获得青浦区非物质文化遗产优秀传承基地首批上海市乡村学校少年宫示范点等多项荣誉。

2017 年 12 月 16 日，青浦区青少年活动中心举办"绿韵之声"青浦乡土音乐展示会，金泽中学桥乡韵社团表演的《古镇金泽多古桥》宣卷说唱节目亮相，受到全场观众的热烈掌声。

金 泽 烙 画

　　金泽烙画，是中国传统画之一。这是一种用电热铁笔在木板上烫成图画，就是俗称烙画的民间技艺。烙画也称烙花、烫画、火笔画，是以温度在摄氏 300 度至 800 度高温的烙铁代笔，利用碳化原理，不施任何颜料，在竹木、宣纸、丝绢等上取其相应温度进行勾、擦、点、烘、磨等形式技法和表现手段。

　　烙画，是以烙花板子为主发展起来的，不需要任何颜料，它是以烙铁，经烫烙原材料使其炭化而成。烙画创作在把握火候、力度的同时，注重"意在笔先、落笔成形"。烙画不仅有中国画的勾、勒、点、染、擦、白描等手法，还可以烫出丰富的层次与色调，具有较强的立体感，酷似棕色素描和石版画，因此烙画既能保持中国传统绘画的民族风格，又可达到西洋画严谨的写实效果，使其有独特的艺术魅力，因而给人以古朴典雅、回味无穷的艺术享受。

　　烙画是观赏与实用的统一体，它以中国深邃的传统文化为底蕴，充分展现华夏民族的艺术魅力。同时，它也是一部厚重的中国文化史，使你能更加了解中华民族的风土人情以及烙铁绘画的技艺。

　　潘琼瑛老先生，是土生土长的金泽人。他自幼酷爱烙画艺术。从 1959 年开始，他偶尔用铁丝在煤油灯、煤球炉烧红后烙猫、狗（象棋）供小孩子玩，启发了他的铁笔烙画艺术，使他体味到了烫画里的碳化原理。铁笔运行经控制，可改变电压大小、

金泽烙画传承人潘琼瑛在作画

潘琼瑛正在为观摩者现场作画

电流强弱,通过"推、拉、顿、挫、皴、擦、磨等操作手段,可以在木板上,纸上,呈现出独特的艺术风格。作品呈茶褐色,富有光泽,层次分明,颜色协调,古朴典雅,永不褪色,成为一件具有珍藏价值的工艺美术品。至今,他已有3000多幅作品问世,并被中外烙画爱好者收藏。他创作的"清明上河图""金泽重阳古镇图""重固福泉山全图"等烙画,先后被青浦博物馆等多家单位收藏。

自1998年退休后,潘琼瑛老先生的烙画艺术有了飞猛长进,他在继承和发扬优秀传统技艺的基础上,着手研究改革烙画,提高运笔技能。他学素描中的工笔画,不断临摹画家画,仔细品味揣摩他人的神来之笔,使烙画艺术更加完美,自己的特长得到充分发挥。

2009年,他创作的一幅高80厘米、宽2米的金泽"天王桥"作品,荣获中国书画艺术最高奖项——金菊奖。同时,他还被聘任为世界非物质文化遗产人物活动组委员。

2010年,他创作的烙画"金泽古桥甲天下"荣获中国书画艺术最高奖项——金菊奖。他由于成绩显著,被中国书画艺术家协会等权威部门命名为"人民功勋艺术

潘琼瑛烙画作品《金泽古桥甲天下》

家"称号,并担任中国书画学会副主席、中国当代艺术协会副主席等职务。

在青浦金泽地区,烙画已是民间艺术的一朵奇葩。潘琼瑛的烙画题材,广泛取自桥乡的古桥、传统故事、民俗文化、非物质文化遗产名录项目等,活灵活现。几十年来,他不仅在构图上别出心裁,形成了自己独特的艺术风格,在用笔的轻重、速度和用手腕技巧上,都达到了高超的水准。

2011年4月19日,青浦区人民政府正式发文《关于公布第三批青浦区非物质文化遗产名录的通知》,公布金泽烙画为第三批青浦非物质文化遗产名录。《通知》要求:各有关单位要按照《国务院办公厅关于加强我国非物质文化遗产保护工作的意见》(国发〔2005〕18号)的要求,认真贯彻"保护为主,抢救第一,合理利用,传承发展"的工作方针,按照"政府主导,社会参与,统筹规划,分步实施"的原则,切实做好青浦区非物质文化遗产的保护、管理和合理利用工作,使之得以传承和发扬。

潘琼瑛烙画作品

簖具制作技艺

2015年7月8日,第五批上海市非物质文化遗产代表性项目名录正式公布,金泽镇"簖具制作技艺"入选其中,这是继"宣卷""阿婆茶""烙画"之后又一个被列入市级非物质文化遗产名录的项目。

"簖具制作技艺"申报项目,从2015年年初就开始筹备申报方案,金泽镇"非遗"普查员多次下访到商榻地区,寻找到了张根林、徐福根、徐金福等一批有着簖具制作经验的老渔民,下水还原了传统簖具的原貌,并将其制作过程进行全程跟拍记录。其申报工作经过普查、搜集资料、填写申报书、拍摄申报片等流程,历时4个月。申报材料于2015年5月中旬递交上海市"非遗"保护中心。期间更有市、区级"非遗"专家慕名而来,给予了很多专业的实施建议和鼓励。

据史料记载,古时吴淞江在今青浦区北部出海,其水域一望无际,烟波浩渺,下游村落多为渔民,普遍使用一种叫做"沪(滬)"的竹制渔具。南朝顾野王《舆地志》对这种工具作了细致描述:"插竹列海中,以绳编之,向岸张两翼,潮上而没,潮落而出,鱼蟹随潮碍竹不得去,名之曰扈。"也就是将竹插在河流中编成栅,使随潮水而入的鱼蟹多被阻拦于竹栅内。特别是河蟹,具有攀爬的习性,在顺水而下遇到竹栅阻拦时就向上攀爬,使渔民唾手可得。因在河流中使用,"扈"后来被加上三点水,即简化字"沪"的繁体。又由于"滬"遍布于"渎"(河流入海之处),这段河道便被称为"沪渎"。于是有了南朝梁简文帝《吴郡石像碑记》的记载:"松江之下,号曰沪渎。"到唐代,人们已习惯将"沪"用于江名,为了避免概念混淆,遂另造一"簖"字来称呼这种渔具,意指"阻断鱼蟹的退路"。

村民正在制作"簖具"

簖(沪)整体结构图

　　溯其根源,据《金泽志》载:青浦金泽镇境域水资源丰富,是水生动物繁衍生长的优良环境。全镇水域面积共有 886.47 公顷,占全镇总面积 26.44 平方公里的 36.12%,其中湖泊面积 607.60 公顷,河流面积 278.87 公顷。自古以来水产生产以渔民捕捞为主,少数农民也有专事渔业的,他们大多为客籍,以金泽为集散地。1949年前,渔民个体捕鱼,倍受盘剥,生活艰辛。之后为发展渔业生产,改善渔民生活,政府组织渔民走合作化道路。

　　1956 年,金泽区成立渔民委员会,此后组建 4 个渔业生产合作社。1958 年 9月,金泽人民公社成立时 4 个渔业社划归解放公社(水产专业公社)。同年贯彻人民公社农、林、牧、副、渔五位一体政策,原建民渔业社 112 户,356 人,重新由解放公社划归金泽公社管辖,成立水产大队。

　　渔民历来依赖野生捕捞。他们根据各种鱼类、水产的生长规律和活动习性,充分利用渔汛进行捕捞作业。渔民在世代相传的捕捞实践中积累了丰富的经验,摸索出各种水产的活动规律。他们充分利用各类水面不同水生动物的特性,创制出各种渔具及捕捞方法。据统计,仅大小鱼网就有 40 多种。其中大型网具有大小塘网、绞网、扛网、珠网、银鱼网、踏网等。中小型网具有蟹网、丝网、撒网、捻网、稍网、扒网、麻网、抄网、拖网等。渔具有虾笼、鳝笼、笼罩、栈搪帘。钓具有大小铁钓、麦钓、田钓、玉米钓等。定置作业有硬簖、软簖、迷魂阵、蟹筋及配套渔具蟹篮、挂篮、鳗桥,以及诱捕渔具。

　　金泽地区的渔民,常用的捕捞方法有:大型捕捞作业有围网捕鱼法;流动性小型作业有刺网和索拖网捕鱼法;簖、扛网、珠网等是定置作业、虾笼、鳝笼等是诱捕法;其他还有雄鲤鱼诱捕、张小篮、扒螺蛳和扒蚬子、养鱼鹰叼鱼等。

　　春季是鱼类开始活动的季节。渔民用草把设置人工鱼窝,在草把周围用小篮、网斗、小笼引诱鲫鱼、鲤鱼产卵,或诱捕雄鲤鱼,也有用燕麦、玉米、蛆蛆、糖糟为诱饵,或用钓具捕捉各种鱼类及鳖、蟹、虾等。夏季水温高,鱼类活动频繁。渔民利用簖、箔或扛网、珠网捕捉鱼虾。此时,淀山湖正值捕捞银鱼季节。人们还在农田、沟渠及江河、湖泊、水草中用大小鳝笼或钓钩捕捉黄鳝。

秋季气温渐低,渔民掌握鳗鲡和螃蟹游向沿海繁殖的习性,在其流经的江河中设置簖箔或张网牵捕,产量可观。冬季气温低,鱼类活动少。渔民用大小围网、捻网、拖网等捕捉底层鱼类及鱼虾,还用树枝等作鱼巢引诱鱼虾在窝内御寒,先用网拦好,再用捻网捕捉。一个鱼窝可捕鱼虾数十公斤。

如今,簖(沪)具制作技艺已入选市级"非遗"名录。业内人士认为,簖(沪)从最初的捕鱼工具演变为现今的地名,它见证了上海的历史演变,是上海的水文化和民间智慧的集中体现,也是渔民生活的真实写照。

金泽镇不可移动文物名录

上海市级文物保护单位

    1 普济桥   金泽镇金溪居委会
    2 迎祥桥   金泽镇金溪居委会

青浦区级文物保护单位

    1 万安桥   金泽镇金溪居委会
    2 林老桥   金泽镇金溪居委会
    3 天皇阁桥   金泽镇金溪居委会
    4 如意桥   金泽镇金溪居委会
    5 金泽放生桥   金泽镇金溪居委会
    6 颐浩寺遗址   金泽镇金溪居委会迎样街 12 号

文物保护点

1	青浦孔宅大成殿	金泽镇金杨居委会上海大观园梅园梅艺馆内
2	钱业会馆武圣殿	金泽镇金杨居委会金商公路 701 号
3	木业会馆	金泽镇金杨居委会金商公路 701 号
4	碧波楼前厅	金泽镇金杨居委会金商公路 701 号
5	四明公所戏台	金泽镇金杨居委会金商公路 701 号
6	钱业会馆财神殿	金泽镇金杨居委会金商公路 701 号
7	锡金公所崇谊堂	金泽镇金杨居委会金商公路 701 号
8	许家厅	金泽镇金溪居委会下塘街 124 弄
9	陆家厅	金泽镇金溪居委会上塘街 5 弄
10	金泽村仓库	金泽镇金溪居委会上塘街 11 弄
11	金泽唐氏民宅	金泽镇金溪居委会下塘街 37 弄 13 号

青浦区文物管理委员会设置的不可移动文物铭牌

12	金泽王氏民宅	金泽镇金溪居委会上塘街 101 ~ 103 号
13	郭家厅	金泽镇金溪居委会上塘街 109 弄 2 ~ 9 号
14	金泽陈家民宅	金泽镇金溪居委会下塘街 134 弄

（注：此宅实为蔡家民宅，宅主人是蔡仲甫，西蔡村人，于上世纪三十年代买下此宅）

青浦区文物管理委员会设置的不可移动文物铭牌

15	上海飞人协昌有限公司旧址	金泽镇金溪居委会金鹰南路 8 号
16	下塘街 137 号水桥	金泽镇金溪居委会下塘街 137 号
17	下塘街 131 弄水桥	金泽镇金溪居委会下塘街 131 弄
18	下塘街 129 号水桥	金泽镇金溪居委会下塘街 129 号
19	下塘街 127 弄水桥	金泽镇金溪居委会下塘街 127 界
20	下塘街 125 弄水桥	金泽镇金溪居委会下塘街 125 弄
21	下塘街 74 弄水桥	金泽镇金溪居委会下塘街 74 弄
22	下塘街 66 号水桥	金泽镇金溪居委会下塘街 66 号
23	陈家码头	金泽镇金溪居委会下塘街 16—17 号
24	下塘街 14 号水桥	金泽镇金溪居委会下塘街 14 号
25	下塘街 13 弄水桥	金泽镇金溪居委会下塘街 13 弄
26	上塘街 42 号水桥	金泽镇金溪居委会上塘街 42 号
27	上塘街 31 号水桥	金泽镇金溪居委会上塘街 31 号
28	上塘街 23 弄水桥	金泽镇金溪居委会上塘街 23 弄

29	上塘街 4 弄 1 号水桥	金泽镇金溪居委会上塘街 4 弄 1 号
30	上塘街 5 弄 10 号水桥	金泽镇金溪居委会上塘街 5 弄 10 号
31	上塘街 120 号水桥	金泽镇金溪居委会上塘街 120 号
32	上塘街 132 号水桥	金泽镇金溪居委会上塘街 132 号
33	北胜浜街 69 号水桥	金泽镇金溪居委会北胜浜街 69 号
34	北胜浜街 63 号码头	金泽镇金溪居委会北胜浜街 63 号
35	北胜浜街 24 号码头	金泽镇金溪居委会北胜浜街 24 号
36	北胜浜街 82 号 水桥	金泽镇金溪居委会北胜浜街 92 号
37	上塘街 215 号水 桥	金泽镇金溪居委会上塘街 215 号
38	上塘街 234 弄水 桥	金泽镇金溪居委会上塘街 234 弄
39	上塘街 246 弄水 桥	金泽镇金溪居委会上塘街 246 弄
40	上塘街 256 弄水 桥	金泽镇金溪居委会上塘街 256 弄
41	商榻老街 8 号水 桥	金泽镇商榻居委会商榻老街 8 号
42	商榻老街 4 号水 桥	金泽镇商榻居委会商榻老街 4 号
43	商榻鲍氏民居	金泽镇商榻老街 26 弄
44	商榻薛家住宅	金泽铕商榻老街 4 号
45	商榻孙氏民宅	金泽镇商榻老街 8 号
46	永宁桥	金泽镇商榻双祥村张家浜
47	任屯血防陈列馆	金泽镇任屯村 111 号
48	西岑唐家厅	金泽镇西岑社区居委会西虹街 328 弄
49	淀山湖遗址	金泽镇、朱家角镇间淀山湖底
50	胡家宅	金泽镇金溪居委会上塘街 41 弄
51	朱氏民宅	金泽镇金溪居委会上塘街 27 弄
52	徐李村 87 号水桥	金泽镇徐李村 87 号
53	莲盛众复桥遗址	金泽镇莲湖村谢庄

选自市文广影视局、市文物局《上海市不可移动文物名录》(2017 年 6 月 29 日)

金泽人文景观

十八里黄金湖岸

当人们第一次踏上商榻这块土地时,第一个奔跃的去处,必定是淀山湖里黄金湖岸。此时,不由想起宋代大文豪苏东坡的诗句:"一潭碧波映明珠,水碧水清画不如""夺得一江风月处,至今不许别人分"。朦朦胧胧的淀山湖,恰如少女披着一层薄薄的轻纱,给人以美的享受、诗的雅景、画的风采,无以伦比的魅力!

位于淀山湖畔西岸的黄金湖岸,南北纵横,有几千亩土地依湖傍水,地理环境得天独厚。漫步在淀山湖畔十八里黄金湖岸上,杨柳成行,遍地草绿,强烈地感受到一个"绿"字。水是绿色,四周岸边草和树木是绿色,众多的名胜景点遥遥相望,近处的田野也是绿色,仿佛整个淀山湖畔的天地是绿色的世界。置身于绿色世界中,被郁郁青青、嫩嫩生生的绿色所陶醉,让人强烈感受到生命的活力。而掩映在绿色丛中的还有一座座古朴典雅、诗情烂漫的小桥,构成了淀山湖畔特有的秀丽景色。

站在黄金湖岸观淀山湖东方日出,是最佳的地方。傍晚可以观赏到夕阳西下时迷人景色。晚霞渐渐在西边收去了最后几抹霞彩,湖畔的黄金湖岸上,树丛披上了一层金黄色的轻纱,湖面慢慢收敛了往日的粼粼波光,农家的几叶小舟在晚霞中乘风破浪……在这分外温柔、安悦的环境中,耳边偶尔会传来几声美妙的鸟鸣,令人悠闲自得,乐不思归,深深地陶醉在自然宁静的怀抱中。

月亮湾

岁月悠悠,万事沧桑,淀山湖经历了数千年风雨的洗礼后,形成了它俊俏奇诡的生态环境。月亮湾就是在历史的变迁中渐渐形成的。

月亮湾,静静地座落在淀山湖西岸线,绿地傍水,日月同辉,风光无限秀丽。瑰丽的朝霞染红了湖面,开阔的视野中蓝天白云,波光粼粼。回头眺望,平坦的岸上绿树成荫,一分翠绿,一分芬芳,远处楼宇亭榭,村庄上炊烟袅袅,田园景色如诗如画。逶迤的黄金湖岸南北延绵,沿至湖岸。远望淀山湖上白帆点点,水鸟盘旋,彼岸山岚巍巍,湖光秀丽……

月亮湾,是淀山湖畔的一方静土,绿野上一块亮丽的风水宝地。夜晚,月光下浪花踩着轻盈的舞曲,溪鸟在绿荫丛中歌唱。迷人的月亮湾,一如泻在水上的梦! 你的地域之美,风光之美令人向往……

湄溪滩

淀山湖畔西岸金泽镇商榻社区北部,有一片芦苇茂密、泽草丛生的溪滩,原名俗称白曲湾。只因浅濑曲滩已成泽,碧草芳菲、墨绿青芦浓如眉。野趣顿生,风情犹存,可谓有湄溪滩之风姿……

瑰丽的朝霞染红了湖面,一缕缕炊烟从淀湖四处升起,逶迤的"黄金湖岸"延绵南北十几里,青商公路盘湖而筑,商溪公路从里边穿越而过。滩外风帆片片,波涛万顷,彼岸岚影苍翠,水天一色咫尺间,毗邻乌贡酒香沁人心脾。湄溪滩,一方幽远清净之地,虽不见其名在外,但占尽了绿野与碧水一席之天地……

湄溪滩,原于自然,淡妆素裹。一年四季以浪涛声、鸟儿声、渔歌声、风雨声,朝夕暮霭相儒以沫。纯朴的自然,情感的回放,身临乡村湖畔的湄溪滩,乃大自然中极渺小的一角,这天成的佳境、那青山绿水湄洲之灵气,它的未来必将成为海市蜃楼之境地,何况,现在它的周围已经是别墅幢幢,道路四通八达,景点连成一线,在水一方……

金泽镇古塔基地

塔汇桥,位于金泽上塘街的市中心,横跨北胜浜,跟天王阁桥隔河相望。建桥年代较久,明嘉靖年间重建,系单孔石梁桥。桥畔原有圆通庵,规模很大,常年烟火萦绕,香客不绝,为古镇的闹市中心。

此桥的桥名来历,有一段史话。据《金泽小志》记载:清乾隆三十二年,即1767年春,地方疏浚市河,要开深塔汇桥之河。民工们在水底深处,发现巨桩无数,木桩年代已久,排列整齐。据名匠验测,这是古塔的塔基,又据金泽老人分析,这木桩是古塔所在地。这塔汇桥之桥名,就由此而来。

据《金泽志》记载:古时金泽有"一塔、六观、十三坊、四十二虹桥"。金泽老人们推测,这"一塔"就在塔汇桥与圆通庵之间。相传古时造塔,要选择风水宝地,这塔汇桥是在古镇中心,是在两河交叉的热闹地方。

昔日金泽是江南著名的鱼米之乡。塔汇桥的北胜浜,是鱼米集散地,一些大字号商行,都在塔汇桥附近。这里古时是桥、庵、塔三大建筑物相处一起,真是热闹中心。随着历史的变迁,庵和塔已毁,只剩一座桥。这桥几经修建,从原来的石孔桥,变成水泥石板桥了。

民间传说和小掌故

民间传说

金泽的传说

在一千多年前,金泽出了个高官吕颐浩,伴君作宰相,其母想去京城观看皇宫大院楼台亭阁,领略京城风光。其子想到母亲年事已高,不便长途跋涉,故答应依照京城规模仿制建造皇宫大院、各司衙门,供母亲游玩消遣。其情形被奸人所获,奏本皇上,说其有积草屯粮、招兵买马、有谋篡政、自立朝廷之嫌。吕知悉后连夜派人至金泽,将宫廷大院(据说有5048间房屋)改为颐浩法寺,前有四大金刚,后设如来佛,将各司衙门改为阴朝72司,外墙涂黄粉,殿内装阴官,至此,吕颐浩才得以避过一难。

规模宏大的庙宇,形成了桥桥有庙、庙庙有桥。香客、信徒蜂拥而至,大多来自江、浙二省,乃至有"小杭州"之称。商业服务也迅速发展,出现了欣欣向荣的好现象。

在颐浩寺北端,建有假山一座,俗称五老峰。据说五老峰下有地洞可直通杭州灵隐寺。因一苏北产妇将脏水泼于洞口,破坏了风水宝地,洞口因此消失,杜绝了金泽人直通杭州灵隐寺的捷径。

金泽是太湖流域的一个古镇,其中,颐浩寺建于南宋,盛于元明,体现了古镇千年的文化历史,代表了中国江南地区的灿烂文化和建筑艺术。其地形似龟,有出皇帝的先兆,粮仓在松江,兵马在浙江(下甸庙——一个水码头)。朱元璋知此情后,派军师刘伯温(风水先生)来处置此事。刘陪同君王,坐船到金泽四周查看,确定了乌龟的各个方位,命工匠用石桥、石板、石坝镇住乌龟,以破坏金泽的风水。

勘察结果知其形,龟头落北,尾朝南,四爪伸于四周湖泊。刘伯温采用压头、卡尾、镇四爪的手段将龟镇住,不得移动。北石桥压住头,迎祥桥卡住尾,大封洋南滩、大石头江,吴家洋北滩,孙字圩大道江各筑石坝一道镇住四爪。北石桥为三孔,迎祥桥为五孔,北石桥对面二只圩头叫东奶圩、西奶圩,形成三嘴吃二奶五个肛门,使金泽长期处于前缺后空、贫穷落后的境况,刘伯温的用心何其毒也。

(由浦才根提供)

双塔与商榻

商榻,从前也叫双塔。据说在古镇南面一个叫泥太湾的地方,有两座气势雄伟的宝塔,旁边有一荷花池,池畔荷叶丰美、莲花芳菲。两座宝塔一左一右,早时候可以看到塔基的踪影。不知商榻何时没了古塔,似乎历来众说纷纭,说法不一。

传说一:商榻又名"双塔"。据调查,以前在淀山湖边有两座塔。后来,有妇女生小孩把不洁之水倒入湖中。有一位神仙实在看不惯,在一天晚上,他一担挑去双塔,把它移到了苏州,从此就有双塔没塔之说。从历史演变的推断来看,商榻的源头是从道观庙宇相互串连的秦晋散落地,即寺、庙、庵、古桥。

春秋时期(约 770 年),商榻属吴地;秦代,商榻为扬州会稽郡,由拳县领地;五代后晋天福五年(939 年)属吴越国秀州府华亭县。古商榻的民俗历史上下千年,从以前保存下来的壶、鼎、碗、碟、盅、盆等文物来看,这里的地域文化以及已经湮没的古迹,最早的可能要追溯到商、周时代。

传说二:这里曾是江苏、浙江商人到上海经商的必经之路。他们乘船到急水港,由于淀山湖有时风急浪大,所以商人们便停船上岸,下榻于此,等风平浪静之时再登舟而去。因此,这里一度商旅云集,有商人下榻之意,故而称商榻。从考古学角度看,已毁的名胜古建筑都是秦晋砖瓦结构,即使有"塔"可能是砖塔,也早已毁掉。而从历代的建筑来看,象"鸳檐街"却是春秋战国时代的风格。无论在唐宋元明清,这里是一个兵将抗衡之要地,立足于松泽文化与吴越文化的腹地,因此,各种文物古迹遭到了严重毁损,但千百年来,这里的民风民俗、风土人情纯朴如古,意蕴回荡。

商榻镇位于青浦区西北部,镇域东濒淀山湖,南与上海大观园风景区接壤,西、北向与江苏省昆山市周庄、锦溪两镇毗邻。商榻镇是由明代的王巷和朱巷两个小集镇变迁而来的水乡古镇,宋代属华亭县区辖,青浦建县后归青浦区辖。

1949 年 5 月,商榻解放,始建立商榻区人民政府。1950 年 3 月,并入金泽区。1956 年 8 月,商榻划归昆山县管辖,翌年 7 月,又划回青浦县。1958 年 9 月,成立商榻人民公社。1984 年 5 月实行政社分设,重建商榻乡人民政府,下辖 17 个村民委员会。1991 年 1 月由解放乡划入石米荡村民委员会。1993 年 12 月,商榻撤乡建镇,为商榻镇人民政府,实行镇管村体制。2001 年,作为青浦区村组体制改革的试点镇,全镇 18 个行政村撤建成 9 个行政村。

拜庙改名

据金泽老人相传:在清朝年间,金泽南郊有一村庄,户主池庆年,生有三女,夫妇两人盼望有个男孩,常到杨震庙烧香,祈求得子。到 50 岁时,妻子怀孕了,全家高兴,十月分娩,生下男孩,可孩子体弱,时有病痛。

孩子三岁时,夫妇两人抱着孩子,到杨震庙烧香:大香大烛,全鸡全鸭,在杨老爷面前许愿,保佑孩子,无病无痛,读书聪明。庙堂内香烟缭绕,全家跪拜。

此时,从杨震坐像后面,走出一位中年文人,眉清目秀,语言清朗,询问烧香者来此有何愿望。池庆年拱手相告:"我家孩子体弱多病,特来烧香,祈求杨老爷保佑。"

"你孩子叫什么名字?""我孩子叫池小弟。"那文人定神思索后说:"我建议你孩子可以改名叫"杨强弟",即过房给杨老爷,做杨震的干儿子。"老夫妇两人听后,非常高兴,正想感谢他时,那中年文人忽然离去。

他们烧香求拜结束,摇船回到家中,将烧香遇到文人之事,告诉四邻,四邻都说这文人很可能是杨震老爷显神,大家都非常惊喜。

这杨强弟小孩,应了改名的愿望,身体逐渐强壮,上学读书聪明。长大后考中秀才,做了一名私塾老师,教学生读书练武,名传四乡。

杨强弟拜杨震神为干爹之事,流传甚广。金泽每年两次香汛,流传到江浙两省。从此,杨震庙的进香者,接踵而来,日益增多,都带着孩子,要求改名认干爹。金泽杨震庙庙东,为满足香客的愿望,请金泽的老绅士坐堂,为香客服务,为改名换姓提供方便。

进庙烧香,带孩子改名,在金泽形成一种习俗。做父母的都希望自己的孩子,健康长命,读书聪明,家庭中有个孩子为杨姓名字,是一种荣耀,健健康康,逢凶化吉,为家庭带来美好的祝愿。

几十年以后,金泽四周村庄,拜杨震神为干爹之事,非常盛行,发展很快,如李家圩村、池家港村、南旺村等,杨姓人名很多,有杨金弟、杨顺发、杨立根等。据传,有的村庄半数人姓杨,也有全村人都姓杨,其中金泽杨垛村,其村名来历,我们没有考证过,或有可能因整个村庄都姓杨,就改名为杨垛村。

这拜神改名,是小城镇的一种历史文化,从清朝到民国,盛传数百年。在香民的心中,因有神像为子女改名,人生似乎有一种保护,有一种战胜困难的力量,有一种抗击恶魔的魅力,这在当时封建社会的历史条件下,是民间的美好想象,是一种精神的力量。

(由曹同生提供)

镇中镇王墟镇

在商榻地区境内,历史上还有小集镇,名称为王墟镇,位于商榻镇西 1.5 公里处,南濒急水江,北邻长白荡,明初成镇,因居民多数姓王,故名王墟镇。镇上有一庵一桥二庙,即云像庵、香花桥、北圣堂、北水庙。明朝中叶,街巷毗连,店铺相接,客商云集,商业兴盛。有面店(今西桥西边)、油车(今油车浜)、铁铺(今小江里)、木业、典当(今黄家栈)、酒店茶馆(今石头桥),还有豆腐店、杂货店等。与商榻东西对峙。

清康熙年间,因连年灾荒,贫民忍无可忍,奋起抢皇粮,朝廷派兵镇压,查抄捣毁了镇上所有店铺。其时,王墟镇一度衰落为集市,只剩下一条小巷,后遂称王巷。

光绪年间,王巷又有人经商,县志有"王巷市"的记载。民国初年,集市败落,遂沦为村庄,现为行政村建制。

大桥与大桥镇

商榻东风村有个自然村叫大桥。相传三百多年前,这里确有一座大木桥,桥面用十二根大木头拼成,有三米多宽,桥桩脚是上等木料,不易腐烂。这个村因此得名大桥村。

清康熙年间,大桥村逐步成镇,到乾隆嘉庆年间比较兴旺。村江东靠南面有油坊、糟坊,并开设酒店。江东桥堍下还有豆腐店、茶馆店、肉店,此时渔业也日趋兴旺,有箭网船三十六档(共七十二只,船上渔民四百多),还有塘网、蟹网。因此商业也很发达。到咸丰十年间,大桥镇逐渐衰落,到清末民初只剩几个小摊头。

"朱巷"古镇

说起"朱巷古镇",凡上了年纪的前辈都知道,王墟古镇在(王巷)今王港村、朱巷古镇在(东风)今淀西村。也难怪,它出处比较早,在商榻古镇之前。朱巷跟已消逝的王墟镇属同宗同源。

据《商榻志》记载:"商榻镇是由明代的王巷和朱巷两个小集镇变迁而来的水乡古镇,宋代属华亭县区辖,青浦建县后归青浦区。"从地理位置上看,朱巷镇在金泽镇的淀西村区域内。

金泽镇淀西村,是全镇人口最多的一个行政村,毗邻淀山湖畔,拥有湖岸线足有三四公里,是坐落在"黄金湖岸"上的村落。平时村里人"出门见湖,船在画中",是最为精彩的一方世外桃源。淀西村的地理位置,自然环境得天独厚,风光秀丽。两头环绕两个自然湖泊:东靠淀山湖,北傍鳗鲤洲。一条大朱库港,横跨上海与昆山之间,两地仅一江之隔。

淀西村原为东风村,后与前荇村合并为"淀西村"。原来的东风村与前荇村,是两个历史悠久,源远流长的自然村落。

朱巷古镇是一个巷脉集镇,故名"朱巷"。出处早于古镇商榻。唐末宋初,这里就有村落人家,店铺茶馆,之后逐渐形成小集镇。在诸多前辈人记忆中,朱巷名声在外。明清时的朱巷镇,水上商船往来纷繁,集市商业红火,各类酒肆茶坊,一直延伸到淀山湖溪头(小娘河),夜晚灯红酒绿,客船茶坊莺歌燕舞。

朱巷古镇还是一个巷上商业古集,以巷子建成集镇。这里驳岸逶迤,廊腰曼洄,街坊数里。廊桥卧波,店铺依河而筑。巷庄里集市丰盈,肉庄油车坊,茶馆酒家,舟楫夜渡。集镇外,小圩大圩,有小朱库港、大朱库港、圩上石门排坊。这里淀山湖原始支流江脉丰盈,域内古文化遗迹众多,

朱巷古镇的建筑,为战国吴越风格,店铺集镇沿巷而筑,且此地又是佛教道家修行之地,其庙堂寺院、各类古建筑,不计其数,历年香火旺盛。原有一庵三堂(持思庵,天主堂、孟将堂、小庵堂)。持思庵乃佛教胜地,据《商榻志》记载:"朱巷的持思

庵有和尚近百人。"里面院落古树,庙宇钟灵,飞檐翘脊;市井长廊,曲廊水榭;古树参天,仙鹤群落。每逢农历三月二十五,各路香客,纷至沓来,人山人海,盛况空前。天主堂占地约十亩,内有教堂,寺院花园。建筑颇具规模,画栋雕梁,十步一阁,气宇轩昂。孟将堂为一座林上古刹,内有大雄宝殿,佛像无数(小庵堂情况未见记载)。上述遗存,到清末民初开始败落。20 世纪 50 年代,其庙宇废墟部分(房梁结构),搬迁异地,从此彻底湮没。

南厍镇与渔行村

现在的商榻南厍荡又名纯莱荡(陈东村南面),原来是一个镇。据传唐朝时期,距今一千年左右,这里是个小集镇,一切生活日用杂货店铺都有,镇上居民较多。当时西渔村是一片田地,叫姜字圩,没有一座房屋。后来有一户有钱人家在北面浜底开了一爿渔行,才逐步发展。南厍镇上居民要买鱼,必要朝西走一段路。

现在的渔行村原来是一片白地。据传很久以前,有三条鱼鹰船,白天在鳗鲤洲里捉鱼,晚上停靠在豆腐浜里,后来逐渐到陆地上搭几个草棚定居。又过了几年,渔民逐渐增多,草棚也多了,大家一商量就叫渔行村。

千砖万瓦的朱家坞村

清嘉庆年间,朱家坞村以孙师傅为首开始烧窑,当时只烧五只砖窑,每只窑墩装三万块砖坯。到同治、光绪年间,该村砖窑发展到二十三只,烧窑工人占全村劳动力一半。烧出砖头品种繁多,有京砖(质地又光又细,专供京城修筑皇宫用)、坑砖(形同竹刀,专供富户人家修坟打坑用)、城砖(专供修筑城墙用,咸丰年间修筑青浦城墙用的就是朱家坞村的城砖),还有方砖(一尺多见方,厚度约二寸,专供富户人家厅堂铺地用)、桥砖(形状较大,用以造砖桥)。该村生产的瓦片品种有蝴蝶、花边瓦等。以上产品销往上海和江浙等地,驰名四方。抗战开始,该村烧窑逐渐衰落。1949 年后逐渐恢复了传统烧窑业,也曾兴旺一时,直至 20 世纪 90 年代后期告终。

韩郎村的由来

从青浦大观园沿公路一直向北大约四华里地左右的淀山湖边上,有一个名叫韩郎的自然村。说来也奇怪,这韩郎村上的好几十户农户中,居然找不到一户韩姓人家,这究竟是怎么回事呢? 当地的老百姓中流传着这样一个动人的故事。

原来宋朝时,抗金名将韩世忠曾在淀山湖畔的二浪关把守过急水江这条水上军事交通要道。为抵抗入侵的金兵,韩世忠在当地募集了上百条木船,改成战船后时常亲率士兵进行军事演习。为了让部下在训练时能有个歇脚的地方,他在战船停泊的淀山湖边搭起几排简易的房屋,有七七四十九间,可见守军人数之多。

一次,韩世忠的部队遭到金兵的突然袭击。韩世忠在极为不利的形势下,沉着应战,英勇抗击。训练有素的水兵,在韩世忠的指挥下,迅速以守为攻,反败为胜,将金兵打得落荒而逃,淹死湖中的不计其数。不久,韩世忠的人马调防了,但有十多名伤员身体尚未痊愈,他就把那些伤号留在湖边的那些空房内,作为伤员们疗养的所在。

一晃几年过去了,韩世忠一去无音讯。由于缺医少药,缺吃少穿,伤员们死的死,走的走,只有四人病体康复后,便在淀山湖畔扎下了根。他们耕种收获,农闲期间,便下湖捕鱼,日子过得有滋有味。慢慢地这四名从江北来的汉子恋上这个鱼米之乡,决定不再去找寻韩世忠了,后来一个个先后成家,定居在淀山湖边,久而久之,形成了一个小小的自然村。

这四人从小就跟韩世忠出生入死、东征西战,对韩世忠有着深深的感情。当人们每每问起他们是哪里人时,他们倒显得有点无所谓,却总是自豪地称自己是韩世忠将军的部下,是韩郎人(他们的当地土话,大概是韩世忠的家人或孩子的意思)。渐渐地,人们就把这个村称作韩郎村。

石人庙的传说

石人庙,坐落在淀山湖畔、急水港口的一个独脚圩上,"现在是石灰厂",石人庙天下只有二个半,这里的石人庙是面朝东,所以只能是半个。

石人庙的地理位置很重要,东面是淀山湖,西面是白蚬河。急水巷又是上海至苏州的必经之路,从前每个朝代都把它看成是军事要地,常有军队驻扎。曾设过许多关口。宋朝元帅韩世忠抗金兵时设过二郎关,清朝太平军为了援助小刀会攻打上海,也在这里阻击过从苏州来的清兵,大战三天三夜。石人庙的前身是沼渡庵,住有尼姑好几十,她们耕地纺织,日子过得很好。

大宋年间,有位大将姓石,在这里同外来入侵的敌人战斗中英勇牺牲了。当地老百姓为了纪念他,在沼渡庵的北面并排造了石人石马,还在庙的东南角造了一个形水台。

石将军牺牲的那一天是农历七月十五。当地老百姓每到七月十五都摇快船,有"花快"和"毛竹快"二种,围着石人庙兜圈子。几十条快船,每只船上都有几十个人,你追我赶地拼命摇,彩旗招展,锣鼓喧天,场面壮观,形成了一个热热闹闹的石人庙庙会,一直流传了千百年。

着水庙的传奇

在商榻镇通向王巷村口,曾经有座着水庙。这座庙建在王巷村口急水港北侧,与石神庙紧紧相依,形影不离,是天生的一对"姐妹庙"。

关于着水庙的来历,众说纷纭,别有一番神仙般的色彩。小庙如一个孤岛,占地40平方米,四角形的庙基面积仅有10平方米,内有慈善佛像一具。每年农历七月十五,人们来到石神庙观看"摇快船"之日,一些善男信女必然要光临着水庙烧香拜佛,祈祷五谷丰登,吉祥如意。

据古人传说,石神庙有位工艺绝技的石匠,一天,请来风水老先生。那位风水先生指指点点地对石匠说:"若要使石人成为石神,必须要在东北方向建造一座水庙。"于是,石匠用"愚公精神",在东北方向王巷港口抛石块、挑泥土,很快建成了着水庙。建成后,原来的"石人庙"就称为"石神庙"了。

从他们的传说中了解到,不但石人看中了这块风水宝地,就在100多年前的太平天国时期,一支太平军在李将军率领下,也选择这块宝地作为战争据点。因此,也传有"将军庙"之称。传说,农民在着水庙附近罱河泥,竹竿碰到了一具硬物,说是当年太平军留下的一具铜炮,给后人留下了一个宝贵的文物。

着水庙,真是块风水宝地,因而有种种奇妙传说,其中就有一说:着水庙基是建在水晶宫的上面,所以三百多年来,经过多次洪涝大灾,着水庙基从未被洪水淹没冲垮。

小娘河的由来

小娘河,原名东浜,地属东风村,位于淀山湖畔,离岸不远处,有两个南北相间、四面环水的小圩墩,是一个良好的避风港湾。

相传,在明朝中叶,就有很多捕鱼船只经常在东浜夜归歇脚。到明崇祯年间和清初康熙年间,三官堂、持思庵相继兴建,庙会盛行,仪式隆重,四方乡民来参加庙会的船只都停靠在东浜里,使之自然形成了热闹之处。随即在东浜边附近出现了茶馆、饭馆等服务性商业,一时船只停靠歇脚的也多了,店家生意兴隆。

传说乾隆皇帝下江南时,曾到过此地,在水上饭店品尝了淀山湖特产——鲈鱼后,连连夸奖,随即下圣旨,在一个圩墩上造了一所学堂,供附近孩子上学(圩墩后称教书堂,流传至今),还题写了赞美淀山湖迷人景色的诗句,刻在石碑上,竖在三官堂内。这碑一立,学堂一造,使东浜成了淀山湖边的一处胜地,但却反招来了祸害。一些富门子弟、豪强客船、地痞流氓相继窜来,他们依仗权势霸占了东浜,其中有一些在上海开妓院的流氓,把堂船开到东浜里寻欢作乐。后来他们与庙里的恶和尚相互勾结,操起了堂船生意,并强抢当地良家民女到堂船上出卖肉体。民女不堪忍受非人的侮辱,含恨投河自尽。从此,百姓惯叫东浜的东一半为小娘河,西一半叫东浜汇,一直流传至今。

淀山湖里金水牛

很久很久以前,淀山湖畔有个村庄,居住着几十户农民。他们勤耕细作,自给自足。每年夏秋,湖里水草茂盛,舟楫难行。农民们摇着木船,带着工具,到淀山湖耙水草积肥。

一个初夏的早晨,当朝霞还没在天际消失的时候,阿土兄弟俩摇着船又向淀山湖出发了。耙着耙着,忽然,阿土觉得塘耙很沉,拉不上来,叫来阿弟相助。兄弟俩齐喊"一、二、三",用力一拉,塘耙脱出水面,有根绳子样的东西拖着,阿土弯腰伸手,竟是一个黄铮铮的金链条,下半截还在水里呢!

兄弟俩如获至宝,欣喜若狂,劲更大了。于是丢开塘耙,徒手将金链条往船上拉.越拉,越觉得链条重,象缚着块大石头似的。"哗——"一头金色水牛牵出水面。阿土兄弟俩一个踉跄,跌进舱里。说时迟那时快,金链条"哗啦啦"重又坠入水中,金水牛也不留影踪。阿土兄弟俩扫兴而归,回到家里,把刚才的事一五一十地告诉祖母。祖母听罢,高兴地对阿土兄弟讲:"这是一个古老的传说。我小时候常常听老人讲起过,就是从来没有人亲自碰到过,今天被你兄弟俩碰见,一定交上鸿运了。"

几天以后,跟往常一样,阿土兄弟俩又去淀山湖耙草积肥。耙呀,耙呀,阿土的塘耙又沉沉地拉不上来。他想:这次又耙着金链条了。他眼快手疾,一手提起塘耙,一手握住斧头。果然不假,黄铮铮的金链条又被拖到船上。阿土举起斧头,狠命一劈,两节链条"铛啷"一声落进舱里,余下的又"哗啦啦"坠入水中。兄弟俩满怀喜悦,一口气摇船回家。欣喜之余,阿土隐隐觉得手指疼痛,一看,浑浑鲜血顺着手指往下滴。他完全顾不得这些,把得到金链条的事,手舞足蹈地告诉家人、邻居。兄弟俩还是早出夜归,认真劳动,俭朴生活。可是他那受伤的手指在红肿、发炎,看来非去求医买药不可,可是他家境拮据,无可变卖。怎么办呢?于是他忍痛割爱,一横心,把金链条当了。他变成一个身缠万贯的富人了。可是创伤的手指越来越肿,象节藕胖,疼痛使他日夜难眠,身体明显消瘦了。在阿弟的伴护下,三天一次、五天一趟进城求医。

故事就是这样的巧妙。阿土手头的钱在不断减少,手指的肿痛也在不断减轻。几个月后,眼见伤情已好转,可兜里的钱也所剩无几,直到钱用光,手指也好了,奇怪的是,竟没留下丝毫伤痕。当阿土还蒙在鼓里的时候,年迈的祖母已省悟到:钱只有靠劳动才能取得,要想不经过艰苦的劳动,凭借侥幸的机会而得到荣华富贵,到头来还是一场空欢喜。

从此以后,尽管年年都有人去淀山湖耙水草,但再也耙不到金链条和金水牛了。人们不禁要问:金水牛是否还在淀山湖里?有位长者释疑说,缚金水牛的金链条被阿土割断后,金水牛在湖底不停地奔跑,所以淀山湖水永不平静,终年波涛滚滚。

告神佐酒

旧社会崇尚迷信,丧家得举行接告仪式。相传清代中叶,西岑镇倪氏有一老人天年后,其子女正忙碌于焚香点烛、磕头祈求,迎接告神,突从天井里飞来一样黑乎乎的东西,将灵台上的蜡烛扑灭。在场所有人,个个都吓得失魂落魄、目瞪口呆。其时从外厢屋奔进一个老者,不问青红皂白,一手将这黑东西抓起,定睛一看,原来是只栗色大公鸡。此翁顺水推舟,以真乱假,大声喝道:你这凶神,也有今朝。说着,拎起鸡头,将鸡绞死,并亲自除毛入锅。没半个时辰,酒足饭饱。于是老先生召集全族男女,宣布告神已被我吃掉,尔后,不必再接管了。就从那个时候起,倪氏各族,不论定居本地,或迁徙异乡者,若有不假天年,均不接告。

万好和永静庵

位于西岑东南跨西岑和莲盛之间,有一面积达 3000 多亩的河荡叫莲湖,湖中有一小岛曰"万好"。故莲湖也有"万好荡"之名。万好岛上有一寺庙名"永静庵",也有人称"万好寺",建于清康熙年间,距今已 300 多年。"万好"占地 10 多亩,"永静庵"建有五开间三进庙舍,后棣为楼房称"文昌阁",另有附房多间。全国解放前僧侣众多,香火鼎盛。有寺田 12 亩,供僧侣衣食之用。

当时,关于万好岛和永静庵的传说还有很多。

相传万好岛底下有一巨型玉蟹蛰居托起该岛,蟹洞岛的东侧,面向拦路港,洞口宽丈余。该玉蟹在涨水时蟹背上掀,"万好"则升高,落水时蟹背下伏,"万好"则下降,故无论水涨水落,该岛永不沉没。

张家路村的传说

张家路村,历来是全镇张姓人口最为密集的自然村。相传宋时金兵南犯,宋皇赵构南逃浙江临安(今杭州),中原百姓为避战乱亦纷纷南逃。河北清河县张姓一脉逃难来到淀山湖边,开荒种地,落脚谋生,数年后生活渐安,子孙繁衍众多。时淀山湖岸边滩涂有一片芦苇长得特别茂盛,岸上是张姓一族开垦的田地,故称"张家芦"。渐渐地张家路村名也由此得来。至"文革"前,村上张姓识字老人,在写自己的名字时常加上"清河"两字。

金泽状元糕的由来

金泽状元糕,其名称的由来有两种说法:一说江南地方农历正月十五称上元节,有赛花灯、放烟火、火树银花之举。以此糕供献灯、观灯者作点心用,又便携带,以此得名"上元糕"。二说科举考生都带糕应试:一取吉利二可充饥,预祝考生一举成名,因"上"与"状"本地音同,故改成"状元糕"好口碑,流传至今。

　　相传状元糕的由来,还与唐明皇有关。唐玄宗(李隆基)是唐睿宗(李旦)的第三子,因谥号"至道大圣大明孝皇帝"而又名"唐明皇",享年78岁(685—762年),在位45年(712—756年)。因为曾祖父唐太宗(李世民)的"贞观之治"、祖父唐高宗(李治)的"永徽之治",以及他本人的"开元之治",使唐朝达到史无前例的盛世。

　　唐明皇晚年因宠幸杨贵妃而骄奢淫逸、不理朝政,贪污腐败的丞相杨国忠乱政,导致为祸七年的"安史之乱"。唐代宗(李豫)宝应元年(762年),玄宗驾崩,得年78岁。从此唐朝由盛而衰,进入藩镇割据的局面,战事不断、民不聊生,终至唐朝灭亡。

　　唐明皇有音乐才华,擅长于琵琶、羯鼓,又能作曲,作有《霓裳羽衣曲》《小破阵乐》《春光好》…等百余首乐曲。后人称戏班为"梨园",也是因为他选乐工、宫女在禁院的梨园中歌舞的典故。

　　一日,唐明皇与太监们微服出巡,到了上海的金泽镇,循着丝竹之声,信步来到了一间糕点小铺。老板是位饱读诗书、侍亲至孝的年轻人,请来戏班子正在庆贺相依为命的父亲寿诞。唐明皇也随着音乐的节拍摇头晃脑、陶醉其中,也跟着大家拍手叫好,完全忘了自己是皇上。欢乐时光总是过的特别快,唐明皇的肚子也饿得咕咕"唱歌",太监赶紧呈上年轻人做的糕点。唐明皇吃起来松脆香甜,美味可口,既饱了口福又饱了耳福,龙心大悦。

　　回宫后的唐明皇,无法忘怀金泽镇糕点的美味,于是下令太监前去金泽镇购买。风尘仆仆的太监一路快马加鞭,赶到了金泽镇的那间糕点小铺,谁知人去铺空,询问邻人后得知,年轻人带着老父赴京科考。唐明皇听了太监的汇报后暗自盘算,如何在成千上万的考生中,找出那位做糕点的年轻人呢? 灵光乍现的唐明皇,想出了一道特殊的考题——论"民以食为天"并实做"糕点"。

　　途中,年轻人的盘缠不幸被偷,于是父子就做糕点沿路叫卖,赚取旅费,辛苦地来到了京城,总算赶上了科考。皇天不负苦心人,年轻人奋笔直书、行云流水,不一会儿的光景,交了试卷后,又得心应手地做出美味的糕点。唐明皇看了他引经据典、才气横溢的好文章后,又尝了一尝糕点,果然是那种日夜所思、松脆香甜的好滋味,当下就钦点该年轻人为状元,同时也把这糕点赐名为"状元糕"。

　　金泽状元糕的生产,还有一段民间故事。相传过去金泽的一个穷秀才,要上京城赶考,因家境贫寒,为了省钱,其母为他做了一种糕片,烘干后用布袋装好,以备路上充饥之需。这种烘黄了的糕片,香味扑鼻,路上恰巧碰上一富家秀才,尝了此糕不由得连声叫好。于是两人结伴而行,一同到达京城考试,结果两人都榜上有名。人们认为与吃了这种糕有关系,以后在金泽专门制作,称之为状元糕,购者踊跃,销路日盛不衰。此后,学子在科举考试之前,出家门的时候,他们的父母便会嘱咐其吃几块状元糕,以沾点文气,祈求考试顺利。

小掌故

"买篮港"的由来

陈港村里有条小溪,叫"马兰港",不少人又称它为"买篮港"。小溪为淀山湖一泄水港。每年秋季,淀山湖河蟹肥硕,产量很高,当地村民在其港口修置蟹场,张网捕蟹,除自食外,余者上市出售。这可红坏了财主们的眼睛,他们沟通渔总(旧时水上图正),弄来一张港单,一个变法,这条小溪便成为财主们的私产。明明是巧取豪夺,却美其名为"英雄产"。从此,谁要在溪口修场捉蟹,就得立租据、交港租。水上生产,异常辛劳,若逢茫茫大雾或瑟瑟秋雨,产量锐减,通宵达旦,即使能捉到一些,也必先交纳港租。某日,有位张姓渔民,一手提着蟹笼、一手拎着竹篮上街而去,卖蟹所得交租都不够,连随身捎着的几个零钱也给垫光,结果提着空篮回家。张氏走过附近村庄,下田农夫问道:上街捎些啥? 答曰:买只空篮回来。说来稀奇,"买篮港"的名字就这样叫开了。

塘北"龙"形地

"宝地赐丈夫,伟人胁君王。"封建社会此说盛行,明太祖朱元璋忌讳更深。于是,派军师刘伯温南下,寻找风水宝地,镇治伟人出世。一日,刘师来到石塘北村,东张西望,查经论典,曰:此港形如卧龙。龙,兽之最、神之首,乃宝地也。

为了明室的长治久安,降伏蛟龙,根除后患,于是摊款派役,在龙首建造慈光大庙,龙尾堆叠石墩,腰部架设石桥,置其活宝为死土,断伟人,勉明皇。尔今,庙已拆,桥已塌,石墩已平。

"小坪"村的由来和变迁

相传,有一殷户开设油坊于此,定名小坪,以求小康温饱、平安无事。清代末叶,石塘村有一屠夫邹氏荣华,杀猪宰羊,常去小坪设摊叫卖,尔后全家迁之,开设肉铺鱼行,稍后里人茶馆、饭店、豆腐坊、铁铺以及朱家角人的南货店,也应运开业,小坪与西岑一样兴旺。一时竟有"金小坪、银瓢河"之称。

民国初年,西岑打"乾昌"事件发生。因石塘人赔款丢人,一恨之下,颇有影响的石塘渔民不上西岑,合伙来小坪买卖。朱舍、育田有两个大户也慕名前来定居。一区区乡村集镇没几年却是门庭若市、热闹非常。西岑与之相比,大为逊色。但好景不长,邹氏业主更迭,经商不当,加上天灾人祸,店铺关门,石塘渔民旧恨渐消。数年后,曾昌盛一时的小坪镇逐渐冷落萧条,成一农庄。现今四队潘宅,仍残留数片油坊石磨,几位耄耋老人存有豆腐制作工具。

大张港村

古时,荷花池村北,张家路村南,有一村庄,曰:大张港。清代中后叶,该村人口众多,六畜兴旺,后遭龙卷风袭击,村舍一扫无遗,村民大多迁移到荷花池村。

民国期间,田中还能找到石板、石条,老人们还能指点出大张港村的宅基田园。1978 年公社成立种子场,在此修建了楼房场地,大张港村遗址才逐渐消失。

打"乾昌"

民国初期,西岑村港东,有一村民谓沈发高,膝下两女,长的谓大凤,小的称小凤。大凤原配石塘杨迪香之子。后沈家因故赖婚,杨不服。

民国二年(1913 年)3 月某日,杨聚众亲友,驾舟来岑,将大凤抢至家中。3 月 12日,西岑镇董事倪谷怡亲临石塘,要索回大凤,结果被石塘人绑扎投其船上,船伙周炳方亦被打落水。倪恼羞成怒,次日,去青浦县衙上告石塘杨氏。又次日,县衙派轮船一条至石塘索回大凤,拘去 2 人。石塘人杨阿毛被枪械击伤右手,留下后患,臂不能屈,故唤其"直手阿毛"也。石塘人抢亲不着,又被拘人,怒不可遏。于 4 月 2 日清晨,杨聚众亲友一二百人,随带器械,分兵几路,驾船驶抵西岑,将倪谷怡开设的"乾昌"号酱园店围个水泄不通。倪氏亦唆使家人奋力抵挡,终因寡不敌众,不到一袋烟工夫,白天门庭若市之店铺在一片混乱中夷为平地。

据目击者云:店堂内坛缸、钵罐受击无遗,酒酱醋油满地流淌,足以浸澡,倪氏妻妾卧室也毁损贻尽。4 月 3 日,西岑罢市。同时,对于西岑市容起着举足轻重的石塘渔民改去小坪买卖。于是西岑日趋衰落,小坪日渐昌盛。县衙得知,即派总务课陶升甫、杨安青两人率领枪船,会同金泽区长张景云带领水巡警的四条枪船一起开到西岑。4 月 7 日,青浦知事、武举人徐福如又令杨安青、罗桂生、区长张景云等人,率领枪船九条,夜袭石塘,拘获杨迪香之子后扬长而去。

次日,枪船重至石塘,当即杨阿毛、杨芹方 2 人被拘解县衙。初九,倪世怡、潘仰渔 2 人捷足朱家角,将躲藏在那里的石塘保正杨川林押解县衙。15 日,被拘人员获释返里。26 日,各方代表聚集西岑。此事调停如下:杨川林赔偿"乾昌"号房屋货物价格 1000 元,其他开支 60 元由陈幼卿、倪锦庭、沈发高 3 人负担。此事渐趋平息。

湖河篇

淀 山 湖 史 话

> 淀山湖,在县治之西,西岑之北。一名薛淀湖。东西十八里,南北三十六里。南属青浦,北属昆山。湖有二洲,曰金家庄、蔡浜。
>
> ——光绪丁未夏月《西岑乡土志》之五"守望形势"

随着长三角地区一体化发展上升为国家战略,淀山湖越发引人瞩目。淀山湖位居青浦、昆山之间,纳太湖平原诸水,润都市申城姿色,犹如一颗明珠镶嵌于长江三角洲。面积 62 平方公里,相当于 11 个杭州西湖,是上海市最大的淡水湖泊。

淀山湖的历史

淀山湖,旧名薛淀湖,又称淀湖,因原有淀山在湖中而得名。因地处太湖平原的最低洼区,附近湖荡密集,北宋以来水患日趋严重,水位抬高,造成许多低田相继积水成湖。同时,原有的湖泊也在不断地扩大。北宋熙宁(1068—1077 年)年间,水利专家郏亶记载了当时的状况:苏州除太湖、昆湖、承湖、阳澄湖、沙湖外,其余几十处"皆积水而不耕之田地。其水之深不过五尺,浅者可二三尺,其间尚有古岸隐见水

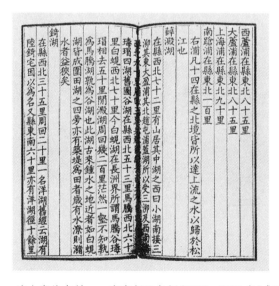

淀山湖的史料——南宋绍熙年间(1190—1194 年)《云间志》

中,俗谓之老岸。或有古之民家阶甃之遗迹在焉",加上海潮倒灌,"海潮大入,云间、胥浦、仙山、白沙荡为巨壑,漫及苏、湖、秀,邑不复可耕"。最终,淀山湖与许多湖泊一样,从地势较低而平坦的陆地,间有数个小湖沼泽,而逐渐连成一片,到南宋绍熙年间已扩展成一个"周回几二百里,茫然一壑"的薛淀湖。直至绍熙《云间志》才始见记载,曰:"薛淀湖,在县(华亭县)西北七十二里,有山(淀山)居其中。"说明,在此之前至少淀山湖可能还没有形成较大的湖面,至宋代时期才真正成形。

早在 1958 年"大跃进"时期,当地村民在打捞湖底沉积的铁矿(俗称勾屑铁)时打捞上来许多历代文物:有良渚文化时期的穿孔石斧、有段石锛、石耘田器、石凿和黑衣灰陶陶片、扁平长方形鼎足等;有马桥文化的长三角形石矛、石铲、有肩石斧及篮纹、叶脉纹、雷纹等印纹陶片;有西周和春秋战国时代吴越文化的曲折纹、回字纹、填线方格纹、米字纹和米筛纹等印纹硬陶片。此外还发现有唐开元小平钱及宋崇宁当十钱和宋元时代其他的瓷片。尤其是 1980 年 5 月由江苏昆山县陈墓镇一渔民在湖中扒蚬子的时候无意之中打捞上来的两件春秋晚期青铜勾鑃,弥足珍贵。钩鑃为吴越两国特有的乐器,似二瓦合成。此两件青铜勾鑃上饰当时流行的云雷纹,分别为通高 32.6 厘米,执柄长 11.8 厘米,铣间 13 厘米,鼓间 9.4 厘米;通高 24.3 厘米,柄长与铣间都是 9.8 厘米,鼓间 7.1 厘米。它们的发现,为研究淀山湖的形成提供了重要的实物资料,也为上海早期历史增添了一道亮丽的色彩。

淀山湖中打捞上来的商周石器

春秋晚期青铜勾鑃

南宋以后,随着人口的增加,围垦造田日益严重,加上自然泥沙的淤积,淀山湖湖面逐渐缩小。至元代后期,淀山已远离母湖,居于田中,周围规模从原先的二百里缩小至今日的七十余里。农田水利是立国安民之本,历代朝廷曾对淀山湖及其周围排泄水道进行筑堤、疏浚。如南宋提举浙西常平刘颖、罗点,元代都水少监任仁发,明代户部尚书夏原吉、右佥都御史海瑞等名臣都曾加以治理,使"民赖其利"。

淀山湖,是天然淡水湖泊,简称庭湖,地处上海市西南角。距上海市人民广场

60 公里,离青浦城区 18 公里,西南连𪨶荡,与江苏省吴江区毗邻。湖呈葫芦形,湖区大部分在青浦区境,西是金泽镇,北部一角属江苏省昆山市,有淀山湖镇、锦溪镇,东有朱家角镇。湖面东西宽 9 公里,南北长 18 公里,环湖周长约 35 公里,与黄浦江、吴淞江相通,水产丰富。古代曾是陆地,秦、汉时沉陷为湖。湖中原有淀山,湖名即源于此。淀山上有三姑祠、鳌峰塔等景物。南宋后,因在湖畔围田,湖面渐小,今淀山已在湖东 2 公里的陆地上。湖水碧澄如镜,沿岸烟树迷茫,富有江南水乡风光。2006 年,淀山湖被评为第六批国家级水利风景区。

淀山湖名称的由来

淀山湖的名号,在那漫长的史前时代,自然是没有的,是随着人类的历史而产生的。宋代以前无淀山湖之名,至南宋绍熙年间,有一部名叫《云间志》的地方志书上始见"薛淀湖"。所称薛淀湖者是与当时一些诗人,常以九峰三泖的自然景色与湖光水色连在一起有关。"薛"者,指云间"九峰"的薛山,"淀"则以湖面逐渐冲积成淀而得名。

淀山湖,亦俗称甜水湖。古时湖面宽阔,白茫茫一片,分不清哪里是岸,哪里是水。过湖船只顺风靠扯篷,逆风摇橹划桨。船工有时为了歇歇力,解个渴,就舀碗湖水喝。一碗水喝下肚,细细品味觉得原中有甜。久而久之,传来传去,过湖者往往随口叫甜水湖。

宋代后期,才得名为"淀山湖"。这个名号是山因湖名还是湖因山名?亦有几说。一说是山因湖名。据杨嘉祐先生在《上海博物馆馆刊》创刊号上发表的《淀山湖的变迁与元李升〈淀山湖送别图〉》一文考证:"因水中有淀山,而称淀山湖,故名。又一说是因湖而名。据清光绪《青浦县志》:"淀山因湖而名。"明代华亭人陈继儒有诗:"谁知石一拳,遥作九峰祖。"又称:"盖本郡诸山,皆自天目来,此山为始。山离湖日远,除其巅,可望湖云。"再有一种说法,淀山湖因上游水缓,湖中泥沙日积,渐成

元代李升《淀山湖送别图》

乾隆版《青浦县志》淀山湖图

淤淀,故湖以波名。此外,还有称淀山因在湖中,以"山""淀"合称为淀山湖。

据《青浦县志》"沿革"称,淀山湖在上古时为九州的古扬州之域,西周时属吴地,战国周敬王六年(公元前514年),诸侯争霸,越兼并吴国,湖境属越。周元王三年置长水县,淀山湖属之。随着朝代更迭,淀山湖的隶属亦随变更,直至明嘉靖青浦立县时,湖的隶属才稳定下来,一直属于青浦、昆山两县所辖,直至今日。

淀山湖的名声,在旧时虽非"五湖"之列,但其美名和历史却不在"五湖"之下。宋代宰相吕颐浩南巡,见淀山湖之美,在南端金泽镇建庵。宋高宗赵构南渡时,曾驻跸于此,赐庵为颐浩寺,并命道崇为主持。颐浩寺几经修建,占地面积达3万多平方米,寺屋楼阁有5048间,成为江南的佛教丛林之一。元至正年间(1341—1368年)建在朱家角镇的圆津禅院,寺院建筑雄伟,不亚于杭州灵隐寺,据说也有5048间。在淀山湖出口处,即拦路港北端,明崇祯十三年(1640年)建有关王庙,祀祭关羽。每逢进香时节,人山人海,络绎不绝。这些寺庙的出现,表明当时淀山湖已有一定地位。

从地理位置看,淀山湖南有鼋荡、西有急水港、东南有拦路港作为进水、泄水的通道。特别是经泖河越黄浦江而直抵海,成了当时的江、浙两省的交通要道。因此,淀山湖的交通条件远胜于其他各湖,再加上湖畔自然景色和天然鱼库,给人类带来了文化、学术的繁荣。

淀山湖的传说

淀山湖有许多由来已久的传说。

传说之一,还在 2000 多年以前,秦始皇统一中国后,曾下了一道圣旨,将 10 万囚徒遣此,强迫他们挖掘地表,以杀王气,挖掘成湖。当时的湖情,据北魏郦道元《水经注》称:"一江东南行七十里入小湖,为次溪,自湖东南出,谓之谷水。"据《吴郡图经》记载:"在县西北七十二里,有山居其中,湖之西曰淀山湖,南接三泖。"又谓"淀湖周,凡二百里,茫然一壑,不知孰为马腾湖孰为谷湖也"。至南宋时,淀山湖才为马腾湖、谷湖等相连而形成。可见那时的湖境宽阔,一望无际,气势雄伟,俊俏诡奇,谁也无法估量湖的体积和规模。

传说之二,此地原是一座古城,因地壳变动下沉而陷为湖。此说也不无道理。1958 年,考古工作者在淀山湖底打捞得新石器时代的石器等 400 多件,有石刀、石矛、石铸、石犁、石纺轮,陶片有夹砂红陶、黑衣陶、印纹陶,还有龟版、战国钢铁等文物,可见淀山湖地区古代确有陆地,可能就是古由拳县地。这些传说,给淀山湖添上神奇的色彩。

根据科学的分析,由于"泻湖运动",地壳发生褶皱运动,在江南古陆上就缓慢地孕育着当时的淀山湖。所谓"泻湖",是指在 6000 年前,太湖平原由于受海潮侵蚀的影响,形成一个大海湾,随后受长江和钱塘江水的长期冲积,南北两大沙嘴不断增长,海湾才逐渐封闭而成泻湖。随着对泻湖研究工作的深入,有人还提出太湖湖群构造成因说,称太湖平原约在 250 万年前,因地层构造下沉而形成湖盆,随后为数十米厚的湖相沉积物充填,才逐步形成今天这样的大型湖体。初形成湖时,湖面甚广。据说秦代时陷为谷水。今距淀山湖 2.5 公里处的淀山,当时耸在湖中,可想见湖面比今天不知大几倍了。直到宋代以后,因海潮倒灌,水涝内积,泥沙淤塞,致使湖底淤泥不断受风浪侵蚀而搬迁、沉积,经历了一个由淤淀缩小湖面,而受风浪冲坍扩大湖面的变化过程。迄至清代中叶,湖面的宽广仅是宋时的十分之三,可见淀山湖的成湖历史是久远的,大致与太湖的成湖时间差不多。

淀山湖秀色可餐

相传秦始皇、汉武帝都到过淀山湖。淀山湖具有俊俏诡奇的诱惑力,无论文人雅士或高官名宦都想到此一游。所以,自宋至清,吸引了不少学者名流,在游览淀山湖同时,还留下了不少书画墨迹和吟咏名篇。特别在宋元以后,江南的经济文化较发展,淀山湖成为士人隐居、读书、著述之地,又是爱好湖光水色者游览之处。

宋代著名词人吴文英,字君特,号梦窗,今浙江宁波人。他一生未入仕途,以清客身份经常来往于苏州、杭州、绍兴一带。他一生写过三百多首词,他的词以"绵丽为尚,远思深远,用笔幽邃"。宋人尹焕说:"求词于吾宋,前有清真,后有梦窗,此为天下之公言也。"

淀山湖具有得天独厚的地理位置和秀丽风光。南宋大臣卫泾在一首《淀湖》诗中称淀山湖是水晶宫,写道:"疏星残月尚腾眈,闪人烟波一掉风。始觉舟移杨柳岸,直疑身到水晶宫。乌鸦天际墨半点,白鹭滩头玉一丛。欸乃数声回首处,九山浑在有无中。"

元末明初著名诗人、文学家、书画家和戏曲家杨维桢的《淀山湖》、清王昶的《雨后登淀山望薛淀湖》,都为后人所传诵。其中杨维祯的《淀山湖》曰:"禹画三江东入海,神姑继禹淀湖开。独鳌石龟戴出山,三龙联翩乘女来。稽天怪浪俄桑土,阅世神牙亦劫灰。我忆旧时松顶月,夜深梦接鹤飞回。""半空楼阁淀山寺,三面篷樯湖口船。芦叶响时风似雨,浪花平处水如天。沽来春酒浑无味,买得鲈鱼不论钱。明日垂虹桥下过,与君停棹吊三贤。"

明夏原吉亦有诗《泛淀山湖》,对淀山湖有过一番赞美:"寒光万顷拍天浮,震泽分束气势优。寄语蜿蜒波底物,如今还肯负舟不。"

德兴人、著名诗人张扩在《过淀山湖》诗中写道:"昨日过湖风挞头,苇蒲深处泊官舟。近人乌鸟语声碎,濒海风烟日夜浮。午饭腥咸半鲑菜,客床颠倒一皮裘。平生浪说在家好,晚向波涛未肯休。"叙述了诗人过淀山湖时恰逢风浪泊舟的情形。

淀山,占地72亩,海拔12.8米,被誉为九峰之祖,明华亭人陈继儒曾曰:"谁知石一拳,遥作九峰祖。""山高湖日远,陟其巅,可望湖也。"清光绪《青浦县志》载:"淀山原屹立于淀山湖中,昔人比之'落星浮玉'。其后湖沙淤积化为平田,渐成村落。"山上原有普光王寺,非常有名。该寺即上述杨维祯诗中所提到的淀山寺,建于宋建炎年间。诗人许尚曾在《淀山》诗中曰:"殿阁辉金碧,遐观足画图。维舟一登览,疑陟小方壶。"

元代凤阳人、画家李昇晚年定居在淀山湖畔,于至正六年(1346年)用心创作了《淀山送别图》。画面清波荡漾,湖上有小桥、扁舟,远望峰峦高耸,树林参差,山间古寺隐约可见,景色清幽,一派送别离人的秋愁气氛。清代词人朱彝尊题跋云:"松林清疏,峰岚渲以焦墨,淡林赢青作遥山,信称逸品。"画作山水平远,颇具意境。

元天历中寺毁,后又重建。有龙渊桥、白云梯、鳌峰塔、潜龙洞、一色轩、回经石、通灵泉、白莲池、明极亭、万佛阁十景,

明代邑人、礼部尚书陆树声曾撰《淀山十景序》,较详细地介绍了淀山十景的状况。可谓湖山辉映,湖光山色,美不胜收,有"小蓬莱"之称。

清代邑人名医金弔作《登淀山有怀》诗,描绘了美丽的山湖景色:"桃柳盈庄麦满畴,鸟声喧处晓烟收。群峰岚气浮天外,一片湖光出树头。老我欸逎成独眺,忆君把臂话同游。春风不为吹愁去,倚遍高冈百尺楼。"可惜至民国寺院败落,如今难见陈迹,当时却是古木参天,绿树满山,显示出一派生机盎然的景象。

清代光绪年间《淀山图》

　　1964年,国务院副总理陈毅视察青浦时曾写下《过淀山湖》诗:"又到水天空阔处,西望无涯通太湖。主人船上出佳馔,鱼虾蔬菜鲜而腴。湖水用来酿绍酒,果然水清绿不殊。1949年以前此逃薮,抗日曾是游击区。往来帆船千百艘,而今公社业农渔。人人参加大生产,到处安居丰乐图。此湖最近大上海,繁荣可以更速乎! 我愿秋凉再来此,满筐大蟹醉糊涂。以庆人民之青浦,以祝人民淀山湖。"陈老总的诗句,真实地描绘出淀山湖所经历的风风雨雨、淀山湖为人民所作的贡献以及淀山湖给青浦人民带来的繁荣与希望。不负陈老总所望,淀山湖的水果然活了,淀山湖果然给青浦人民带来了繁荣。

四千多年前,是一个沉在湖底的村庄

　　当我们在为湛蓝的湖水、点点白帆所陶醉的时候,你可曾知道,就在这片水面之下,居然还沉着一个4000年前的古村落。

　　2017年6月,为加强文物保护工作,有效保护青浦区历史文化资源,经专家评审,公布许家厅等225处不可移动文物为青浦区文物保护点。其中,"淀山湖遗址"以新石器时代及夏、商、周三朝的年代赫然在列。

　　原来,早在1958年"大炼钢铁"时代,淀山湖附近的群众,在湖中打捞"狗屎铁"作为土法炼铁的原料。金泽镇渔民无意中在淀山湖底打捞出一批新石器时代与春秋战国时期的文物,特别在金泽、西岑、商榻这块三角形地区内,还接连捞起了形状不一的石器、陶片和动物残骸。这些东西引起了大家的注意。

　　当时的上海历史与建设博物馆、上海文物整理仓库等单位,为此专门组成了工作小组进行调查。短短几天工夫就收集到石器115件,残陶器73件,其他文物7件。其中有打猎用的石镞、矛,农耕用的石斧、犁,手工业工具锛,兵器钺等,有烧煮或盛放食粮用的陶釜、罐,还有鹿牙、龟板等。大量的出土文物生动地说明,这里曾经是一片陆地,还有一座颇具规模的村庄。人们在这里渔猎、农耕,生活过很长一段时期。其中有孔石刀、石犁等,是距今 4000 多年的、为考古界正式认定的良渚文化文物。

这一切,都在证明着今淀山湖的金泽、西岑、商榻这一三角形地带,曾经是块陆地,有人类活动的历史,至少已有 4000 多年。淀山湖村庄的入水多被认为是地底下沉引起。淀山湖附近的泖湖有坊市沉入水底的记载,这也支持了淀山湖下沉这一说法。这样看来,早在 4000 多年前,我们的先人已经在这里繁衍生息,耕耘着这片土地。

如今的淀山湖畔,成了人们游玩憩息的好去处。人们晨看旭日东升的朝霞,暮观落日余晖的晚夕。湖波拍击着堤岸,传递着来自远古的湖底梦语,铺洒着催人奋进的满湖星光。

看景之余,莫忘湖底那个 4000 年前的村庄,莫忘为这片秀丽景色勤劳奉献的金泽百姓等青西人。

（资料据《绿色青浦》《百科—"淀山湖"条目》等网络文章整编）

金泽的水运地位

青浦区的金泽镇,是一个水网非常密集的江南小镇,以"桥乡"而出名。在过去,这个地区以水运交通为主,随着时间的推移,人们的交通方式越来越依赖于陆地交通。在这样一个地区,道路交通必然无法与其他水网较少的地区相比,因此,逐渐形成了以水上交通为主、陆地交通为辅的交通体系。

据 2019 年 11 月 29 日《新民晚报》报道:有数据为证,一平方公里以上的天然湖泊,全上海共有 21 处,全部位于青浦,而金泽独揽 19 处,另 2 处在朱家角。如此看来,一体化示范区,一下子把上海的天然湖泊都给"承包"了。火泽荡、南白荡、西白荡、大葑漾、小葑漾、大莲湖、任屯湖……如果从空中俯瞰,金泽这七处形状各异的天然湖泊宛如大珠小珠落玉盘,被北横港串联在一起,形成一条天然美丽的"蓝色珠链"。

金泽的水运交通,主要是集中于太浦河和淀山湖,在过去道路交通并不发达的时期,是作为区域内主要的交通方式,主要解决运输和人们的出行。作为一种传统的交通方式,水运交通考虑到了金泽当地密集的水网布局,是一种比较适合当地的特色交通方式。但是随着道路交通的发展,金泽的水运交通出现了衰败,目前,主要是以大宗货物运输为主,如建筑材料、粮食等,另外,在作为传统节日的庙会期间,也有部分人流通过客船来到金泽。

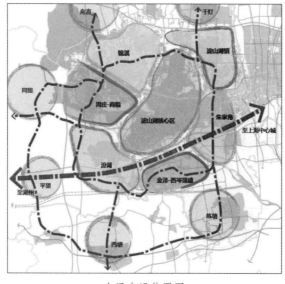

金泽水运位置图

金泽水运的繁忙景象

金泽水运的优越位置

青浦县的河湖港汊,串通起了整个太湖流域和长江沿岸;而吴淞江,则是贯穿松江府全境的主要河流,分为两条水路通往苏州府,一从昆山县境,一从吴江县境。金泽镇即是吴淞江从吴江进入苏州之孔道。"吴淞江,在(苏州)府南,从吴江县流入境,合于庞山湖,转而东入昆山县界。又娄江,在今城东娄门外,亦自吴江县流入,自城南复东北流至娄门外,东流入昆山县境。"吴淞江下游自上海入海,但它的上游并不确定。吴淞江北支因接近长江,淤塞日重,和娄江一样慢慢不可通航,昆山一路渐渐不用。所以,实际水运路线是经朱家角镇到金泽镇,再经淀山湖水域入苏州,复经太湖水域去无锡、常州。往南,还可以经练塘、枫泾等镇,进入嘉善、嘉兴等地。

淀山湖,亦是苏州和松江的界湖。"淀山湖,(昆山)县东南八十里,接松江府界,亦曰薛淀湖。东西三十六里,南北十八里,周回几二百里。下流注于吴淞江。"淀山湖周边有一连串繁荣的古镇。青浦县境的西部,有金泽镇的崛起,明清时期又有朱家角镇的繁盛。明清时期,长江三角洲地区已经有强劲的城镇化运动。江南地区的早期城镇化,也是借助发达的河运系统实现的。

19世纪上海大都市的崛起,只是江南社会早期发展的延续。清代康熙、乾隆年间,继元代朱清、张瑄开辟的"海运"事业,上海再一次"以港兴市"。1843年,上海开埠,中外贸易枢纽从澳门、广州转移到上海,各项新兴事业发展。上海周边地区的社会体系剧烈改组,长江三角洲市镇面临着亘古未有之"大变局"。金泽镇离上海市区有60公里之遥,不通公路、铁路,仅仅通过传统水路联系,但是现代大都市的辐射力,仍然无时不刻地传输到当地。

金泽镇的经济,在清代中叶已经加入全球贸易体系。仅以长三角的内河运输业为例,自康熙年间上海设埠以后的沿海航运业,以及鸦片战争后各大洋行、招商局举办的远洋运输业一起发展,构成了一个完整的航运体系。江南的贸易、金融、服务业和外国同行之间,既有激烈竞争,也有密切合作。直到民国后期,金泽镇的水路交通网络一直还在使用,分担着上海到江浙之间的重要航运,维持了金泽镇从明清遗留下来的庞大规模。金泽镇的航运业把上海进口和生产的"洋货",搬运到苏州、无锡、南京、杭州;同时,把苏南、浙北的棉布、丝绸、茶叶、手工制品,还有人力、原材料等运到上海,转输到世界。

金泽水运衰败的开始

在江南经济版图上,金泽镇是棉布业和丝绸业的分界。金泽往西50公里之内,有西塘、姚庄、芦墟、黎里、盛泽、震泽、乌镇、南浔各镇,这里是全球贸易中著名的"湖丝"产区,出口表现非常突出,而湖州市的南浔镇、苏州市震泽镇,都因丝绸业的发展称为"巨镇"。金泽往东,朱家角、青浦、金山、嘉定的市镇,都以棉纺织业为主。英国和印度的"洋布"打开中国市场后,有英资、日资、华资在上海大量投资机器纺织业。靠近上海的市镇,如江湾镇、吴淞镇、七宝镇、闵行镇都转型引入现代产业。金泽镇地处丝、棉产业的边界,离上海又是不近不远,20世纪开始,当洋布挤走土布之后,在传统和现代产业中都没有优势产品,金泽镇亦由此衰败了。

金泽镇的棉纺织作坊,大都集中在镇西的下塘街,精益求精,规模效应,这里曾出现过江南地区最为集中和先进的纺织机械制造手工业。据《金泽镇志》载:"下塘街在清朝中叶,镇民大多纺纱织布,一时很盛,出现了资本主义萌芽。到清末,出现了铁业、木业、竹业的小手工业生产,制造风车、牛车和木犁,为农业服务。此类手工业作坊,大大小小有五六十家,作坊的锯木声和榔头的敲打声,整天'呼嘭'作响,一

金泽水运夕照

片繁华的景象。"

据《金泽小志》记载,金泽镇纺织机械制造业出现得更早,道光年间已经成型,"纺具,曰车、曰锭子,铁为之。车以绳竹为轮,夹两柱,中枢底横三木,偏左而昂其首,以着锭子,轮旋而纱成焉。到处同式,而金泽为工"。金泽镇生产的铁、木、竹复合材料的先进机械,是江南地区最好的,以至于"东松郡,西吴江,南嘉善,北昆山、常熟,咸来购买,故'金泽锭子谢家车',方百里间,咸成谚语"。明朝以降,直至清末,金泽镇不但大量生产花、纱、布,还为整个江南地区的棉纺织业提供母机。可以说,金泽镇赖以生存的支柱产业是棉纺织业。金泽镇的贸易、商业和运输业,都是以棉纺织业为核心建立起来的。

金泽水运衰败的根源

据李天纲《金泽:江南民间祭祀探源》描述:上海的现代化对长江三角洲市镇的冲击波,呈中心扩展的水波状,逐渐蔓延到江浙地区。现代工业对手工业的冲击力,在几十年当中慢慢呈现。固然,和上海毗邻的市镇如江湾、法华镇、龙华镇等,在鸦片战争以后不久就开始受到现代生活方式的影响,风气、语言、服饰、习俗,包括民间宗教形式为之一变。但是,处在远郊的淀山湖周围系列市镇,大约要到20世纪二三十年代才真正感受到冲击。以服饰为例,青浦在"民国初年,农村服装还都用自家纺织的粗布",直到"20世纪二三十年代,城里传入了'洋布',那时的农村妇女开始用士林蓝布制衣,并用浅色布或花洋布滚边,作为上街赶市、走亲访友时的穿着"。可见地处远郊的金泽镇受现代化的冲击,要远远晚于上海的周边市镇。

金泽镇衰败了,金泽镇的市镇地位也摇摆不定。1958年,政府按城市化程度划分户口,金泽仍被定为镇,居民被定为城镇户口,介于城市户口和农业户口之间。随后,因为地处偏远,工业经济发展滞后,手工业、商业、交通功能继续衰退,同时也因为上海市政府将青浦定位为农业县,县政府曾一度干脆将金泽镇划入农业乡,改称金泽乡。新版地图上,曾经的江南繁华胜地,连一个小圆点都没有了,金泽镇消失了。直到1985年,为迎合改革开放的浪潮,金泽撤乡建镇,恢复金泽镇原有的青浦四镇之一的地位。

在"文革"以后新一次的城市化浪潮中,金泽镇一直在市、县政府的计划之外。90年代以后,上海市政府把淀山湖作为水源保护地,限制了金泽镇的大型工业开发,不再批准国家、市、区级的工业开发区,镇上旧有的手工业亦自生自灭,民生事业发展也很困难。在长江三角洲一带,青浦西部区域保持农业格局,青浦东区以及邻近的昆山、太仓、常熟等县级市,都远比"青西"发达,金泽镇的乡镇工业在青浦区排在末几位。由此,金泽的水运终于衰败了。究其原因可以归纳为以下三点:

一是水运自身的不足。由于社会生产的大发展,对于运输的速度要求较高,水上运输虽然能提供最廉价的运输,但是不能与道路运输的快捷相比。水运的运输能力和运输速度需要新技术的支持。只有改善水运的运输能力和运输速度以及相关的管理规范,水运交通才能得到长久的发展。

二是有关部门重视不够。当地居民更容易接受比较直接的道路交通,同时水上交通相关的技术、设施、规划的滞后发展,使当地居民对水上交通不感兴趣,而相关部门一直以来都是坚持发展道路交通,对水上交通采取自生自灭的态度。这也就造成了水上交通相应的配套设施和管理规范的缺乏,水上静态交通不够完善。

三是对水运开发不足。由于旅游业并不发达,水上交通作为旅游的功能没有被发掘出来,造成目前水上交通的作用只局限于一些大宗的建筑材料或者粮食运输,水上旅游被大家所忽视。

参阅资料:

《金泽小志》(2005 年 12 月版)

《金泽:江南民间祭祀探源》 2018 年 2 月 1 日 李天纲

《以上海市金泽镇为例谈水网地区交通发展》 《山西建筑》2009 年 14 期 肖鹏

上海最后一个跨省乡村渡口退出历史舞台

2019 年 11 月 1 日,长三角生态绿色一体化发展示范区正式挂牌,唯一和苏、浙两省接壤的上海"西大门"金泽镇,赫然位列 660 平方公里的示范区先行启动区之中。习惯了慢节奏的金泽,生活、成长于此的当地百姓,心中最是期待。

以绿为基,以水为脉,是长三角生态绿色一体化发展示范区的重要特点。位于先行启动区的金泽镇更是如此。从空中俯瞰,火泽荡、南白荡、西白荡、大葑漾、小葑漾、大莲湖、任屯湖这七处造型各异的天然湖泊被北横港串联在一起,形成了近来人气颇高的"蓝色珠链"。七湖一河组成的"蓝色珠链"区域,由 G50 高速、318 国道、太浦河、拦路港等合围而成。总面积约 33 平方公里的区域内,水域面积多达 8 平方公里,另有农田 1 万余亩,鱼塘和林地各 4000 亩以及 2 个集镇区,居住着近 2 万人。水波荡漾、绿树成荫的"蓝色珠链"无疑是示范区湖泊水系中最有特色的"世外桃源"。

太浦河,是一条连接太湖和黄浦江的人工河,西起东太湖边的时家港,东至黄浦江上游泖河东塘港,全长 57.2 公里,从东往西依次跨越上海、浙江及江苏三省市。上海境内的太浦河地处青浦地区的金泽和练塘两镇,其西段和中段,湖荡聚集、鹤荡渔歌的美景让历代诗人在此留下不少佳作,而东段则与原泖河(现称拦路港)衔接相通,为防洪排涝除旱,发挥着重要作用。

在建绿色堤防之前,新池村的太浦河畔本是一些旧工业厂房以及摆渡码头。自 2015 年起,当地政府陆续将河边的厂房、码头进行腾退。2018 年,新池村和上海市黄浦江上游堤防管理所结对,共同谋划对新池村的太浦河沿岸进行绿色堤防的改造升级。短短一年间,旧貌换新颜。香樟林漫步道、杉林湿地、水利乐园、观景平台、历史文化长廊……如今新池村绵延一公里的绿色堤防俨然成了当地百姓平日里休闲放松的新地标。

2017 年底,地铁通到了青浦;2018 年,华为选择了金泽;2019 年,金泽又成了长三角生态绿色一体化发展示范区的先行启动区;未来,金泽还要建科创中心——而在淀山湖西侧的南新村,当地百姓已经感受到了示范区的"加速度"。2019 年 8 月,上海最后一个跨省乡村渡口南新渡彻底退出了历史舞台,取而代之的,是一座长 232.4 米、宽 4.5 米。名为东垞港大桥的钢结构桥。

2019 年 8 月,随着渡口边上一座钢衔梁结构桥的竣工,阻隔沪苏两岸最后 80 米的"肠梗"终于被打通。从此,金泽南新村和周庄的百姓告别了延续百年的"摆渡"

生活,往来走亲戚、上下班、赶集,乃至体锻都将更便捷。南新村和周庄原本就地缘相近。追溯历史,青浦曾隶属于江苏,直至 20 世纪 50 年代划入上海,因此两岸百姓如此的频繁往来,都源自于祖祖辈辈的人缘相亲。"虽说这渡船对村民都是免费,随到随走,可是遇到天气不好会停航,总还是不方便,过年过节,到对岸走亲戚都不敢留下来吃晚饭,下午五六点,渡船就停航了,错过了最后一班渡船,就得让侄子开车送回来,路上得有个三四十分钟,所以我们盼这座桥真的是盼了一辈子了!"村民张泉勇如是说。

说话间向对岸望去,过去频繁往来的小渡船已经静静地靠在岸边,岸上库房小屋也已大门紧锁,最后的"摆渡人"张振荣依依不舍地告别了这个干了 5 年多的工作。"我已经习惯了每天在摆渡船上来来回回的生活,如今小桥架通了,不开船了,心里有些空落落……""渡船不收费,一年 365 天,除了起大雾,台风暴雨天气禁航不开船,平时只要有人来,就开船。"

今年 54 岁的船工张振荣是土生土长的南新村人。2013 年从上一任老船工接手开渡船,不知不觉就干了快 6 年。

让两岸百姓盼了一辈子的这座桥,是从 2018 年 7 月开工的。为了对岸周庄古镇的历史风貌不会因为一座现代桥梁的架起而被破坏,这座桥宽仅有 4 米,只作为两岸百姓步行和非机动车通行。过去,要在两省的界河上架一座桥可并不是一件容易的事情,从航道审批、环评,到通航安全评估,以及桥梁设计等都得通过沪苏两地交通、建管、航道等相关部门的道道审批。其实,这座桥早在 2016 年就已经立项,期间就因为两地需要走多项程序,还有涉及动迁等事项,直至 2018 年青浦和昆山为加速长三角一体化进程,打通断头路,双方签署了《对接道路合作备忘录》,进入推进加速度,由青浦区出资 2300 万元开始建设。

"撤渡建桥"惠及的还不仅仅是南新村和周庄的百姓,改变的也不只是老张原本一成不变的生活,它更多地改变了小河两岸百姓的生活节奏,一分钟便可往来沪苏两地,地域上因一条小小的界河分割的两地,正因这座小桥的到来,趋于同城化。

如今有了这座新桥,从南新村走到周庄最多三四分钟。新桥边还建了个停车场,方便今后游客从此地赴周庄游玩。

任屯村血防工作述略

血吸虫病是严重危害人民身体健康、影响经济社会发展的重大传染病。中华人民共和国成立以来,党和政府一贯高度重视血吸虫病防治工作。从 20 世纪 50 年代起,疫区广大干部群众掀起了一个又一个战胜"瘟神"的高潮。经过几十年努力,我国血吸虫病防治工作取得了显著成效。

党中央、国务院高度重视新时期的血吸虫病防治工作,成立了血吸虫病防治工作领导小组,加强对血吸虫病防治工作的领导和协调,明确了当前和今后一个时期血吸虫病防治工作的目标、任务和措施。

血吸虫病防治工作的方针是:预防为主、标本兼治、综合治理、群防群控、联防联控。做好血吸虫病防治工作,必须抓住重点,集中力量突破防治难点。要找准重点治理地区,集中人财物力攻坚,实施一批血吸虫病综合治理项目,有效遏制血吸虫病疫情回升势头;集中精力开展家畜查病治病,结合农业种植业结构调整,实施家畜圈养、定点放牧和禁牧以及水改旱、水旱轮作、"以机代牛"等措施,最大限度减少家畜感染和病畜造成的传播;与水利工程、林业工程紧密结合,多管齐下,整治钉螺孳生环境,彻底杀灭钉螺;加强疫情监测,防止反复,坚决控制血吸虫病的流行和蔓延。

群防群控 联防联控

1949 年前,莲盛地区是血吸虫病严重流行地区,当时有 31 个自然村,个个村里有"肚胞病",流行最严重的是任屯、港都、龚潭、东天、田山庄、钱盛等七个行政村。仅据龚潭、任屯、钱盛三个村的不完全统计,共有村民 2217 人,患血吸虫病者就有1663 人,占村民总数的 75％。

血吸虫病,又叫"肚胞病",染病后身体逐渐瘦弱。青少年影响发育,妇女影响生育。病重丧失生命。是严重危害劳动人民健康和吞噬劳动人民生命的"瘟神"。在旧社会,劳动人民终年衣食不周,哪里谈得上对疾病的防治。因此,血吸虫病得以传播蔓延,猖獗为害。

任屯村是受血吸虫病危害最严重的村庄。1930 年至 1949 年的近二十年间,全村人口仅剩 461 人,死得闭门绝户的有 120 户,死剩一人的有 28 户,侥幸活着的人感染血吸虫病的占 97.3％,晚期病人有 200 余人,全村连续七年没有生育一个孩子。当时流转着这样两首悲惨的歌谣:"肚胞病,害人精,任屯村里传祸根。只见死,不见生,有女不嫁任屯村。""任屯九湾十三浜,只只浜里钉螺生,出不出一个好后生,出不出一个好姑娘。"

　　1949 年后,党和政府十分重视、关心人民群众的疾苦,及时开展对地方病的调查、防治工作。1951 年仲夏,华东军政委员会派干部到任屯村视察病情,并派来了数十名医务人员给群众治病。医疗队进村后,首先开展宣传教育工作,发动群众认识"肚胞病"是血吸虫所造成,不存在什么"命运""风水"等问题所致。然后是建立卫生组织,制订爱国公约,发动群众开展查螺灭螺、查病治病工作。

　　从 1956 年冬起,莲盛人民在党和政府的领导下,开展了一场消灭血吸虫病的人民战争,经过几十年的艰苦奋斗,终于送走了"瘟神"使人民真正得到了"解放"。

查螺灭螺　查治病人

　　早在民国 36 年(1947 年),青浦卫生院曾收治过北任村的 10 例血吸虫病人。1949 年后,党和政府组织医务人员和动员社会医生下乡调查病情,采用直肠镜检查、粪便沉淀镜检、粪便沉孵、粪便孵化等方法。1973 年起,又通过全民体格检查,大规模采用免疫学诊断方法以及环卵试验等方法,检查出本地区历史病人 4700余人。

　　1950 年,华东苏南军区卫生部领导和医务人员到任屯村了解病情时,首先查到50 只钉螺。然后,在全县范围内发动群众开展查螺灭螺工作。至 1961 年,公社成立血防组,每个生产队都有不脱产的血防员,大队为单位成立血防队(灭螺队),开展查螺工作,做到"一般环境全面查,复杂环境重点查,疑点死角反复查,发现钉螺追踪

筑起灭螺带、消灭钉螺

查"的要求,采用自查。互查。对口查。联合查的方法,查清螺情。至 1971 年,莲盛地区累计查出钉螺面积 32.77 万平方米,有螺河道 17.7 万米。

灭螺工作是从 1954 年开始的,开展小面积化学灭螺试点。1956 年,运用土埋钉螺的办法开展灭螺工作。1958 年,结合水利、积肥开展灭螺。填平钉螺孳生的臭水浜,土埋钉螺孳生地。1959 年冬和 1960 年春,重点开展河道的灭螺工作,使河道钉螺密度明显下降。1966 年,开始深挖河边竹园、树桩、石驳岸等钉螺深藏死角,并在河边的两岸修起了平整的灭螺带,使传播血吸虫病的钉螺难以生存。至 1972 年,全公社基本达到了消灭钉螺的目标。

血吸虫病人的治疗工作,主要是药物治疗,采用酒石酸锑钾治疗的分长程和短程两种疗法。长程疗法分为 20 天,短程疗法 4 小时,1—7 天等疗程。"锑—273"分中速片和缓解片 2 种,疗程有 10 天和 15 天 2 种。1965 年至 1970 年,先后使用过"血联—846""麻油血防—846"新制剂等。1973 年至 1980 年,还曾采用为期 10 天的呋喃丙胺与敌百虫肛栓合并疗法,使莲盛地区属于早、中期 4300 余病人得到了彻底治疗。另外,对莲盛地区 355 名晚期病人进行了切脾手术。1979 年,经市县二级血防部门的验收考核,莲盛公社已达到中央关于消灭血吸虫病的标准和市关于消灭血吸虫病的具体要求,成为青浦县第一批消灭血吸虫病的公社。

加强监测　巩固成果

为了巩固消灭血吸虫病的成果,从 1980 年起,加强对螺情、病情的监测工作,一如既往地搞好设在莲盛地区的 6 个常年螺情监测站的监测工作,每年组织人员开展春季查螺活动,查螺面积达 3 万多平方米。90 年代初,还开展了群众性的查螺报螺活动。在干部、群众中大力开展血防的宣传教育,普及血防知识,同时还开展了对流动人员的病情检疫工作。1994 年,市里组织郊县查螺大会战。全莲盛出动会战人数 1023 人,处理复杂地形 49 处,19550 平方米。用 10 天时间进行自查,实查面积82625 平方米,并在 4 月 12 日至 19 日 8 天时间,对任屯、爱国、南洋等 8 个村庄进行检查,均未查到钉螺。

为了严防血吸虫病的卷土重来,从 1971 年起开展了血防联防工作。青浦县练塘、蒸淀、莲盛与嘉善县的俞汇、丁栅建立了血防联合防治片,坚持以"联系争主动,协作讲风格,工作求实效"的原则,互查钉螺,共同灭螺,互相检查,共同促进,互通情报,交流经验,互相支持,一起前进,进一步巩固了血防成果。在血防工作中,涌现了大批先进个人和先进单位。曾长期担任莲盛镇卫生助理的张林英同志,于 1996 年被评为全国血防先进个人。

2009 年 3 月 25 日,苏沪五市(区)血防联防工作会议在青浦区召开。苏沪五市(区)血防联防工作区域,包括江苏吴江、太仓、昆山市及上海市嘉定区和青浦区,这五个地区地缘相接,便于联合开展血吸虫病联防联控工作。在此次工作会议上,青浦区就苏沪五市(区)联合防治血吸虫病提出了工作意见:一是继续加强螺情监测,主要是做好春季联防查螺和秋季监测查螺工作。二是认真做好病情监测,积极开展对外来人员尤其是来自疫区、回国回乡、迁入定居人口的病情监测,同时对外来人员开展"三病"(疟疾、血吸虫病、丝虫病)的检疫。三是积极开展教育宣传工作,加强血防干部和专业队伍血防知识和业务技术的学习培训,提高业务素质。开展群众性的血防宣传教育,结合中小学校健康教育开展学校血防宣教,提高血防知识知晓率。四是做好联防协作区督导工作,共同推进苏沪五市(区)农村血防和卫生防病工作。随后,苏沪五市(区)对工作意见进行了广泛讨论。

目前,该工作模式运行了近50年,为各地区科学有效防治血吸虫病,保障人民群众身体健康发挥了重要作用。

20世纪80年代,人民群众参观任屯血防陈列馆

感恩在心　有话要说

2013年11月,应金泽镇诚邀,为了编撰《任屯血防》专著,几位老同志曾深入任屯村,对几位原住村民,进行过一番访谈,透露的尽是满满的感恩之情。

共产党为我治愈病根(李爱良 1933年生)　我出生才四个半月,25岁的父亲就亡故了。听外婆说,他是"瘟病"死的。当时,家有薄田五亩,孤儿寡母无力耕种,只能将田出租,母亲和我到外婆家生活,后来母亲再嫁。我在外婆家读了两三年书,10岁那年就辍学看牛。母亲在我16岁那年(1948年)病故。母亲死后,我回到了老家,和祖母一起生活。大约十三四岁,我也患上了"肚胞病",肚皮逐渐变大,面黄肌瘦,浑身无力,现在叫做"丧失劳动能力"。祖母年老,我们只能依附老伯伯过日子。

1953 年,我 20 岁时,人民政府替我治病,那时我的病情已到中期,服药已经不能解决问题,打针治疗在任屯村只有一周疗程(7 天打 7 针)。我要进行 3 倍的疗程,因此被安排到金泽镇的血吸虫病治疗点,进入 20 天的疗程(20 天打 20 针,每天 1 针,不能多打)。如果病情再严重就要开刀切除脾脏了。很幸运,我经过打针治疗后,身体逐渐好转,肚皮逐渐缩小,体力也慢慢恢复了。去除了病根,我重新变成了一个正常人。第二年我 21 岁,结婚成家。我育有两个儿子、一个女儿,现在有孙子、孙女,外甥和玄孙,称得上"四代同堂"。大儿子在莲盛社区有房,小儿子在青浦有房,还有汽车。

我想,如果不解放,没有共产党、毛主席发出"消灭血吸虫病"的号召,千方百计为我们血吸虫病患者尽心治疗,我肯定活不到今天,也不会有现在这样一个幸福的家庭。我要告诉我的后辈们,千万不要忘记共产党、毛主席的恩情。要听党的话,为实现中华民族的伟大复兴、实现"中国梦"而贡献自己的一份力量。

我心中满是感激(吴新明 1935 年生) 我一直生活在任屯,在村里做了几十年的会计。无论是生活还是工作,我有一个坚定的信念,为人一定要朴实,工作一定要敬业。如今,我的身体状况一直很好,这一切都应归源于党和政府的恩情,为我彻底治好了血吸虫病。

1974 年,我和同村的一批血吸虫病患者,一起接受了免费治疗。当时,我的脾脏已经开始出现肿大,所以必须切除。主治医生根据我的病情,精心设计了治疗方案。因为考虑到我的脾脏虽然已肿大,但并未坏死,所以在手术过程中,脾脏里的血液,仍可以继续利用,又重新输入了我自己的身体里,手术不仅非常成功,而且手术后恢复得也很快、很好。在以后几十年的工作中,我从没请过病假。每每想起这些往事,我心中总充满着对党和政府的深深感激之情。如今,我已有了曾孙女,我们全家正享受着四世同堂的天伦之乐。

我送瘟神奔小康(张小多 1948 年生) 我出生在任屯,它是全国有名的血吸虫病流行的重灾区。1963 年,在普查大便时,我被查出已感染血吸虫病,但还属早期,服药一周后,再验大便,已无发现,因此我是幸运的。血吸虫病侵袭我的身体后被及时发现,及时治疗,使我没有成为"瘟神"的牺牲品。

我成年以后,担任大队干部,在妇女主任这个工作岗位上参与了消灭血吸虫病的有关工作。因我们任屯村是重灾区,所以成立了长期的专业灭螺队伍,灭螺队由我分管。现在我还记得,灭螺分三步走。一是药物灭螺。二是火燎灭螺,将河边的枯草引燃,用火灭螺。三是土埋,构筑灭螺带,用土掩埋。这支专业灭螺队,直到消灭了血吸虫病才解散。

我们任屯村,还建有一座华东地区唯一的一家展示地方病防病历史的陈列馆。因为工作的关系,我曾多次向前来参观的人进行讲解,也接待了不少领导、专家、学者和外省市来访人员。我记得,彭冲同志来访时,就是我和村里的其他领导一同接待的。座谈时,清茶一杯,还特地炒了一些向日葵籽,算是招待了。转眼间,消灭血吸虫病已经30多年了,回想当年,好像就在眼前。如今我们都过着安居乐业的生活,任屯村村民,正在奔小康的路上大步前进。

我是村里的灭螺员(何雪珍 1950 年生) 我 14 岁就跟着大人参加农田劳动。1965 年,16 岁时在村里当上了卫生员,灭螺员。平时在家中,我经常对照钉螺标本,将它熟记于心,以防查螺时搞错。查钉螺也要动脑筋,找窍门,我们不能在田野里到处乱跑乱找,应该挑选钉螺容易繁殖滋生的小水沟、死浜斗、池塘边进行重点查找。查螺、灭螺工作,看起来似乎比在大田干农活要轻松一些,其实查螺、灭螺责任也是蛮大的。在查螺时,注意力必须高度集中,尽管自己年龄小,眼力好,反应快,蹲在地上拨弄泥土时,两眼依然要紧盯不放,害怕一不留神,让钉螺在自己手中漏掉了。

查螺过后就是灭螺。灭螺的主要方法是打药水,重点是找一些流水缓慢、草木繁茂、为血吸虫繁殖提供"瘟床"的地方,特别是一些曾经查出过钉螺的地方,更是重中之重。当时灭螺使用过的药水品种较多。其中有一种叫污绿粉的药,毒性很强,灭螺效果很好。灭螺还用过给低洼地填土、沿河作灭螺带等消灭钉螺滋生点、不给钉螺有隐藏之地的方法。

我在任屯村当卫生员时,每年要对社员进行一、二期大便检查。在检查大便之前,卫生员要到生产队每家每户发化验单。一期验三次大便,化验单当日发放,第二天早晨就去收大便,大便取回后分别放入贴有各人姓名的试管内加水用棒搅匀,再送往医生处化验。通过大便化验,对查出有蛔虫、钩虫等寄生虫病的患者,分别发放不同的药物,进行服药治疗。发现患有血吸虫病的社员,分期、分批到乡卫生院或某大队医疗卫生室,进行集中治疗。病人在治疗过程中,会出现手脚发软、浑身无力、呕吐等各种反应。我也陪同过几批血吸虫病治疗的社员,病人出现这些反应时,同她们吃住在一起,帮一些反应较重的治疗者送水、倒茶、打菜领饭。有几次看到病人恶心呕吐。我也被感染,产生了厌食、恶心、呕吐。发生这种情况时,我尽量控制自己,并及时离开病房,在外面吐完后回来,继续做好服务工作。现在回想起来,做灭螺员的工作也是蛮有意义的。

我在任屯当乡医(程常英 1949 年生) 我原是一名知识青年,从 1967 年开始,队长让我当了一名卫生员,灭螺。1969 年,上海中山医院医生为大队卫生员办了一期医疗知识培训班。我因学习优秀、动手能力强,故在培训结束后一年,便顺理成章地被聘为乡医,当时亦称赤脚医生。我至今仍清晰记得,曾用麻油药物治疗过病人,也用中草药枫杨叶治疗过病人,更多的是用 T273 静脉注射治疗。其中 T273 静脉针治疗效果最明显。然而,T273 针剂毒性强,针液滴在皮肤上皮肤立刻变黑,故对打针人员要求特别高,操作时要特别小心,不能有半点马虎大意。

病人在治疗过程中,反应严重的,就送他们去朱家角人民医院。当时交通条件不像现在这样方便,主要靠船,从水路把他们送往医院,每次单行就需要二个多小时,来回近五个小时,很不容易。我还记得,有一次,一位病人在治疗中反应较大,呼吸困难,我就陪护在病人身旁,悉心照顾,一面给他吸氧,一面为他输液,同时叫了一条机帆船,及时将病人送往朱家角人民医院救治,使病人脱离了危险。任屯村血吸虫病治疗,一直到 1977 年头才宣告结束,但防治疾病、化验大便等工作,一直坚持至今。我对现在工作很满意,对现在的生活也感到幸福甜美。

我在任屯那些年(李森林 1945 年生)　我生于任屯村,长在任屯村,在任屯生活了一辈子。我也得过血吸虫病,曾经治疗过三次。一次是 1964 年,当时我刚读完初中回乡,身体很矮小,瘦弱,村里按排我到东天村去接受治疗。经过十多天的吃药打针,很顺利。治疗后,我自我感觉良好,身体康复效果明显,身体遂渐长高,到 1969 年,我已经成为身材高大、身强力壮的青年人。由于受反复传染的影响,在 1975 年前后的一段时期里,我又历经了二次治疗,一次是吃油药,一次是服药片。据说,根治这病,一次治疗还不能彻底消灭血吸虫病,所以要经过反复治疗。获得新生的任屯人,在党和政府的领导下,坚持走中国特色的社会主义道路,从原来单纯的从事农业,向农、副、工业全面发展,使经济建设取得了迅速发展,人民的生活水平也遂年提高。任屯的面貌,发生了天翻地覆的变化。我在任屯那些年,目睹了任屯村的发展和变化。

在党和政府的培养下,我于 1974 年加入了中国共产党,后担任过任屯村的党支部书记。在任职及离任后的一段时间里,我深感没有共产党,就没有任屯村。共产党是任屯人民的救命恩人。这是所有任屯人的体会。许多到任屯来访问的人,都会听到任屯人不约而同地说道:"没有共产党,就没有任屯村。"

我深感没有共产党,也没有我的今天。经过了治疗,我才恢复了健康。如果不治疗,受血吸虫病危害,我也就没有了如今的幸福生活。任屯村送走"瘟神",是人民群众在党的领导下经过奋斗取得的。只有在党的领导下,人民群众无穷的智慧和力量,才能充分发挥出来。

青翠秀丽　任屯在变

1949 年前,任屯村是个血吸虫病严重的"肚胞村",由于"政治瘟神"和血吸虫"自然瘟神"害得穷苦农民骨肉分离、家破人亡。解放后,在党和人民政府的正确领导和关怀下,经过莲盛人民的艰苦奋斗,任屯村发生了翻天覆地的变化。

村庄变。旧社会里的任屯村田荒地白,一半田地荒芜,能够耕种的农田产量很低;墙坍壁倒、篙草过膝,全村九湾十三浜,只只浜里钉螺生,白天听不到笑声,晚上看不到灯光,整个村庄被阴森凄凉的气氛所笼罩。1979 年,结合水利消灭钉螺,开了二条大河,填平了九湾十三洪,拆旧房建新楼。4 年中 250 多户,家家建起了楼房,人均住房面积 28 平方,现在任屯村竹柳掩映、青翠秀丽,呈现出生机一派。

体质变,。任屯村群众过去大多数被"瘟神"折磨得面黄肌瘦、腹大如鼓,被人形容为"五瓜人":面孔黄得像南瓜,脖子细得像丝瓜,肚皮大得像冬瓜,臂膊小得像黄瓜、两腿瘦得像生瓜。现在任屯的村民体质强,精神振奋,青年人龙腾虎跃、生气勃勃,全村 250 多个青、壮年全部是强劳力。1984 年全村还拥有 60 多名男、女篮球队员。1963 年在全县农民篮球联赛中夺得冠,解放后头十年,全村没有一个体格符合应征入伍要求,1960 年起每年有人参军入伍。

生育变。1949 年前,任屯村里几乎听不到婴儿的啼哭声和孩子的嬉笑声。据统计,1930 年至 1949 年的二十年间,全村人口从 960 人减少到 461 人,死得闭门绝户的有 121 户;死剩一人的有 28 户,连续七年村里没有生育一个孩子,当时流传着这样一 首歌谣:"肚胞病,害人精,任屯村里传祸根,只见死不见生,有女不嫁任屯村"。1950 年全村人口 461 人。到 1985 年增加到 778 人。

生活变。1949 年前,任屯村群众贫病交迫,生活极苦。外出当长工、做佣人的有 57 人,借债度日的有 81 户。解放后,随着劳动力的增强、生产的发展,群众生活水平也不断提高,从 1987 年全村人均收入 1300 多元到 1999 年人均收入 3831 元,劳均收入 6790 元。由于收入的逐年增长,群众的消费水平也大大提高,中、高档商品不断进入家庭,仅据 2000 年的统计,全村 220 多户家庭中,除了家家有缝纫机、自行车,户户有存款外,还购买了电冰箱、空调、手机、彩电、摩托车、汽车,还有不少群众戴起了金戒指、耳环、项链等首饰。

文化变。任屯村群众在旧社会没有条件上学,全村只有七八个人读过书。1949 年后,在党和政府的关怀和支持下,村里办起了托儿所、幼儿园和小学,适龄儿童全部入学,青年人个个上过中学。仅 1984 年,就有 2 名青年考上大学。到 2000 年,全村已有大专以上学生 30 多人。1958 年设立了卫生室;1979 年办起了自来水厂;1980 年办起了灯光篮球场;1984 年办起了老年人活动室;1997 年办起了乒乓室、弹球室、电视室、卡拉 OK 青年活动室、图书室;1999 年,又办起了健身点,丰富了群众的体育文化生活。

附：任屯血防陈列馆

上海市青浦县（现为青浦区）任屯血防陈列馆，坐落于金泽镇原血吸虫病流行最严重的任屯村。1973 年下半年筹建，初名任屯血防展览馆，翌年建成开馆。前棣为原烂石庵旧房，后棣为翻建的 200 平方米新居。

展览内容：前棣展出四组泥塑，反映任屯村曾遭受血吸虫病危害的悲惨情景，由上海油画雕塑创作室张充仁等雕塑家创作。后棣展出照片和部分实物，反映任屯村血吸虫病防治过程和成就。1978 年对展览内容重新充实调整，并在两侧增建 300 平方米 2 层楼房，做接待参观者之用。

1985 年更名上海市青浦县任屯血防陈列馆。馆名由原上海市政协副主席、市书法家协会主席宋日昌题写。馆内新建 500 多平方米房屋，有绿化地、喷泉。前棣和后棣底楼陈列全县消灭血吸虫病后的巨大变化，后棣 2 楼陈列上海市消灭血吸虫病的伟大成就。陈列照片、图表、资料 196 件，实物 215 件。14 幅文字说明由市书法家书写。馆内还陈列全国人大常务委员会副委员长周谷城等书写的诗词，陈列馆的解说词和模型说明，并全部采用自动讲解。

馆前有县委、县政府建造的消灭血吸虫病纪念碑 1 座，高 6.2 米。正面有原中央顾问委员会委员、原中央防治血吸虫病九人小组副组长魏文伯题字："造福人民。"碑后面是县委、县政府的碑文。碑前是 1 组雕塑，象征疫区消灭血吸虫病以后人民的健康和幸福。碑顶装饰，用消灭钉螺和查病的铁铲、显微镜做图案，碑座两侧镶配防治血吸虫病各项技术措施的浮雕。正面和背面以万年青图案镶边。参观者普遍反映，任屯村血防陈列馆是一个生动形象的爱国主义教育阵地。

1985 年 12 月，青浦县立碑纪念消灭血吸虫病

中共青浦县委、青浦县人民政府,于 1985 年 7 月为纪念碑选写碑文。全文如下:

一九八三年,青浦县消灭血吸虫病,人民欢庆。忆往昔,血吸虫病流行全县,万户萧疏。历史有钉螺面积七千四百多万平方米。患者十五万七千余人,轻者劳力丧失,重则侏儒。病孩发育不全,病妇多不生育。田园荒芜,死亡累累。

建国后,青浦县被列为全国防治血吸虫病工作重点县之一。在共产党和人民政府领导下,全县人民坚持奋斗三十三年,防治结合,综合治理,消灭钉螺,治疗病人,送走瘟神,造福人民。喜看今日青浦城乡,经济繁荣,各业兴旺,人寿年丰。树碑志念,万代传诵。

编纂资料来源

一、《莲盛志》(2004 年 2 月版)

二、《青浦抗击血吸虫病纪事》 《档案春秋》2007 年第 2 期

三、《消灭血吸虫病保障人民健康》 《人民日报》2004 年 5 月 24 日

卷

五

文化篇

桥 寺 文 化

金泽古桥文化浅析

金泽位于江浙沪两省一市交界处,南临太浦河,北靠淀山湖,境内江湖河港交织,水面积占全镇总面积的三分之一以上。古镇还保持着明清格局,一条金泽港贯穿全镇,据《金泽志》记载,在0.6平方公里的土地内,曾"有四十二虹桥",而且"桥桥有庙,庙庙有桥"。现在的金泽还保留着建于元、明、清的7座古桥,故有"江南第一桥乡"的美名。

清周凤池纂、蔡自申续纂的《金泽小志》说:"金泽,古白苎里。按《江南通志》,金泽镇在青浦西南三十五里,地接泖湖,稼人获泽如金,因名。"金泽镇,西接苏州吴江,南连浙江嘉善,是苏、浙两省交通要衢。湖荡环回,烟村缭绕,镇中多宋元名迹,如六观、一塔、十三坊、四十二虹桥,桥各有庙,与昔吴淞江畔之青龙镇,东西遥相争胜。境内以产鲈鱼、莼菜著称,擅河湖鱼泽之利。

《金泽小志》又说:"金溪四面距湖,涵浸相属,土厚而肥,民饶而俭,水云乡中乐土也……""水云乡中乐土",多么美丽的地方!金泽有被誉为"古八景""后八景""今八景"的诸多景致。志载:"古八景"为长湖、岳观、莲社庵、亭桥、迎祥夜月、桑林春色、龙潭、古战场;"后八景"为薛淀烟波、三环夕照、云峰古刹、湾潭春水、百婆明月、远浦征帆、水村风柳、假山怪石;"今八景"为颐浩晨钟、石山晚眺、桑林春色、南桥夜月、龙潭垂钓、芦田落雁、雪漾征帆、三里耕归。应该特别说明的是,这里的"今八景"当以清乾隆年间周凤池编纂、道光十一年(1831年)初蔡自申续纂而成的《金泽小志》的写作年代为准。

一、金泽古桥是中华桥梁史中的瑰宝

金泽是远近闻名的鱼米之乡,开门见河,出门动橹。到处河网密布,水网相连,是难得的一处胜景佳地。人杰地灵,钟灵毓秀,可谓水乡桥多。青浦的古桥更有着它独特的文化韵味,与水相依相傍,形成绝妙组合的天然国画。金泽的古桥,仿佛置身于山川迂回的林泉胜地,飞跨在大江急流的要冲险滩,或长虹卧波,月波荡漾,或

小桥流水,诗情画意,常常勾起人们美好的回忆,令人深思遐想。

金泽古桥的千姿百态,为家乡的山山水水增添了不少美色。有的体态雄伟,长若垂虹;有的小巧玲珑,柔和刚健;有的古色古香,结构精巧。历经千年,仍然坚固如初,傲然挺立。有的既是交通桥,又是文物桥、观赏桥。当人们携手平梁,披襟虹背,欣赏那一派阳春烟景时,几声咿呀橹棹,树头啼鸟,陇亩青葱,大自然的幽景,便会醉人心怀。小镇的淳风,恬静的生活与环境,渗透着古桥的魅力,吸引着古往今来的人们,萦绕于背井离乡、浪迹天涯的游子客梦之中。金泽古桥真是博大精深,可谓是中华桥梁史中的瑰宝。北京有卢沟桥,金泽有天王阁桥,北京有晶莹洁白的玉带桥,金泽有宛若紫宝石的普济桥,河北有千古奇迹赵州桥,金泽更有闻名遐迩的放生桥。所有这些,都构成了金泽古桥的一道亮丽的风景线。

金泽是座天然的古桥博物馆,不仅分布密集,而且集中了宋元明清四朝古桥,常常是几步路之遥,便见到另一个朝代的遗迹,叫人不胜感慨。金泽的桥有两个特点,其一是都建有辅桥,方便人们负重行走。其二是桥桥有庙,虽然这些庙大多已不复存在,但每个桥头依然摆放着供奉香烛的铁架,可见当地仍保留着逢桥祭拜的习俗。

二、金泽古桥的艺术价值和文化内涵

金泽古桥更具有浓郁的文化内涵,可从多个方面去进行剖析。即分为悠久历史类、独特构造类和民间传说类。

一是悠久历史类。金泽古桥文化,源远流长。金泽的迎祥桥,建于元至元间(1335—1340 年),明天顺间(1457—1464 年)和清乾隆三十三年(1768 年)两次修建。又如金泽的如意桥,建于元至元年间(1279—1294 年),明崇祯、清乾隆和光绪年间三次重修。这座用纯花岗石砌铺的石桥,保存得最为完整,故有“横桥远亘如游龙,明珠影落长河中”的美誉。悠久的历史孕育了古桥的文化内涵。

二是独特构造类。金泽著名的普济桥和弧形单孔石拱桥——万安桥,皆属于独特构造类。颇有传奇色彩的普济桥在金泽镇南市,又称紫石桥,俗称圣堂桥。桥身均用晶莹光洁的紫石砌成,与万安桥有异曲同工之妙。每当细雨斜打桥面,紫色花岗石便泛起紫赭色的夺目光彩,宛如一块块宝石镶嵌而成,简直是一座“宝石桥”了。普济桥坡度平缓,跨径大,桥顶圈板石镌有“咸淳三年”字样,为上海地区保存最完好、最古老的石桥之一,对研究上海古代桥梁有着重要的价值。古桥之首的万安桥在金泽镇北市,又名万安亭桥,宋景定年间建。为弧形单孔石拱桥,圈弧弓形孔,紫石筑成。《金泽小志》记载:“万安亭桥,跨市北。亭建如穿廊,数间飞出。其出尽处,又有佛庐相向,高于亭埒。亭中四望,水天一色,淀山峙其东,真奇观也。谚云:‘金泽四十二虹桥,万安为首’。”因与位于南市普济桥遥相对应,当地人称两桥为姐妹桥。

三是民间传说类。独特的构造体现了人民大众的智慧,而历史上有不少故事是在桥上发生的。我们在观察古桥丰姿及奇妙景色的同时,听着有趣的传说,会使旅游活动平添佳趣。

金泽古桥可分为有形和无形两个部分。显而易见,有形是指造型、结构等,如金泽的如意桥,桥型为单孔石拱桥,桥长20.8米,宽3.4米,显得很稳固。全桥石料为一色花岗石,打凿整齐,桥面雕凿盘龙,右端有如意图案,结构简洁,具有元代桥梁特色。这些都属有形的古桥建筑之美。无形则是指建筑年代、风格以及桥上的桥联给人的启发和思考等,即古桥的文化内涵。譬如如意桥,在桥的壁柱上刻有两副对联。其一是:"顾名思义祖师庙主善为师,前果后因如意桥发心遂意。"这是赞美祖师的宗首,阐说如意桥的哲理。其二是:"化险境为坦途千秋如意,赖博施以济众一路平安。"这是迎合朱元璋的思想,用兵统一天下,化险境为平坦,从胜利走向胜利。治国平天下,靠关心民众,国泰民安。这些无形的文化内涵使人遨游在畅想空间里,倍感奥妙。

三、青浦古桥具有很大的保护和继承的价值

根据我们的考察、研究,金泽古桥,是一笔宝贵的文化遗产。古桥是历史的产物,是历史留下的文化遗产。金泽古桥,承受着岁月的重负,在历史的变革中,有的被毁,有的遭损,有的却幸运地保存了下来。

上海现存比较完好的古桥大约有90多座,有38座已被列入市、区县级文物保护范围。而金泽古桥,不论从它们的历史作用,还是文化底蕴来说,对于研究古桥的构成和特色都是一部难得的"教科书"。这样的古桥,如果毁掉一座,现存于世的古桥就会永远地消失一座。在金泽建设发展的关键时刻,金泽古桥应该列入"保护"的范围。这既是对历史负责,同时也是对未来的交代。

金泽古桥,是一部很好的历史教科书;金泽古桥,是爱国主义教育的好教材。这些石桥是历史的老人,它们静静地躺在那里,仿佛在默默地告诉我们:我们的祖辈曾在这里生息繁衍。

参考文献:
《青浦文化志》(1994年版)
《江南第一桥乡——金泽》

金泽古桥的前世今生

在人为建造桥梁之前,自然界由于地壳运动或其他自然现象的影响,形成了不少天然的桥梁形式。如浙江天台山横跨瀑布上的石梁桥,江西贵溪因自然侵蚀而成的石拱桥(仙人桥)以及小河边因自然倒下的树干而形成的"独木桥",或两岸藤萝纠结在一起而构成的天生"悬索桥",等等。

人类从这些天然桥中得到启示,便在生存过程中,不断仿效自然。开始时大概是利用一根木料架在小河上,或在氏族聚居群周围的壕沟上搭起一些独木桥,或在窄而浅的溪流中,用石块垫起一个接一个略高出水面的石墩,构成一种简陋的"跳墩子"石梁桥。以后,人们在建造园林时,多仿此原始桥式,称"汀步桥""踏步桥"。这些"独木桥""跳墩子桥"便是人类建筑的最原始的桥梁。再以后,随着社会生产力的发展,不断由低级演进为高级,才逐渐产生各种各样的跨空桥梁。

青浦是上海西郊一个典型的水乡,自古素有"江南桥乡"之称。沧海桑田,历史变迁,境内许多古桥已经消失,欣慰的是如今还保留近100座,为上海市现存古桥最多的一个区,而且宋、元、明、清历代桥梁皆有,堪称为当今"上海古桥博览会"。

青浦古桥不仅数量多,而且造型优美,建筑精良,在上海古桥技术发展史中占有重要地位。存世的古桥,不仅是交通设施,更是难得的历史文化遗产,是一笔宝贵的财富,保护和管理好这些弥足珍贵的历史遗存,延长古桥的生命周期,对历史、对子孙负责,意义深远。

元、明、清三朝,是桥梁发展的鼎盛期,其工艺技术又有新的突破。这时的主要成就是在造桥的同时,还对一些古桥进行了修缮和改造,并留下了许多修建桥梁的施工说明文献,为后人提供了大量文字资料。这一时期,金泽古桥造得更多了,有建于元至元年间(1279年)的林老桥(又称"关爷桥""临了桥")。桥面中间石级较窄,两侧檐石较宽。一色青石,岁月洗刷,桥面十分光滑,给人以古朴典雅的感觉。今行人过桥仍能看到北塊尚存的当年挑庙柱石。据《金泽小志》记述,此桥是元代曾任宣慰使的金泽人林青出资建造,乡民为纪念他而称为林老桥。该桥1994年被列为青浦县文物保护单位。

位于金泽镇上塘街的塔汇桥。据《金泽小志》记载:清乾隆三十二年,即1767年春,地方疏浚市河,要开深塔汇桥之河,民工们在水底深处,发现巨桩无数。木桩年代已久,排列整齐,据名匠验测,这是古塔的塔基,又据金泽老人分析,这木桩是古塔所在地。这塔汇桥之桥名,就由此而来。

位于金泽镇南北向的天皇阁桥,为三孔连拱石桥,正中有如意时刻图案,并有浮雕"轮回""宝幡""莲座"等多种佛教图案,楹柱上刻有"南无阿弥陀佛"等字样。东侧楹联:"愿天常生好人,愿人常行好事。"此桥造型典雅清脱,桥墩纤细薄盈,便于泄洪。这类桥在上海地区已不多见。1994 年被列为青浦县文物保护单位。

在金泽古镇里,横卧着一座《清明上河图》里的汴水虹桥——普庆桥,从中可以领略古人的匠心和当代桥梁大师的风采。1999 年,为了向世界介绍中国拱桥,由美国 WGBH 电视台 NOVA 科教片出资、桥梁学家唐寰澄先生任顾问,在桥乡金泽,用北宋当年的施工方法,忠实于《清明上河图》原结构,重建了一座汴河拱桥,命名为"普庆桥",这在当时引起了轰动。

当今,在全力打造现代化新城镇的进程中,上海大大小小古桥的生存状况成了人们关注的焦点。青浦现有近 100 座古桥,其中 27 座为文物古桥,60 座为保护性古桥,11 座为其他古桥,还有 2 座文物古桥分属于曲水园和课植园。这些古桥分布在全区 11 个街镇。

早在 1959 年,青浦地方政府公布了第一批文物保护单位名单,金泽的迎祥桥、普济桥、万安桥被列入其中。"文革"以后,青浦在文物普查中把重点放在古石桥的调查之上,直至 2001 年 5 月 10 日,先后五次公布了 27 座文物古桥,占了全区 54 处文物古迹的半数。

目前,在上海文物保护名册中,共有文物古桥 44 座,青浦古桥占据了"半壁江山"。一个区拥有如此多的文物古桥,为全市之冠,全国少有。尤其是列入市级"文物"的上海古桥仅有两座,一座是以历史悠久而闻名的金泽宋代普济桥,另一座是沪上最高、最大、最长的朱家角明代放生桥,这两座"国宝级"文物古桥也都是"青浦籍"。除了上述文物古桥外,青浦还有 60 座保护性古桥以及其他古桥。

金泽古桥梳理

　　金泽是著名的"桥乡"，宋元以后有据可考的古桥就有 28 处，桥旁大多建有庙宇，加上沿河名刹、古街老宅，曾拥有可观的物质文化遗产。据《松江府志》称，"虽杭之灵隐，苏之承天，莫匹其伟"。以此为依托，金泽历史上还有闻名遐尔的"庙桥"乡俗节场，每逢大小节日，四乡民众纷至沓来。若遇两大香汛，即农历三月的庙会、九月的重阳，以颐浩寺为中心，连江浙一带的香客也水陆并进地涌进金泽，以至人满街巷，舟塞河塘，为的是加入这里多姿多彩的节场活动：祭神礼佛的仪式、跨桥绕镇的游、吴曲越调的地方戏（俗称"丝竹班"）等，异彩纷呈。这些乡风民俗，应被视为金泽地域特征鲜明的非物质文化遗产。

三朝古桥一线牵

　　金泽是一个以桥闻名的古镇，向有"江南第一桥乡"之称，桥多水多是它的特色。在下塘街一带有一段相距 350 米的河道，河道上并列的多座古桥，竟然跨越了宋、元、明三个朝代，所以有"三朝古桥一线牵"的说法。

　　普济桥（圣堂桥）（宋代）：

　　普济桥在金泽镇南首，是金泽最古老的石桥之一，因桥畔有圣堂庙，故俗称圣堂桥。建于南宋（公元 1267 年），明清两代作过重修，加置石栏，为单孔石拱桥，桥长 26. 7 米，桥高 5 米。古时桥顶处，有木框架子，装置木门，晚间关闭木门，为使两岸镇民的安全。普济桥的建桥设计，很有讲究：它的拱圈砌置，与河北省著名的赵州桥相

普济桥

同;它的石料,与上海松江方塔公园内的望仙桥相同,都用珍贵的紫石,有紫色的光彩。每当雨过天晴,阳光照射桥上,紫石发光,晶莹光泽,宛如一座用珠宝相嵌的宝石桥。桥下的石砌拱圈上,在中间的一块拱石上,镌刻"咸淳三年"四个大字,庄重有力,证明此桥是宋代建筑物。此桥与镇北的万安桥,在建造年代、建造式样和使用石料等方面,都很相近,故被称为"姐妹桥"这是金泽乡民对古桥的特有感情。金泽普济桥有"上海第一桥"之誉,于 1987 年被列为上海市第四批文的保护单位。并已列入《上海辞典》《中国名胜词典》条目。

万安桥(挑庙桥)(宋代):

万安桥,建于宋景定年间(公元 1260 年),原桥上建有楠木凉亭又称"亭桥",与普济桥南北相望,同跨一河,故称为姊妹桥。东桥堍建有'佛阁亭',西桥堍建有'财神阁'、谢水三亭,古称挑庙桥。每当夕阳西下,炊烟袅绕,钟声、书声、歌舞声、好一派太平盛世。难怪古《金泽小志》称:"金泽四十二虹桥,万安为首。"从建桥年代和桥两端的建筑考察,确实是金泽为首的古桥。建桥时间,它比普济桥要早几年。在桥面上建有亭阁,亭阁四周飞檐翘角,角挂铜铃,风吹铃响,为大桥的装饰增添美丽的外形。在桥的东堍,有佛国亭,即一座寺庙,楼亭飞檐,内有佛像。在桥的西堍,有财神阁,也是一座庙宇,内有财神老爷赵公明。整座石桥的结构设置,古称桥挑庙,即一桥挑起两座庙,这在江南古镇中是不多见的。

万安桥

迎祥桥(元):

迎祥桥,建于元代至元年间的公元 1335 年。明代天顺年间和清代乾隆三十三年(1768 年)两次修建。桥为六柱五孔梁架式石桥,中孔跨径 6.4 米,左右二孔为 5 米,再二孔为 4.3 米,全长 34.25 米,宽 2.45 米。其构造形式颇为独特:用长青石 5 块并列组成石壁式桥柱四条立于水中,形成五桥洞。石壁顶面横置石盖梁,梁面琢有半圆形凹槽,以稳固地搁置五根 25 厘米粗的楠木梁,上部桥面结构由砖木组成,在楠木梁上横铺枋板。枋板上密铺用石灰糯米拌浆砌成的青砖,形成砖体桥面。两侧采用水磨笺底砖覆贴,既可保护木梁,又增加美观,还能起到压重稳固作用。桥面两坡有踏级。因为元代蒙古族以骑兵著称,经常要疾驰过桥,所以迎祥桥桥面铺砖无桥阶、无桥栏。迎祥桥纵向坡度和缓,整座桥体略呈弧状,横跨水面宛如长虹卧江,颇为轻巧。因此,"迎祥夜月"被列入金泽八景之一,有"月印川流,水天一色"之胜,同时伴以精巧的桥面造型,在全国堪称罕见。这在桥梁建筑技术上被称为"连续简支梁结构"。元代已能应用这种原理造桥,比西方要早数百年的历史。1979 年,迎祥桥被列为青浦县文物保护单位。

迎祥桥

林老桥(关帝桥)(元代):

林老桥,在金泽镇北首,是单孔石拱桥,桥北对着关帝庙,故又名关帝桥,建于元至元年间(1264—1294 年),明、清两代作过重修,故桥身保养较好。桥长 24 米,拱高 3.35 米。因年久,桥面青石十分光滑,显得古朴典雅。

林老桥,据《金泽小志》记述,此桥是一位叫林青的老人出资所建,为纪念这位老人,故称该桥为林老桥。它经历了 600 多年的悠悠岁月,有着无数动人的历史故事。1994 年被列为青浦县第四批文物保护单位,是古镇历史的见证。

林老桥

如意桥(祖师桥)(元代):

如意桥,在镇南市东胜港口,系弧形单孔石拱桥。据《金泽小志》载:如意桥于元代1335年建,明崇祯年间(1768年)重修。清光绪二十五年(1899年)重建。如意桥长20.6米,宽3.2米,拱跨8.6米,拱高4.2米。为金泽现存古桥中保存最好的一座单孔石拱桥。

如意桥

金泽放生桥(总管桥)(明代):

放生桥,在如意桥之北约50米处。此桥建于明代,重修于公元1628年,以后又多次重修。因桥下有放生河,故称放生桥,又因桥堍有总管庙,故也称总管桥。系单孔石拱桥,桥长25.2米,桥高4米,桥石采用花岗石和青石,质地较坚,桥柱上刻有楹联,清晰可认,系后来修建时所加。楹联曰:"桥连如意接康衢,水出湾潭通秀气。"表明此桥连接如意桥,通向康庄大道;桥下清水,流向淙淙小河。这副楹联既写出如意桥的气概,又写出如意桥流水美丽清秀。古人的楹联,抒发了热爱古桥的思

放生桥

想感情。放生桥建桥 500 多年,积淀了很深的文化底蕴。现在,此桥保护完好,仍为水乡的重要交通工具。1994 年被列为青浦县第四批文物保护对象。

天王阁桥(天王桥)(明代):

天王阁桥,在金泽下塘街中部,南北通向。因桥北原有托塔天王庙而得名,俗称天王桥,与塔汇桥东西相峙。此桥初建于明代,清康熙年间(1698 年)重建。桥身高大,仅次于朱家角放生桥,是江南少有的三孔连拱石桥。桥长 22.4 米,宽 2.8 米,跨度 9 米。桥中间有一大孔,两旁的小孔按桥的坡度比例缩小,发大水时三孔泄洪,减少阻力,平时便于船只来往。桥面狭薄轻巧,结构协调均匀,造型别致优美。桥栏上还刻有许多浮雕:有"轮回""宝幡""莲座""狮子"等图案,有"鸳鸯剑""芭蕉扇""葫芦"等八仙过海图案,栩栩如生。

天王阁桥

普庆桥(汴水虹桥):

这是一座仿北宋《清明上河图》汴水虹桥而建的单孔木拱桥。由上海东方明珠国际交流公司承办并委托同济规划建筑设计研究总院桥梁设计分院设计,青博古建园林建筑有限公司施工,于 1999 年 10 月 30 日竣工。这座全木结构的单孔叠梁拱桥,完全按照原始古桥的建筑工艺,用人工的捆、缚、拉、吊等古代木结构拱桥建造法施工,原汁原味,古色古香。全桥由 64 根拱圈木和 5 根横梁木组成拱圈,其上再复以 60 根弓形木成 X 形网状结构,造型优美,线条流畅,再现了我国古代精湛的造桥技术。它是由美国 WGBH 公司投资 5 万余美元,为美国公共电视台拍摄大型记录片《中国虹桥》而建造的。

普庆桥

金泽古桥多楹联

金泽的古桥不少都镌有楹联,这是金泽桥梁的一大特色。这些桥联,有的借桥抒情,有的以桥寓理,有的笃于记实,有的蕴含机锋,有的赞颂该桥的功用,有的描述当地的景物,不拘一格,别有情趣。

迎祥桥联:迎东流,长虹饮涧;祥中秋,初月出亏。

迎祥桥建于元代(1335—1340年)是梁柱式三孔砖木结构古桥。造型优美,桥身略带弧形,远远望去,如长虹饮涧,结构精巧,国内罕见。

万安桥联:紫石矗立,领悬四十二虹;角亭翼然,已卧八百春秋。

万安桥是金泽镇的一座紫石古桥,建于南宋景圣年间,元至正二年,桥上建风雨亭。当地民谚称:"四十二虹桥,万安桥为首"。

百婆桥联:缴费过桥,财主勒索诸行人;解囊建桥,阿婆善渡众桑亲。

相传清代乾隆年间,金泽镇庙宇香火兴盛,颐浩寺为最。到寺必过一条河。财主用竹、木搭起一座简易桥。行人必须缴费过桥。重阳庙会,香客众多,桥断,行人落水。落水者多半是老婆婆。当地有一百多位老婆婆解囊捐款,建起一座紫石桥,大大方便了来往行人。乡亲们便取名为"百婆桥"。

如意桥联:

顾名思义祖师庙主善为师,后果前因如意桥发心遂意(其一)。

其二:化险境为坦途千秋如意,赖博施以济众一路平安(其二)。

金泽放生桥联:

桥连如意接康衢,水出湾潭通秀气。

附:金泽古桥一览表

据乾隆《金泽志》书载:"金泽四面巨浸,内多支河,桥梁尤多于他镇,古称四十二虹桥。"其中,万安桥、普济桥、迎祥桥、天王阁桥、如意桥、放生桥等桥尚存,造型美观,结构精巧,为国外桥梁专家和学者所注目,在桥梁史上占有重要地位,故金泽有"江南桥乡"的美称。

《金泽小志》卷之一"桥梁"部分记载了以下桥梁的名称——迎祥桥、里仁亭桥、吉庆桥、百家桥、香花桥、称心桥、庙南观音桥、庙湾桥、如意桥、放生桥、普济桥、安乐桥、太平桥、安寿桥、百婆桥、寺西桥、塔汇桥、东归桥、寿康桥、白石桥、天王阁桥、西归桥、万安亭桥、佛阁亭桥、林老桥、增幅桥、延寿桥、惟善桥,凡28座。余14座《金泽小志》中未记载。

编号	桥名	建桥年代	桥址
1	万安桥	公元 1260 年	金泽北首
2	普济桥	公元 1267 年	金泽南首
3	迎祥桥	公元 1335 年	金泽南市梢
4	天王阁桥	公元 1689 年	金泽下塘街
5	如意桥	公元 1335 年	东胜港口
6	放生桥	始建无考 公元 1628 年重修	金泽南端
7	林家桥	公元 1279 年	万安桥北
8	香花桥	始建无考 公元 1668 年重修	工模具南厂
9	佛阁亭桥	公元 1342 年	万安桥东堍
10	寿康桥	始建无考 清康熙重修	小北胜浜
11	安寿桥	公元 1715 年	神道浜北
12	里仁桥	公元 1335 年	南库港东口
13	吉庆桥	公元 1279 年	迎祥桥西北
14	为美桥	始建无考	南库
15	白家桥	公元 1791 年	西林寺附近
16	庙前观音桥	始建无考	谢家湾东

编号	桥名	建桥年代	桥址
17	庙湾桥	始建无考	罗家浜
18	安乐桥	始建无考 公元 1667 年重修	禅寮港口
19	太平桥	始建无考 公元 1820 年重修	安乐桥北
20	百婆桥	公元 1260 年	金泽镇中心
21	寺西桥	始建无考	金泽镇中心
22	东归桥	公元 1279 年	北胜浜北岸
23	白石桥	始建无考	漫子港口
24	西归桥	公元 1279 年	天王桥西北
25	延寿桥	公元 1341 年	薛家港西
26	惟善桥	公元 1341 年	斜河田
27	增福桥	始建无考 公元 1762 年重修	薛家港西
28	塔汇桥	始建无考 公元 1557 年重修	北胜浜口

金泽古桥的传说

金泽史有"桥桥有庙,庙庙有桥"的建镇特点,区别于江南其他古镇。民间曾流传过一首民谣:"五月石榴红堂堂,圣堂桥相对圣堂庙。桥上无有龙门石,一个桥名三条桥"。这首民谣以朴素的文字和抒情的笔法,描写了五月盛开的石榴花,从而引出了古镇"桥桥有庙"的特点,桥上没有龙门石,可笔锋一转,道出了一座桥中有"三条桥"即圣堂桥的东西两端,各有一座小的引桥,这是古桥的结构特点,为江南古桥中所少见。

普济桥的传说

普济桥在700多年的历史长河中,它经受的是风风雨雨,看到的是历史变迁。就如一位饱经风霜的历史老人。赵孟頫是宋代后裔,赵匡胤(yin)的第十三代孙,著名书画家。他43岁时,遭受南宋亡国之痛,一度偕夫人管道升,隐居金泽颐浩寺,以抄写经书、作些书画来苦度时光。

每当明月当空,夫妇两人就来到普济桥,赏月散步,借景消愁,常怀念岳飞抗金保国精神,对月朗诵岳飞的《小重山》词:"昨夜寒蛩(qiong 蟋蟀)不住鸣。惊回千里梦,已三更。起来独自绕阶行,人悄悄,帘外月胧明。白首为功名,旧山松竹老,阻归程。欲将心事付瑶琴,知音少,弦断有谁听?"这是岳飞的一首抒情诗,用梦境烘托,抒发了不能为国出力的悲痛心情。当时以秦桧为首的投降派,统治朝政,打击爱国将令,国家笼罩阴影。岳飞目睹山河破碎,用瑶琴弹奏,来抒发表露抗金爱国情思,可支持者很少。他无比仇恨那些贪生怕死的卖国佬。

赵孟頫夫妇两人,对《小重山》诗词,吟诵时情感波动,常常是泪满衫巾。当时的管道升,家住青浦小蒸镇,坐船到金泽,不用半天时间,故常来常往。管道升为安慰丈夫,陪同他到青浦境内游览。当时青龙镇,即现在的白鹤镇,盛极一时,万商云集。夫妇两人前往投宿,追念韩世忠、梁红玉夫妇两人的抗金事迹,以示对南宋的思念。这普济桥是典型的南宋遗物,赵孟頫夫妇两人不停地在桥上来回,一遍又一遍抚摸桥栏,以示珍惜,以示怀念。

赵孟頫常临写岳飞的豪言壮语"还我河山",字体苍劲,顽强有力,以表达他的爱国思想。据传,宋代的韩世忠,明代的刘伯温,清代的乾隆,当代已故的陈云副总理,都曾有登临普济桥游览的记载。很多名人的足迹,反映了古桥的历史价值。

迎祥桥的传说

迎祥桥是江南著名的元式桥梁。选材独特,形式优美,它近似现代的公路桥。当代桥梁专家称该桥为"连续简支"梁桥的鼻祖。为什么当时金泽会建起这划时代的桥梁呢?

相传,蒙古族灭亡南宋后,建立元朝政权,朝廷采用安抚政策:一面招用宋代"遗臣",一面保护宋代文物。元军进驻金泽后,对文物建筑进行保护和维修,还大力发展金泽的桥庙建设,繁荣古镇的经济。

金泽颐浩寺,是江南第一大寺。在颐浩寺附近有一座迎祥桥,在迎祥桥西塇,还建有规模宏大的万寿庵,有尼姑近百,有江南"小天竺"之称,这一桥一庙形成新的繁荣之处。后人将迎祥桥和练塘余庆桥取名为姐妹桥以后,对两桥的建造和用材等方面,作过专门的研究。两座桥梁结构坚固,经历600多年的风风雨雨,英姿勃勃,昂然挺立:其一是用料讲究。所用木材,全是千年不朽的珍贵楠木,估计是修建颐浩寺、明因寺所多余的材料。其二是建造的工艺讲究。桥面的承受力都计算得非常精确,桥型精巧,坚固耐用,证明当时的造桥水平,已进入了一个新的时代。

金泽的迎祥桥,在元、明时代,是古镇经济繁荣的中心。其南有白米港,各路来的农产品和经济作物,均在迎祥桥两岸集散,人来人往,川流不息。很多文人墨客,因游览颐浩寺,而顺便游览迎祥桥和万寿庵。当时迎祥桥就是"金泽古八景"之一,似长虹横卧于烟波江上,有"月印川流,水天一色"之美,成为"迎祥夜月"的绝景。

据《金泽小志》记述:在迎祥桥南百步处,有一景色秀丽的小湾,两旁杨柳、花草相伴,小湾之水,清润可口,既香又甜,是沏茶佳泉。当年万寿庵住持用水,庵旁的茶室用水,皆取小湾之水,时称"甘香泉"。

相传镇上有一老妪,患腹痛久治无效,日夜不安,无限痛苦。一天她到万寿庵拜佛,求菩萨保佑,正在茶室饮茶的一位长者,白发有神,得知老妪腹痛之事,告诉她一个秘方,用水壶到小湾去取"甘香泉",回家放在灶君菩萨前一周夜,然后放姜片煮沸后食用,一日三次,数日即愈。老妪照此秘方,三日后果然腹痛痊愈,甚为神奇,很快传闻遐迩,称迎祥桥处这一小湾为"神仙水"。

古时,凡名人到金泽游览,都要到迎祥桥一游,如元代书画家赵孟頫、明代政治家刘伯温、清代状元陆润痒等,都为迎祥桥写诗作画,以示赞美。

在20世纪50年代,这迎祥桥已在《人民画报》上登载介绍,已属青浦县文物保护对象。

万安桥的传说

据《金泽小志》载:当地宣慰使林青,对万安桥作过碑记,盛赞该桥的悠久历史和文物价值。万安桥栏石,云纹雕刻非常讲究,刻工手法如同颐浩寺大雄宝殿前的"不断云"石栏,云纹连绵,变幻无穷,奇丽多姿,巧夺天工。在万安桥垂条石下的眉石上有乳钉,这是宋元古桥常见的装饰,应与佛教有关。

万安桥历史悠久,曾留下过很多传奇的故事。

(一)清代诗人黄铎,在一个冬初的夜晚,北风紧吹,大雪纷飞,他从亲友处夜饮归家,步履匆匆,过佛阁亭桥已三更时分。他提灯独行,雪愈下愈大,忽闻逦迤爬行之声。他回头一看,竟令他吓出一身冷汗,只见一条巨蛇在爬动,颜色青黑,头如巴斗,身长几丈,昂首吐舌,几要窜咬,处境危险。他猛然转身快跑,蛇亦跟随;他止步,蛇亦不动。此时,黄铎惊慌不已,被巨蛇缠着,在无奈之中,他大声呼喊:"有大蛇,快来打蛇。"经大声一叫,蛇突然不见,消失在夜色茫茫之中。翌日,他再次到亭桥阁曾发现巨蛇的地方,作仔细观察,终于在桥下看到一个空穴,向里面张望,只觉很深很深,才知这是蛇巢,以后也就不了了之。金泽人民一直为之惊奇。

(二)传说在清末年间,万安桥下有一只美丽的母鸡,昼伏夜出,每当月明更深,万籁俱寂时候,这只老母鸡带领一群小鸡,悠闲走着,边走边寻找谷物和小虫。如遇人员走动,或人声喧闹,这母鸡和小鸡就藏身匿迹。

有一年轻汉子,在皓月当空时,他隐蔽在桥堍下,到三更过后,果然有一只红脸的母鸡,羽毛光洁,带领十余只黑白相间的小鸡,在慢慢走来,东张张,西望望,悠闲自得,寻找食物。那汉子欣喜万分,手拿笼罩,跃身一跳,往鸡群中猛罩过去,罩到一只小鸡,系纯白色,叽叽有声,他万分喜悦。到了天明,他往笼罩中一看,不料是一个白色的石蛋,大家惊奇不已,以后就一直没有发现母鸡带领小鸡的现象。可这老母鸡带小鸡的事,长期来,在古镇人民中传讲,是否神仙所为。

万安桥还有很多民间故事,均收录在金泽民间文学集中,耐人寻味,是纯朴的文学养料,能感受到特有的风味。

金泽放生桥的传说

据《金泽小志》记载,在金泽放生桥桥堍,曾流传过一则奇妙的故事:在清朝顺治年间,放生桥下有一船埠,每日有一航船开往苏州。有一日,航船正要起航时,天突然阴沉沉,雨濛濛,在岸边走来十八个和尚,他们急匆匆地,要乘船,而众僧的外貌,奇形怪状,有驼背长眉,有张嘴怒目,有瘸足扶杖,人态各异,船主不敢拒乘,只能让他们一一下船,安排座位。船启航了,可众僧急躁怒斥,坐立不安。

此时,风大雨大,风帆如飞,呼呼作响,须臾之间,行程 50 多里,航船抵达屯庵村。那个长眉僧人对船主说:我们将挂瓢,以示到报恩寺,你下午可到胥江,即今苏州吴县。

航船到达报恩寺,下帆靠岸,寺内群僧都出来迎接,这十八名和尚,似乎都很轻松,露出笑容,一一离船登岸,拱手称谢,进入报恩寺。天气瞬间转晴,风和日丽,舟复扬帆,快如飞鸟,至苏州返船,回到金泽,已是傍晚时候,方知金泽火灾,熊熊大火。颐浩寺的大雄宝殿,烬成瓦砾。船主回忆昨日在风雨中乘船的那些和尚,原来是大雄宝殿中的十八罗汉,幸甚至哉。船主不由高兴起来,自己为佛家作过贡献,将会得到佛祖的保佑。

此民间故事,虽然很是神奇,但却反映了金泽乡民十分珍爱颐浩寺,对十八罗汉寄于虔诚之愿。金泽乡民喜欢在放生桥堍,讲述这些有趣的民间故事,一代一代相传下去。

其实,这放生桥的桥名,是佛家用语,如有鱼放生在河中,如有鸟放生在空中,让这些鱼鸟获得新生,得到自由,这是佛家宣扬的慈善与爱心。

金泽古镇原有两个香讯,即阴历三月二十八日和九月九日,周边省市的乡民,都会到金泽来进香,有的就在竹篮里带着鱼、螺丝之类的生命之物,放生在这石桥之下,以示对菩萨的虔诚,有的乡民肩挎黄颜色的进香布袋,口念"放生桥,放出桥",从上桥一直不停地念到下桥,如念经一般。

相传在清朝年间,有一位从浙江来的老婆婆,年已80多岁,平时爱劳动、爱助人,腰背硬朗,精神矍铄,年年都随队来金泽进香。有一年,她随船队到了金泽,而她的家乡正遇强台风,房屋倒塌,大树吹倒,庄稼毁坏,损失惨重,而这位老婆婆的房屋,却安然无恙。据左右邻居所说,台风扑来时,她家门前飞来很多鸟,挡住台风,保护了老婆婆的家园,她家的竹林,郁郁葱葱,她家的池塘,鲜藕嫩甜,他家的鸡鸭,只只健壮,真让人羡慕。这故事在进香的老人中,讲得有声有色,说是在放生桥放生了鱼禽,是这些动物对老婆婆的报每答,为金泽乡民们所喜爱。

如意桥的传说

相传朱元璋灭元、建立明朝政权后,还要平息各地的动乱,其任务还很艰巨。当他在军师刘伯温护驾下,来到金泽,看了宋元时代所建的寺庙、桥梁后,一时被倾倒。当他来到如意桥,这桥名引起了朱元璋的好奇之心,为让新生的明朝政权"如意吉祥",他就命刘伯温写了一副对联。朱元璋看后,微微点头,含笑称好,站在桥顶,远眺四方,盛赞金泽绿树成阴,河港交错,稻谷金黄,随风起伏,啊!江山如此多娇。朱元璋在刘伯温陪同下,走下桥来。坐轿回行宫,对古镇金泽留下极其美好的印象。

据《金泽小志》记载:金泽尚有"如意桥与芦墟永安桥对峙,当天气晴朗,登桥遥望,环洞隐隐相映,人谓之雌雄桥"之说。

据老人相传:当年金泽建造如意桥时,因桥型高大优美,在竣工庆典上,有芦墟绅士来临,表示十分羡慕,希望在芦墟家乡也建造一座这样的桥。这位绅士回芦墟后,得到乡民的赞同,商议筹款。在芦墟建桥时,得到金泽绅士的支持,由金泽造桥工匠前往协助。几年后,石桥也就造成了。芦墟乡民敲锣打鼓。在竣工庆典会时,讨论桥名问题,要求跟金泽如意桥桥名含义有相连。此时,有一位精神矍铄的长者,即兴吟诗一首:"如意吉祥五谷丰,永安太平山河美。"众人听后,拍手称好。主持庆典的绅士说:"感谢长者,好诗,好诗。"于是就用下联开头一词,桥名为"永安",到会者一致呼喊:"永安桥好,永安桥美!"就这样芦墟的桥名为"永安桥"。

由于金泽的如意桥为上联,芦墟的永安桥为下联,以后就称金泽的桥为雄桥,称芦墟的桥为雌桥,两桥遥遥相望,犹如一对朝夕相盼的恩爱夫妻。这是水乡人民对古桥的珍爱,对古桥的美好想象。

待到风和日丽,金泽乡民登如意桥向西远眺,隐隐可见永安桥如一弯长虹,无限秀丽。金泽和芦墟同为水乡泽国,两桥相牵,历史悠久,增进友谊,增加往来,凡金泽的香讯,从芦墟来的进香者,络绎不绝。可惜,芦墟的永安桥早已无从寻访。

相传,金泽在如意桥建造时,还考虑到游人登桥休憩,在桥的北塈,设有一条长石的板凳,同时可坐六,七人,石凳上凿刻:"行道有福"四个苍劲大字。乡民们干活或赶集路过,欢喜在石凳上坐坐聊聊,总要笑谈刘伯温、朱元璋登桥的历史故事。金泽乡民为有这一段珍贵历史而自豪,看到石凳上有"行道有福"的字样,常喜滋滋的,并还感到浑身舒服,幸福降临,给人精神上的安慰。

林老桥的传说:

据《金泽小志》记述,林老桥是一位叫林青的老人出资所建,为纪念这位老人,故称该桥为林老桥。林青,元代金泽人,官至宣慰使,好学多智,为人谦恭,家多藏书,对金泽的造桥、建庙,倾囊而为,对建镇作过重大贡献,重建杨爷庙,重修万安桥,他亲笔作词,题写碑文。这座古老的林老桥,经历了 600 多年的悠悠岁月,有着无数动人的故事,唯有林青的师德和陈莲舫的医德,常为金泽乡民所传颂,成为金泽乡民的精神财富。

相传,1343 年到 1353 年间,林青在金泽镇北迎祥桥西面的"有字圩"上买地建校舍,创建了"林青义塾",自己担任主讲老师,还聘请名师授课。校舍四周植树种花,让学生有清新的学习环境。他对贫寒家庭子弟,拟订奖励办法。只要刻苦读书,学有所长,成绩优良,可以免去学费,奖励书册。当时"林青义塾"。在林青的号召下,掀起了一股刻苦踏实的学风。十几年间,造就了一大批优秀人才,在大比之年,脱颖而出,如姚比玉、陶子昌等人,中举后在州府任官,掌握军政大事,政绩显著,深受乡民受戴。林青的晚年,生活俭朴,隐居金泽,著书立说,成就很高,作品因战乱散失,留存很少。

在林老桥堍,还有一位名医叫陈莲舫,他原籍虽在青浦朱家角,可金泽乡民受其医德的感受,仍把他看作是金泽的骄傲。

陈莲舫任过康熙皇帝御医,深受宫廷推崇。他地位显赫,但为人谦恭,救死扶伤,不计金钱。有一次,一名衣衫褴褛的青年,上门求拜,诉说他大哥得了重病,无钱医治,危在旦夕,陈医生听了后,心情十分焦急。此时,老天下着雨,他晚饭也没有吃。他说救人要紧,拎了医包,立即跟这青年,坐船出发。到病者家中,已是凌晨三时,他顾不上饥寒,马上为病者诊治,给了药,还吩咐注意事项,言明三天后再来复诊。三天后,陈莲舫赶去复诊,出乎他意外,病情不仅没有转好,反而加重了,陈莲舫问明原因,原来病者身边有五两银子,准备归还他人,却突然失窃,所以病情加重。怀疑被人偷走,而别的人没有来过,就是陈医生治病来过。

陈医生听了病者的叙述,马上欠意地说,这钱是我拿的,那天我急需到药店购药,故顺手牵羊了,很对不起,让你担忧了。说时,立即从医包内取出五两银子,交给病者的弟弟,还给病人药物,并嘱病者家属,尽快将欠他人的银子归还,说后就匆匆离去。病者服药后,病情逐渐恢复。他妻子在整理病床时,突然在草席下面,发现了这五两银子,全家人都目瞪口呆了。陈医生明明没有拿钱,说是自己拿了钱,来安慰病者。

后来,陈莲舫对这特殊病例时说:"人生病,三分是病,七分是精神。如果找不到这五两银子,则病情必然加重,有可能导致死亡。当时我受点委曲,病人可以得救了。这是为医者必须有的救死扶伤精神。"大家听后,无不感叹流泪。

后来,病家来归还五两银子时,送来一块匾额,上书:"医德高明,医术回春"八个大字,概括陈医生崇高的思想和如神的医术。金泽四乡人民都称陈莲舫为神医。

天皇阁桥的传说

金泽天皇阁桥,有许多珍贵的历史故事。金泽乡民们每到夏天,在桥上纳凉时,老人们常会讲些《三国演义》《春秋战国》的故事。这些故事,常令金泽乡民们感到自豪。

相传,三国时,东吴大将甘宁之墓曾厚葬于此。人们传说在天皇阁桥的北堍,即天王庙下面,有一深处,用铁链悬吊一口棺材,而后被人掘开。棺木已腐烂,发现有随葬兵器,即一柄腰刀,上面刻篆书体"甘宁大将"四字,当时镇民都为此而轰动。甘宁,四川忠县人,字兴霸,为东吴的一员大将,排名在陆逊之后、吕蒙之上,作战骁勇,有智有谋,多次与曹军交战,屡立战功,深得吴国君主孙权厚爱,有七言绝句一首,赞美甘宁虎将神威:"鼙鼓声喧震地来,吴帅所到鬼神哀。百翎直贯曹家寨,尽说甘宁虎将才。"诗歌描写惊天动地的兵家战场,吴国将帅骁勇,夸奖甘宁是猛虎之将。

三国时，东吴孙权，所辖长江下游，青浦金泽亦是他管辖之地。当时青东的青龙镇，即现在的白鹤镇，大练水兵，大造战船。大都督陆逊、大将甘宁，日夜督察。甘宁带兵操练，屯兵后方，朱家角和金泽都有他的足迹。甘宁于建安二十年，即公元215年，率大军进攻合肥，而曹军在合肥重兵把守，且埋伏暗兵。在一次激烈交战中，甘宁寡不敌众，壮烈牺牲，孙权挥泪痛哭，厚葬于金泽天王庙下。后人为追念甘宁大将的功绩，在金泽天王桥对面、百婆桥之西，当时是典当房的高墙上，砌一个方框，用青石雕凿成甘宁的头像，气宇轩昂，两眼闪神，这头像镶嵌在墙框内，面对着桥北的墓门，让人瞻仰，以予纪念。关于甘宁在金泽的墓葬，一直流传在民间，世世代代，老幼皆知。可惜，随着历史的变化，这珍贵的石像和灵柩中的遗物都失传了。

塔汇桥的传说

塔汇桥位于金泽镇上塘街的市中心，横跨北胜浜，跟天王阁桥隔河相望。建桥年代较久，明嘉靖年间重建，系单孔石梁桥。桥畔原有圆通庵，规模很大，常年烟火萦绕，香客不绝，为古镇的闹市中心。

塔汇桥的桥名来历，有一段史话，据《金泽小志》记载：清乾隆三十二年，即1767年春，地方疏浚市河，要开深塔汇桥之河，民工们在水底深处，发现巨桩无数，木桩年代已久，排列整齐。据名匠验测，这是古塔的塔基。又据金泽老人分析，这木桩是古塔所在地。这塔汇桥之桥名，就由此而来。

据《金泽志》记载：古时金泽有"一塔、六观、十三坊、四十二虹桥"。金泽老人们推测，这"一塔"就在塔汇桥与圆通庵之间。相传古时造塔，要选择风水宝地，这塔汇桥是在古镇中心，是在两河交叉的热闹地方。

昔日金泽是江南著名的鱼米之乡。塔汇桥的北胜浜，是鱼米集散地，一些大字号商行，都在塔汇桥附近。随着历史的变迁，庵和塔已毁，只剩一座桥。这桥几经修建，从原来的石孔桥，变成水泥石板桥了。

相传有一民间故事，说是历史的古塔没有了，曾有过一个人高马大的人塔，这是个英勇汉子，人似高塔，为民除害，故称人塔。传说在塔汇桥桥堍，有一户姓张的人家，老夫妻两人，忠厚老实，家境贫穷，靠儿子张莽养鸭为生。张莽人品英武，聪明机智、乐于助人，为四邻称赞。一次，天阴沉沉。他撑船放鸭到镇郊，因老天下大雨，他不能回家，就和鸭子一起，在一座破庙里投宿。他和衣蜷缩在庙门边，睡到半夜，风静雨止，突然听到鸭子惊叫，好像有怪物在吃他的鸭子。他猛然起身，随手拿起一块石头，向鸭子惊叫处用力一砸，似乎怪物不动了，鸭子也就平静了。

等到天明，微光透进庙内，此时他突然一惊，看到一条巨大的黄蟮，横躺在血泊中，长有丈余，粗如碗口，可头已砸烂，蟮色暗黄。他沉思一想，黄蟮不是可以食用吗，于是他拿起巨蟮，用刀剖腹后，去掉头部，洗净切成一段一段，放在船中的锅子里烧,一般香味,味道鲜美,因他胃口好,一顿就吃完了。

吃了巨蟹,在船里打了一个瞌睡,醒来后,感到浑身发胀,他就用拳头敲打,哪里胀就敲,越敲越舒服,他敲自己胸部和腹部,敲自己手臂和大腿,敲得自己累了,躺在船里睡了,等他一觉醒了,突然成了高似铁塔的巨人,可他的头部还是原样,因没有吃巨蟹的头。

他赶着鸭群,撑船回到家中,父母见后不认识了。张莽将吃巨蟹的事,跟四邻讲述后,大家都很惊奇。他力大无穷,两手可以掌起寺庙前的大鼎,一手可以抓起几百斤重的石臼,真是了不起啊!金泽出了个巨人,大家都很高兴,有人称他小头将军,有人称他人塔将军。

有一个寒冬的午后,北风呼叫,天空飘着雪花。有钱人家正准备过年,买鱼买肉,张莽家里困难,希望鸭子快快长大,早些卖给集市,也可以和父母一起,过一个快乐的新年。

张莽赶着一群鸭子,在河塘边走着,突然听见呼救声:"救命啊!救命啊!"张莽循声望去,有一伙盗贼在行凶作恶。他急忙往叫声处奔去。是一伙强盗在抢劫王员外的家。王的儿子已被打死,横在血泊中;女儿被抢去,绳捆索绑;王员外跪地求饶,盗贼逼王员外交出金钱财宝。王不从,正被皮鞭毒打。在这千钧一发之际,小头将军出现在王员外面前。

张莽面对这样的惨状,顿时怒火万丈,一把夺下强盗手中的皮鞭,往四五个强盗身上一阵猛打,打得他们东弯西倒,有的直冒鲜血。其中有一个强盗,背着张莽,抢着那被绑的女子在逃命。王员外声嘶力竭呼喊,快救我女儿啊!张莽转过身来,一个箭步,举起石头似的铁拳,猛砸那盗贼的头部,救了那女子。王员外从地上爬起来,为女儿松绑。张莽正对付那几个半死不活盗贼,除恶务尽。王员外和儿女王彩凤,双双跪在地上,叩拜张莽,感谢他救命之恩。张莽将王氏父女俩一一扶起,作揖回谢:"患难相救,人之常事,我做了应做的事,不必多谢。"第二天,王员外将张莽舍身相救之事,呈报县太爷,县太爷重奖,并封张莽为贫民武士。金泽出了个小头铁塔,他正义除害的故事,流传于江南民间。

普庆桥的故事

普庆桥,原名汴水虹桥,原建于北宋汴京城内,是宋代画家张择端笔下《清明上河图》上的一座桥,是中国古代木建桥梁的典范。美国电视公司为拍摄这座桥,请《中国桥梁史》主编唐寰澄先生从史书中考证出来,于1999年9月,在桥乡金泽再现当年的桥姿风采。

这座虹桥为单孔木拱桥,桥长16.8米,宽4米,是古代桥梁复制的杰作。严格按古代的造桥工艺,采用无支架施工法,没有榫头,不用钉子,全部用捆绑式结扎起来,连成一片。桥的两旁有木拱,桥的坡变平坦,拾级而上,行走平稳。拱梁的两端,分别雕刻狮、虎头像,既增加木桥的外表美,又反映中国的建桥特色和民族风格。

美国电视公司很赞赏这座虹桥,在完成拍摄任务后,它就永远"插队落户"在金泽,因与古镇内的其他石桥相近,如普济桥等,都是宋代桥梁。虹桥的桥名,经中美双方协商,取名为"普庆桥"。名字相近,也成姐妹桥。金泽镇人民政府为此立碑纪念,负责维修。这桥也称是中美两国的友谊桥。

美国电视公司将《汴水虹桥》,在世界各国放映,引起很大的反响,赞美中国丰富的桥文化,精湛的造桥艺术。如美国、日本等造桥专家,文化界人士,都由上海转道到金泽,要亲眼看看中国这座一千多年的古木桥,真是形式优美,古朴典雅。有的外国朋友还站在这座桥上,一面翘起大拇指,一面拍照留念,表示圆了中国古桥之梦。中国桥乡金泽,也荣幸地被世界人民所认识。

(资料选自《金泽小志》《金泽志》)

金泽宗教文化概述

金泽地区佛教传入较早,宋朝时就建有颐浩禅寺、玄通庵、梅庵等寺庙。之后,元、明、清历代兴庙庵不衰,遍及乡村。百姓每逢灾难病伤,就到寺庙求签拜佛,祈望逢凶化吉、迷途指津,因而本镇百姓信奉佛教者居多。

基督教(天主、耶稣)于民国初期(1914年至1915年)传入金泽地区。金泽因是水乡佛国,对外来宗教(当时称之谓洋教)不了解,信奉者甚少。每教信徒仅二百余人。全国解放后,宪法规定,宗教信仰自由,提倡科学、反对封建迷信,取缔了一些利用宗教名义从事非法活动和封建迷信的反动会道门组织。1951年后,实行自治、自养、自传和独立自主办教会、民主管理教务。党的十一届三中全会后,重申宗教信仰自由,三教活动陆续恢复。金泽寺庙、天主堂也先后重建,耶稣堂在原址复堂开放。

佛教

金泽地区寺庙众多,遍及城乡各地。1949年前,金泽每座寺庙都有僧尼,以颐浩寺为最多。杨垛村西址庵在解放前夕,曾有僧人三代十余人。据1953年统计,共有寺庙14座,僧尼10余人。其他僧尼都还俗。金泽的道士、太保原本都有家室,解放后都还俗改行了。

1942年,由镇人陆玉珠、李希纲、夏雪荣等发起重修西林禅寺。竣工后,同年就成立金泽佛教组织净业社。参加社员有俞养贞、俞润安、沈其礦、居烈亚、黄庭杨等男女众信士40余人。

净业社每逢朔望日(农历每月初一)以及佛诞之期,信士会集寺内,鸣钟击鼓,引磬铙钹,念佛诵经。功课完毕后,接着由俞养贞、居烈亚两信士,轮值担任佛学讲座,阐明佛学经义。每到此时,镇上众多信士,都到西庵禅寺听讲。中午庵内还有素斋供应。

1946年8月,本镇李希纲居士等佛教界人士,恭请上海圆明堂圆瑛老法师之弟子雪相法师,在金泽举行追荐金泽抗战期间受灾亡灵,称之"七佛法会"。当时闻法听经者多达二百余人。距镇二十余华里的浙江嘉善县西塘镇的善男信女亦纷纷赶来听讲。

据1953年统计:金泽镇颐浩寺时有僧人3人(其中一个瞎子和尚,另有果子、德庆)。嗣后寺庙逐步毁圮,佛教活动亦停止。1979年后,宗教活动恢复。1992年11月,金泽颐浩禅寺在原址古银杏树处复建,各界善男信女善捐达5226万元。寺院前为大山门,附建东西两厢房,后楝大雄宝殿,东西分别为观音殿与地藏王殿。寺内中间为古银杏和不断云。寺西建有僧人宿舍及伙房,整个建筑达 2700 平方米。山门上匾"颐浩禅寺"由我国原佛教协会会长、已故著名书法家赵朴初先生题写。

市区及邻近区县的善男信女,慕名宝刹,或一家十来人或组团几十、近百人来寺做"万佛忏""打普佛"。据说是给列祖列宗超度亡灵,给生者(自己及家人)消灾延寿。有逢伤逝者人家,请僧人去做"道场",称之谓"出堂"。

天主教

金泽自古以来水乡泽国,交通闭塞,从不见天主教来此传播。直到民国三年(1914 年)朱家角传教士潘子卿,通过本乡老友沈幼平,始传播天主教义。初时租用寺浜顾宅后楝,中间大厅做"弥撒"。一月后,潘运来祭台、祭皿、画像等,布置好教堂,金泽天主堂宣告成立,初时教友二十余人。每周礼拜六瞻礼日,教友云集堂内,一起诵经做瞻礼。逢此瞻礼日,教徒忌食猪肉。因此有句俗语"礼拜六吃鱼勿吃肉"。

青浦县西片天主基督教徒,70% 以上来自大网船渔民。本地区由于紧靠元荡、淀山湖,集镇为大网船渔民上市水产品频繁来往集散之地。遂于民国六年(1917 年),由佘山教区出面,购买塘岸蒋姓地基近 2 亩(1286.88 平方米),建造金泽天主堂。计教堂 5 间 150 平方米。附设房 17 间计 493.44 平方米(包括神父休息室与寝室,护堂、嬷嬷、修女卧房及厨房)。围墙 375 米内,中堂场园地 643.44 平方米。信徒 65 户,共 320 人。教堂当时名为"玫瑰堂"。初期盛极一时。至民国十六年(1927 年),北伐军先遣司令部一个连进驻天主堂,堂内偶像镜架,祭台、祭皿悉数被毁。半年后,部队调防,经修复后重又开堂。后来又购地(在镇区北栅)三块,共约 13 亩多,原想作为教堂自耕地。

天主堂神父姓李,继李姓后为沈神父,一年中不过三四回到金泽天主堂主持弥撒活动。青浦沦陷期间(1937—1945 年),天主堂一度为消费合作社占用。抗日战争胜利后,虽恢复旧观,但教友已寥若辰星。上海解放前夕,曾有留学日本的医生李檬在此设诊。金泽天主教医院一、二年后停业。

1959 年,金泽公社在天主堂创办"金泽农业中学"。两年后停办。1966 年,教堂被占拆,在原址上创办了金泽农具厂。

1978 年后,在改革开放的新形势下,宗教信仰自由得到政府保护。各地先后开堂,恢复天主教活动。因金泽天主教堂原址复堂已无可能,1996 年,天主教松江教区决定在原址对岸征地 18 亩,其中 4.83 亩易地归返,13 亩以教会名份征购,每亩时价 5 万元,共计出资征地费约 65 万元。建筑工程从 1996 年开始至 1998 年结束。主要建筑有"若望堂",后楝建"避静院",外称"光启培训中心",生活区门房及假山绿化,还有配电房,下水道,总共投资 480 余万元。围墙内场地草坪、植树绿化,假山架设都由上海植物园绿化队承建。新堂内绿树成荫,曲径通幽,假山流水,好不胜景。1998 年 4 月 18 日,全国政协常委、上海天主教信士金鲁贤先生为"避静院"外墙题写"光启培训中心"六个大字。金泽天主教堂的复建为郊县之最。建造时曾得到多个国家驻上海领事馆人员的赞助。此堂建后,每年由上海市郊区县各堂口的神父带领教徒来此参加培训,最多一期达 100 多人,已经培训了多期。"若望堂"与培训中心,现有吴姓夫妇为看堂人。堂内常住神父 1 人,修女 5 人。

耶稣教

金泽耶稣堂的创办者,姓李名樵云,吴江县(市)莘塔乡东诸村人,木工出身,当时年已五十有余,文化水平不高,但进教已二十余年了,《马加福音》(圣经)读得滚瓜烂熟,赞美诗可以随口朗诵。民国四年(1915 年)借北大街虞姓民宅创设耶稣堂。翌年(1916 年)耶稣堂迁至南栅下塘街,临时借用钱桂香新宅。当年李樵云因病返乡调理,由陈世善接任。后在天王桥南瑰买房改建,费用一部分由教友捐献外,其余由松江监理会包发。同时派一刘姓来金传教。

民国十六年(1927 年)农历三月,北伐军东路总指挥先遣司令部(司令李明扬),驻军堂内,耶稣活动因此停顿多时。沦陷时期(1937—1945 年),有时为国民党地下交通站所占,有时为金泽区自卫队中队部所占,教堂无人过问。直至 1946 年 5 月才派一位张姓传道士兼医生,在教堂前棣开设诊所,直至上海解放。

解放后,金泽耶稣堂几度被占。堂内曾作过文艺场所,1956 年至 1957 年,为大公联合诊所借用,后又办过公社鞋帮厂,私房改造后前棣改为民宅。"文化大革命"期间,后堂一度改建为金泽浴室,20 世纪 90 年代前期一度又开办老年茶室。

1994 年 4 月,在青浦基督教总堂的安排下,由四位传道士轮流来金传道。从此,金泽基督耶稣重又复堂、传教。1999 年由沈姓女传道士,常驻金泽堂。现每礼拜天聚会,按周期举行祷告会。针对有较多文盲教徒,教堂内设教字班,圣礼及庆祝活动也是教堂活动内容。

金泽耶稣教堂,购买天王桥瑰原址旧房,改造后占地 0.33 亩,房屋 359.16 平方米,其中礼拜堂平房一间 81.3 平方米,二层楼房三楼三底 234.5 平方米,厢房二间 43.4 平方米。初时信徒 100 余人,1951 年 65 人。1994 年,复堂时有信徒 150 人,2000 年时 350 人。信徒除部分镇上居民外,多数为新池村、徐联村农民。

桥乡桥桥有庙

　　江南水乡古镇有两个鲜明特点,一是水文化,一是古文化,而集两者于一身的就是古桥。金泽古镇的古桥,在民居的错落中或绿树的掩映下,或纵或横,或隐或显,恰似立体的水墨画。上海东方电视台导演贾云峰编导的电视文化艺术片《水漾淀山湖》,其中有一段叫"韵"的,拍摄的就是金泽桥乡。它的解说词这样写道:水在桥下流,人在桥上走,金泽的四十二虹桥宛如仙女彩练,浮动在清澈的小河上。坐一叶扁舟,随流淌的河水缓慢前行。两岸风光如卷轴山水画,娓娓展开。渺渺茫茫,青青绿绿,远处河道缠绵,如一段心事般曲折,近处粉墙青瓦,枕水而眠。当微雨朦胧,江南的草长莺飞,便穿梭于圆与非圆的桥洞之间。水即是路,舟即是车,因为河网密布,所以桥成为水乡的一大街景,桥下舟楫相摩,桥上竹树相对,天然巧成,令人赏心悦目。

　　金泽古镇,桥多水多庙也多,历史上有"桥桥有庙,庙庙有桥"的说法。据说一直到民国时期,镇上还有一观、二寺、三阁、四庵、十三庙等建筑。经过历史的变迁,许多与桥相连的庙早已不在,但从桥名和桥的侧壁上所刻的对联,还可以看出很浓的佛教意味。现在的许多桥旁还能寻到一些寺庵的痕迹,如塔汇桥旁有玄通庵,林老桥旁有关帝庙,放生桥旁有总管庙,如意桥旁有祖师庙,天王阁桥旁有天王庙,而最著名的则是普济桥头的颐浩禅寺。颐浩禅寺为南宋宰相吕颐浩所建,元朝时达到鼎盛,曾有"江南之冠"的说法。元代书画家赵孟頫、文学家唐顺之都在这里留下过足迹。颐浩禅寺内一块著名的"不断云石"上就留有赵孟頫的手迹。

　　据《青浦旅游志》(2012 年版)载:金泽"庙桥相连"的建筑形态所蕴含的文化元素,元明清延续六七百年,全国少有,由此构成金泽历史文化的特有成分。"庙里有桥,桥旁有庙""庙挑桥,桥挑庙"的俗谚,实有其况。江南水乡的寺庙"佛光临水"并不罕见,青龙寺傍着青龙江,关王庙枕着淀山湖,圆津禅寺贴着漕港河,颐浩禅寺也是依着金溪河。但金泽的庙更胜一筹,因水而和桥相连。这种"庙连桥"的本质不在形,而在义。修桥铺路,事关公益,历来被佛教徒当作"修善积德"的行为。《华严经》即有"广渡一切,犹如桥梁"的说法。这个比喻表明是借"桥"之形而达"渡"之意——普渡众生。所以和尚也不乏参与建桥,因为"建此般若桥,达彼菩提岸"。这种桥庙的形义相连在金泽被演绎到极致,为金泽历史的一绝。历史上 42 座桥和 42 座庙,其中多数是相关联的,有的还一桥多庙,或一庙多桥。

　　普济桥—圣堂庙,放生桥—总管庙,如意桥—祖师庙,林老桥—关帝庙,天王阁桥—天王庙,迎祥桥—万寿庵,塔汇桥—圆通庵,万安桥—两头都有庙,颐浩禅寺外还有放生河曲折围绕,河上架有两三座小桥。曾经恢宏的庙宇群,在历史的风云中多已倾圮或毁坏,而与之相伴的古桥却有半数风姿依旧。

在金泽镇南首,有一座总管庙。"总管"是元代设置的官制,总管庙是当地"守郡之生祠",死后封为总管神。据《苏州府志》记载:金泽的总管老爷为开封人,叫金元七,又名金岳文。金元七是一位公正无私、办事认真的清官,原是地方的郡守。他察访乡镇,伏案公务,日夜操劳,对民众之事,善者奖励,恶者惩罚,一丝不苟。他所管辖的地区,人民安居,五谷丰收,深受百姓爱戴。他为社稷,为民众,作出许多杰出的业绩,故朝廷敕赐他死后立庙祭祀,封为总管神。总管庙始建于明代,因年久失修,20世纪50年代佛像毁,60年代庙屋改为金泽村仓库。90年代,古镇改革开放,百废俱兴。经青浦县批准,在原址的南面,重建新庙。新建的黄粉墙庙堂,坐北朝南,庙屋高爽。庙堂前有一片广场,有大型的香炉、蜡扦,供进香者点燃、焚香。广场围墙四周种植树木,树荫相映,伴有花草,绚丽多彩,景色幽雅。

总管庙前有一条流水清清的放生河,来进香的乡民曾在这里放掉过许许多多水中生灵。放生河上横跨着一座单孔石拱桥。因桥下淌着放生河,所以叫放生桥;因桥畔有座总管庙,所以也叫总管桥。桥桥有庙,庙庙有桥,这里是个很好的佐证。此桥建于明代,桥长28.5米,高4米,在明清以后多次重修。桥石采用花岗石和青石,质地坚固。桥柱上刻有楹联,清晰可认,系后来修建时所加。楹联曰:"桥连如意接康衢,水出湾潭通秀气。"因离此桥约50米处有一座如意桥,所以楹联指出此桥连接如意桥,通向康庄大道。桥下清水,流向淙淙小河。既写出了古桥的气概,又写出了流水的美丽清秀。和煦的阳光照在总管庙的山墙上,照在放生桥的桥面上,弥漫着人间的祥和、安宁。

金泽的桥,有的细腻古朴,有的简洁小巧,有的如飞虹在天,每一座桥都是生动的历史,平静、优美,卧于碧波之上,似岸边流动的岁月,如水中最美的伴奏。千姿百态的古桥糅合着远古的流水、明清的民居,演绎着金泽特有的桥乡风情。古桥是珍贵的文物,不仅有观赏价值,还有考古价值和人文价值。

颐浩禅寺的故事

颐浩禅寺,位于青浦区金泽镇,始建于宋景定元年(1260年),相传原为南宋宰相吕颐浩故宅为寺名而得名,旧名草庵,又名永安庵。元至元二十五年(1288年),奉旨升院为寺,更名为"颐浩禅寺"。自明洪武十四到十六年(1381—1383年),大渊法师曾加以修葺,以后叠经兵燹,屡毁屡建。清光绪三十二年(1906年)又重修,但规模已不及当初。民国二十七年(1938年)农历正月初四,寺大部毁于日军炮火,仅存元"松江府颐浩寺碑记"碑一方,古银杏树一株,"不断云"石刻断石14块,殿宇柱脚16块及少许假山石等。2002年8月,在现建的殿宇旁边挖土时发现了该寺一殿的柱础遗物。颐浩禅寺于1992年修复,建筑面积1000多平方米。

颐浩禅寺于1951年被列为青浦区文物保护单位。1992年7月,经青浦县人民政府批准,正式开放为佛教活动场所。

牌坊

颐浩寺

颐浩禅寺留存轶事

据《青浦旅游志》(2012年版)载:早在唐末至五代时,北方战乱频仍,江南一带则平稳安定,战乱中的人们南逃至今青浦西乡地带,发现当地河港纵横,土地肥沃,气候温和,遂安家垦殖,由此人口日众,渐渐形成集镇。宋高宗赵构,因金兵入侵,他在宰相吕颐浩的护驾下,步步南撤,由扬州南下,转苏州到达青浦的青龙镇,即白鹤镇,再由白鹤镇来到金泽镇。宋高宗来到金泽后的行宫,由吕颐浩选择,下榻在金泽坐字圩(今大寺基)。随后便部署了军政事宜,前军在金泽四周的湖泊操练水战,后军采集鱼米土产,犒赏军士,任务明确后,由宰相吕颐浩分头贯彻执行。

在此期间,宋高宗曾微服出巡,游览了金泽。此时的金泽,街道纵横,有酒楼有茶馆,买卖兴旺,人群拥挤。宽敞的白米港,河水清澈,船来船往;白米港两岸,岸边的蔬菜瓜果,应有尽有;鱼虾河蚌,琳琅满目。因金兵铁蹄蹂躏,陆路地带,遭灾严重,宋高宗看到金泽这么一派繁荣的水乡景象,盛称金泽是富庶的王国。

另一方面,吕颐浩去查看后军的采购和伙食情况,听到士兵们议论金泽的饭菜香、鱼虾鲜,他们十分满意,于是操练起来更加认真有劲,再加上金泽"小桥、流水、人家"的美丽水乡景色,他们人人都热爱金泽古镇。吕颐浩听了后,更觉金泽真是块风水宝地,于是马上向宋高宗报告了这些,并请示自己想在金泽建造一座宅第以备安顿晚年的愿望。

宋高宗因自己的所见已十分喜爱金泽,如今加上士兵们的感受和吕颐浩的描述,也深觉这里风水尤佳。因吕颐浩屡立战功,对于他的要求,宋高宗满口答应,并委托金泽绅士费辅之,筹备设计建造,由此奠定了金泽镇的初期形态。后吕故宅归当地巨族费辅之。费富有学识,性好施善,并在宅中建立经堂,购置经书,聘请高僧道崇主持,大兴佛事。宋景定元年(1260 年),经堂遵旨升为寺,初名永安寺。至元代初期进一步扩建,元贞元年(1295 年),奉旨更名"颐浩禅寺",即以原宅第主人吕颐浩的名号为寺庙之名。此后元、明、清三代增建续修,遂成大寺,浩幢巍然,殿阁凌云,可居千僧,世称古刹,名冠江南。一座浩然大寺占据半个镇区,镇与寺遂同步兴盛。

在金泽驻歇约半月后,因形势变化,将继续向南方撤退。宋高宗十分留恋在金泽的日子,离开前的最后一日,他在吕颐浩的陪同下,观看了水兵训练的情景:水兵精力旺盛,斗志倍增,冲锋前进,杀声震天,紧张精彩,拼杀勇敢。当他乘坐小船,驶向金泽港时,河岸传来如雷的喊声,三呼万岁,宋高宗听后龙颜大悦,并挥手致意!

当宋高宗和宋军们离开金泽的时候,都依依不舍,金泽民众则手捧糕点、茶水,沿路相送。凭借着在金泽的那份士气,后来宋高宗来到杭州,终于想明白准备放手一搏,重用主战派将领岳飞、韩世忠、张浚等人,大张旗鼓,大振军威,全面抗金。金兀术步步北撤,江南大地,出现了相对稳定的局面。宋高宗大喜,并直言是金泽那块风水宝地给他带来了这样的好局面。

颐浩寺规模宏大,殿宇凌空,法幢巍然,可居千僧,遂称古刹。在元明时期达到了鼎盛。据《松江府志》对颐浩寺的记载:"虽杭之灵隐,苏之承天,莫匹其伟。"意思是颐浩寺的规模,连杭州最大的灵隐寺和苏州最大的承天寺都比不上。相传有楼阁5048 间,占了金泽半个古镇。每当烧香拜佛之日,河上泊满运载香客的船只,从附近江浙各地涌来的香客,人山人海,甚为壮观。明洪武十四至十六年(1381—1383年),大渊法师曾对颐浩禅寺进行过一次较大规模的修葺,可此后屡经兵燹,屡毁屡建。明人徐充的咏颐浩禅寺诗有"闻道东林胜,年深碧芜荒。青萝生古佛,黄叶积空房"之句,可见,寺院曾经荒芜。清顺治、乾隆、光绪年间几次重修,但规模均已不及当初。民国二十七年(1938 年)正月里,日寇曾几次袭击金泽镇,见人就杀,见屋就烧。那年农历正月初四,日军再次打进金泽,一把大火在颐浩寺烧了几天,大部建筑、文物都毁于炮火,仅存天王殿、大山门。

颐浩禅寺内有三遗宋旧迹

20 世纪 90 年代初,青浦县政府拨专款对颐浩禅寺进行修复,建造石碑坊一座,重建了观音殿、山门、殿堂、寮房等寺宇建筑;占地 4332 平方米,建筑面积 1000 多平方米。1992 年 7 月,经青浦县人民政府批准,正式开放为佛教活动场所。中国佛教协会会长赵朴初居士亲题寺额"颐浩禅寺"。

江南大地,寺庙数以万计,颐浩寺不但出名,而且还一直受朝廷重视而不断扩建。这跟以相国之名命寺,有很大的关系,以彰显国泰民安,巩固政权,安居乐业。明洪武中,僧大渊曾予修葺,明代书法家文征明书"方丈"匾,证明寺院已有相当规模,号称可居千僧。这座江南古刹原有建筑虽大都已在抗日战争中被毁,但依旧保留着古石、古树、古碑三件重要的古文物,真是难能可贵。它们是古镇悠久历史的见证,证明颐浩寺受到历代名人的重视,证明颐浩寺的灿烂文化,用以教育下一代,世世代代保存这罕见的文物。

一是"不断云"石栏

"不断云"是元代大书画家赵孟頫的杰作。他是宋太祖赵匡胤十一世孙,字子昂,自幼聪颖,广读诗书,任真州司户、参军等职。南宋灭亡后,他饱受亡国之痛,辞官回乡,闭门不出。夫人管道升为了安慰他,时常陪他到颐浩寺逗留数日,读经作画。一年初秋,赵孟頫夫妇又到金泽留宿。赵孟頫漫步走到镇郊,看到天空云层,一团团一圈圈,在蓝天衬托下优美多姿,于是就拿出笔来,将云层细心勾

不断云

勒。回到寺院,挥笔画就"不断云",只见云彩一团一团,一圈一圈,疏密有致,形态各异,仿佛要离纸飞天。他连着画了几十幅。寺院方丈看了云图,如获至宝,即命小僧收藏,并聘请著名石雕师,将云图雕琢在青石上,刻就后围砌在当时大雄宝殿前的荷花池四周,形成40米长的石刻围栏,优美壮观。池托云图,图映清池,荷花池顿成寺院的胜景。后来,在清顺治年间,寺院失火,荷花池被毁,甚为痛惜。现今颐浩禅寺天井内那一圈"不断云"石雕,是20世纪90年代从废墟中挖掘出来,重新砌上的。

"不断云"石雕,表达了赵孟頫对金泽的感恩,这一团一团、一圈一圈云图,是他用艺术笔法,祝愿金泽祥云万里,风调雨顺,五谷丰登。云图至今依然清晰、鲜活,让我们不禁赞叹大师的手笔。

二是古银杏树

据《青浦旅游志》(2012年版)载:金泽42座庙宇中,相传最早的是建于东晋时期(317—420年)的东林禅寺,传说中的位置与后来因建厂而拆除的西林禅寺相对。最大的寺庙为颐浩禅寺,面积有3万多平方米。最小的清代五圣庙,仅1平方米。至民国时期,镇上还有一观、二寺、三阁、四庵、十三庙。

元、明时期,颐浩禅寺被誉为梵刹琳宫,意为佛教界的琼林仙阁。不凡的名声吸引国内外高僧名士前来寺院参禅访问,留下宝贵的文化、文物遗产。元初,有西域高僧奔聂卜尔纳慕名到颐浩禅寺长期居留,一面传播佛教思想,一面学习江南佛教精华。他非常喜爱颐浩禅寺的雄伟和幽静,还在寺的左侧建茅屋3间,题名"宜静"。又亲手种下两棵银杏树,一颗在寺院内,一棵在寺旁河西,一雄一雌,人称夫妻树。河西雌树年年开花结果,雄树隔河守望;民国年间,寺外雌树被人买断伐掉;寺内雄树历经700余年风霜雨雪、战乱。

元代古银杏树曾遭大火,仍然雄姿勃发。据测量,这棵古银杏树高25米,身围4.5米,树冠约20米。已是极其珍贵的活文物,并衍有子孙。三百年后的明末,有僧人继承奔聂卜尔纳的遗志,将母树所结的两颗白果,种在颐浩禅寺后院。种子破土出苗,渐长成树,酷似老树,人称儿女树。如今儿女已经300多岁,身高30米,身围2.5米,像两柄擎天巨伞立在庭院中。这3棵古银杏是颐浩禅寺兴衰变化和金泽镇悠久历史的见证物,是寺庙文化交流的一部分。

三是"古石碑"

据《青浦旅游志》(2012年版)载:比元初著名画家赵孟頫年长的牟巘(1227—1311年),原籍四川。才学渊博,进士及第,后官至云南大理少卿。宋亡后,他弃官为民,隐居金泽,常到颐浩禅寺与僧人谈经论佛。并写有《颐浩禅寺八景》诗8首,为后人所传诵,景物虽湮没,景象诗中存。如其七《凌云阁》诗云:"高阁何人营,巍然出云表。宾主互登临,一览九峰小。"高阁气势凌然而出。当时金泽的碑铭大多出于其手,他所撰写的《颐浩禅寺记》即为其中的代表作。

这块巨大石碑竖立亭中。碑高 2.5 米,宽 1.2 米,厚 0.3 米。碑石虽已陈旧苍老,但碑上镌刻的 700 余字正楷字体,大多尚能读认。碑石全文大意是:宋景定初年,开始建寺,建在淀山湖之金泽,距松江七十里。至元戊子,建大雄宝殿,构造大山门翼庑,还有楼台堂室,后又复建大阐山门,建圆通殿,治洪钟登殿。后又造昆庐阁奉千佛,其后又运土为阜,累石为峰,以壮颐浩禅寺的形势。碑石写了颐浩禅寺建造年代,发展和扩建的历史,写得简要而清楚。碑石上文字精练,含义深邃,如"佛氏清净之教,雄冠九流,揭云汉而昭日星。"又如"颐禅养浩,潜修密证,大用繁兴,使重元之化永常住。"再如"若日,以志养气,以气养勇,塞乎天地之间,而为颐浩者"等内容,阐述了建造颐浩禅寺的含义,宣传了佛家思想,特别是对"颐浩禅寺"的寺院名字,作了逐字深发,对佛教信徒的鼓励教育,其意义是极为深刻的,宣传了中国的佛家思想,是我国佛教文化的一个部分。故这块古石碑,为研究金泽文化史的宝贵史料。

颐浩禅寺与文人的情缘

据《青浦旅游志》(2012 年版)载:元初著名画家赵孟頫、管道升夫妇和颐浩禅寺结下不解之缘。赵孟頫是宋太宗第十三世孙,学识渊博,书画超群,任朝廷礼部铨法。才艺绝世,丹青艺术被称为元代第一,书法世称"赵体",圆转遒丽;擅画,开元代画风;诗词文赋诸艺皆妙,风格和婉;兼工篆刻。是元代的艺术大师。后南宋灭亡,赵孟頫饱受亡国之痛,心情抑郁,悲宋王朝覆亡之痛,诉情山水。当时他住在浙江湖州,他的书画艺术流传到青浦等地。后南宋灭亡,赵孟頫饱受亡国之痛,心情抑郁,悲宋王朝覆亡之痛,诉情山水。一次,他从湖州坐船到小蒸,路过金泽,到颐浩禅寺烧香。寺院方丈热忱相待,介绍颐浩禅寺历史。当他得知颐浩禅寺乃宋高宗下旨所建,以宰相吕颐浩之名为寺名,极为崇敬,就在寺院逗留。

管道升青浦小蒸人,从小热爱书画,工翰墨词章,笔力独到,画风清新。手书《金刚经》十卷,藏于颐浩禅寺。两人书画牵线,结成伴侣。二人绝配伉俪。现代佛学大师赵朴初曾有妙语评述这对夫妻道:儒雅风流,一时二妙兼三绝;江山故里,青盖碧波拥白莲。这一双诗、书、画三绝的才子才女,在宋亡元兴之际,一度隐居颐浩禅寺,以吟诗作画、抄写经书苦度时光。寺院方丈了解赵孟頫的心情,知道他满怀丧国之痛,极力劝解,命小僧陪同夫妇两人,在金泽镇上游览。一路走到镇南普济桥,夫妇两人抚摸桥石,思绪万千。站在桥上,赵孟頫吟诵岳飞《小重山》词:"昨夜寒蛩不住鸣。惊回千里梦,已三更。起来独自绕阶行,人悄悄,帘外月胧明。白首为功名,旧山松竹老,阻归程。欲将心事赴瑶琴,知音少,弦断有谁听?"此后,夫妇两人常常坐船到金泽,寄宿颐浩禅寺,以他俩的书画特长,为寺院抄写《金刚经》和重要佛经,字体工整,文笔清丽。他们还为寺院画佛像,画田园风光,张贴在厅堂走廊,烘托寺院佛教氛围。

比赵孟頫年长的牟巘(1227—1311年),原籍四川。才学渊博,进士及第,后官至云南大理少卿。宋亡后,他弃官为民,隐居金泽,常到颐浩禅寺与僧人谈经论佛。并写有颐浩禅寺八景诗,为后人所传诵,景物虽湮没,景象诗中存。当时金泽的碑铭大多出于其手。他所撰写的《颐浩禅寺记》即为其中的代表作。文中记述禅寺的建造历史和建寺的宗旨含义。"清静之教,雄冠九流,揭云汉而昭日星""颐禅养浩,潜修密证""以志养气,以气养勇,塞乎天地之间,而为颐浩者。"对寺名作了简洁精妙的阐释。该文镌刻成碑,立于寺中。后禅寺被焚毁,该碑幸存。现在重建的颐浩禅寺右前方有一古亭,这块巨大石碑竖立亭中。碑高2.5米,宽1.2米,厚0.3米。碑石虽已陈旧苍老,但碑上镌刻的700余字正楷字体,大多尚能辨认。这是金泽一件珍贵的历史文物,极具史料价值。

明代永乐帝倚重之臣夏原吉曾夜宿颐浩禅寺,留有一首诗,他这样表述到金泽的观感和心意:"每愧无才位六卿,观风每出凤凰城。锦帆逐月临金泽,宝刹披云驻玉放。楼阁巍峨同上竺,江山清古拟南衡。何当了却公家事,来共高僧话月明。"

王世贞(1526—1590年),太仓人,明嘉靖年间进士,官至南京刑部尚书。他的成就主要在文学方面,是明代"后七子"的首领。他曾留住颐浩禅寺数日,写有《寺院石假山》诗一首,流传江南。

参考资料

1.《金泽小志》(道光十一年(1831年)版)

2.《金泽志》(2003年版)

3、《青浦旅游志》(2012年版)

状 元 文 化

金 泽 有 个 状 元 村

金泽桥乡多状元,古镇金泽的状元文化由来已久,有古韵十足的状元楼、甜香松脆的状元糕,更有闻名江南的状元村。

这里曾是状元村

从沪青平公路拐入通往商榻的金商公路,行不多远,即是淀山湖风景区的大观园。这里,四十年前即是杨舍村的地盘,一百多年前是人声鼎沸的杨舍集市,四百多年前是闻名江南的"状元村"。

八百多年前,杨姓儒生南渡避难于此,子孙繁衍终成望族。因杨姓来此建舍,故称杨舍。

据《金泽小志》《金泽志》(2003 年 12 月版)记载,金泽历代进士名录里,仅以明代为例,单杨舍即出了 4 名进士,即杨道亨、杨铨、杨继礼、杨汝成。举人更多,明清两朝,从杨舍走出来的文武举人总共有 34 人(杨道亨、杨铨、杨汝成、杨豫孙、杨道亨、杨于世、杨有为、杨于庭、杨继礼、杨汝成、杨虞官、杨懋官、杨继益、杨德懋、杨学时、杨虞裔、杨珪、杨完、杨继美、杨继芳、杨继英、杨允荣、杨道腴、杨世荣、杨丞烈、杨应元、杨道东、杨学时、杨学和、杨时佽、杨湜、杨道腴、杨怡山、杨克慎)。至于文苑人士及杂途仕官者,属于村中杨姓人家的就更多了。故杨舍村在古时是闻名江南的状元村。

从杨舍走出的杨家人中,官做得最大的,是天启进士杨汝成,官至礼部右侍郎,二品。而另一名杨舍进士杨道亨(字豫甫,号九华山人),曾任真定知府、云南等处提刑按察司按察副使,四品,为官廉洁,断狱果断,在抗洪第一线率众战斗,受到当地老百姓的爱戴。

在古代,全国读书人无数,经过乡试、会试,最后到殿试,竞争之激烈可想而知。宋代大文豪苏洵曾发出即"莫道登科易,老夫如登天"的感慨。在江南地方,通过科举考试,寻常百姓即称为考出状元。古代时的金泽杨舍,出了这么多进士和举人,"状元村"闻名江南,真是了不起!

这里曾叫"九龙江"

20 世纪 70 年代初,淀山湖西南岸的杨舍村,是金泽镇属一个景色迷人、民风淳朴的自然村落。一百多户农家分布于湖中七个小岛屿上。村中九条弯弯曲曲的小河流穿于七个小岛屿之间,似九条蛟龙,直奔淀山湖。

古时候,人们把这个村称之为"九龙江",历代相传。有许多文豪书生都到过此地,饮酒作诗,称赞这里一派田园风光,是一块"风水宝地"。

相传明初时期,有一名杨家将的后裔叫杨福四的人,在朝庭做官。有一次,他到江南巡视时,路过此地,忽听得附近有婴儿啼哭声。他和随同人员向啼哭声寻去,只见两个出生不久的婴儿,手拉着手,赤条条地躺在淀山湖畔。他走近婴儿,对身边人说:"谁家夫妻,这般狠心,弃婴于此,不顾生死。"他边说边蹲下身去将两个婴儿抱入怀中。说来也怪,婴儿的哭声停住了,二眼眨也不眨直盯住杨福四。杨福四一面派人向皇帝秉奏此事,一面出资在九龙江建一舍宅,并为婴儿雇了奶妈,准备与两个孩子长期在此生活。

三年过去,杨福四为九龙江百姓造桥筑路,济贫救困,做了许多好事,深得民心。人们称他为福四大人。两个婴儿也在杨福四的精心抚养下,长得活泼可爱,并与杨福四父子相称,日夜相伴,感情很深。可此时,皇帝下圣旨,要召杨福四进京。杨福四一来舍不得离开已产生深厚感情的当地百姓,二来更舍不得两个可爱的孩子。可皇命难违。临行前,杨福四为这对孩子取了名,一个叫杨济,一个叫杨义,并托于当地百姓照料。他依依不舍地告别了百姓,返回京城。

光阴似箭,一别又是三年。杨济、杨义两兄弟已长到七岁。一天,兄弟俩在淀山湖畔玩耍。无意中,杨济脚下踩到一块硬物,仔细一看,是一块足有七斤重的金砖。这时杨义脚下也踩到一块七斤重的银砖。商量许久,兄弟俩决定扛回九龙江,分发给当地百姓。此事传到在京城的杨福四那里,他高兴万分,立即写信给杨济、杨义,赞扬两兄弟做得对,并喜称杨济是"左踏金",杨义是"右踏银",长大必有后福。

可事情远非那么简单。原来,两兄弟拾到的二块金银正是淀山湖中的一条白鱼精的二眼珠。自从两兄弟拾到搬回九龙江分发给百姓后,那条白鱼精天天在湖中兴风作浪,还毁坏岸上的农田,害得百姓无法下河捕鱼捉虾,岸上也不能耕耘劳作,叫苦连天。于是,他们纷纷投书杨福四,请求帮助修筑圩堤,挡住白鱼精,为民除害。

杨福四可是一个一心一意为民造福的清官。他得知此事后,立即带领一班人马,星夜兼程赶到九龙江,进一步了解此事,商量对策,组织人马修筑一条防涝圩堤。

可此事被白鱼精知道后,它变本加厉,掀起滔天大浪,毁坏了更多的良田,而且把刚筑好还未来得及加固的好堤毁得无影无踪。为了确保百姓安全制服白鱼精,杨福四请来了军师刘伯温。当夜,杨福四与刘伯温走访了每家每户,倾听意见,察看地形后,商量决定在九龙江修筑一条高又长的坝堤,抵抗白鱼精在淀山湖中掀起的巨浪。经一天一夜的工作,大堤的设计方案终于完成,一条长百米、宽六米、高五米的堤坝,把九龙江的七个圩头团团围住,这么大的堤坝筑起后,必定能挡住白鱼精了。可谁也没有想到,上千民工一天筑起的堤坝,一夜之间又被毁掉。一连五天,天天如此。刚筑起的堤坝,第二天连影子也不见了。

这天傍晚,刘伯温心中纳闷,他独自绕村三圈,终于算出了其中的奥妙,并一五十地对杨福四说。原来,杨福四六年前拾到的那对婴儿,正是湖中白鱼精身上的二片鱼鳞所变,他们与白鱼精血脉相连,若杀死白鱼精,这两个孩子你必定也要失去,并劝杨福四为了两个孩子还是放弃制死白鱼精,早点回京算了。

这一夜,杨福四左右为难,彻夜未眠。经一夜的思考,作出决定,为了使这里的百姓能安居乐业,就是舍去两个可爱的孩子也要把白鱼精制服,否则决不回京。刘伯温元奈,只得叫民工在收工时,将手中的铁镐羊角等工具全部插在堤坝上。果然第二天民工上工时,圩堤安然无恙。当民工拔起铁锄时,只见铁齿上血迹斑斑。堤坝终于筑起了。可杨福四也从此失去了两个可爱的儿子,杨济和杨义。

杨福四舍子为民除害,深受百姓爱戴。可是消息传到就城,一些贪侈骄横的人,他们因多次借视巡之机,收受民间贿赂,包庇罪犯,又唯恐被杨福四发现,故一直提心吊胆,怕东窗事发,因而视杨福四为眼中钉,一直想借机诬陷。他们得知此事后,向皇帝谎报杨福四谋害灵童,在淀山湖"九龙江"诓骗百姓,破土筑提,强刺仙鱼,建造楼台亭阁,与皇上对抗。皇帝信以为真,即下旨捉拿杨福四。要他认罪,并交出神童,退出钱财,毁去圩堤,救活仙鱼。杨福四自认为他所做的一切都是为国为民,无罪可认,面对皇帝跪而不屈。皇帝大怒,当即命令刑部将杨福四当场斩首。当众官得知此事后。连连惊叫"啊呀冤枉,冤枉,杨大人可是个忠臣啊!"

消息很快传到九龙江。当百姓闻得杨福四被冤杀,人人痛哭不止。为怀念这位舍已为民的英雄,人们把九龙江改为杨舍村,以此让世代都来记住这位清官。

20世纪70年代中期,这块土地上已神话般地建起了一座仿古园林,变成美丽如画的"上海大观园",吸引着无数的海内外游客前来观光旅游。但是,九龙江、杨舍村的故事一直在街坊民间中流传至今。

这里曾是"腰菱"的产地

金泽一带盛产腰菱。腰菱弯弯,两边各有一只弯角,菱肉白嫩,菱壳绿里带红。相传,几百年前,金泽杨舍村有一对年青情侣,小伙子姓姚,姑娘姓凌,青梅竹马,两情相悦。每到秋天采菱季节,两人一起划着菱桶去菱荡采菱,高兴时边采菱边唱歌:"小小嫩菱二只角,采多采少心里乐,哥剥壳来妹吃肉,剥壳吃肉全是福。"

谁知好景不长,凌姑娘的父亲听信媒人之言,决心要把女儿嫁给金泽镇上的一个商人。凌姑娘坚决不肯,被父亲逼得走投无路,只能去寻姚哥哥商量。在那个时代,一对青年男女怎能不听父母,自由恋爱呢?两人抱头痛哭,想来想去只有一死了之,于是姚哥凌妹紧紧拥抱跳入菱荡。

第二年的秋天,采菱季节又到了,男男女女划着菱桶去菱荡采菱。怪事来了,种下的四只角扦光头菱竟然生出两角菱!人们突然想到,这两角菱是姚哥哥和凌妹妹的爱情象征啊。从此,这种菱就被叫做"姚凌",时间长了,就慢慢叫成了"腰菱"。

(材料选自《青西三镇民间故事集》、叶健生《杨舍村与大观园》)

金泽状元糕

金泽状元糕,为青浦著名汉族糕类特产之一。糕以状元命名,有两种说法:一说以状元糕为馈赠佳品,科举时考生都带糕应试,取吉利之意;一说江南地方农历正月十五旧称上元节,有赛花灯之举,人们以火炙糕作夜宵,称"上元糕"。1949年后,状元糕在原有的基础上,经过进一步研制开发,又增加了椒盐、桂花、奶油等系列的特色品种,还具有促进消化、生津健脾的功效,既可作旅游地理想食品,也是馈赠亲友的上佳礼品。

金泽状元糕

历史文化

据金泽志记载,清代同治元年,即1862年,金泽镇施万昌南货店就已经生产销售状元糕了。该店老技工以精选粳米粉为原料,配以白沙糖、松子粉等拌匀之后放在特制的木框内,划成长9厘米宽2.5厘米的薄片,蒸熟后摊放在铁丝网片上,用上等木炭烘烤而成。这种糕点外观色泽金黄,引人开胃,而且营养丰富,味美耐饥,又便于贮藏携带,因此成为当时上京赴考书生必带之食品。商人为招徕顾主,预祝考生一举成名,所以定名为状元糕。

20世纪20年代前后,金泽镇上的万昌生、源源来、池生源等几家南货店生产状元糕。除门市部零售外,还批发至外地销售。各个商家为争业务,在大做广告扩大影响的同时,都在生产时提高质量,增加花色品种。如加入一些辅料,生产出"松子元糕""椒盐元糕""桂花元糕"等新产品,深受顾客好评。每年三月廿八与九月重阳的金泽庙会,苏、浙两省有成千上万的香客来金泽,状元糕是他们的争相购买的食品,除自己食用外,还作为上等首选的礼品。这样,价廉物美的金泽状元糕走进了江浙两省的千家万户。它以独特的色泽金黄的外观与甜香松脆的滋味,区别于其他地方生产的状元糕,受到广大消费者的赞赏,成为他们在走亲访友、操办喜事之时的必备礼物。

20 世纪 30 年代初,上海永安公司在经销金泽状元糕时,把纸版包装改为铁皮匣包装,不仅使金泽状元糕的包装更加精美,而且还大大延长了状元糕的保质期。抗日战争爆发前,金泽状元糕赴杭州参加西湖博览会,曾获食品类一等奖。

20 世纪四五十年代,金泽镇上仍有三家制作状元糕的作坊,至 60 年代,因粮食供应紧张、状元糕缺乏生产原料只得停产。直到 1984 年夏季,金泽乡工业公司与上海市虹口、静安两个区的食品厂,会同青浦县粮食局联合筹备成立"上海淀山湖食品厂",恢复了状元糕生产,得到广大市民的欢迎。新民晚报等多家市级报刊都报道了金泽状元糕恢复生产的新闻,可见金泽状元糕在社会上有相当的声誉。由于当时生产规模较小,月产量仅一千多公斤,难以满足市场需求,所以金泽状元糕成了需要找关系、开后门才能买到的紧销食品。

改革开放的春风使金泽状元糕的生产有了新的发展。1999 年,上海淀山湖食品厂转制,由徐姓业主承包经营,现在的新厂址占地 5.8 亩,厂房 1980 平方米。厂内不仅有先进的生产设备,还有规范的生产流程与严格的生产要求,更有传统的生产技术,金泽状元糕也上了新的台阶。2007 年 5 月,金泽状元糕被中国中轻产品质量保证中心评为"国家质量合格信得过产品",2011 年加入"上海中华老字号协会",2012 年元月,被上海西郊国际农产品展览中心列为青浦馆定点展销食品。

前世今生

状元糕,清同治年间(1861—1879 年),由金泽万昌生老店精心研制,色泽金黄,香气扑鼻,可口香甜,又松又脆,闻名遐迩。故细数状元糕已有一百五十多年的历史。

状元糕,采用优质纯粳米和白砂糖为主要原料,用石舂碓成粉,粉质细腻不糊,配以桂花或松子等辅料,经磨粉、提糖、蒸糕、切片、烘焙等工序制作而成。如和以适量松子粉则成松子状元糕,和以椒盐则成椒盐状元糕,宜不喜甜食及患胃病者食用。

其烘制最为讲究,系用木炭文火烘炙,火候四角均衡。在民国期间,金泽池生源、池源泰分别设糕作坊,制作状元糕,运销青浦、朱家角,浙江嘉善、嘉兴,江苏吴江等地。又吸引了周边地区江苏吴江、芦墟、周庄,浙江嘉善、西塘、枫泾等地同行业前来讨教制作状元糕的技艺。1924 年在西湖博览会上获土特产优质奖。

　　江浙沪有许多地方生产状元糕,然而,唯有金泽古镇生产的状元糕以历史悠久,做工精致,味道纯真而成为名扬四方的著名特产。在提倡绿色、低碳生活的当今社会,无油脂、低热量的米制食品,更受广大消费者的喜爱。因此,金泽状元糕的销售渠道不断拓展,产量也逐年递增。

金泽古镇茶楼

据《青浦旅游志》(2012 年版)载:金泽古桥是交通工具,桥上行人,桥下行船,这种水陆交通枢纽地带的桥梁周围便形成桥市。迎祥桥南面有白米港,元明时期,各路舟船运来的农产品和手工产品在桥两岸交易、集散,形成较大桥市。

清代后期,塔汇桥一带又形成新的桥市。由桥市而街市,市井中的茶楼又是其中的重要元素,贩夫、商人、买家、游客多聚集于此休憩饮茶。历史上的金泽几乎每座桥边都有茶楼。塔汇桥附近的状元楼茶楼,就是著名的一个。清末时期,潘家湾村的陆顺群科举考中,为了显示里人的荣耀,1891 年遂在塔汇桥头建造该座"状元茶楼"。茶室在青西颇有盛名。

史载:大革命时期,青年时期的陈云,也曾多次带领徐勖等革命青年,到状元楼喝茶,在金泽开展革命活动。在状元楼茶馆,他们宣传农民革命运动,斗争不法地主。陈云还在圆通庵召集金泽工人、店员,宣传上海工人运动,讲述顾正红烈士的英勇事迹。

后来,金泽有许多青年走上革命道路:1938 年初,出身在金泽镇上的许崇道,由党组织安排,经香港赴延安学习。她到达延安后,进入抗日军政大学学习,参加了中国共产党。家住金泽上塘街涤新里的陆学乾,小学毕业后去上海求学,接受革命真理,激起爱国热情,积极投入街头巷尾、学校讲台等场所的抗日救亡演讲宣传。后参加抗日工作,在新四军谭震林部队当文教战士。1944 年 9 月,学乾所在部队奉命反扫荡,她在战斗中光荣牺牲,年仅 20 岁。

金泽镇上共有二十多家茶馆,大都是优美高雅,如春风扑面,让人舒心添福、延年益寿。据里人曹同生回忆,茶馆大致可分三类:第一类是农民茶馆,如镇南的"长春园""万福接",镇中的"玉壶春",镇北的"龙园""许氏""杏花楼"等;第二类是居民茶馆(手艺人、老板为多),如镇中的"向阳春",镇南"昌园"茶馆兼书场茶馆;第三类是镇北文人及名人的茶馆"状元楼"。这里的茶客,好多人都是拎了一只鸟笼挂上面来。自己吃吃茶、讲讲鸟的养法,在此吃茶拎鸟笼的人很多,并欣赏鸟叫声。其他还有百婆桥桥东南脚下阿三林的"草棚茶馆"。还有南、中、北书场兼茶馆的"昌园""和园""再仁"等三家。

当然,这个分类也不是绝对的,茶客大都根据需要随意选择。

金泽人吃茶的宗旨一般是,以茶休闲,以茶会友,并可在茶馆里以理力争,处理社会上的纠纷,此形式叫"吃讲茶"。金泽民间的这种"吃讲茶"风俗,也有一整套规章制度,能起到"四方台子、八方理",有理无理都出在众人嘴里。例如,邻里、家庭有了矛盾。内部解决不了了,就到茶馆里来,让众茶客来评判解决,这种办法还比较行得通,民间把它称作为"民间法庭"。

金泽茶楼的规模大小不一。有的楼上楼下四方台子有十几只,有的门面大,二三间还加楼上楼下十几只桌子,有小的只有一个门面几只四方台子。大茶馆门面上还有中国茶神陆羽的茶语;"茶香提神又醒脑,茶味既能益心又能利胃"。这茶语增添了饮茶兴趣。这些茶馆老板各人有各处的茶客。

金泽镇上的茶楼大多是为乡下农村服务,故吃茶的多数是农民,也是叫"上街郎"的立脚点。在上午时间里,金泽市河里停满了农船,每爿茶馆有一方客,大家谈天说地,讲讲今年田里庄稼情况,秋收时节米价,另外还可听听'刮子书(亦叫农民书),听听他们关心的行情。约一二小时后,有的人提只篮头出去买油酱与其他食品小吃,买后回茶馆稍坐,反正都是老板常客,亲如一家。

镇上居民也有吃茶的,但时间不同。一种手艺人或老板,凌晨三四点钟起床去茶馆吃早茶,领领市面,说说行情,特别是每天米价。此种人大都是生意人。他们边喝边谈各种社会风情、生活等,七八点后都回家去做生意了。到中午一点钟左右,镇上一些欢喜听评弹的茶客又来到茶搂泡壶茶,边喝茶边听书。

镇上文人,殷实人士,一般下午进茶馆,有的有专座,茶资略高,堂倌招待周到。他们谈论时事新闻、风土人情、生意买卖。在茶馆吃茶,接下来听评弹,整个下午泡在茶馆里,三点钟书场散后才回到自己店里。在茶馆里,拎篮头做生意的较多,有卖香烟、糕点、瓜子、黄莲头、五香豆等,川流不息。茶馆里,各式叫买声,叫亇不停。这是茶馆特有的气氛,但一开书就鸦雀无声了。

随着社会变革,新农村建设渐渐改变水乡集镇的布局,金泽过去的二十几家茶馆、堂楼,现在只有一爿状元楼茶馆了。

民 俗 文 化

岁时：农历十二月序

正月（又名春旺月）

旧时年初一（春节），这一天亦称岁首。开门放炮仗，意为除旧迎新，年年高升。家家贴春联、挂年画。家宅大门上、商店门上，都贴有红色签条（该签条由镇上乞丐头在除夕晚上挨家挨户贴的）上面印有"开门进宝"四个字，如逢立春，还贴红签"新春大发'，以示吉庆。清晨起床后，全家人都要喝冬米（爆米花）糖汤，取意为"全年甜甜蜜蜜"。以年糕为早点、花生（长生果）、芝麻寸金糖等为小吃，取意"一年到头，高高兴兴，称心如意，健康长寿"。每家都留有年米年饭。小孩子清晨起床后，第一件事情是给长辈拜年，跪拜、叩头、口念祝词，领得压岁钱（红包包）。压岁钱多少，视各家庭经济实力而定。人人穿新衣、新帽、新鞋，焚烧天香，祈求吉祥。善男信女到各庙烧头香。

大年初一还有许多禁忌，如不骂人、不讲不吉利话、不扫地、不倒马桶、不倒垃圾、不倒脏水、不洗衣、不动刀等，意思是一切财响不外流。出外见到熟人或朋友双手抱拳相揖，互祝"恭喜发财，新春快乐、健康高寿"。城乡居民休息、商店休市，而茶馆座无虚席，大小赌场畅行无阻。街上点心面馆生意兴隆，粉丝条摊、烧卖店生意更好。年画店各种年画、风俗画、人物画，买者甚多。小孩子除吃外，还买玩具。解放前最盛行纸拍球、毽子、竹木刀枪、假面具等。

茶馆这一天规矩也大。茶客进座后，先泡糖汤，后泡"橄榄茶"（又叫元宝茶），并有一盘南北货茶点、一包十支装香烟。茶客大方，付一元二元（茶点不动、香烟照抽），扣除茶资外，多余之钱赏"茶博士"（茶馆跑堂）为小费。

1949年后部分风俗仍流行，如初一凌晨争放爆竹，贴年画、写春联以示欢庆吉祥。早晨喝冬米糖汤。人们见面相互恭喜致贺。生活富裕了，菜肴也丰盛，走亲访友，合家团聚，其乐融融。党政领导举行团拜会，组织慰问烈军属、高龄老人，举办春节联欢会，开展球类、棋类、歌唱、戏曲等友谊比赛和演出活动，丰富了人民的精神和文化娱乐生活。

年初二，此日人来客往最热闹。农村时值农闲且逢新春，所以男婚女嫁办喜事大都择其良辰吉日。目前农村定在初二结婚还很盛行。

年初三,此日称为大年初三,规矩与初一相同。初二晚上不可断火种,清晨用脚炉传火种。此俗后已破除。

年初五,接路头,俗称"五路财神日"。是日,商家厂坊准备三牲供品,大香大烛、高升百响、鲤鱼(一斤以内,称元宝鲤鱼)一条挂于店堂供桌上方,等待"财神爷到"。晚上财神爷出会行到各家商店作坊门前,店主燃放鞭炮、爆竹,希望把财神爷抢进门,祀望一年四季生意兴隆,财源滚滚。商店作坊当晚吃"路头酒",并决定伙计(职工)的去留。改革开放以来,特别近年来私企发展迅速。此俗仍流行,但只是在初五早上鸣放鞭炮、爆竹。

人、谷、天、地,每年正月初七为人生日,初八为谷生日,初九天生日,初十地生日。大户人家每逢九、十两天,用一对红烛三支清香,供奉天井或客堂前,曰"烧天香"。此俗已破。

正月十五元宵节,又称为上元节。金泽镇在民国十年(1921年)前后数年有竞放花灯之举。锣鼓开道,由孩童提着八盏红绿蛋壳形彩灯,绕镇一周,名曰演灯。接着民间狮灯、花篮灯、兔子灯、走马灯等各式各样彩灯加入行列,越走越多,越多越热闹。行列中还有"地戏",走高跷,边做边唱。商家开夜市,热闹非凡。此俗至1937年"八一三"抗战后逐渐消失,吃元宵风俗延续至今。此晚,农村有"烧田财"习俗,俗称"放野火"。用原捆稻草,点燃后,在自己田埂上边跑边唱:"炭炭田角落,年年收成三石六"(意为求祀年年风调雨顺,五谷丰登)。每家还有"接灶君"习俗(十二月二十四送灶,此时要把灶君"东厨司命"接回来):把买好的灶君,简单斋后,供在灶山上。此俗后逐渐破除。

正月二十日,是开印和私塾馆开学日。旧社会所有官衙机关都在此日开始办公,名曰"开印"。金泽无大衙,但阴官(各庙宇)多,因此各庙宇大门左右用红纸贴着"某某年正月二十日,开印大吉",善男信女到各庙宇烧"开印香"。该日又是私塾开学的第一天。此俗已破。

二月(又名杏月)

二月初二,每家把小年夜(十二月二十四)以来吃剩的糕,切成小块用油炒或油炸后,全家人人吃一点,此糕名曰"撑腰糕"。据传,人吃后,特别是老年人可免患腰酸痛病(主要是减少浪费、节约粮食的传统美德)。现在极少流行。

二月初八为"张大帝生日"。据传这一天天气一定很差,不是刮风就是下雨。

二月十二日为"百花生日",天气转暖,雨水渐多,百草回芽,百花开始竞开。

二月十九日,观世音菩萨生辰日。当日,金泽颐浩寺、西林禅寺、梅庵等观音殿烧香人很多。寺庵内有素斋供应。恢复宗教信仰自由以来,颐浩寺内逢观音生日(一年三次,另为六月十九日、九月十九日二次),香火旺盛,也供应素斋。

三月（又名桃月）

清明节，此节大都于本月初三前后，为纪念先人（列祖列宗）每家（信奉天主、耶稣教除外）都以菜肴、香烛、纸绽为先祖祭祀（俗称"过时节"），祭后当日或隔日去扫墓（上坟）。新亡故已断七的（所谓"断七"是指死亡人已超过四十九天）称新清明，扫墓时用红、白、蓝、黄四色纸剪成长串条，挂在坟墓或浮厝上，名曰"标墓"或叫"记墓"。做新清明还要用几种菜肴、果品、粽子、青团等到坟上祭扫，焚烧锡箔，整理坟地环境。

1949年后，为扩大耕地，平整农田，浮厝野坟绝迹，实行火葬。所以扫墓大多已到公墓，烧一点纸绽，挂一串长绿纸。机关、学校、团体组织群众、学生到烈士公墓扫祭，寄托对革命先烈的悼念和哀思。

春台戏。旧时三月中是农村演春台戏的季节，戏台一般搭在田野里或空地场头，请来戏班（称之谓草台班），以京戏为多。1949年后，以锡、沪、越剧为主。农村大家小户，邀亲聚友。演期一般为三天，热闹非凡。此俗近年来又盛行，但一般都是年老退休演员组成。农村中由较有影响的几个人出面组织，负责到各家收费，支付演出人员经费等。演出经费由村里资助一点，私营老板赞助一点，向村民收一点。

四月（又称清和月）

立夏日。当地习俗，每家要吃白焙肉，蒜捣泥豆腐和青蚕豆或豆饭，意为天热了。白焙肉清洁卫生。蒜捣泥豆腐可杀大肠杆菌，而青蚕豆是时鲜菜蔬。是日，有"称人"一俗，悬一杆大秤，老幼都称一下体重。这一天，小孩可从米店讨一点米，到豆田"偷"青蚕豆，然后在野外或田间埋锅造饭，名谓"野米饭"。据说吃了能防"疰夏"。此俗已废。

五月（又名榴月）

端午节，五月初五为端午节，又称端阳。此日各家门扣上插菖蒲、大蒜、艾蓬叶，客堂中悬挂钟馗像。相传为爱国诗人屈原投江之日，因而家家裹粽子吃。老人还信奉"端午吃只棕，老来有人送（送终）"之说。家家用苍术、白芷熏烟除害。人人午饭要饮一口雄黄酒，吃一点豆腐、咸鸭蛋、白焙肉、黄鱼等，炒一升雄黄豆（把蚕豆炒熟后拌一层雄黄）。小孩额头、耳际、颈后、肚脐涂雄黄，胸前悬挂五色丝线编织的荷包或香袋。婴孩戴虎帽，穿虎衣虎鞋，说是能祛邪解毒。

端午此举，实际上已成为一年一度的全民性环境卫生活动日。农历五月前后是百虫孳生期，正值杀灭蚊蝇的好时机，人们用苍术、白芷燃烟熏杀，大黄内服能攻积导滞、泻火解毒，外敷可治烫伤。近年来，此俗渐淡，但家家吃粽子、黄鱼、大蒜、豆腐等时令食品依然盛行。

五月十二日，为金泽救火会试"龙"日（人力灭火机）。全镇有木"龙"三条，镇上救火会分成三组。东组在府皇庙，北组在二爷庙，南组在大寺基。救火时木龙装在腰圆形木桶内，有很多人从河内提水倒入桶内，两头各有多人拼命用力撬，才能吐出水柱灭火。五月十二试"龙"日，一直至上海解放后有了"洋龙"（机动消防车）才停止。

六月（又名荷月）

六月六，猫狗畜生汰个浴。是日喂养猫狗之家，都要用稀释的石灰水为猫狗笼洗除虱，预防疾病传染。

六月盛夏，金泽有俗语："六月六晒到鸭蛋熟"。（炎热，生蛋放在太阳下会晒熟，提醒人防晒、防暑、防病。）

六月十九日，观音菩萨脱凡胎生辰。是日，颐浩寺、西庵、梅庵，烧香念佛人甚多，进香后食素斋。

整个六月，信佛老太们连续一个月吃素，名曰"雷斋素"。从科学养生之道来讲，盛夏期间，食素对身体确有很多好处。此旧俗现已不多见，。颐浩禅寺重建后，凡逢观音生日（一年三次）香火旺盛，吃素面者甚多。

七月（又名巧月）

盂兰胜会，七月望日（七月半）为祭祀日（俗称过时节）。本地区盛行。每家都在十五日前七天过时节，祭祀列祖列宗，祭祀新亡人，谓之新七月半。有女已嫁的，这天要到娘家做"敲门羹饭"，这一旧俗到今还盛行。

地藏香，相传朱元璋做了皇帝后，妒忌百姓为纪念姑苏王张士诚，点香供于地，贬地藏香为"民思香"而"民"字古解为屁股。后又称之"久思香"。另一说，目连救母于十八层地狱，后目连被尊为地藏王菩萨，点香插于地，以示敬重地藏。"地藏香"是一种制作在细竹杆上，露出下端一截，便于香点后插于地上。每年七月三十日（小月二十九日）晚上，地香插于天井、屋前地上，同时用凤仙花瓣放入盛水的碗中，然后用手指蘸水润眼，据说可使眼目清亮。今已废。

八月（又名桂月）

八月十五日中秋节。时值秋高气爽，丹桂盛开。旧时民间用香斗（店家越大，用香斗也高而大）、鲜果（藕、苹果等）、月饼（当时练塘月饼最有名）作祀品，焚香点烛，祭祷天地，直至皓月东升才罢。至今，吃月饼、糖芋芳、毛豆、团子等仍流行。"人逢佳节倍思亲"，时尚逢此节日，把月饼当作馈送亲友、孝敬长辈的礼品。

九月（又称菊月）

重阳节,古人以九为阳。九月初九即重阳节。金泽不同于他乡,重阳节又称"重阳汛",此日为东狱庙会香汛正日。金泽每年两次庙会由来已久。香汛与上半年三月二十八汛期内容相同。从九月初开始有二十天左右,有四方赶集杂耍人,打拳头卖膏药的"大力士",变戏法、跑马戏、三上吊、木偶戏,小商小贩人山人海,千船百舟停满市河,热闹非凡。初九日,由各庙"社班",把庙内"老爷"抬出来,旗锣开道,周游全镇,谓曰"老爷出会"。期间客商云集,商业繁荣,有"做二节,吃一年"之说法。历史悠久的松子状元糕、梅花糖豆闻名四方。每个来到金泽的香汛民众,多少会带上一点回家,馈送亲友。

十月（又名小春、下元月）

立冬。每年立冬节前后是农村中的大忙时节。民间曾有此"立冬无竖稻、早晚一齐倒"的农谚。此时白天较短,倏忽即过,因而有"十月中,梳头打扮当一工"的说法,以告诫人们抓紧时间,抢收抢种。

十一月（又名冬月）

冬至,冬至夜为一年中最长之夜。自冬至开始起"九"到"三九""四九"是一年之中最寒冷的日子,同时也含渐渐逆转冬至阳生之意。

冬至节,冬藏之气,至此而极,阴极而阳始也。此后白昼渐长,夜渐短,是农业生产积肥、深耕、防冻、保护耕畜安全过冬的季节。冬至如大年,也是家家户户祭祀日(过时节)。方法与清明、七月半两节相同。

十一月,旧时农村中一年收成完毕,时值农闲,所以大部分男婚女嫁之喜事,选在这个月。当时把十一月也称之谓"完婚月"。

十二月（又名腊月）

小年夜,十二月二十四为小年夜。家家户户掸檐尘(大扫除),清清爽爽准备过大年。该日有做团子、吃团子习俗。以后几天有蒸糕、吃糕习俗。这一夜,各家都要"送灶",灶山上供斋一番后,把灶山上神龛里的"灶君"送上天。现在已无此俗。

大年夜(除夕),十二月三十日(小月二十九)夜为大年夜,本地习惯叫"过年"。年夜饭的菜肴是一年中最丰盛的一顿。吃罢年夜饭,长辈要给小孩发"压岁钱",此时是小孩一年中最开心的时候。旧时年夜饭要吃喝玩乐到十二点过后才睡,有的甚至通宵;或到庙宇烧香守候天明,名谓"守岁"。年夜饭后,还要准备年米年饭(淘好少许米,把吃剩的饭,放在淘箩里,插上柏树枝条,放上橘子,贴上红纸),表示年年有余。

（资料选自《金泽镇志》(2003 年 12 月版)

桥乡婚嫁习俗

婚配必择门户,以钗行文定礼,金银各称其家。报允后,乃具币行聘请期。娶必亲迎奠雁,雁不可得,以舒雁代。诘朝行息烛礼,亦曰慰静,或三日,或七日,或匝月。女宅馈朝,择期反马,亦曰回门,俭者率以新年为期。(据《金泽小志》卷之一"风俗")

婚嫁旧俗

旧社会婚姻大多由父母包办,有"父母之命、媒妁之言、门当户对"的习俗,此外,嫁女、入赘、结婚礼俗繁琐。就金泽地区而言,名目不下数十种之多。

1. **出帖** 双方父母对所提亲事表示赞同,男方邀请媒婆(也有职业媒婆上门)去女方说媒,求得女方年庚八字(出生年月日时)送至男宅。经排"八字",即由算命或拆字先生按男女双方的"八字",进行所谓"排配",若无"冲克",此亲事基本成定局,随后男方选定吉日担小盘(聘礼)正式确定婚姻关系。

2. **聘礼** 俗称担小盘,也称"担文定""期扣",又叫"担期头"。农村里喜谑话叫"带一根线"或"带缆头绳"。早先男方以金银首饰"钗"为行文定,后改为银元8—12元。行盘上放一张求允帖。如女方接受礼金名为"受茶",回一份"允聘帖"。

3. **行聘** 俗称担大盘。男方婚期初步确定后,请媒人向女方父母通告,称"起话',若女方同意(如女方有特殊情况,婚日可协商),男方即选一吉日担大盘(行聘)。大盘中一份"道日"帖子(撰定完婚的好日子)。而聘金(大盘)和金银首饰的多少既要根据男家的身份和经济实力又要考虑市面行情权衡而定,一般为银洋80元~120元。1927年后改用纸币,上层富家可达数百元之巨。定盘后,双方筹备,开始"邀吃喜酒"。

4. **迎娶** 也称结亲。吉日上午,女方将贴上大红喜字(或剪花)的嫁妆陈列门外场上,称之谓"亮妆",让四邻乡亲观看。男宅用头棚彩船(或彩轿)摇至女宅迎亲,彩船后舱丝竹鼓乐升平。如用轿子迎亲,花轿前还要两名父母双全的男童孩提纱灯,轿后也有丝竹鼓乐。到达女宅前鸣鞭炮报喜,由女方迎接讨亲宾客进内室吃茶点等候,在得到女方父母"同意"和新娘梳妆就绪后,男方帮工方可接受"发妆"。发妆时,第一件嫁妆必须由女方兄弟亲自递到男方帮工手中。男方接妆人要恭候在女方大门外。第一件发妆后,男方帮工才可搬卸嫁妆。完毕后,男方(由喜娘开口)催新娘上轿。催过三次,母女哭别(旧习俗视为哭发)。新娘由兄弟扶上船(轿)。

上船(轿)前,新娘还要换鞋(意为不把穷气带到夫家)。然后在鞭炮声中动橹摇船或起轿至男宅。

5. 仪式　嫁妆、花轿到男宅后,鸣鞭炮,丝竹鼓手齐乐。新娘经三请后上船(出轿),由伴娘搀扶脚踏红地毯,进入喜堂,与新郎并立,正式进行拜堂仪式。民国初期,金泽地区仍按清制行三跪九叩礼,后来渐改为三鞠躬,时称文明结婚。拜堂时,堂上两八仙并放,一对大红喜烛高照。新郎新娘先拜天地,二敬公婆,三夫妻交拜。新娘头巾盖脸(后来改为戴一付墨镜,可谓"洋派、时髦"),新人手握同心结红绸带,由两名父母双全男童手执花烛引路送入洞房。歇后,行祭祖礼,同族中成对双拜,按次排列,年高在后,同拜祖宗(称拜家堂)。如遇巨姓家族,几十对夫妇同拜,刹是好看。然后新夫妇跪在公婆面前,听从训示。内容大都是:小夫妻互敬互爱、夫唱妇随、和睦相处、勤俭持家等。随后新郎新娘送入洞房,稍事休息后,畅饮合欢酒。

6. 礼服　民国初期,一般士大夫阶层及大商客家仍用清代礼服。新郎蓝衫雀顶,新娘朝裙玉带,凤冠霞帔(由媒婆出租)。质料都用绸缎制成。普通百姓新郎穿长袍、马褂、红结顶子瓜皮小帽。新娘红袄、红裤、腰围绣花红裙。民国十年(1921年)后,新郎蓝袍、黑马褂常礼服,戴礼帽(俗称大英帽),穿皮鞋,时称中西合璧。女礼服为绣花旗袍,绕地兜纱,戴墨镜穿绣花鞋。

7. 排场　金泽地区一般婚期为三天。第一天男宅"待媒",俗称"隔夜落桌"。女宅如果妆奁丰富,为荣耀邻里,把橱箱盆桶、铜锡器皿、绞罗绸缎、棉皮衣料等陈列整齐,并请"京音堂名"清唱,名为"待妆"。下午发妆送至男宅,称之谓"送行嫁"。第二天为完婚吉日(俗称正日),男宅发船(轿)迎娶,女宅新娘别祖登船(轿),小姐妹随船(轿)至男宅,名谓"送亲"。第三天做朝、回门。上午女宅阿舅到男宅,名谓"做朝";中饭后回女宅,下午新夫妇衣冠整新、双双提着厚礼到女宅拜见岳父母及女方亲友,名谓"三朝回门"。当夜新婚夫妇回男宅。十二天为"十二朝",一个月为"满月"。只是都比"三朝回门"简单罢了。女宅如是大户富商,本家亲戚又多,新女婿回门,各房亲戚都要办酒,俗称"待女婿"。所以金泽地区曾有"做煞童养媳,吃煞新女婿。"的俗语。

8. 暖房　清朝时俗称"暖女",民国初期称谓"暖房",即婚后三天内娘家馈送物品。亲朋好友,余兴未尽,盘坐新房,打牌喝酒、猜拳行令;或请来"堂折"演唱评弹、京戏、地方小曲等。"三日无大小",新房中热闹非凡。除青年外,更有老者或长辈(公婆除外)来此嬉闹,俗称"闹新房"。有的甚至连续三四天。

9. 入赘　即招女婿。女宅无子,女婿入女宅门当儿子。喜事由女方主办。"规矩"与娶媳无多差别,只是以女宅为主。男方入赘后须改为女方姓,并重新取名。入赘后作为女方家庭人员,农村作为家庭一员主要劳力。子女出生后都要姓女方姓氏。此俗农村多于集镇。

10. **推在豆腐缸里** 又称"红白事一起办"。此俗多见于 20 世纪 50 年代前农村中较贫困家庭。男女双方已定亲,男方父或母病故。为了节约钱财,又可争得在亡灵前叩一个成双头、行一个成双礼。经男方提出,要求女方提前结婚,女方应允后(旧社会封建思想浓厚,认为养女百岁,迟早是别人家的人),男宅先行红事(在举行婚礼前,先把死者用被子盖好,下好蚊帐,装作无丧事)。新娘披红着绿,到男方拜堂成亲。进新房后,客堂上有本家亲戚,马上去红褂白,死者遗体转放厅堂。新郎新娘稍作休息,换白衣素服,双双出来,开丧行礼办事。这旧习俗,1949 年后已少见,现已绝迹。

11. **寡妇改嫁** 旧社会寡妇改嫁被视为耻辱,故而不仅无嫁妆,连各式礼仪也被取消。多数女方有意,悄悄走到男方;也有贫苦汉子走进女家。买一个猪头,双方拜一拜,就算结婚了事。另外还有一种陋习,贫穷男方看中某寡妇,暗中邀几个穷朋友,由该男子上前对寡妇先动手后,于是穷朋友们一起上前抢了就走,名谓"抢寡孀"。此俗已绝。更有寡妇改嫁给小叔的,称之谓"叔接嫂"。

12. **换亲** 俗称姑娘换阿嫂。旧社会农村中穷汉子娶不起娘子。经撮合,不论姑娘是否同意,由父母作主,像商品交易一样,两家对调,双方家庭各自成亲。换亲双方婚礼简单,嫁妆微薄,合成即可。现早已绝迹。

13. **乘风女** 又叫"回乡囡"。男女双方原是头表亲。外甥女嫁到娘舅家,头表兄妹结婚。此俗在新婚姻法颁布实施后已杜绝。

14. **童养媳、纳妾** 1949 年前,贫苦家庭娶不起媳妇的就从小领养女童称童养媳,待长大后配与儿子作媳妇。大户富商者在外纳妾也屡见不鲜。1949 年后已被禁止。

婚嫁新俗

1949 年,特别是我国颁布新《婚姻法》后,婚嫁旧习俗逐渐被《婚姻法》所代替。男女婚姻自主、自由恋爱、双方相识后,经过一段时间的交往和了解(谓之轧朋友、谈恋爱),如果两人情投意合,愿意组成幸福小家庭,征得双方父母同意后(一般双方父母都会同意),即去政府有关部门登记结婚,领取结婚证,成为合法婚姻。然后双方商定举行婚礼日期(大都选择双休日、逢双日、春节及其他节假日)。

随着社会的进步和经济的发展,家庭收入逐年提高,近年来嫁妆也日渐增多和高档。

五六十年代,新郎新娘结婚各有一套"的卡"服已算很出客了。近年来新郎全毛西装,新娘穿婚纱礼服。讨亲花轿已废除。但农村仍行彩船。

八十年代后,轿车接新娘已是平常事了。至亲好友的"礼"也水涨船高。双方家庭的喜酒排场也越办越大。镇区都办在酒家,吃一顿聚一聚了事。但农村仍有三天排场,并且不在少数。政府提倡婚事简办,组织集体婚礼,镇上也开始时兴旅游结婚。

回门　镇上比较简单，在娶新娘时，大、小阿舅随来男宅，中午酒席（正席）后，下午新夫妇同阿舅一起返回女宅。新郎问候岳父母，新娘看望父母双亲、姑嫂。入席晚筵（女方正席）后返回男宅，就算回门了。农村中还保留大、小回门之习俗。小回门与镇上风俗相同，"大回门"婚后三日，新婚夫妇回娘家，当夜返回男家。此俗仍延续。

担糖　新娘怀孕后临产前，娘家要送婴儿所用的尿布、毛衫、抱裙以及粽子、红蛋、红糖、核桃及糕点等礼物，祝愿产妇生产平安顺利。男方把粽子、红蛋分送给四邻及近亲，以示预报喜讯。

担当五　婴儿出生后，外婆家送婴儿衣服、鞋帽和云片糕、枣子粽等礼物。

十二朝　婴儿出生十二天为"十二朝'。外婆家送礼庆贺。男家要办酒，邀请亲友分吃红蛋，以示庆贺。俗称"做十二朝"。至今还有此俗。

满月和周岁　婴儿出生满一个月，古称"弥月"。此日，设丰盛酒席，敬神祀祖，并款待亲友（包括女方至亲）；婴儿剃头，分送面条，另有红蛋、粽子、云片糕相送至亲近邻。

古人重男轻女，生男为"弄璋"（璋为一种玉器）；生女为"弄瓦"（古代瓦为原始纺锤）。生男者周岁办酒，养女的马马虎虎。20世纪80年代起，由于独生子女，男女都一样，孩子格外受到宠爱。满月与周岁酒席也就更为排场。亲友向婴儿送礼送钱。亦有较简单的，买一盒蛋糕、下几碗面条分送至亲近邻。

过房亲　此俗至今还盛行，是一种特殊的认亲方式。现独生子女居多，此俗更盛。说是孩子"过房"给他人后，可以减少疾病周折，免除灾难。现时，孩子少，亲戚也少，"过房"可多一门亲，图个热闹，有事可多个参谋和帮助。旧社会有一种陋习，"过房"仪式，小孩要"钻扶梯"。认亲后双方就是一种没有血缘的至亲关系了。

寿诞　也称"做寿"。老者岁数逢整，如60、70、80岁，由儿孙辈摆酒庆贺。从前富户人家，布置寿堂，堂内挂寿星图、寿幛、寿轴。台上寿桃、寿果、寿糕，红烛高照，寿礼纷呈。到时，小辈依次向寿星祝寿，跪拜叩头，燃放高升百响，向四邻分赠寿面、寿糕，一家欢饮寿酒。最快乐要算孙辈，可得寿星红包。还有逢父母66岁时，儿女向父母送六十六块肉、六十六个蛋（一般以一只蹄膀，六个蛋作象征性礼物）。意思为父母庆贺、增寿。

上梁酒　此习多见于农村建房家。虽然现在建房大都是请施工队实行"三包"。但到房子上梁时（上正梁这天），东家在当日晚上摆丰盛酒菜招待宴请匠人师傅。到时东邻四舍、至亲朋友同吃上梁酒，并送礼（现金或送整条名烟）以表对房主人的庆贺。

（资料选自2003年12月版《金泽镇志》

桥乡风俗撷拾

金泽摇快船

1949 年前,每年农历七月十五日,在金泽石神庙都要举行摇快船活动,观看群众达数千人之多。快船主要有两种,一是"花快",一是"毛竹快"。"花快"是一种供人欣赏的花船,方头,分三个船舱。船头上有个花阳台,供掌舵人站立。三个舱都搭有硬棚,披上龙凤头。中棚是主舱,光顶,四角翘起,顶端有美丽的大绒球。里面有丝竹班子演奏各种乐曲。后舱棚顶方形,供摇船人乘坐。"花快"缓缓摇动,丝竹声起,打扮得花枝招展的"花快"在水面上荡漾,非常美丽。

"毛竹快"形如古代战船,船身狭长。二三丈长,八九尺宽。船头有一只浆,供掌舵用,两旁扎着两捆毛茎竹,以作兵器用。后稍有三支橹,大橹有芭头一样粗,需四个人把橹,中橹、小橹在左侧横伸出去的跳板上。全船需三四十人轮流拼命摇,特别是扯大橹绷的人,排好队,每人三推三扳已经筋疲力尽。后面人击掌为号,马上换人接力,配合得又快又协调,船飞快前进。"毛竹快"是比速度的,船梢后面有一面梢旗,如果后面"毛竹快"摇得快,接近前面的船梢,拔去前面梢旗,就算胜利。

据说摇快船这个风俗开始于明末清初。当时陈墓镇上有个举人陆兆贤,见清兵入关占领北京,他不甘心蒙受民族耻辱,就变卖家产,造船募兵,组织起一支抗清力量,日夜在湖里操练。不知怎么消息传到京城里。讲他在陈墓镇修造宫殿(灵观殿),招兵买马,策动谋反,要另立小朝廷。皇上听了当即派钦差南下察访,消息传来,陆兆贤左右为难,心想:好不容易拉起了这支队伍,要散伙? 不可能,假如马上扯起大旗,时机又不成熟,可是这几百人的架势怎么瞒得过钦差呢? 正在他百般苦思时,忽然看见湖面上正在操练的十多只战船,顿时心生一计。七月半那天,钦差到了,他远远看见岸上人头济济,湖面上快船来回穿梭,不由一惊,心想真有此事。这时岸上鞭炮齐鸣,锣鼓喧天,原来是陆兆贤率人前来迎接钦差。他告诉钦差,因为去年天灾,收成不好,乡民们向灵观殿老爷许过愿,要是今年风调雨顺,庄稼长得好,就重修庙宇,举行庆祝活动。今年果然是个好年头,乡亲们为还愿,已操练了一个多月,今天正举行摇快船比赛表示庆祝。钦差将信将疑,又到灵观殿察看,果然修缮一新,殿门分明朝北而开,神像供在正中,不象要谋反的样子,也就放心了。酒足饭饱后,观看了快船比赛,就回京复旨去了。

后来,陆兆贤举兵起义虽然失败,但人们为了纪念他,在每年七月半那天,都举行摇快船比赛,金泽、商榻的摇快船就是从陈墓镇学来的。这个风俗一直延续到解放初期。

丧事旧俗

丧事旧俗,旧时人死后,以棺木土葬居多,封建迷信的孝道礼仪名目繁多。

1. **批书** 丧家主人以死者的出身年、月、日和死亡年、月、日、时,由道士拟定大小殓日期,书于黄表纸上,贴于大门(墙门)上。

2. **报丧(俗称报禄)** 按批书日期,大户人家由账房开列报丧条纸,向戚族世家,一个不漏地报丧。有分发讣告的(又称讣闻)。小户人家派本族人,分别到相关家庭报丧。

3. **探丧** 戚族世家得噩耗后,办一份香烛、纸绽至丧家吊唁。

4. **大小殓和举殡(开丧)** 小殓即给尸体穿衣服(旧时本镇专有仵作代本家给尸穿衣)。大殓即给尸体入棺,安放殉物。旧时男尸穿蓝袍、马褂、红顶瓜皮小帽,脚穿云梯底圆口布鞋。女穿红袄、红裙,外披绣花披风或绣花巾,绣花云梯底布鞋。盖棺前还要进行吊奠仪式。

5. **孝服** 死者家属带孝,俗称孝白。儿子、媳妇着"缤服"(用粗麻布制成的丧服),白鞋上蒙麻布,长白布条裹头,腰缠草绳。女儿穿白衫白裙(解放前曾一度穿白旗袍),白布蒙鞋头,鞋后跟边缝一条红布,发髻上插黄色绒线。堂侄辈称谓"功服",功服分大功、小功服。大功服9个月,小功服5个月,名曰缌麻(用细麻布制的丧服)。外戚穿白外套。前来吊唁的人,都发白孝布、白孝带。旧时讲究死者入棺穿着,大户人家一般至少要七个衣领或九个(一定要单数)。小户平民也给死者装假领,凑足单数。丧期大户人家三、五、七天不等,通常为三天。僧尼、道士诵经、做道场悼念亡灵,以示孝心(有女者、费用由女儿出资)。

6. **吊唁(奠)仪式** 大殓举殡前一、二小时,先由丧殡白童扶持孝子夫妇行三跪九叩首礼(由掌礼者高声唱赞)。后为"一对头喏",即有侄、甥等辈依次叩成双头;世谊友好,不论长幼,也都在灵台前吊唁。礼成即起,孝幛左侧守灵的子孙侄辈,向吊唁者回拜。最后由长子夫妇行三跪九叩礼,名为"收拜"。礼毕、大殓结束,盖棺盖。由仵作呼唤子、孙在棺盖上,挨次每人敲(用一木榔头)三下"子孙钉",吊唁仪式结束。

7. **行出殡** 由道士起铃开丧,也称出丧(出棺材)。事前在稻田、圩头上,请"看风水先生"选好放棺地方。吊唁仪式结束后,送葬出丧,把棺材安放在上,一般暂不入土,用砖头围砌棺木,名为"浮厝",俗称"亭子"(旧社会贫者,也用稻草盖顶的草棚亭子)。通常,三年后落葬(落坑),并"栗主昇祠",即灵位入祠堂或家堂,就完事了。

8. **做七** 人死后,每7天为一个"七",自头七至七七,都要悼念亡灵,称之谓

"做七",至 49 天才告终七。其中"五七"最隆重。丧家请僧尼或道士做佛事。旧时佛事结束,还用"纸扎"(用芦苇作架子,纸糊房子、车船、农具、床柜、箱等家用杂件)死者遗物(衣被、鞋帽等),一起火化,超度亡灵。

9. 接煞 又称"接太平"。由道士按死者的生卒时辰,算出接煞的具体日期(大概在死后 9 — 18 天)。据传说是,接煞是"接亡灵回家"一次。因此丧家为死者准备床(纸扎)、被、褥、鞋及死者偶像,先祭祀(由道士),后焚烧给死者,意为"亡灵返阳"。

丧事新俗

1949 年后,有些封建迷信旧俗,大多已废除。特别是殡葬实行火葬后,一切行丧举殡仪式,大多已变革。厚养薄葬之风气逐渐为人们所认可。死者子女、至亲友好,戴"黑纱"腰系白布,妇女发别黄绿绒结以示哀悼。现时讲究卫生,镇上死者即送火葬场冷库寄放,家中仅设一灵台。农村中仍沿袭存遗体开丧,除了冬季都借玻璃罩冷柜。灵台中央放遗像,两支白烛,三支清香。死者生前的工作单位,工会组织及至亲友好送花圈、挽联,放在灵台前。吊唁活动一般在火葬场吊唁厅。送葬人借厅进行遗体告别,以三鞠躬行礼表示对逝者的怀念和哀悼。火化后,把骨灰盒放至家中灵台上,到冬至再入葬。自从金泽镇开辟墓地后,有的火化后骨灰盒随即入葬公墓。近年来,由于经济发展,人民生活普遍提高,丧事排场也越来越大。僧尼做佛事,超度亡灵等丧事陋俗、旧习在农村亦有恢复。但尸体已全部实行了火化。

附:现已消逝的旧时陋俗

1949 年前民间封建迷信严重,陋俗颇多,恶习盛行,一旦遇有天灾人祸,行旧习,求鬼神,拜佛祖。现介绍金泽地区盛行的几种陋俗恶习。

1. 算命、测字

出生、成婚都要算命,排"八字",测算一生命运的好坏:"婚合"吉日,夫妻是否百年好合,人生吉凶祸福等。此俗每年以春节后最盛(有一帮外地算命者,分瞎子算命、嘟牌算命等),沿街拨弄三弦者有,打小铜锣的也有,其中以口喊"算命"最多见。

2. 求鬼神,吃"仙丹"

人生病后,不少贫苦乡民无钱求医买药,只得进庙烧香、求神拜佛,求得"仙丹"(所谓"仙丹"乃是香灰)回家用水冲服。也有请巫婆"捉鬼",请道士"退煞",送"羹饭"等,祀求攘凶化吉。

3. 祷雨

金泽地区曾于民国四年(1915 年)、民国三十二年(1943 年)两度夏秋大旱、酷热,田禾枯焦。民众诱为天遣,两次"求雨"。求雨时,镇上富商豪绅头戴碧帽,身穿蓑衣,求祀龙王兴云作雨,并请道士作场(俗称打醮)。

4. 求签

金泽多庙。大都庙内有签与签书。以颐浩寺、杨爷庙、府皇庙签最"灵"。旧时人们命运难料,一切听天由命,信鬼神,尤其是遇到病、灾、疑难不决事,都会到神庙进香求签。"签"以竹制成。签筒放在神桌上,求签者点燃香烛后,虔诚跪拜叩头,神情严肃。默祷后,双手高攀签筒,再在燃香烟上兜三圈,求出一签。签分上上、上中、上吉、中中、下中、下下几种。根据签上号码,去墙上按号取签决。据签决词句(七律四句诗)词义解,以卜吉凶。

还有如"借寿""叫喜""小儿夜啼"种种旧习,后都已废除。但"算命、测字"和"小儿夜啼"到处贴有"天皇皇,地皇皇,我家有个小儿郎,来人君子念一遍,一忽睏到大天光"的字条,至今仍偶有出现。

5. 吸毒

1949年前金泽吸毒者以鸦片为主,到后来才有白粉(海洛因)。早期吸鸦片者为有钱人家,据说是为防止"浪荡"子孙到外边"赌博、逍遥滋事",让其在家吸鸦片,一吸上"瘾",成天在家消磨时光,所谓"保家当"。但普通家庭吸毒成瘾后,面容憔悴,意志消沉,直到倾家荡产。1949年前,金泽有烟馆数处,开馆者大多有旧政府官员"包庇"或"合伙"。临近解放时,鸦片少了,吸食又不方便,因而大部分吸毒者改吸海洛因。1949年后,人民政府大张旗鼓开展禁毒行动,大力打击吸毒贩毒活动。

6. 赌博

旧时赌风盛行。赌博形式五花八门。金泽地区就有麻将、牌九、弹宝、骰子、挖花、横碰、扑克等赌具。旧政府明禁暗纵,抽头聚赌。更有一些地痞流氓,靠赌吃饭,参赌百姓卖田卖地,倾家荡产有之,为赌而抢劫杀人事件时有发生。上海解放后,人民政府三令五申禁赌,使这一旧社会恶习受到有效的遏止,但至今尚未杜绝。

7. 斗蟋蟀

1949年前,金泽斗蟋蟀很盛行,每年秋起,一直延至十一二月。尤以民国初期最盛,镇上曾有斗蟋蟀专门场所。双方押注很大。有时主人获得好蟋蟀,谓之"将军",不但在本地斗,还雇小帐船,到西塘、芦墟等地去赌。

8. 纳妾

1949年前富商、豪门地主,凭借财势,盛行纳妾。本镇大商业主大多娶有大小老婆。金泽恶霸伪镇长陈仓遗就有几个姨太太。中华人民共和国成立后,《婚姻法》规定实行"一夫一妻"制,纳妾陋俗被依法禁止。

上海解放后,人民政府提倡破除迷信,移风易俗,勤俭治家,一切封建迷信恶习逐渐被淘汰,讲文明、树新风,已成时尚。

（资料选自《金泽镇志》(2003年12月版)

金泽地区方言民谣撷拾

金泽地区的方言,属于吴语系统,具有吴语的一般特点,归属于吴语太湖片苏沪嘉小片方言。虽经过历代相传,亦与外省邻县频繁交往,但仍与旧志所载变化不大。方言词汇和普通话读法有较大差异,有些词汇无本字可写,则以方言的同音字或音近字替代。举例说明如下:

称呼用语(莲盛社区)

父亲——阿爸、爹爹,本地区流行阿爸;母亲—阿妈、姆妈,本地区流行姆妈;

祖父——阿大、大大、阿爹;祖母——阿奶、奶奶、亲妈、娘娘;岳父——爹爹、阿爸、丈人;

外祖父——外公、大大、阿大;外祖母——外婆、阿奶、娘娘;岳母——阿妈、姆妈、丈母娘;

继父——母亲再婚子女称其再婚后的另一方为后父,俗称继父,也称阿爸;

继母——父亲再婚子女称其再婚后的另一方为后母,俗称继母,也称姆妈;

丈夫——男人、老公、当家人或在子女名后加个爹,如阿啥爹,年纪大的称老头子或直呼其名;

妻子——女人、屋里厢或在子女名字后加个娘,如阿啥娘,或直呼其名,年纪大的称老太婆;

儿子——倪子、小囡;女儿——囡五、囡姑娘、阿囡;连襟——姐妹的丈夫,本地流行直呼其名;

媳妇——旧时刚结婚时称新娘娘,现直呼其名;女婿——旧时刚结婚时称新官人,现直呼其名;

公爹——阿爹、阿爸、公阿爹;婆母——阿妈、姆妈、婆阿妈;

伯父——父亲的哥哥俗称伯伯;伯母——父亲的兄嫂俗称妈妈;

叔父——父亲的弟弟俗称阿叔、爷叔;婶母——父亲的弟媳俗称婶娘、婶妈;

姑父——父亲的姐夫俗称夫夫、阿夫;父亲的妹夫俗称阿夫;

姑母——父亲的姐姐俗称嬷嬷;父亲的妹妹俗称阿娘;

舅父——母亲的兄弟俗称娘舅、舅舅、阿舅;舅母——母亲的兄嫂俗称舅妈;

姨母——母亲的姐姐、妹妹,俗称杜姨、娘姨、阿姨;

她嫂——兄弟的妻子之间俗称伯姆淘里,按辈份称大杜妈、二妈,今称姐妹或直

呼其名;

　　干爹、干娘——过房子女的父母俗称寄爸、寄妈;

　　兄弟——阿哥、哥哥、阿弟、弟弟;姐妹——姐姐、阿姐、妹子、仔妹

　　堂兄弟、堂姐妹——父亲兄弟的儿女之间按辈份俗称阿哥、阿姐、弟弟、妹妹或直呼其名;

　　表兄、表弟、表姐、表妹——父亲姐妹的儿女和母亲兄弟姐妹的儿女之间,

　　按辈份俗称阿哥、阿姐、弟弟、妹妹或直呼其名。

日用方言(金泽社区)

气象方言

　　天好——晴天;雾露——雾;天打——雷击;雷响——打雷;日头——太阳;霍险——闪电鳖硒虹;吼势——气候闷热;发冷头——寒潮;麻花雨——蒙蒙细雨;阴水天——阴天;孵热头——晒太阳。

节令方言

　　上昼——上午;歇歇——片刻;夏(下)昼——下午;热天性——暑天;今朝——今天;明朝——第二天;啥辰光——什么时候;蒙蒙亮——天刚有些亮;昨热(日)——昨天;隔热(日)子——前天;月半——望日;热(日)脚——日子;黄昏头——傍晚;月头——月初;阿末脚——最后;等隔歇——等一会儿;旧年——去年;后热(日)头——大后天;开年——明年;着后热(日)——第三天;热(日)中心里——中午;年常——年年;半夜三更——深夜;节肯——季节;夜头——夜晚。

动作方言:

　　汰——洗;盛饭(菜)——把饭、菜用铲刀铲起来;活塌——倒掉;斜——快步奔跑;相打——打架;落起——坐卧时起身;园——藏;阳——溶化;笃脱——丢掉;搛——用筷子或大钳夹起来;促理——吵架。

性格方言

　　桠拉勿出——心里有火,讲勿出口,也讲勿清;犟——脾气倔强;懊佬——后悔;花头——计谋;横——胆大、举止粗野;有心相——有耐心;极——胆小、惧怕;触火——生气;懊糟——懊恼;得神——开心、陶醉;

生活方言

　　家生——泛指生活用具;节节高——用竹枝杈做的晒衣杆;工碗——粗瓷大碗;汤盏——饭碗;骨牌凳——小方凳;拖畚——擦地板工具;骨牌凳——小方凳;墩板——切菜用的板;揩面——洗脸;汤罐——灶上储水的小口锅;发镬——灶上热水的小锅;汰浴——洗澡;大、小镬子——大、小锅子;汰脚——洗脚;轧头——理发;铜勺——用铜制成的舀水用具;睏觉——睡觉;局——能干、会做事;操——汤匙;拆

尿——小便;拆污——大便;汤婆子——汤壶(盛热水的壶,供取暖);调料一调味品;脚炉——取暖用的小铜炉,内装热火灰;酒水——筵席;饭米——饭粒;度素菜——豆腐;和头——烧在主菜中的蔬菜;饭糍头——锅巴。

时间方言(商榻社区)

商榻地处上海市最西北,离上海市区有 70 公里,与江苏昆山、吴江两县均一河之隔,故自古以来地方乡音浓重,加之 1950 年代中期之前,商榻乃至青浦县向由江苏省所辖,与江苏的来往较多,在语音上有所渗透。上海市区或近郊人们听到商榻人讲话,都说好似苏州人。商榻部分村与江苏两县仅一河之隔,历史上来往较密切,方言也相互渗透,故在商榻范围内,方言也不统一,就如蔡洪村与东星村仅一公里之隔,方言就不尽一样。

近年来,随着经济迅速发展,城乡交流频繁,外出读书、做工的人日益增多,文化生活不断丰富活跃,各种不同的方言在逐渐减少,一些青少年与干部中尤为如此。可以预计,随着社会各方面的发展,商榻的方言成分将越来越减弱,而被通用语所代替。

热(日)脚——日子;上昼——上午,下昼——下午;热(日)头直——中午;夜快——傍晚;夜头——晚上;早起里——黎明时刻;昨夜头——昨天晚上;后热(日)点——后天;年头上——春节;隔年子——前年;旧年——去年;寒场里——冬天。做人家——省吃俭用;家当——财产;交关——许多;豪少——快点;剃头、轧头——理发;净浴——洗澡;做生活——干活;吃烟——指干活累了,坐下休息一会儿;白相——休息、玩;做客人——走亲戚;好热(日)——男青年结婚;出嫁、做媳妇——姑娘结婚;莫气——慢;劳潮、末事——东西;起因发角——第一个想出一个新点子;呒介事——没有这回事;一塌刮子、搁陆三门——指全部;霍险、抽金线路——闪电;七翘八裂——不团结、闹分裂;田鸡——青蛙;癞团——癞蛤蟆;阴损——暗地里损害他人利益;寻吼势——故意寻衅闹事。

习惯方言(西岑社区)

现在的西岑镇是最初由解放初的西岑、田北和莲北三个小乡合并而成,群众大多世本地,其语言基本都是本地话。过去由于人们的工作范围狭小,人口流动不多。因此,全镇地方语言中也略有差异。全镇地方语言,按地区划分大致可分为西片、东片、中片三种,实际上可追溯到当时的三个小乡为界线。以西岑镇为中心的张联、西岑、塘联、塘北、王田、山深诸村为中片,属纯正的西岑乡音。西旺港以西的陈港、岑卜以及西蔡的西旺自然村为西片,与金泽接壤,语言习惯近似金泽,他们把"堆头"说成"兜头",其称呼也与中片不同,称祖父为"阿爹"。沙淀港以东的河祝、育坪为东片,语言习惯接近朱家角、沈巷,把"灰"说成"飞",把"箱子"说成"香子"。

近年来,随着交通的便捷,工农业生产的发展、人们工作范围的扩大,群众之间的交往增多,全镇群众的乡音逐步接近,缩小了东西片和中片之间的语言差别。

秃(滚)——水煮沸;嗷——价格便宜;上路——识事务、合情理;下作——下流或指猪内脏;小气——吝惜;收作——处罚或整理;巴结——勤奋俭朴,也指讨好奉承;白相——玩耍;叫饶——认输;区得——幸亏;打棚——干扰、阻绕,设置障碍;来三——指人能干;恶阴损——暗中害人;老茄——摆老资格;肉麻——心痛,舍不得;有种——有志气、有胆量;吃烟——劳动间休息一会儿;户荡——地方;庭心——天井;呒不——没有;勒拉——在;告吵——麻烦人家;温吞——不冷不热;搭浆——做事马虎;退板——差劲;板扎——做事扎实、牢靠;巴细——办事谨慎、小心;替汰——充裕;弄松——恶作剧;促掐——刁难别人;啥度——劳累;着力——厉害,办事卖力;一帖药——服帖;上勿上——指身体不舒服或有病;勿入调——调皮捣蛋,不安分守己;勿色头——不吉利;出花头——出谋划策;拖身体——怀孕;寻事——挑衅;豪燥——赶快;豁边——做事过了头;作兴——也许;精刮——爱占便宜;的屑——处事或动作过分细致;惹厌——惹人厌烦;倘防——万一;扎顿——结实;呼图——臃肿;乖萎——皮肤作痒;唠嘈——垃圾;迹荡——油腻渍痕;偷私乖——偷懒;轧闹猛——起热闹;着实——平稳、确实;牌头——靠山、后台;拆烂污——做事马虎,不负责任;架型——指人的仪表;吃夹当——中间人受气;寻吼势——寻衅闹事;买末事——购物;夹嘴舌——吵架;杭勿落——受勿住,也指生病;呒数脉——勿晓得;呒介事——不当一回事;喇叭腔——不象样;捐木梢——上当干蠢事;触壁脚——在背后挑拨;空劲头——瞎胡闹,事情落空;倒胃口——反感;拎勿清——弄不明白;看冷清——袖手旁观;掂斤两——估量人的才能;脱头落攀——做事不牢靠;做手脚——舞弊;瞎乱撞——盲目行动;排家头——串门子;装桦头——制造借口;嚼死话——闲聊;戳排头——依仗权势;喔麻求苦——苦苦哀求;行尽行是——很多;贼忒嘻嘻——举止轻薄;勒煞吊死——气量小;恶节骨里——过份;笃嘴念三——语言说不清楚;哭出乌拉——哭丧着脸;推板勿起——不能有丝毫出入;浮脱离戏——轻浮,没着落;死样怪气——精神萎靡不振;寿头板欠——不识好歹;夯末啷铛——全部;嵌出嵌进——差不多;假痴假呆——动作慢,不利索;投五投六——干事鲁莽;当当其是——果然;少寻出见——罕见;细磨细样——干事细致有样子;三人六二话——指人心不齐;拆空老寿星——事情落空,办糟了;瞎缠三官经——胡闹,纠缠不清;捏鼻子做梦——痴心妄想;悬空八只脚——办事不牢靠;触死板——做事呆板;瞎话三千——胡诌;痴天八拉——疯疯癫癫;滑脱精光——一点也不剩;当着勿着——该干的不干;苍蝇摘脱头——乱撞;关门落门——无商量余地;呒脚蟹肚——指无人支持,六亲无靠;五筋吼六筋——着力使劲的样子;拼死吃河豚——用生命去冒险;嘴硬骨头酥——外强中干;谢谢一家门——不领情,表示厌恶之极;贪多嚼勿烂——急于求成;触勿出个背——怕事,怕出头;吃素碰着日大——事情不凑巧;冬瓜缠在茄门里——领会错。

(资料选自《金泽志》《莲盛志》《商榻志》《西岑志》)

金泽地区的民谣

歌唱"八字宪法"

毛主席呀真英豪,八字宪法提得好,保证农业大跃进,大事已定要记牢。

"水"对农业用处大,水是农业的命脉,赶快实现水利化,旱涝灾害都不怕。

"肥"是庄稼一件宝,增产量是不可少,基肥追肥全施好,稻长穗大粒粒饱。

"土"壤改良深耕搞,根除杂草虫难逃,均匀施肥多养料,稻大梗硬不易倒。

"种"好秧好半年稻,选择良种很重要,年年精选不粗糙,稻苗齐全秧苗好。

"密"植产量高又高,这条经验真是好,土地潜力齐发挥,一亩抵上几亩稻。

"保"护植物把害消,稳产高产有保障,病虫灾害消灭掉,免受损失收成好。

"工"具改革窍门找,只要人人勤动脑,改良农具工效高,节约劳力真不少。

"管"理作到园田化,个个劳力巧安排,实行评比和检查,田间责任定到家。

八字宪法全做到,丰收卫星上云霄,金黄稻谷如山高,支援工业向前跑。

十字歌

一字写来一划长,富农剥削狠心肠,农民秋收上场后,东奔西走去讨账。

二字写来二兄弟,剥削手段十分恶,开眼吃了老鼠药,高利贷困死贫苦农。

三字写得三划巧,富农投机又取巧,粮食囤积莫佬佬,藏在家中都烂掉。

四字写来像窗轮,勾结奸商抢购粮,群众眼睛雪雪亮,坚决不卖投机商。

五字写来像铁凳,富农混进互助组,挑拨离间望垮台,要使农民走老路。

六字写来像笠帽,破坏统购又统销,家有余粮不肯卖,群众面前叫苦恼。

七字写来像把刀,农民思想大提高,信用合作组织好,打击高利贷有力道。

八字写来像胡须,贫下中农团结紧,对待富农不要怕,阶级路线要划分。

九字写来像镰刀,富农剥削控制牢,假使富农不接受,坚决把他管制牢。

十字写来交一交,工农兄弟团结好,组织起来多打粮,社会主义早来到。

(由浦才根提供)

金泽群众文艺与文化艺术节

"桥乡之声"文艺演唱会,是金泽镇的群众文化品牌。一年一度的"桥乡之声"大型文艺演唱会,在极大地丰富和活跃群众业余文化生活的同时,也为集聚人气、振奋精神、扩大金泽镇的知名度起到了积极作用。

淀山湖之音文艺演唱会

具有水乡特色的"淀山湖之音"文艺演唱会创始于 1988 年,每年一届,如今已成功地举办了第十二届,累计观众人数超过 6 万人次。开始几届淀山湖之音文艺演唱会,基本上在镇影剧院举行,由于影剧院场子小,只有 600 来只座位,连演三场也不足 2000 人,满足不了人民群众的需求。

在镇党委、镇政府的重视下,从 1995 年起,淀山湖之音文艺演唱会由室内搬到了室外,并搭起了上百平方米的露天舞台,采用最先进的音响,舞台效果良好。受到广大人民群众的喜爱,观众人数一下子从几百人上升到上万人。

1999 年,原商榻镇以美化环境、开发商榻为方向,投资 150 多万元,建造了面积为 7000 平方米的服装文化广场,其中露天舞台面积达 300 平方米,为群众文艺活动提供了理想的场所,从而商榻农民终于有了自己的文化广场、农民自编自演的文艺舞台。10 月下旬,第十二届淀山湖之音文艺演唱会在文化广场上举行,广场上人山人海,观众人数近 2 万人,其规模影响和观众人数,创历届淀山湖之音文艺演唱会之最。

淀山湖之音文艺演唱会大多是群众自编自演的节目,有锡剧、沪剧、越剧片段,清唱、对唱等,也有流行歌曲、革命歌曲等,可谓丰富多彩,雅俗共赏。同时,民间文艺也成了这台演唱会上的一道风景,再是有江南地方民间文艺宣卷、打莲湘、荡湖船、接新娘,以及乡土气息浓郁的现代歌舞等节目。舞姿优美,令观众耳目一新,叹为观止。

"桥乡之声"文艺晚会

2004 年三镇合一后,淀山湖之音文艺演唱会改为"桥乡之声"文艺晚会,至今已形成每年一届连续举办。

2005 年 9 月 23 日,在金泽小学的操场上,人头济济,鼓乐阵阵,欢声笑语不断,一派热闹喜庆的景象,由金泽镇桥乡群众业余艺术团演奏的民乐《金蛇狂舞》拉开了晚会的序幕,活泼欢快的舞蹈《唢呐娃娃》充分展示了孩子们的天真可爱,老婆婆的表演唱《夸媳妇》反映了和谐融洽的家庭生活……那灵动挥洒的舞蹈表演、催人奋进的曲艺节目、充满生活气息的乡间小调,引起了观众的浓厚兴趣,台上倾情演绎,台下掌声不断。特别是富有地方特色的民间文艺《宣卷》,演员诙谐幽默的表演让人捧腹,从而把整台晚会推向了高潮。

2007 年 10 月 12 日,"桥乡之声"专场文艺晚会金泽小学广场隆重举行。来自全区各镇、街道选送的 14 个优秀节目,100 多名群众演员登台表演,其中,金泽镇共选送了 5 台节目。这些节目讴歌了伟大的党、伟大的祖国,讴歌了家乡取得的伟大成就和自己美好的生活。其精彩的表演,赢得了在场观众的热烈掌声。

2008 年 10 月 10 日晚,金泽镇隆重举行纪念改革开放 30 周年暨第五届"桥乡之声"广场文艺晚会,百余名演员载歌载舞,尽情讴歌金泽人民欣欣向荣、富而思进的进取精神。演员与干部群众同台歌唱,节目精彩纷呈,掌声连绵不断,整台晚会高潮迭起,欢声雷动。

2009 年 10 月 12 日,"桥乡之声"文艺晚会在金泽小学广场举行。晚会上,中学生们有板有眼的宣卷表演,老妈妈们活灵活现的演唱,老师们韵味十足的舞蹈以及沪上名家的精彩表演让观众掌声不断,喝彩阵阵。近年来,金泽镇以文化广场为依托,以各类群众文艺活动为载体,不断提升"桥乡之声"品牌文化的影响力、辐射力和渗透力,引领和推动全镇群众文艺蓬勃开展。

2010 年 10 月 13 日晚上,第七届"桥乡之声"文艺晚会在新建的金泽中学操场隆重举行,沪上著名演员和水乡文艺爱好者同台演出,为近千位金泽镇的居民群众奉献上一台精彩纷呈的文艺节目,享受了一份难忘的文化大餐。专业和业余轮番献艺,雅俗共赏美轮美奂,让观众强烈地感受到了艺术的感染力,笑声掌声经久不息。

2013 年 9 月 26 日,青浦区金泽镇第九届"桥乡之声"文艺晚会暨金泽镇第一届文化艺术节、第一届运动会颁奖典礼在金泽中学举行。文艺晚会,以草根"民星"唱主角,登台表演的大多是活跃在各村居的文艺爱好者。从当年歌曲大奖赛中脱颖而出的金泽"好声音"们一同为观众带来对唱《风吹麦浪》和歌曲群唱《相亲相爱一家人》;在金泽地区人气颇高的老"戏骨"则表演了本地人最喜爱的锡剧、沪剧选段;用传统宣卷的形式演绎的新故事,讲述一位基层女书记廉洁奉公、造福百姓的事迹;还有颇受广大舞蹈爱好者喜爱的现代舞《SKYFALL》等等……100 余名业余文艺爱好者的联袂演绎,为现场近千名观众献上了一台精彩纷呈的文艺演出。

2014 年 5 月 24 日,金泽镇第十届"桥乡之声"文艺晚会,参选的宣卷《造福村民好当家》、诗歌《中国赞》、歌曲《梦飞淀山湖》、舞蹈《向快乐出发》都是由金泽镇原创的,创作节目的数量和要求也是近两年来最高的,这些优秀的节目均得到了观众的好评。

2017 年 7 月 4 日,金泽镇举办第十二届"桥乡之声"文艺晚会。区委常委、副区长陈庆江出席活动并致辞,还为金泽发展先锋队授旗。区委常委、宣传部部长姜道荣出席并一同观看了名为《化绿为金聚业成泽》的短片。之后的文艺演出汇集了金泽各类民间文艺形式。沪剧表演唱《夸夸伲桥乡金泽》和水乡文化艺术团的舞蹈《水乡莲湘情》生动展示了当地的风土人情。金泽中学和商榻小学合作表演的配乐诗朗诵《少年中国梦》气势恢弘,铿锵有力,展现了水乡少年的朝气与奋发向上的活力。

文化艺术节

2013 年 3 月 15 日,金泽镇召开第一届文化艺术节动员大会。会议指出,举办金泽镇文化艺术节是镇党委政府坚持"物质文明和精神文明两手抓、两手都要硬"的具体体现,是满足人民群众日益增长的精神文化需求的需要,是凝聚全镇力量,提升城镇品位,繁荣文体事业的重要举措,更是加快构建社会主义和谐社会的重要载体。全镇各单位要积极参与、全面配合、大力支持,确保文化艺术节的圆满成功,使全镇文化事业获得新的更大的发展。

第一届文化艺术节

2013 年 3 月 23 日,金泽镇第一届文化艺术节的系列活动"挖掘民俗文化,领略水乡风情"——水乡古镇"非遗"传承联谊活动在迎祥创意园开展,各类"非遗"传承人的现场表演吸引了众多古镇群众前来观看。伴随着"啪"的惊堂木声一响,由宣卷传承人孙留云主宣的传统宣卷《螳螂娶亲》拉开了文艺演出的帷幕,三位表演者坐在方桌边,一人主宣、二人帮衬附唱,一旁有丝竹伴奏。惟妙惟肖的神情、引人入胜的故事、浓厚地方特色的宣卷表演深受现场观众的喜爱。来自雪米村的张阿妹等则把田山歌唱到了舞台上,极具穿透力的嗓音配上熟悉的金泽方言,原汁原味的田山歌博得了阵阵热烈的掌声。随后,阿婆茶等非物质文化遗产项目悉数展示。

在活动中,金泽镇的 4 个"非遗"项目都在展演之列,包括国家级"非遗"项目青浦田山歌、市级"非遗"项目宣卷、阿婆茶和烙画,还有木刻、剪纸等一些民间传统手艺也亮相此次活动,让观众近距离接触深厚的"非遗"文化,感受金泽宝贵的人文资源和民间传统文化的魅力。

9 月 9 日,第一届文化艺术节歌曲大赛开赛,来自全镇 28 组选手报名参赛。上台的选手们西装笔挺、礼服华丽,个个都有十足的明星范。你一定想象不出,他们中大部分都是农民,也许刚刚从地里劳作回来,或许连演出服装都是借的,但他们就是要来一展歌喉。从莘莘学子到半百老人,小小的麦克风就这样在选手手中传递,尽管唱歌水平参差不齐,但一个个的认真劲儿也绝不亚于明星演唱会。最终来自田山庄村的陈东明以一首《好男人》技压群雄,获得冠军。

第二届文化艺术节

金泽镇第二届文化艺术节于 2014 年 3 月 23 日的"文化服务日"拉开序幕。艺术节以服务群众为基础,紧密围绕地方特色,相继开展"非遗"交流展示活动、歌曲戏曲大奖赛、全民舞蹈大赛、莲湘比赛、"我们的节日·端午"暨 5·24 社区日综合文艺展示活动以及第十届"桥乡之声"文艺晚会,开展雪米村元宵文艺活动、"我们的中国梦·文化进万家"——上海文艺工作者慰问演出活动、东方宣教文艺演出、重阳节——孝敬高寿老人5周年纪念活动。同时,金泽镇始终坚持每年两期的文化三下乡活动,连续两年开展沪剧培训班、民乐培训班,当年还新增了舞蹈培训班,每一期培训班共开设了23节课。

金泽镇宣卷作品《造福村民好当家》入围"上海之春"新人新作——创作节目大赛曲艺类市级决赛,登上了市群艺馆的舞台。桥乡民乐队创作曲目《百花争艳》荣获市民文化节器乐大赛(决赛)市民文化民乐类百强团队,还组织参加了"乡音和戏曲·我是明星"沪剧电视大赛和"世界急救日"主题宣传展示活动。

此外,金泽镇还配合区文广局全年活动要求,选送优秀选手参加区群众文艺原创作品展评展演活动、青浦区妇联广场舞比赛、青浦区放歌淀山湖青年歌唱大赛、"社会主义核心价值观"创作节目评比活动、上海市社区舞蹈及时装表演大赛舞蹈(初赛)、上海市青浦区淀山湖艺术节系列活动等。原创作品《农村医疗变化大,惠民政策暖人心》《民间茶道是习俗,阿婆茶里看变化》分别在"青视光影·我与青浦这十年"国庆主题新闻竞赛中荣获一等奖、三等奖。

第三届文化艺术节

金泽镇第三届文化艺术节于2015年3月23日文化服务日开幕,热情欢乐的农家妇人舞起了红绸,传统戏曲轮番上演,一个个精彩纷呈的文艺节目粉墨登场。

第四届文化艺术节

2016年3月25日,金泽镇第四届文化艺术节启动仪式在金泽镇舒馨苑隆重举行,精彩的文艺表演和丰富的活动让现场观众大呼过瘾。开场舞蹈《莲湘谣》中,孩子们灵巧的身姿、活泼的动作,让观众耳目一新。随后,沪剧、越剧、滑稽戏等逐一登场,为家乡人民送去欢乐和祝福。

第五届文化艺术节正式启动

为了让市民文化节成果惠及更多群众,提升老百姓生活的品质。2017年3月25日,以"引领文化,绽放金泽"为主题的上海市民文化节"文化服务日"暨金泽镇第五届文化艺术节启动仪式在商榻社区文化广场隆重举行。精彩的文艺表演和丰富的活动吸引了不少附近的居民群众的观看。当年艺术节以"我为绿色青浦做点啥"为主线,以文艺、体育、图书等形式予以呈现,在艺术节活动中全面营造青浦区创建全国文明城区、推进生态环境综合治理工作的良好氛围。文艺表演在歌伴舞《共圆中国梦》中正式启动,观众们喜爱的滑稽小品、互动魔术、小提琴独奏、西游记表演等精彩的节目轮番上演。来自金泽镇本土社区的戏曲达人也登台亮相,沪剧选段《人盼成双月盼圆》和《芦荡火种》选段《伤员颂》,受到了现场观众的欢迎。

第五届文化艺术节活动共设置文化服务日、广场舞比赛、莲湘比赛、歌曲戏曲大赛、我们的节日、原生态田山歌展示以及江浙沪宣卷交流会等7个大项,共历时7个月,为群众带去丰富的文娱活动,充实了老百姓精神文化生活。

散发着水乡青草芬芳的"浪花"

　　20世纪80年代,世代祖辈都是农民,当过大队赤脚医生、商榻被单厂车间主任,喜欢文学、热爱写作的单金龙与文友顾林军一起,创办了一份文学小报《淀山湖文学邮报》,断断续续出了五六期,开始他们文学创作与传播的探索。1995年,兼商榻广播站编辑的袁东林老师把下岗在家的单金龙调到了广播文化站,任新创办的《浪花》杂志主编,总编是时任镇党委宣传委员、商榻广播文化站站长的袁东林。

　　从1995年6月28日起,淀山湖畔第一期《浪花》杂志诞生了。淀山湖浪花在静静地流淌,对水乡文学爱好者们来说,终于有了自己的《浪花》杂志。在改革开放春天里,水乡商榻农民也不乏文思涌现,一直坚持业余创作。正是这些农民业余作者对文学的执着,催生了乡土文学《浪花》。《浪花》杂志深受广大读者们的喜爱,印数从当初200多本,增加到800多本。《浪花》不仅撷采了农村生活的朵朵浪花,还成了农民施展文学抱负的舞台。作者们欢欣鼓舞,通过细腻清秀的文笔,透着水乡特有的灵气,成为《浪花》上一道独特的风景。不仅让普通农民作者圆了文学创作梦,还增强了他们学习的积极性,渐渐,《浪花》的名声越来越大,创作队伍也不断扩大。

《浪花》创刊词

为了提高写作水平，《浪花》文学团队跟青浦区老干部局创作组建立友好关系，庆祝"香港回归祖国"，举办诗歌、散文征文活动，都得到区老干部局老领导们、创作员热情支持，通过相互交往、探讨、交流、以文为友，以文学形式，讴歌新时代，为青浦的发展添砖加瓦。《浪花》文学创作组还跟长三角周边地区的周庄镇《南湖月》、芦墟镇《芦漪》文学杂志社团及黎里镇、同里镇、锦溪镇文学社进行交流活动，相互学习取经，以文学座谈形式，畅谈创作心得。

从 20 世纪 80 年代初开始写作、投稿的单金龙在编辑《浪花》、与文友交流中，文字创作的能力也在不断提升。到 90 年代初，他的散文发表《上海郊区报》《现代农村》杂志、《解放日报》《上海商报》《东方剑》《上海工商》杂志等，当时写的散文有《奶奶心中的谣曲》《那只难忘的口琴》《赶集》童年三章:《牵磨声声》《芦叶粽》《亲船》《江南三绝——社戏、宣卷、阿婆茶》等。过后，在各类报刊杂志上，他还发表了几十篇散文、诗歌。有的散文、小说还获了奖。像小说《黄昏情泪》获得了二等奖。有的散文、诗歌分别荣获过全国文学大赛一等奖。2018 年他的长篇小说《芒种》荣获青浦区文学艺术奖。

作为《浪花》编辑，单金龙深知其中的艰辛，毕竟不是正规的期刊，虽说是杂志主编，但又不是正式的员工，而是编外人员。当时办刊没有经费，怎么办? 他既要组稿、编辑，还要走下去，跑企业拉赞助。拉了赞助后，才能支付印刷费用，刚开始在吴江莘塔那里印刷，每一期组稿，编辑后，他都亲自送过去，到二三次校对，每次骑自行车过去，风雨无阻。一本杂志，从组稿、编辑、校对、印刷到内部发行，实际上就他一个人在干。他非常珍惜，也非常热爱这工作，文学一直是他的梦想。在身边文友支持和领导的信任下，再疲劳、辛苦，他也坚持了下来。

有一天，政府办公室沈主任打电话给单金龙，说上海市政府有关领导，得知青浦区商榻镇办了一本《浪花》杂志，领导要看看，要他明天就把杂志送去，地址是上海徐家汇兴国宾馆 8 号楼。那天，他拿了几年编辑的十多本《浪花》杂志，直接去了目的地。他把《浪花》给了领导，领导很热情，笑着关心地说，一个乡镇能办出这样一本杂志，真是不容易，上海市郊乡镇还是第一个吧。希望继续办下去，办得质量更好。1999 年，单金龙在《解放日报》上发表了一篇特稿《淀山湖畔文学梦》。几天过后，《新民晚报》记者打电话给单金龙，说要进行电话采访，单金龙把有关编辑《浪花》的经历，告诉了记者。2002 年 5 月 5 日，《新民晚报》上发表了记者的采访稿《水乡人的文学梦》，当时中央人民广播电台驻沪记者，甚至上海滑稽剧团也来了人，说是采访《浪花》，把他与《浪花》的经历，写成剧本，进行宣传。

几年过后，文化站要减员。虽然编辑《浪花》重任在身，但单金龙不是在编人员，是个打工者，因此也列入在减员名单中，他带着手头的《浪花》，继续在家里组稿、编辑、校对、印刷。他在下岗的那段时间，在家里还编了两期《浪花》。回忆起来,《浪花》纸张的扉页上,应该说有他留下的心酸泪水。

过后,镇党委政府班子调整,来了新一届领导。党委书记陆章一,是一个很开明、有远见、胸襟豁达、为人纯朴亲切的热心人。平时陆书记工作繁忙,但他非常看重《浪花》,有空还热情参加《浪花》笔会。在陆书记的关心鼓舞下,单金龙更加坚定了信心。过后,陆书记语重心长对他说,到开发区去工作吧,把《浪花》,一块带到开发区,继续办! 1999 年,他在商榻镇党委领导的安排下,来到大观园经济城工作,在大观园经济城工作期间,曾经担任过办公室主任、党支部书记、工会主席、党支部副书记,一直到退休。

在单金龙编辑《浪花》杂志十多年里,青浦电视台记者,曾多次走访故里采访,上海电视台摄制组,专程前来商榻拍摄专题片《绿浪花》《阿婆茶》《故事员的故事》。导演王庆伟老师,还分别到单金龙家里,拍摄了一些组稿、写作、编辑《浪花》的情景,以及他和顾林军办《淀山湖文学邮报》的一些情景插曲。在之前,青浦电视台的记者李春荣等老师,也来过单金龙家里,拍摄过《浪花》的事。

多年来,水乡文学爱好者单金龙,用饱蘸乡土情怀的笔墨,为水乡江南、水乡文化的兴旺,为时代经济的大发展,文化的繁荣,起到添砖加瓦、推波助澜的作用。与此同时,《浪花》受到了市、区、地方政府有关领导的肯定和关心,文学战线上的专家学者的鼓励和支持。

《浪花》杂志合订本

之后,在时任镇党委宣传委员凌敏同志的协调下,把三十多期《浪花》,制作成合订本,这样利于保存,收集。分为上下集和《浪花》合订本,终于面世。

(本篇据单金龙同志回忆录《我与浪花》整理)

名人篇

名 人 轶 事

中国宪法学界泰斗许崇德

许崇德(1929—2014 年)中国著名的法学家,政治学家,中国人民大学荣誉一级教授,中国宪法学界泰斗。1951 年复旦大学法律系毕业,进入中国人民大学读研究生,1953 年毕业,留校任教。1971 年调北京师范大学政教系任教。1980 年调回中国人民大学法律系,历任副教授、教授、博士生导师。曾任香港特别行政区基本法起草委员会委员、澳门特别行政区基本法起草委员会委员,香港特别行政区筹备委员会委员、澳门特别行政区筹备委员会委员。

2014 年 3 月 3 日 23 时 59 分,许崇德教授因病在北京逝世,享年 85 岁。

许崇德

他的一生与宪法、法律有缘

1929 年 1 月,许崇德出生在青浦县金泽镇下塘街 136 号。(注:这里俗称老许家,五开间六井,原宅已于 20 世纪 30 年代末,一场大火把后几井烧光,烧剩沿街房现仍在,后面的火烧废墟成了附近居民的菜地。1966 年被当时迁金的军工厂圈为厂区,成宿舍区)他父亲许志和,毕业于上海神州大学,在许崇德出生 6 个月时便因病撒手人寰、英年早逝。其母黄佩忍,自幼受到前清秀才的父亲影响,饱读四书五经。许崇德的父亲早逝对许家来说如同大厦折椽梁。他姐姐许崇道只能靠母亲在私塾教书并同未出嫁的姑母许去尘一起做裁缝手工的微薄收入养育。好在姐弟俩都懂事、乖巧,且勤奋、好学,这给艰辛支撑家事的许母,增添了几分欣慰。许崇德也像姐姐许崇道一样,从小勤奋好学,顽强刻苦,立志报国。许崇德的少年时代,与众多从战乱中过来的同龄人一样,没有安宁、平定的生活环境,更谈不上良好、优质的学习环境,但正因为如此,却更加磨练了他奋发向上的意志和仗义豪侠的品性。

八岁那年,日军侵华,上海沦陷。冬夜,母亲带着许崇德逃难,经过淞沪战场,当时的惨状在他幼小的心灵中刻下了不可磨灭的印记。那时候,家国情怀和忧患意识已经在他心中萌芽。"因为战争原因,当时我讨厌侵犯中国的日本人,就想着怎么'整'他们。看到(远东军事)法庭审判战犯用的武器是法律,于是决定了要学法。"许崇德曾一字一顿地解释学法律的原因。

1947 年 8 月,18 岁的许崇德由当时的浙江嘉兴中学,以优异的成绩考入上海复旦大学法律系。在这里,他遇到了启蒙恩师——张志让教授。张志让上课时不仅讲宪法原理,很受欢迎,课堂总是坐得满满当当。中华人民共和国成立后,张志让参加了宪法的起草。而这时,许崇德也从复旦毕业,参与了这项工作。

1950 年,许崇德从复旦大学法律系毕业之际,正赶上国家培养大学师资,于是他被分配到中国人民大学法律系读国家法研究生。从此,他的一生便与宪法、法律结下了不解之缘,终身为推进我国的宪法发展、宪法建设,为培养我国法律、法学人才辛勤耕耘、潜心立著,奉献出自己所有的精力和智慧。

许崇德较早提出了"依法治国,首先是依宪治国"的观点,曾在九届全国人大常委会法制讲座、十六届中央政治局集体学习会等场合,向高层领导讲授宪法知识、阐述自己的观点。2003 年,许崇德穷尽毕生所学,完成了 70 万字的《中华人民共和国宪法史》,对于中国宪法和宪法学的发展,起了积极的推动作用。

参与中华人民共和国首次修宪

作为我国第一代宪法学者,许崇德见证了新中国宪法从无到有、不断发展的整个历程。但是鲜有人知的是,他和宪法学的缘分,早在六七十年前已经注定。

1954 年,作为学习宪法的人大研究生,刚从山东参加完全国首期普选试点工作的许崇德,被选中进入新成立的"宪法起草委员会"。委员会全部工作都在中南海展开。年仅 26 岁的许崇德在中南海开始了参与起草中华人民共和国第一部宪法的神圣工作。

年轻的许崇德主要负责三项工作:收集整理各国宪法立法例、整理编辑宪法名词解释,以及整理来自全国各地的意见建议。其中,最后一项工作最为重要,不到三个月的时间里,宪法起草委员会共收到100多万条的意见,许崇德和同事们日夜加班加点忙碌,依照草案的条文顺序,对意见进行分类整理,最终形成了16本厚厚的《全民讨论意见汇编》,供草案修改时参考,也供第一届全国人大第一次会议期间代表们翻阅。

1954年9月20日,中华人民共和国第一部宪法在第一届全国人民代表大会第一次会议上通过。许崇德站在怀仁堂的走廊上,见证了全过程。如果说制定"五四宪法"时还只是做辅助工作,1982年修宪,许崇德则是全程参与、"一统到底"。1982年12月4日表决通过的"八二宪法"和后来的四个修正案,构成了我国现行宪法。多年来的实践证明,这部宪法对于公民权利的逐步完善和国家法治的进步起到了关键的基石作用。

为港澳回归贡献智慧

完成1982年的宪法起草工作后,许崇德接到了彭真委员长新的任务:起草香港特区基本法。经过一段时间集中学习,许崇德等五位起草委员赴港实地调研。在港期间,起草委员们与工商、金融、航运、法律、教育、科技、文化等各界人士座谈,座谈会一天开两三场,甚为紧张。他们还深入工厂、码头、学校、医院、新界农村参访,并拜访了总督府,旁听了立法局会议和法院开庭审理案件,了解香港司法制度的运转。

许崇德办公室留存的照片

许崇德后来总结,起草香港基本法,既是立法工作、统战工作,又是外事工作、群众工作。经过五年殚精竭虑起草制定,1990年4月4日,七届全国人大第三次会议表决通过了香港特区基本法。那天,列席会议的许崇德目睹法律通过,抑制不住自己的心情,当即写下两首七绝。其中一首写道:"银灯闪闪比繁星,喜乐洋洋溢四厅。

百五十年蒙国耻,扫开瘴雾见山青。"此后,许崇德又受命参加澳门特区基本法起草,并先后担任香港特区筹委会委员和澳门特区筹委会委员,为港澳回归贡献了自己的智慧。

自1987年以来,许崇德培养了50多位博士。其中,有当今宪法行政法学界的骨干力量,包括人民大学法学院的韩大元、胡锦光、莫于川、李元起等教授,清华大学法学院的王振民、余凌云等教授。

诗如花雨伴一生

2005年3月13日那个静谧的黄昏,许崇德教授在时雨园新家的客厅,也是许老自己得意创作的书房,接受《法制日报》记者的采访。只见书架上摆放着许多他与历任国家领导人的合影。沙发的后方,他自己钟情的一张大写真,紧紧地贴在墙上,微笑地注视着来客。

了解许老的媒体人都知道,许老的经历也很坎坷,但许老有一个快乐的法宝——那就是写诗。许老对记者说,他的外祖父是前清的秀才,也算书香门第吧,因而他的母亲在他很小的时候就教他背诵唐诗和古文,后来上中学时的第一个语文老师,又是个老先生(清末的举人),这就使得许老的古文功底愈发深厚。

许老深情地回忆说:"我写的那些也不能算是诗,说诗不是诗,反正是情感的抒发呗。十几岁时有感情的冲动,就写着玩,没想到后来写诗成为调整工作状态的一种习惯。"

"'文革'后不久,中国人民大学被撤销,校园改成兵营,教师不能再待在学校。我先到东方红炼油厂基建队当拌泥工,接着,拖家带口,下放江西,积累多年的图书、资料,统统忍痛扔掉。我在信江之滨劳动,天天挨家挨户掏茅坑,倒粪桶。我曾经写了首小诗:'信水何如汗水长,书生翻作种田郎。肩挑大粪穿街过,大粪臭污人发香。'所谓人发香,只不过是发泄而已。满身粪味,路人皆掩鼻,怎么可能发香? 我只是说我的灵魂是香的! 那时四肢劳殚,根本没有丝毫余力去考虑一下宪法,谈什么科学研究? 干吗啊,写诗消遣。"

当然了,许老说,他最难忘的还是香港回归时自己的激动心情,即兴赋诗是在所难免的。"从来宝岛属神州,鸠据鹊巢恨与仇。谈笑风云收失地,邓公智勇世无俦。""满堂正气壮山河,法案威高得票多。代表三千齐拍手,国歌回响动心波。"这些诗歌抒发的就是香港回归祖国后许老内心的兴奋之情。

许老告诉记者,从1985年7月,他开始参加香港基本法的起草工作,当时的工作状况非常紧张而且非常艰苦,不仅在体力上不分寒暑,南北奔波,而且要与其他委员在千万条意见中求得一致和统一也很不容易:"冀北霜寒晓月清,岭南水暖正花明,驰驱不计温差骤,心意原为国运亨。征衣岁久征尘满,远望红霞海上生"即是此类生活的写照。

"合力同劳起草完,回看白发照衣冠。酒阑人散登车去,一夜心欢泪不干",则是许老在与众委员完成香港基本法草案后而作。

说到这里,许老讲了一段第一次去香港考察时发生的很有趣的事儿。

1986年1月,当时他因眼底大面积出血住院一个多月,医生让他保护眼睛,不能外出。可他深知此行意义重大,必须以国事为重,便戴上一幅宽边墨镜,遮挡红肿的眼睛。没想到,第二天香港的媒体就发表文章,标题为"许崇德:带着有色眼镜看资本主义",搞得他哭笑不得。许崇德教授说,他学生时代,特别喜欢张志让先生的宪法课。一方面张先生谆谆善诱、分析深透。另一方面,自己身经战乱,吃尽民穷国弱的苦头,情不自禁地就产生一种探索民主宪政的求知欲。

许崇德教授说,这一生他有许多难忘的记忆。

他曾作为五四宪法起草委员会秘书处的一名工作成员,在资料组做一些辅助性工作,主要任务就是给宪法起草委员会整理材料,并提供相关资料,还整理了征求意见、全民讨论送来的讨论材料和意见,并于1954年9月20日,见证了中华人民共和国第一部宪法的诞生。

1980年前后,许崇德连续在多家媒体发表了《修改宪法十议》等一批有影响的学术文章,受到社会广泛关注。1982年12月4日,经过全民大讨论的宪法草案高票通过。许崇德发表了一批宣传新宪法的文章,并编写了《中国宪法》等多种教材及教学大纲,使更多的群众了解宪法。

许老先后担任过澳门发展策略研究中心名誉学术顾问、民建中央特邀顾问、最高人民检察院咨询委员会委员等,还曾到美国纽约州立大学、耶鲁大学、韩国汉城大学、日本立命馆大学、香港城市大学等高校讲学。

回想许老这大半生,虽历经风雨屡遭挫折,但始终以传道授业为乐,为中国的法学教育作出了杰出的贡献,可谓道德文章皆高,身教言教并重。即使在晚年仍"发愤忘食,乐以忘忧,不知老之将至",始终活跃在学术的前沿,屡有惊人之举,时有解惑之言,学问道德始终能做到"苟日新,日日新,又日新。"

在家乡,他是多才多艺的大孝子

里人居悌,与许崇德是称兄道弟的好朋友。在居悌的回忆录《自言自语》中有篇题为《许崇德》的小文,专为许崇德的才艺作过一番极为精彩的叙述:"许崇德,后来成为我国著名的大法学家,参加过新宪法的修改、香港法和澳门法的起草。他出版过很多法学专著,代表作是法律出版社出版的《学而言宪》。其实,许崇德不但是一位法学家,而且还是一个才华横溢的诗人,出版过以锺岱为笔名的杂文集《涓水苔痕》,由香港明报出版社出版,他的中学同学查良镛(金庸)作序;蒯人语编注的《许崇德诗草》,由山东文艺出版社出版,程湘清作序。给我印象最深、最感人肺腑的,是那首《示外甥并序》:外甥不知何许人也,音容不识,生死不明。但知世上必曾有斯人也。家姐 1938 年自延安抗大随军至河南确山,后至湖北孝感,属新四军五师。牺牲前生有一幼婴散落老乡家。往事数十年,思之心酸。愿我甥幸在人间,因作诗以示之:

生于战乱未相逢,消息杳沉四十冬。欲剖舅心明母志,强思姐貌拟甥容。

风侵旧袖啼痕淡,雨袭孤坟草色浓。幸若尔身能在世,耕勤勿忘觅遗踪。

在北京期间,我常去崇德哥家,哥嫂视我为亲弟。孩子们也特喜欢我,常盼我去。"文革"期间,我的诗画和日记,在崇德哥家炉子里焚毁之前,雍嫂看过,给她印象颇深。所以,雍嫂常在孩子们面前夸我是个"才子"。与崇德哥说话、打电话,用的是家乡的金泽话,一种属于吴语的土话,非常亲切。在交往和书信中,我们互称哥弟。崇德哥,是一个大孝子。其姐许崇道烈士,早在二十三岁,就死于孝感的一场战火,将年轻的生命,献给了自己的信念。赡养年迈的母亲和姑妈的责任,全部落在崇德哥的身上。其实,更值得敬佩的,是雍嫂。孝顺父母,不算稀奇,值得称道的,是孝顺公婆和岳父母。小小的居室,微薄的薪金,两个耄耋老人,三个童蒙,再加上雍嫂身体长期不好,可想而知中年的崇德哥。我在想,也许真的是:才华横溢于贫困,灵感迸发自磨难。切忌肥胖和巨富,人生最大的负担。"

许崇德给居悌的信

获得改革先锋称号和改革先锋奖章

2018 年 12 月 18 日,庆祝改革开放 40 周年大会在人民大会堂举行。《中共中央、国务院关于表彰改革开放杰出贡献人员的决定》指出:人民是改革开放伟大奇迹的创造者,是推动改革开放的力量源泉。改革开放在认识和实践上的每一次突破和深化、改革开放中每一个新生事物的产生和发展、每一个经验的取得和积累,都来自亿万人民的实践和创造。40 年波澜壮阔的改革开放伟大进程,涌现出一大批勇立时代潮头、锐意改革创新、敢于实践探索的先锋模范。在隆重庆祝改革开放 40 周年之际,为表彰先进、鼓舞斗志,弘扬敢闯敢试、敢为人先的改革精神,激励全党全国各族人民坚定不移听党话、跟党走,将改革开放进行到底,党中央、国务院决定,授予许崇德等 100 名同志改革先锋称号,颁授改革先锋奖章。

许崇德的部分获奖证书和聘书

许崇德教授从事宪法学教学科研六十载,为我国宪法学的创立和发展呕心沥血,作出了杰出贡献。2005 年,许崇德教授获得中国宪法学研究会"宪法学发展特殊贡献奖"。2012 年,许崇德教授被中国法学会评为"全国杰出资深法学家"。许崇德教授也是中国政治学会的创始人之一,先后担任中国政治学会副会长、顾问。2006 年,中国政治学会授予许崇德教授"政治学发展特殊贡献奖"。2010 年,许崇德教授获得中国政治学会成立 30 周年杰出贡献奖。

许崇德教授一生笔耕不辍,在宪法学、政治学、行政法学等研究领域取得了丰硕的成果。许崇德教授一生发表论文 300 余篇,出版著作 70 多部,他的代表性著作有:《许崇德全集》《中华人民共和国宪法史》《港澳基本法教程》《宪法与民主制度》

《分权学说》《中国宪法学》《国家元首》《学而言宪》，主编《宪法》(21 世纪法学教材)《宪法学(中国部分)》《宪法学(外国部分)》《各国地方制度》《中国宪法》(全国高校文科统编教材)《中国宪法教学大纲》等。代表性论文有:《我国宪法的诞生与宪法的基本精神》《我国宪法与宪法的实施》《论宪法规范的显明性——对我国 1954 年以来三部宪法的比较研究》《论"序言"在宪法结构中的地位》《人民代表大会制度是我国的基本的政治制度》《论国家元首问题》《中国宪法:人民权利保障书》《略论我国地方制度的特点》《香港特别行政区行政长官的法律地位》《香港无证儿童案件评析》《政治学对象和体系刍议》等。

许崇德教授的学术成就，得到了学界和社会的高度评价。2004 年 12 月，许崇德教授的《中华人民共和国宪法史》获得北京市第八届哲学社会科学优秀成果奖特等奖。2007 年 10 月，许崇德获第五届吴玉章人文社会科学奖特等奖，是第一位获此殊荣的法学家。

许崇德教授重视学科的基础理论，系统地提出中国宪法学基本范畴与理论框架，为宪法学的中国化作出重大学术贡献。他致力于宪法学体系化，提出宪法学体系是反映中国宪法学科内在规律的理论、知识，以宪法文本的结构为基础，提出体系化的宪法理论。许崇德教授创立了宪法史学，参与了 1954 年宪法起草，并作为 1982 年宪法起草委员会委员，参与、见证了新中国宪法发展的进程。他集毕生之学术积累，历时五载而完成的专著《中华人民共和国宪法史》，全书 70 万字，获得第五届吴玉章人文社会科学特等奖，填补了国内宪法学研究空白，获得学术界的赞誉。许崇德教授推动了"一国两制"理论的体系化，为香港、澳门基本法的制定以及落实"一国两制"作出重大贡献。他提出的有关基本法的范畴成为当代中国基本法理论的重要组成部分。在改革开放的实践中，许崇德教授通过丰富的教学活动，探求宪法学知识体系的"中国元素"，把教材的编写作为一项重要使命，共出版 19 部教材，建立了基于中国经验与实践的教材体系，对于中国宪法学教学体系的建立和发展起到了重要的奠基作用。特别是作为马工程《宪法学》首席专家，认真总结改革开放以来的宪法发展规律，在体系与结构方面进行创新，发展完善了中国特色社会主义宪法学的学科体系。

许崇德教授积极参与宪法宣传教育活动。他经常为工厂、企业、乡镇基层、社会团体、部队的干部和群众宣讲宪法，为中国的法治宣传和宪法教育作出了突出贡献。2004 年和 2014 年，许崇德教授两度高票当选为年度法治人物。此外，许崇德教授具有很高的文学造诣，著有《香草诗词》三卷，出版诗词集《许崇德诗草》《学而咏怀——许崇德诗词集》及杂文集《涓水苔痕》。

许崇德教授在人才培养与社会服务方面的成就获得社会的高度评价。2000 年获北京市第一届首都精神文明奖;2004 年获中国人民大学优秀教学成果奖;2005 年获中共中央党校函授教育 20 周年优秀教师奖;2009 年获北京市学位委员会颁发的突出贡献奖;2009 年获"首都教育 60 年人物"称号;2010 年获中国人民大学法学教育贡献奖、2012 年获中国法学会"全国杰出资深法学家"称号等。

他在国外的访问与讲学中,积极宣传中国法治与宪法发展取得的成就,介绍宪法学最新的发展,为扩大学术话语权,为国际社会了解中国法治作出了贡献。截至 2009 年,他培养了博士研究生 52 名,硕士 10 届。共发表文章 319 篇,出版著作包括参写的学术性书籍 75 种。2000 年 2 月退休后,仍照常坚持工作,招收博士生,上讲台授课,编书写文章。2000 年退休后还发表了文章 85 篇。

从水乡出发投笔从戎的许崇道

"让我独个儿去踏平了敌人的战壕～杀尽了敌人的凶暴～残酷……这是一首叫做《我们的冤仇原已不少》抗战诗篇中的诗句,诗文充分表达了一名革命战士即将远赴疆场、勇于杀敌报国的强烈爱国情怀和英雄气概。但是它的作者不是一位铮铮铁骨的七尺男儿,而是一位从水乡古镇走出来、年仅17岁的女生。这位女生名叫许崇道。

许崇道,1920年出身于青浦金泽镇的一个进步文人家庭,参加革命前,住在下塘街原陈秀纪宅内。父亲许志和,毕业于上海神州大学,是位思想进步、酷爱自由民主的文学爱好者。母亲黄佩忍,吴江籍人。因家境清贫,为扶养崇道姐弟俩,曾在金泽办私塾任教,并靠手工针线以维持生活。从小受到良好的家庭教育的崇道,少时就读于金泽第三小学(原校址在地藏殿尼姑庵),毕业后,考入青浦县初级中学,后考入吴江师范。求学期间,成绩优异。她的一篇作文曾被选入省级出版物《江苏省学生优秀作文选》内。

20世纪20年代,新文化运动思潮已经渗透到江南水乡。父亲许志和反对北洋军阀的封建法西斯统治,对社会上发生的许多不平等现象,常用激愤的语言抨击,这对许崇道幼小的心灵以深刻的影响。那是许崇道最幸福的的一段时光。家境清贫,全靠母亲黄佩忍以刺绣、缝纫等女红所得维持一家三口的生活。

黄佩忍是位热爱新思想、贤淑勤俭的知识妇女,一度在金泽镇创办学塾,自己执教。许崇道的启蒙学习就是在这所学塾中进行的。许崇道小学毕业后考入青浦县初级中学。学习期间,爱好写作,她的作文时常得到老师和同学的赞赏。后因经济困难,以优异成绩转入吴江县乡村师范学校,她更刻苦勤奋地学习。有一次江苏省教育厅举办的中学(师范)生作文比赛,许崇道的作文选编入《江苏省学生优秀作文选》。她平时喜爱阅读进步书刊,读后常与母亲讨论交流心得,并且将自己的见解写成文章。1935年,她进入上海幼稚师范学校学习,在校接触到更多的进步书刊,受到马克思主义思想的熏陶,与共产党上海地下组织有了联系。在课余,她就家乡社会底层人民的悲惨遭遇和反动统治者的残暴行径作为写作题材,于1937年,创作了诗歌和短篇小说《我们的冤仇原已不少》《慑伏在暗角里》《上海在乡村里》等作品,发表于当时的《女子月刊》上,一时传颂乡里,成为青浦文化界有名的女作家。

1937年夏,许崇道从上海幼师学校毕业,时逢"七七"卢沟桥事变和"八一三"淞沪抗战爆发,她毅然投身于抗日救亡的洪流之中,经上海地下党领导人潘汉年介绍加入中国共产党,并受党组织派遣,与母亲黄佩忍一起在难民收容所工作,安排难民生活。除了忙于救亡活动外，她还挑灯夜战，创作了许多抗日诗文，积极开展抗日宣传教育。而诗篇《我们的冤仇原已不少》就是创作于这国难当头之时。

在这首诗篇中，许崇道积极鼓励和动员全体女同胞们快快觉醒，不要"寄生在丈夫的怀抱"，不要"偷生在礼教的毒槽"，不做"笼中的小鸟"和"咪咪的小猫"，动员大家团结起来，"不要怕劳，不要胆小"，赶快到战场去报到，"穿起战袍"，"吹起军号"。她激动地写道，女同胞们"只要过了艰与难的桥，我们可以看到光彩万条，向我们照耀～这便是奋斗的功劳～……先前跑，获得我们的所要……"从而发出了当时抗日青年为民族危亡而奔走呐喊的誓死之言。为实现自己北上投入抗日第一线、穿起战袍的愿望，1938 年初，许崇道由党组织安排经香港赴延安学习。她到达延安后，进入抗日军政大学学习，学习期间参加了中国共产党，毕业后与战友缪伦结婚。

1938 年，上海沪淞失守，大批中国难民无家可归，拥入租界，又被外国人驱赶。共产党地下组织通过一些社会团体，如慈善团体，成立了难民收容所（当时难民工作是共产党地下组织在沪工作的一部分）。党派许崇道等一批同志去收容所管理难民生活。许崇道受命积极宣传抗日救国。此后便与家庭失去了联系。那年初冬，崇道的母亲黄佩忍、弟弟许崇德俩随崇道的姑父倪子安（在上海一制革厂工作）到上海多方打听，终于在一个难民所找到了崇道。久别重逢，母女悲喜交集。数天后，崇道与其他同志奉命赴延安"抗大"学习，将所负的难民所工作交给了母亲黄佩忍。深明大义的母亲，毅然接受了难民所的工作，支持女儿踏上革命征程。

1939 年初，许崇道随部队来到河南省确山县竹沟镇，在新四军第八军团留守处电台任职。11 月 11 日，留守处突遭国民党特务、土匪、常备军及第一战区豫南游击司令戴民权部 1800 余人的围攻，这便是历史上著名的"确山惨案"。许崇道随部队血战数天，突出重围，得以幸存。此时工作条件极其艰苦。她一心以党和人民的利益为重，置个人生命不顾，日夜坚守岗位，恪尽职守。她虽然身材矮小，但每有战斗，必身先士卒勇猛善战，深受战友们的爱戴。后电台转移到湖北孝感县北边的花园山一带，许崇道担任电台制图室指导员，从事军事电台和绘制军用地图的工作。当时孝感地处全国中心，电台通信联系延安及我党的其他各地区，对抗日斗争中我军决策，关系十分密切。

许崇道能迅速及时准确地传递军情，受到领导的赞扬。虽然生活艰苦，工作繁忙，她还是抽出时间，以战地生活为题材，创作革命诗歌和小说，极大地激励了战士们的抗日热忱。1944 年，日军大举进犯花园山地区，形势异常严酷。新四军投入了日以继夜的战斗，抗击日寇的围袭。此时许崇道正在坐褥分娩，但情势险恶，奉命于雨夜随部队仓促撤退，不幸在孝感县孙家店附近的崎岖山道上光荣牺牲，时年 24 岁，孩子也下落不明。她所创作的大量革命诗文，仅存发表于《女子月刊》的三篇，其他则散失殆尽。

1984 年,许崇道之弟、著名法学家许崇德教授在《中国老年》杂志第九期上发表了《静园诗稿.寄外甥》一诗,深切表达了对其姐和外甥的思念之情。

生于战乱未相逢,消息杳沉四十冬。

欲剖舅心言母志,强思姐貌拟甥容。

风侵旧袖啼痕淡,雨袭孤坟草色浓。

幸若尔身能在世,耕勤勿忘觅遗踪。

许崇道的革命牺牲军人家属光荣纪念证

钟情于乡里文化创作的王大觉

　　王大觉(1897—1927年),出生于江苏青浦(今属上海市)商榻渔荐村,16岁移居昆山周庄,名德钟,字玄穆、大觉,以大觉行世,别号幻花,室名玉燕堂、海天吊日楼、风雨闭门斋、幻花轩、禅莲室、百花万卷草堂、倦登楼、双桥老屋等。

　　王大觉祖上本是书香之家,祖父炳华(伯瀛)是咸丰辛亥年举人,以诗文闻名。大觉5岁那年,父亲口授诗文,不几遍就背诵不忘。不幸的是,当年冬天父亲病殁,由祖父教读。仅仅二年,祖父也去世了。于是转入家塾,奋发苦读,不管寒暑,每每到深夜,很快就能作文写诗。16岁时,随伯祖母迁居周庄镇后港,与弟弟德锜同入沈氏两等小学堂,得到沈廷镛、沈廷钟兄弟精心培育,学业大进,每次考试总是名列第一。

　　辛亥革命后,学校排演新剧,宣传民主共和,沈氏小学堂演出的剧本有好几个出自王大觉之手。他所作的诗文、小品经常刊登在上海《民立报》上。一时之间,大觉每一首(篇)诗文撰就,就在师生之间传阅。大觉生性诙谐,吐语幽默,同学们都乐于与他交往。民国元年夏,大觉小学毕业了,他无意升学去苏州,要求在沈氏两等小学自学,升学考试时,他在考场上酣睡过去,试卷上不着一字。

王大觉

1913 年,王大觉告别商榻渔茬村,迁居古镇周庄后港,过后一年与柳亚子结识于黎里金镜湖畔。王大觉当时年龄最小,他比柳亚子小 10 岁,比陈去病小 18 岁。王大觉"才气横溢,风度倜傥"。南社创始人陈去病对他的评价极高,说他作的诗"有压倒流辈,与古人可媲美"。对这位熟醉熟醒、余谷无言,或低徊善感、或心情豪迈的文友,柳亚子在 1916 年,曾寄王大觉这样一首短诗:"学书学剑成何济,闲熬屠龙倚马才。"

1914 年,17 岁的王大觉回家闭门自修。由于家中藏书较多,又订阅了上海发行的多种报刊,王大觉在博览群书的基础上了解社会现实,为的是将来能有所作为。王大觉不仅书读得多,写作也多,时政评论、散文小说,有文言更有白话,往往多种文体多个篇幅同时开笔,一篇篇优秀的文章接连出笼。那年,他搜罗祖上著述,将高祖宾竹《琴言馆诗稿》、曾祖静波《吟香馆剩稿》、祖父伯瀛《伯瀛诗草》合刻为《青箱集》,意在清芬世泽,传之不替,于 1915 年出版印行。还有,他家祖上传下来一柄宝扇,上面有王氏高祖所作的一首长歌,以及历经百余年的众多题咏,大觉辑录成《扬风雅唱》一集,附在《青箱集》后。《青箱集》深得柳亚子赞赏,印行后,柳出资购买分赠南社诸友。

1914 年 4 月 1 日,王大觉由陈去病、叶楚伧介绍,正式加入南社,入社号 402。时称南社才子。夫人凌惠纕,是大觉同学兼南社社友凌莘子的妹妹,惠纕 1916 年参加南社,入社号 754。夫倡妇随,其乐融融。

王大觉加入南社,特别是结识柳亚子之后,读到了大量的革命著述。诸如《蜕翁诗词刊存》《太一遗书》和《哭仇冥鸿》等。蜕翁就是创办《苏报》、发表《革命军》酿成《苏报》案的陈范,宁太一和仇冥鸿都是反对袁世凯称帝而被杀害的革命烈士。读了《太一遗书》,大觉题诗:"一卷遗诗万古哀,狂吟夜半走风雷。老天殆欲亡中国,竖子公然杀异才。君计不臧头已断,谁为后死志休灰。英魂未泯应余相,愿赋同仇斩贼魁。"他为社友的反袁遇害而悲愤欲绝,与"执干戈、卫社稷"思想的周庄南社社员费公直、叶楚伧等时相从,隔三差五抵掌纵谈时事。有时谈到愤激处,击桌狂呼,声震屋瓦;有时把酒问天,拔剑研地。自此,王大觉、叶楚伧和费公直三位南社社友被称为"周庄三友"。

1917 年初,大觉与莘塔凌惠纕(1900—1929 年)结婚。由于家学渊源,凌惠纕从小受到良好的家庭教育,吟诗填词,样样在行。婚前,大觉与莘子时相往来,结为莫逆,对惠纕的思想言行十分了解。惠纕对大觉的为人与才华心中有数,两人的恋情潜滋暗长,互相倾慕。婚后,双双同游姑苏,赋诗填词,夫倡妇随,其乐融融。两人在莘塔、周庄轮流居住,安于清贫,谈诗论文。大觉每有作品问世,惠纕就是第一个阅读与评论者,而且往往总能提出中肯意见,供大觉参考采纳。

1917 年夏,王大觉与柳率初等在周庄成立正始社。正始社团结了邻近乡镇的中青年文人诗友数十人,积极宣传南社倡导的共和宗旨。王大觉也被大家公推为正始社社长。后来,由王大觉辑成的《正始丛刻》第一集面世。正始社社员们由于受到新文化的影响,文章大半使用白话文写作,倡导共和,反对军阀独裁统治。王大觉也因此声名大振。

继"百花万卷草堂"之后,1918 年初,大觉将书房修葺一新,改名为"风雨闭门斋"。在风雨闭门斋里,大觉的时政评论、散文小说,有文言更有白话,一篇篇出笼。1919 年 3 月,大觉应上海《民国日报》邀请,任艺文部主笔。每天晚上,总是稿纸边一碟黄豆、一碗黄酒,埋头改稿写作到深夜。这时他创作小说颇多,白话的有 12 篇,文言的有 6 篇,笔调婉丽,故事情节新奇,既接近人民大众的生活,又富于哲理思考,深受欢迎。其中《咒红忆语》长达数万言。后来,这些小说由友人朱寿汇集成册,名为《琅玡碎锦》,由新民书局出版。同年秋天,王大觉患上肺病,勉强支撑到年末,只得辞职回家休养。虽说是休养,王大觉仍旧手不释卷、笔不停挥。他每天都要熬夜,常常在稿纸边放一碟黄豆、一碗黄酒,不到黎明鸡鸣不肯停手。

1923 年,柳亚子与陈望道等人,根据当时新文化运动发展的需要,发起创建新南社。1924 年,江浙战争爆发,青浦、昆山一带,成了军阀齐燮元和卢永祥的战场。周庄地处偏僻,四面环水,交通不便,闭塞之镇反倒安全,涌来了不少难民。大觉与弟弟一同发起成立周庄红十字会,救济难民。战事平息,两人又组织医务人员施药种痘。由于操劳过度,肺病发作,只得到苏州金阊医院治疗。一个月后,病情稍有好转,又回到家乡投入红十字会工作。同年冬天,肺疾再次大发,卧床 10 个月,于 1927 年中秋节逝世,年仅 30 岁。遗下之水、之湘、之泓三个女儿,后以弟弟德锜的儿子之泰作为嗣子。

王大觉多才多艺,除了诗词文章之外,还善丹青与书法。1916 年,大觉为亚子先生绘画一幅《分湖旧隐图》,水墨淋漓,颇有韵味,画毕附题七绝二首:"丹枫岸与白云浔,和雨和烟看不清。芳雪疏香何处是,须从密树短芦寻。鱼庄蟹舍两模糊,渺渺山连淡淡湖。绝妙分湖好点缀,一丛密树一丛芦。为亚子社长先生作《分湖旧隐图》,附题二绝,即请点铁,社弟东江幻花王大觉"。一笔行书清新脱俗,颇显功力。二年之后的一天,王大觉作客柳宅,得见《分湖旧隐图》厚厚一迭题咏册页,内心激动,于是操笔为柳亚子又写了一篇《分湖旧隐图记》,一手楷书工工整整,读完全文,当能明瞭柳亚子分湖旧隐的前因后果,时在 1918 年 10 月。

王大觉毕生钟情于乡里文化的创作,著有《琅琊碎锦》《乡居百绝》《咒红忆语》《鸳鸯湖即事》等作品。他还应邀参与《青浦县续志》的编纂工作。他为《青浦县续志》提供了大量素材,并提出很多有价值的建议。

一生坎坷仍有强烈家国情怀的王大可

我国近代革命史上,有个相当有名的文学团体"南社",其中就有出生在商榻的兄弟俩,哥哥叫王德钟(大觉),弟弟叫王德锜(大可)。

王氏兄弟俩出生在世代书香的耕读之家。高祖王宾竹(又东)著有《琴言馆诗草》;曾祖王巨川(静波)著有《吟香馆剩稿》;祖父王炳华(伯瀛)著有《伯瀛诗钞》;父亲王世垣和叔父王访九,都能诗善文。祖辈们的文采熏陶着兄弟俩。

王德锜,(1901－1984年),字振威,一字二痴。1901年五月初九,生于青浦商榻乡渔郎村(现青浦区金泽镇商榻淀西村前荇(渔郎村))。翌年丧父,又二年丧祖父。王德锜自幼聪颖好学。平时叔叔王访九与兄长王德钟常授以唐诗,他都能朗朗背诵。1906年后,全家患白喉,祖母、姑姑、叔叔相继病逝。1913年初,伯祖母陈氏率伯母黄氏、母亲陈氏及两兄弟移居到吴县周庄宅。随兄就读于沈氏两等小学堂。兄弟俩相亲相勉,寒窗共读。王德锜平时宁静寡言,但抨击满清及北廷之虐政时,却能滔滔不绝。1914年就读于吴江中学。是年冬,兄王德钟编辑《青箱集》,王德锜负责撰跋。1914年、1916年王德钟、王德锜相继加入了"南社"。随即便有作品《青箱集跋》刊于《南社丛刻》二十集。

1917年8月,在柳闻论诗之争中,他与一些社友联名在《民国时报》支持柳亚子。1919年,王德锜就读东吴大学,翌年就读上海正风学院,1923年毕业。

1923年初,王德锜与陈墓镇(现昆山锦溪镇)孙秀筠结婚。是冬,秀筠生下长女之玴即病故。半年后,继娶芦墟镇沈益卿(沈昌眉、昌直的启蒙老师)幼女端书(字文琴)。1924年秋,江浙沪战争起,王德锜协助王大觉、费公直、朱壁人等筹建周庄红十字分会,任理事。

1925年冬,端书生次女之瑛。1925年春,她以私房钱去嘉兴舅父陈鼎兴的木行购回木材,将原陋屋拆去,秋天建成一幢两楼两底的楼房与两间平房。从此,王德锜有了宽敞明亮的书房,后又重建三间厢房,使玉燕堂前后焕然一新。

1927年8月16日(中秋夜),胞兄王德钟(大觉)因体弱肺病,咯血不止,不治病逝,年仅30岁。王德锜痛哭流涕,彻夜写挽幛、撰挽诗80句,略叙兄长生平,还决心要出版先兄遗著。历时二年,在正始社诸亲友支持和南社盟主柳亚子、陈去病等关怀下,编成二本家刊《王大觉先生追悼录》与《风雨闭门斋遗稿》,其中《风雨闭门斋诗稿》五卷,《乡居百绝》《留都游草》各一卷及《外集》文二百多篇,全部交由上海国光书局印刷。1930年,王德锜将整百本出版的《风雨闭门斋遗稿》分赠亲友。

1929年春,家乡又有动乱,王德锜夫妇携三女之琛,在苏城饮马桥畔暂住,吟有《病燕》诗:"凌云壮志已心灰,江暮烟波入望哀,几上高枝凄不稳,清风明月倦徘徊。"初秋,长子降生,以先兄生前所定"之泰"名之。

王德锜生活节俭,待人诚厚慷慨,资助无吝啬。每逢黄淮灾民涌到周庄时,夫妇俩总以成担的米和数十银元赈灾。曾积极支持大觉将西部房舍、花园供沈氏小学教学用,又在宅前临河街上建造高大的廊棚,供行人避雨、休息。

王德锜有个表兄叶楚伧,曾一度穷困,他经常资助并集款供叶楚伧赴广东黄埔军校学习,参加北伐。北伐胜利后,叶楚伧任江苏省主席,叶回念厚谊,要报恩他,委任王德锜为江苏省某县县长,王德锜回复叶楚伧:"官我是做不来的。"后来,又安排他在国民政府文官处第二科任乙等书记官,负责撰写公文稿。他因文墨功底浓厚,无心仕途,悉心诗词,又创作了大量的诗词。

1935年春,王德锜回乡探亲,适值长女之玮准备参加演讲比赛,他找出资料给之玮参考。后来,之玮作题为"我民觉醒,打倒列强"的演讲而获冠军。他购一玻璃罩展示奖品银盾,以教育其他子女。"七七事变"后,王德锜因老母不愿离故土而停职返乡,日寇烧杀、轰炸未放过周庄。三子之安,降生未满月,他被迫带妻儿乘船向浙西逃难,在双菱镇为日寇骑兵追上,年底返还周庄。他在南京的全套红木家具和其他财富为日寇大屠城而被毁,在经济上蒙受很大损失。他遵祖训,牢记民族恨,特地赶到西塘镇,规劝曾留日的表弟陈子潜,不要去当日寇翻译,决不做汉奸。

王德锜从此更名为大可,隐居周庄,在周庄西市开办了一爿"复大顺"木器店。日寇常来扫荡。一天,一鬼子从他岳母家后门闯入,内弟媳来不及躲藏而被抓住,鬼子叫嚷:"花姑娘大大的好。"王德锜奋不顾身,上前解危,抢上前去说:"皇军,她大大的有病。"鬼子狂怒,一脚把他踢倒殴打,日寇掠夺财物而去。从此,他的小腿上就留下一个鸡蛋大的伤疤。他常说:"这是国恨家仇的罪证。"每次日寇骚扰后离去,中国军队来周庄,派青年教员到学校教唱抗日歌曲,大多是聂耳、洗星海的原作。大可常与之联系,多次为其撰写抗日文章。

1939年,王德锜母亲陈氏病逝。他在日全蚀前后曾撰一篇数万字的文章,剖析日寇侵华演变史与国际反法西斯侵略的经验教训,最后说:"要全国一致抗日,抗战必胜!"中国军队还组织学生宣传,王之泰曾多次与同学上街演活报剧。一次,之泰饰"烟鬼强盗",被围观民众指着鼻子喊"枪毙他"。亲友们劝大可别让之泰演这种角色,但他却认为青少年应爱国,只要演出成功,挨打也情愿。他爱听孙女唱抗日歌曲,并说:"人不能不说话,但要考虑方法,前辈们迂回倒反对权势恶人,正义在民众心中长存,敌人是征服不了的。"他曾选出家藏的《东方杂志》中一篇剧本《车夫之家》,让之泰与同学们演出,该剧描述上海英租界贫民窟中一位车夫家破人亡的悲惨过程,演出剧终时,舞台上下高呼打倒英帝国主义的口号,吓得在场监视的两鬼子目瞪口呆,激发了在场百余人的爱国热情。

日寇反复"扫荡",江南人民日益贫困,王德锜的"复大顺"木器店,风力水车无人买,高中档家具和棺材也很少卖出,只能生产"薄皮棺材",后来这些低档货也难卖出,技艺高的师傅都辞离了。1940年,爱人端书生下六女之玮后患肺病,木器店也因严重亏损而倒闭。

1944年6月,端书病逝,他写了很长的挽幛及长诗哭之。每当星期假日,他都认真教子女学英语,并说:"学日语,也要学英语,中国应该对人类有贡献。"不久,日寇投降,家乡又骚乱,月余,八岁的之安因不能去城里就医而夭折。

1948年初,在亲友的敦促下,他在苏州东大园与上海亚浦耳灯泡厂女工池梅影结婚,同时还收留了之泰的同学杜联杰住下。该青年酷爱鲁迅先生及苏联文学,谈话很投机。王德锜支持他购买了《鲁迅全集》与许多苏联小说。之泰高中毕业时要写毕业作文,王德锜选购了《苏联十六个加盟共和国》一书,并告诫儿子作文切不可仅是为了交卷,必须言之有物,立论有据,注意民族气节。之泰考入交通大学之后,参加学生运动,王德锜对儿子说:"反饥饿、反迫害、反内战的口号很得人心,很像我求学那时,经多年大声疾呼,到处响应,北伐终于打倒了军阀。现在又是民怨沸腾了,非反不可了!"又说:"共产党要分地主的土地是应该的,孙中山就提出过《平均地权》。"

1955年,王德锜曾接获柳亚子先生来信,说打听了很多人,才知道你住在金泽,这是第四次写的信,并叙了许多旧情。他立即发了回信,但不知什么原因,一直未得回音。

池梅影在娘家金泽镇生下幼女亚凤后,回上海做工,大可则在金泽从事编草袋、制砖坯等劳动,直到1971年。工余仍赋诗,歌颂劳动之乐、乡镇礼貌。当青浦与苏杭公路上的平望通车时,他曾作七绝《喜通车》:"蜿蜒百里似龙蛇,槐柳成荫夹道遮。物资工农熙仁待,夕阳倦照去来车。"

1960年,人民政府摘去他的地主分子帽子。1966年"红卫兵"抄去他的全部诗稿、书籍,散文诗、叙事诗两册,悉被没收,均遭销毁,深为惋惜。王德锜十分难过。在最困苦的日子里,默写唐诗数十首竟一字不错。

1974年,他背了三十多斤东西,经大连到沈阳,去看望之泰和五女之瑜。1975年春,他屡次梦到孙女成才,梦醒后即赴桃园春游,并作七绝《过桃园》:"桃园春趣落英中,蝶舞蜂飞各争匆,不矜劳苦自食小,园果丰收立大功。"

1978年,幼子王亚龙结婚时,他不慎跌了一跤,从此体虚卧病。1983年春,池梅影患不治症病逝,他的精神深受刺激,常呼唤子女乳名。之泰携次女晓玲去看望他时,他只是微笑示意,数分钟才吐出几个字音。1984年1月22日,王德锜在一场大雪中离世,享年八十三岁。

资料选自：

《青浦掌故新编》之《南社之青浦"两王"兄弟》

《南社纪略》

《南社人物传》之《王德锜(秋厓)》

《商榻志》(2003年10月版)

壮志未酬,高才早卒

在金泽镇商榻地区,相传清代有书香门第二大家属:一家是渔苈村王家,主人为世代书香的耕读之家王大觉、王大可兄弟俩;另一家就是隔江汪洋村的蒋家。主人是被称为"清末七品小京官"的蒋寿祺。

蒋寿祺,字蕴深,祖上都是当地文化名人,善于作诗绘画。他的曾祖父蒋清瑞,是清朝附贡生,著有《其芝山诗稿》等;他高祖蒋愚溪,善于作诗,著有木刻版本《愚溪诗集》;他的祖父蒋立夫精于绘画;他的父亲蒋谓江通晓医学。因此,蒋寿祺生长在这个书香门第的大家族中,受到家庭的良好教育。他天资聪颖,自幼勤读好学,精通"四书""五经",从后厅两侧书房的大书橱里存放着大量的木印古本、书稿画册,足见寿祺先贤读书之多。他按父亲意旨,每天在一块又厚又大的方砖上习字,用松紧的绳子,把毛笔吊起来,进行苦练,以使一个个字苍劲有力。他兴趣广泛,学识渊博,结交了不少大江南北的知名人士,并经常结伴到汪洋港南端环境幽静的苊水庙和位于佘山的名寺——慧日寺,谈古论今,交流诗画。他著有《看梅花记》等诗文。

蒋寿祺十三岁入庠(旧时学校),后中秀才,不久清廷恩科贡试(选拔人才),赴松江府应试,中第十二名,之后以贡生衔(即推荐生),直接赴京赶考。光绪二十三年(1898年)中一等第七名,复试中二等第一名,朝廷授于七品小京官,掌管朝廷吏部文选(相当于当代中央组织人事部门),负责中央、地方京官的选才、考试、监督和管理。朝廷御赐贴金"圣旨"一匾,悬挂在门厅中央头上,门厅两侧竖立八块硬牌,上面分别刻有"丁酉拔贡,朝考一等""钦点七品小京官""吏部考功司""吏部稽勋司""肃""静""回""避"。喜报到来,全家惊喜若狂,村民争相观看,大摆宴席,以示庆祝。

蒋寿祺在京高兴地等待上任时,突然接到家里急信,告知他父亲蒋渭江病故。噩耗传来,悲痛万分,即刻告假回乡服丧。当时朝廷有规定,服孝期三年内不得上任。蒋寿祺官服不穿穿孝服,红衣换成了白衣,三年服丧如三年牢狱,彻底摧毁了他的前程。服孝期间,寿祺潜隐家中,致力于赋诗作画,广交名友。与青浦金剑礼、朱家角王昶一起赋诗作画,与苏州陆廉夫、倪墨耕、金心学等精研书画,因此,他的诗画均有成就。当时西太后掌权朝廷,新学新思想成行,倒清声亦逐渐高涨,寿祺决心赴日本求学,做一个追随新潮流的有用之才。不料,得了伤寒症,医治无效病逝,年仅四十二岁。故县志呼:壮志未酬,高才早卒。

蒋寿祺的一生太短暂了,他的那个七品小京官的形象亦随着历史日渐遥远了,但随着一个意外的发掘,那个"壮志未酬,高才早卒"的小京官,重新又在孙辈和家乡人的心中活了起来。那是 2011 年 5 月,商榻地区王港村汪洋自然村进行污水工程建设时,在蒋氏老宅基下,挖掘出一甏银锭,共有清代银锭(古称一两锭)30 多枚,每枚约 40 克,现存区博物馆。宅基下埋一甏银锭,是主人造大宅图吉利的做法。这主人就是青浦"清朝末代京官"蒋寿祺,名运升,字蕰深。他出生在大宅院,成长在新墙门。

从埋银锭的年代看,这新墙门大宅院建于清代中期。大宅院坐北朝南,前河后港,森严壁垒,有三厅(门厅、中厅、后厅)二井(前天井、后天井)。门厅前 10 米有气势宏伟的照墙,中央雕有"福"字,照墙前的地上铺有八角形花纹的彩砖,是新老爷(村上人称蒋寿祺为新老爷)来往时停轿之处。门厅、中厅二个仪门上砖雕的人物、花鸟,生动逼真。门厅的门槛是活动的,高达半米。中厅、后厅高大宽敞,庭柱石墩,硕大无比,气度非凡,后天井中央有假山,两旁有花坛,四周围墙,常年有绿。三个厅东西两侧,有配套的住房、书房和其他用房,靠西厢房有一条 60 米长的备弄堂(也称避暑弄),照墙西是有一片菜园地,中间有个中型的鱼池塘。照墙东南方向是一片大场地,两边花草丛生,中间一条由小砖铺织成的小道,直通东侧前墙门,是一个六扇门组成的门庭间。

蒋寿祺,这个七品小京官的形象,仍活在家乡人的心中。

资料选自:
《青浦掌故新编》之《青浦"清朝末代京官"蒋寿祺》
《商榻志》(2003 年 10 月版)

一个鲜为人知的中医药研究者

　　陈克恢,药理学家。长期致力于中药药理研究,是 20 世纪国际药理学的一代宗师,也是现代中药药理学研究的创始人。清光绪二十四年(1898 年)2 月 26 日出生于金泽长街(今下塘街)。1988 年 12 月 12 日,逝世于美国旧金山,享年 90 岁。

　　陈克恢自幼聪颖伶俐,深得里人喜爱。五岁时,父母请人教他识字,读四书五经,写八股文,以备科举考试。六岁时家人口授唐诗绝句,过后即能朗朗背诵。以后更是好学成性,四书五经一经接触竟能无师自通。幼年就读金泽金溪小学。中小学时期,每试都名列前茅,被里人学校誉为“神童”。不久,父亲去世,舅父周寿南将陈克恢视同己出。周寿南是中医,幼年的陈克恢经常在其药房里读书玩耍,目睹舅父看病开方,再到那个有无数小抽屉的柜子里照着药方称出草药,或用纸包好,或用水煎好。很多病人,药到病除。耳濡目染,陈克恢对中药的兴趣慢慢滋长。

　　1905 年科举考试制度被废除。1908 年,陈克恢 10 岁的时候,被家人送入一所公立小学堂读书,学习历史、地理和算术等课程,接受现代教育的启蒙。因家道中落,他放学后不得不去擦洗村里被煤油熏黑的街灯,用赚来的钱付学费。陈克恢考入了“上海青年中学”读书。这是一所私立初级中学,由毕业于“书院”的瞿同庆于1911 年创办的。陈克恢从“青年中学”毕业后,直接升入“上海大学”附属高中,并于1916 年高中毕业。

陈克恢

陈克恢、凌淑浩夫妇

　　因为经济上的原因,陈克恢没有选择就读"上海大学",而是采取迂回策略,于1916年考入"清华学堂"高等科,以备到美国公费留学,因为"清华学堂"是一所留美预备学校,是用美国退还的"庚子赔款"资助中国留学生去美国留学。1918年,陈克恢从"学堂"高等科毕业后,即前往美国留学,进入威斯康辛大学药学系插班三年级学习。陈克恢选择读药学系,完全是因为中医舅舅的影响。陈克恢从小耳濡目染,在中药处方和中药药箱之中,对神奇的中药能够医治而产生强烈的好奇心,因此立志用现代科学的方法研究中国传统的中药。

清华学堂

　　陈克恢的导师E·克莱莫斯(Kremers)为了满足他研究中药的愿望,特意给他从中国进口了300磅肉桂叶和200磅肉桂枝,让他进行桂皮油的研究,教他用蒸馏的方法提取肉桂油。陈克恢通过这项研究,顺利完成了自己的学士论文。1920年,陈克恢从威斯康辛大学药学系毕业并获理学学士学位。尽管已经拿到了大学学位,但是陈克恢深感自己学识的欠缺和不足,如果要继续从事科学研究工作,还需要更多的生理学、生物化学和药理学知识,陈克恢因此又考入威斯康辛大学医学院,学了两年医学课程,并获得了生理学博士学位。

　　1923年,陈克恢因母亲病重回国,并带母亲乘火车去协和医院看病,经过医生的诊断,确诊陈克恢母亲患了宫颈癌,在协和医院经过放射治疗,病情得以缓解,其母又延续了10年的生命。陈克恢的这次之行,无意间竟成为他事业的一个重要转折点,他接受了协和医学院的聘书,受聘担任药理系的助教,开始了他对中药麻黄的研究,而之所以选择麻黄这味中药作为研究对象,完全是因为一个偶然的因素。

　　陈克恢与舅舅在一次饭间闲谈的时候,两人聊起了中药的药性和效用,陈克恢灵机一动,请舅舅列出10味毒性最大的中药舅舅随手就列出了一张药单,排在第一位的就是麻黄,并向他介绍了这些中药的一些特性和疗效。陈克恢很快就找来《本草纲目》等药典,进一步查阅麻黄等中药的资料,最终把目光锁定在毒性最大的麻黄上,并到中药铺买来一些麻黄,在药理系主任卡尔·施密特教授的支持下,利用在"克莱默实验室"学到的植物化学研究方法,使用几种不溶性溶剂,在几周之内,就从麻黄中分离出了"左旋麻黄碱"。

1924 年,陈克恢将研究和实验麻黄碱的药理作用写成学术论文,发表在美国最权威的药理刊物上,向国际药理学界报告了这一新的发现。陈克恢还分析了世界各地产的麻黄草,发现只有中国和东南亚地区产的麻黄中含有"左旋麻黄碱",而中国也只有东北和华北一带盛产麻黄这一野生植物。

陈克恢,此时既是威斯康辛大学生理学博士,也是约翰·霍普金斯大学医学博士,如此美国名校"双科博士",在中国学人乃至世界学人中还都是比较少见的。但令人遗憾的是,这样一个享誉世界的牛咖,我们却对其知之甚少。

2015 年 10 月 5 日,中国女科学家屠呦呦以中药青蒿素作为治疗疟疾的新药物疗法与日本、科学家一同分享 2015 年度诺贝尔生理学或医学奖,再一次引起医学界对中国中医药研究的关注,陈克恢的名字才渐渐走进国人的视野中。

早在 20 世纪 20 年代,陈克恢就运用科学方法研究中药——麻黄,并从麻黄中分离出"左旋麻黄碱",发现其具有一定的药理作用,并可以制作中成药,能够广泛应用于医学临床,其最伟大的历史性贡献就是让世界知道了从天然植物中寻找、提取和开发新药是可行的,但遗憾的是,历史并没有将诺贝尔授予麻黄碱药理作用的发现者陈克恢博士。

陈克恢在美国最大药厂——礼来药厂工作期间,开始将麻黄碱的药理用于生产麻黄碱药品,以适应临床治疗需要。每年都从中国大量进口麻黄用于生产。这种状况直到第二次世界大战时的两位化学家,用发酵法将苯甲醛与甲基胺缩合,成功合成了"左旋黄麻碱"为止,化学合成的产品与天然植物产品药性完全相同。直到今天,我们还经常服用含有麻黄碱的药物。每当人们感冒时,都会经常自己跑到药店购买非处方感冒药,在一系列感冒药品当中,说明书中常常标注含有盐酸伪麻黄碱的成分,甚至有的药品名称中就带有"盐酸伪麻黄碱"字样。每当我们服用这些药品时,是否会想到它的发现者就是中国著名的药理学家陈克恢,而今天还有多少人能够知道陈克恢的名字呢?

陈克恢在协和医学院工作时的另一个人生收获,就是与在协和医学院读医预科的凌淑浩相识相爱,并最终结为秦晋之好。凌淑浩出身名门望族,其父凌福彭曾与康有为同榜题名,也是晚清重臣袁世凯的得力助手,而凌淑浩的姐姐凌淑华则是中国现代文学史上著名的女作家,"五四时期"与冰心、林徽因齐名,被称为"文坛三才女"。

陈克恢以自己当年报考"学堂"的经验,极力劝说和鼓励凌淑浩报考"留美预备部",以获取公费留美的资格。而当时正在燕京大学外文系读书的凌淑华,对妹妹凌淑浩报考都不看好,甚至委托胡适写一封推荐信。但爱情的力量是神奇的,凌淑浩竟然如愿以偿考取,最终进入美国西储大学医学院学习。

1925 年,陈克恢再度赴美,在威斯康辛大学医学院学完了第三年的医学课程之后,转入位于巴尔的摩市的约翰·霍普金斯大学医学院临床室实习,并兼任药理系著名药理学家 J. J. 阿贝尔(Abel)教授的助教。1927 年,陈克恢获得约翰·霍普金斯大学医学博士学位,并晋升为药理系副教授。1928 年,凌淑浩也获得医学博士学位,并到一家医院担任妇产科住院医生。1929 年 7 月 15 日,陈克恢与凌淑浩这对有情人在巴尔的摩市结婚,二人结婚之前就已经开始发表署名文章。1929 年 7 月底,陈克恢夫妇即驾车前往印第安纳州的印第安纳波利斯市,美国最大的药厂——礼来药厂就坐落在这里。陈克恢应邀担任礼来药厂药理研究部主任,此后就永久定居在美国。

从 1929 年开始至 1963 年,陈克恢担任礼来药厂药理研究部主任长达 34 年,直到 65 岁退休,可谓是为礼来药厂服务了一辈子。而礼来药厂也为陈克恢夫妇提供了丰厚的待遇和工作,并向他作出承诺,陈克恢将享有完全的学术研究,尤其是对中药的研究,研究资金充足,建立世界一流的实验室,以满足陈克恢所领导的研究部工作的需要。

从 1937 年起至 1968 年,陈克恢还兼任了印第安纳大学医学院药理学教授和印第安纳波利斯医院的医事顾问。陈克恢将一生大部分时间都用于研究蟾蜍毒素。蟾蜍毒就是中药家族中的蟾酥。早在协和医学院工作期间,陈克恢就从药店买了大量的中药蟾酥,并从中药蟾酥中分离出了华蟾蜍精(Cinobugin)和华蟾蜍毒素(Cinobutoxin)。他发现这两种成分都有洋地黄样的强心作用,临床实验证明,静脉注射 1 毫克能使室速减慢 5 个小时,与洋地黄毒甙比较,华蟾蜍精的作用时间持续较短,而且口服无效。

陈克恢到礼来药厂工作后,继续蟾蜍毒素的研究,时间长达 40 多年。他带领同仁从一万三千八百多只活蟾蜍的腮腺提炼出纯化物,发现蟾蜍毒素除含有洋地黄样强心甙之外,还发现含有地高辛、肾上腺素和强心苷等多种有效成分,并进行了大量构效关系的研究,发表了大量实验研究论文,丰富了世界药物化学宝库,并为其他药物的研究提供了宝贵的经验。

陈克恢一生研究过很多中草药,其中包括汉防己、元胡、吴茱萸、贝母、百部、夹竹桃和羊角拗等。二战时期,陈克恢发现中药常山的抗疟作用为奎宁的 148 倍,并从中提取了 γ - Dichroine,但其副作用也很强,容易引起强烈和肝脏水肿性变性,虽未成药,却根据其实验结果,很快合成了上千种衍生物和结构类似物。

20 世纪四五十年代,陈克恢和他的研究组在麦角、磺胺、维生素、雌激素、抗甲状腺药物和降血糖药物的研究和开发方面都做了大量卓有成效的工作,在红霉素、霉素和环丝胺酸等方面的药理研究,也都取得了很大的突破,并研制开发了一些新药。

陈克恢将自己的一生都献给了药理研究和制药事业,发表了 350 多篇论文和实验报告,其研究领域广泛而深入,对新药研发贡献非常大,其杰出成就为世界药理学界所尊重和敬仰,甚至被誉为国际药理学界一代宗师。

功成名就之人被人拥戴是一件非常自然而然的事情。1948 年,陈克恢当选中央研究院第一届院士,尽管当时陈克恢已经移居美国 20 多年了,但祖国并没有忘记他,因为他是在为全人类贡献自己的智慧和才华。50 年代初期,中美关系到达历史冰点,但美国学界的同仁们依然推崇他。1972 年,74 岁的陈克恢又被选为国际药理联合会(IUPHAR)名誉理事。

1987 年,美国实验生物合会为表彰陈克恢在科学研究和学会工作中所作的杰出贡献,将该学会新建落成的会议中心命名为"陈克恢会堂",以永远纪念和铭记陈克恢的历史性贡献。1988 年 12 月 12 日,陈克恢因脑溢血合并感染,在美国逝世,享年90 岁,

陈克恢自 1925 年去美国留学并定居之后,就再也没有回到中国,回到家乡,这是一件令人深感遗憾的事情,而陈克恢的名字也早已湮没在岁月的长河之中,即使是中国药学界的专业人士,也没有几个人知道陈克恢这位中国中医药的研究者。

陈克恢是 20 世纪国际药理学界的一代宗师,也是中国药理学界引以为荣的现代中药药理学研究的创始人。他的学术思想,对合成药物的研究和中草药等天然药物的研究,都是有指导意义的。

资料来源

《陈克恢一个鲜为人知的中医药研究者》

《中医药理研究第一人陈克恢,一百年前就提取出麻黄碱》

《金泽志》(2003 年 12 月版)

以文化出版为基石的攀登者

王仿子(1916 年 10 月—2019 年 3 月 17 日)享年 102 岁。

王仿子原名王颂尧,曾名王健行,1916 年 10 月出生于青浦县金泽镇北圣浜。少年时代上过私塾,当过米行学徒,受新文化、新思潮影响,于 1936 年冬到苏州求学。在国难当头的年月,他积极参加地下党办的读书会、歌咏队,从事抗日救亡的活动。"七·七"事变爆发,王仿子参加苏州抗敌后援会工作。苏州沦陷,他奔赴大后方。

1938 年参加革命工作,同年 8 月加入中国共产党。王仿子同志历经抗日战争、解放战争、社会主义建设和改革开放等重要历史时期,先后在生活书店、新华书店、人民出版社、出版总署、文化部出版事业管理局、文物出版社、中国出版工作者协会、中国印刷技术协会等单位工作,曾担任过文化部出版事业管理局副局长、国家出版局办公室主任、中国出版工作者协会副主席、中国印刷技术协会理事长等领导职务。是民进中央第七、八届中央委员,第三届中央参议委员会委员。

王仿子在韬奋纪念馆贵宾簿上签名

他终身与出版印刷为伍

王仿子 1939 年加入生活书店,先后在衡阳、桂林、上海、香港生活书店和桂林《救亡日报》社工作。1941 年到香港孟夏书店工作。日军侵占香港后,经广东人民抗日游击队(东江纵队的前身)营救离港,参加游击工作。1942年再到桂林,在熊佛西主编的《文学创作》月刊社工作。1945年在上海,日本投降,生活书店在上海复业。1946年赴香港,建立生活书店在港出版发行据点。

1948年冬,王仿子奉调进入东北解放区,在大连光华书店负责出版工作。后奉调北平,在中共中央宣传部出版委员会任印务科科长。1949年6月到北平,在中共中央宣传部出版委员会工作。中华人民共和国成立后,王仿子先后任新华书店总管理处出版部秘书处主任、人民出版社经理室主任、出版总署计划财务司计划科科长、出版事业管理局出版处处长、文化部出版事业管理局副局长等职。

1960年任文化部出版事业管理局副局长,1963年兼任中国印刷公司经理。1969年9月,下放咸宁文化部五七干校。1972年返京,在国家出版局工作。1975年任文物出版社社长。1980年中国印刷技术协会成立,被选为副理事长,创办《中国印刷》和《中国印刷年鉴》;1988年被选为理事长;1993年被推举为名誉理事长。1982年被聘为国家出版委员会委员兼秘书长。1983—1993年任第一、第二届中国出版工作者协会副主席。出版有《王仿子出版文集》《王仿子出版文集续编》《印刷思考与回忆》《出版生涯七十年》,与人合著的有《初访台湾》。

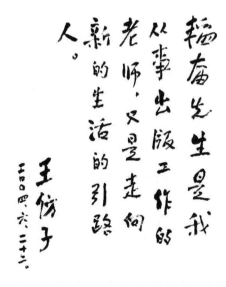

王仿子给韬奋纪念馆的题词

他是一名出色的印刷管理工作者

书刊印刷是出版工作的物质基础。出版界历来把出版工作的三个环节——出版、印刷、发行看作三位一体。因为这个缘故，我国第一个出版行政机关——出版总署，以及后来的文化部出版事业管理局都分别设置出版、印刷、发行三个职能部门，管理全国出版、（书刊）印刷与发行业务。1960 年前，王仿子以出版工作者的身份，在业务上与印刷有密切的往来关系。1960 年王仿子出任文化部出版局副局长，分管书刊印刷，开始与印刷有较多的关联。1963 年他兼任中国印刷公司经理，才算真正进入印刷界，成为一名印刷管理工作者。

1963 年成立的中国印刷公司，既是一个直接管理文化部所属印刷企事业单位的机构，又是一个对全国书刊印刷业的印刷业务起指导作用的机构。当时，它面对的问题是印刷生产力严重不足，全国开展学习毛泽东思想，而大量需要的毛泽东著作不能满足供应，印刷质量不高，技术设备落后，科研力量薄弱。

中国印刷公司一成立，他就组织调查组调查全国书刊印刷生产能力和存在的问题，制订第三个五年计划期间全面发展书刊印刷的长远规划，召开全国印刷会议。在这次会议上，王仿子代表文化部出版局做题为"充分发动群众，加强管理，增加产量，提高质量，更好地为文化出版事业服务"的报告，提出了追赶国际先进水平的奋斗目标，在大区有重点地充实印刷力量，统筹安排全国书刊印刷任务，建立新的印刷基地等。他还提出聘请日本印刷专家，成立印刷学会等设想。1965 年冬，根据国务院指示，为保证毛泽东著作和对外宣传书刊的出版，王仿子抓三线战备印刷厂的规划与建设。后因"文革"动乱，部分规划未能实现。在中国印刷公司成立的短短 3 年中，王仿子深入现场，调查研究，与全体职工一起为改善与加强书刊印刷管理，在统一调度书刊印刷任务、引进新技术装备、扩充印刷生产力、有计划分配印刷机械设备等方面，开展了富有成效的工作。

1973 年 9 月，王仿子以中国印刷物资公司经理身份，作为中国出版印刷代表团副团长，与团长严文井一道，率团赴日本考察出版和印刷技术。1975 年 9 月，王仿子再次率中国印刷友好代表团赴日本考察印刷技术。两次访日期间，王仿子与同行的印刷装订专业人员和照排、树脂版科研人员一起，参观了数十家规模不同、各具特色的印刷厂和印刷机械制造厂。在与国外交往隔绝多年之后，带回来日本在六十年代印刷技术大发展和国际印刷技术发展新趋势的重要信息，引起国内印刷界注目。在给国家出版局书面汇报中，提出全面改造印刷技术、改造老厂、引进新技术、追赶国际先进水平的建议。这些意见得到国家出版局重视，一部分被吸收进印刷技术发展规划中，其余则在以后的几年中多数也得到了实现。

1980 年 3 月，中国印刷技术协会成立。这是中华人民共和国成立以来首次建立的印刷专业群众团体。其任务是广泛团结全国的印刷科技工作者、管理工作者和教育工作者,开展学术活动,交流工作经验,举办继续教育,奖励优秀的印刷工作者,向政府有关部门反映印刷工作者的建议与要求,一切以促进印刷工业现代化为宗旨。王仿子被选为第一届常务副理事长。1984年12月,在中国印刷技术协会第二次会员代表大会上,王仿子被聘为顾问。1988年12月,在中国印刷技术协会第三次会员代表大会上,他当选为第三届理事会理事长。王仿子在主持协会工作期间,认真贯彻办会宗旨,团结和依靠全体理事,抓协会的组织建设,积极开展学术活动和对外交流,开创了协会工作的局面,发挥了协会的桥梁与纽带作用。

为了利于学术交流活动的经常化,王仿子十分重视协会会刊《中国印刷》的出版。他亲自担任主编,领导了会刊的创办与编辑工作。从办刊宗旨、栏目设置到稿件加工、版式设计,以及发行与经营,处处凝聚着他的心血。从第24期起改任顾问之后,他仍然关心这本刊物。经过10年的艰辛,这本大型的专业性刊物已形成学术性、综合性和知识性鲜明的风格,促进了印刷界学术空气的进一步形成,成为印刷界会议公认的一份层次较高的读物。

与此同时,王仿子还组织了《中国印刷年鉴》的出版工作,并为第一卷撰写了专题概述《新中国印刷工业三十年》。这部大型的资料性工具书两年一卷,成为新时期以来我国印刷工业发展的有力见证。

1984年10月,中国印协与日本印协商定合办平印制版印刷函授班。从1985年5月起的6年中,共培训学员1500多人,遍及全国20个省市自治区。1991年6月,中日两国印协继续合作,开办印刷管理函授班。王仿子积极参与和推动中日函授教育的建立与发展。表彰对印刷事业作出重大贡献者,有利于激励全体从业人员,促进印刷技术进步,加快印刷工业的发展。中国印协设立毕升奖。王仿子积极参与毕升奖的设立,并担任第二届至第四届评委会主任委员,主持评选工作。

追忆:斯人已去精神永存

2019年3月17日,王仿子因病逝世,享年102岁。他始终关心中国印刷业的发展,为我国印刷事业作出了重要贡献。

中国印刷技术协会理事长王岩镔:"王仿子同志是我国当代著名的出版家,也是新中国印刷界的老领导、老前辈。从1949年6月开始直至进入期颐之年,王仿子同志始终怀抱一颗赤诚之心,情系印刷业发展。他出版的专著《印刷思考与回忆》《王仿子出版文集》《王仿子出版文集续编》《出版生涯七十年》,以及与人合著的《初访台湾》中大量与印刷有关的篇章便是最好的史料证明。"

中国印刷博物馆馆长孙宝林:"1990年,在老先生的推动下,约请范慕韩先生讨论筹建中国印刷博物馆的事宜,由此促成了中国印刷及设备器材工业协会与中国印协两大协会联合筹建中国印刷博物馆。1992 年 1 月 20 日,两大协会联合召开中国印刷博物馆筹备委员会成立大会,建设博物馆的愿望又重新萌芽。此时年近八旬的老先生又义不容辞地担任中国印刷博物馆筹委会副主任一职,继续在筹建博物馆的工作上发光发热。近年来,已过期颐之年的王老仍然关心、关注着中国印刷博物馆的发展,在得知在中国印刷博物馆的基础上新扩建中国出版博物馆后,王老说应该有个出版博物馆。此情此景,令人钦佩。"

王仿子著作《出版生涯七十年》

慈善路上风雨兼程的王颂汤

王颂汤,1938年3月出生于青浦县金泽镇北圣浜,系王仿子(颂尧)胞弟。中共党员。

1961年毕业于大连海运学院,分配到广州远洋运输公司。历任公司调度员、主任、处长、副总经理、总经理,行政级别为正厅级高级经济师。广东政协委员。国务院授予"突出贡献专家"称号,享受政府特殊津贴。获广东省劳动模范、五一劳动奖章、交通部全国先进工作者等荣誉称号。

王颂汤还兼职多项工作:大连海事学院、上海海运学院教授,广东省经济体制改革研究会常务副会长,中国国防交通协会委员,广东经济学会、广东省交通运输协会、中远航运(股份)有限公司、《集装箱化》杂志等顾问。现是广东省企业协会、企业家协会的常务理事,广东国际商会理事。

2004年,王颂汤退休后,牵头成立广东公益恤孤助学促进会,历任副会长兼秘书长、代会长。工作中,他不仅不领取任何报酬,还捐出自己的退休金补贴公益。为确保慈善款送到最需要的人手中,他坚持亲力亲为,深入实地调查,足迹遍及广东省境内35个县。他身患腰椎间盘突出症,却曾腰绑固定带、手拄拐杖奔波近千公里,对1470名贫困学生逐户家访核查,深入了解申请资助学生情况,真实记录每户家庭情况,筛选最需要帮助的孩子。他与志愿者一起,自带干粮,到偏远地区看望穷困群众,安慰孤儿孤老。他还一次次来到医院病房,把社会关爱送到重症病童身边,让病童及家人看到生活的希望。

在他的推动下,协会组织40多次"访贫助学行",举办"千名孤贫儿童省会行""中秋思亲访贫童"等系列活动,开展"爱满罐"储蓄捐赠、"爱心午餐""乡村学校蜕变""全城爱心接力义剪"、重症贫童救助等慈善活动,帮助24346名孤贫学生实现上学愿望、1274名重症病童得到救治。王颂汤荣获广东省劳动模范等称号,荣登"中国好人榜"。2017年7月,王颂汤被评为第六届全国道德模范助人为乐模范候选人。2017年11月,王颂汤获得第六届全国道德模范提名奖。2019年12月12日,中共中央组织部表彰为"全国离退休干部先进个人"。

王颂汤荣获 2018 年"广东公益之星"

风雨兼程慈善路

2004 年恤孤助学促进会成立以来,作为志愿者的他,每天朝九晚五上班,不领取工资和任何报酬,也没有职务消费,接待时自己付费,还把退休金捐出来。平均每年志愿服务 275 天,每天 8 小时,被大家戏称为"三高"志愿者:高年龄、高职位、高服务。

在他的感召下,恤孤助学促进会志愿者队伍,从 2 名发展到现在的 2661 名,初步建设了一支在理念、作风、专业方面达到一定水平的队伍。这是一群充满理想色彩和人文情结的追梦人,他们有理念、肯奉献、能实干、守纪律,是恤孤助学会完成各个项目和工作的主要人力资源保证。2010 年至 2016 年参加志愿者服务有 25734 人次,服务总时数为 318671 小时。在王老的带动下,志愿者们持之以恒服务社会,为建设和谐社会起了表率作用。恤孤助学会的志愿者团队,在广东省"6·30"扶贫济困日,获评为"2013 年度扶贫济困优秀团队"。

在他的组织带领下,恤孤助学促进会开展了一系列访贫助学、成长关怀、救助重症贫童等慈善项目。2012 年起,设立重症贫童救助项目,累计救助了患白血病、地中海贫血、肿瘤、先心病等重症病童 1274 名,资助金额 1900 多万元。2016 年资助性支出 1500 多万元,募款 1700 多万元。

十多年来,他参加了每个地区对申请资助学生的逐户家访核查,不分寒暑,都和志愿者们一起跋涉在乡村的小路上,一起吃自带干粮、住普通小旅店,一起走进一间间昏暗的泥砖茅屋,看望社会底层最穷困的家庭,安慰那些无助的老人,拥抱哭泣的孩子,为他们擦干眼泪,把自己的钱悄悄塞给他们。他还一次次地来到医院的病床前,把社会关怀和救命钱送到重症病童的手中,给他们送去了生的希望。

十多年来,他注重慈善理念的传播,通过与媒体合作,放大了求助孤贫儿童的呼声,引发社会的关注。十多年来,人民日报、新华社、央视和广东省、广州市媒体,跟进报道就有 1000 多篇(次)。他还与羊城晚报报业集团签订了《公益事业全面合作协议》,与广州广播电视台设立"爱心直达专项基金"和"真情追踪专项基金"等。

恤孤助学点燃希望

2017 年 8 月 5 日《人民日报》刊文《王颂汤恤孤助学点燃希望》:"王颂汤是原广州远洋运输公司总经理,退休后,他在 2004 年发起设立广东公益恤孤助学促进会,任副会长兼秘书长、代会长,主持常务工作。自此,作为志愿者的他每天朝九晚五地上班,不领取工资和任何报酬,也没有职务消费,甚至还把退休金都捐了出来。在王颂汤的带领下,恤孤助学会组建起了一支有 2661 人的注册志愿者队伍,开展了访贫助学、成长关怀、救助重症贫童等一系列慈善项目。"从 2003 年开始从事慈善事业,早已不再年轻的王颂汤身体日渐虚弱。由于腰间盘突出,医生禁止他提重东西、单独外出参加活动。但步履蹒跚的王颂汤依旧坚持志愿服务,近距离的活动会议即使拄着拐杖也要参加。王颂汤说,国家的富强繁荣需要每一代人的努力,儿童青少年是国家的未来,但现在仍有许多贫困儿童和孤儿却没有条件得到良好的教育。"我们要帮助他们,让他们正常生活、正常学习、摆脱贫困,长大之后才可能更好地为建设国家作贡献!"

王颂汤的恤孤助学促进会曾帮过一个女孩赖燕珍,这是一个从小负担起老父和脑瘫幼弟的孝女,是茂名信宜市贵子镇函关村村民,当年 20 岁出头,因为自幼照顾老父和脑瘫的弟弟而受到媒体关注。

1995 年末,赖燕珍出生,她面对的是一个有些特别的家庭——父亲在将近 50 岁的年龄娶了患有脑膜炎的母亲,生下了 7 个孩子,其中 5 个兄姐先后因病或意外去世,就留下了她和脑瘫患病需要长期照顾的弟弟。再后来,在赖燕珍未满 2 岁、弟弟才几个月大时,父亲摔断了左大腿,因脑膜炎后遗症而精神失常的母亲就是在那个时候失踪了。小学六年级时,她唯一在世的姐姐也离她而去。

2012 年,她正在读初二,她的生命中遇到了广东公益恤孤助学促进会第一次资助,也是第一次转机。第二年,赖燕珍以优异的成绩考上了信宜二中。于是赖燕珍趁着暑假,出去打工。没想到,正在打工时,意外又再次发生了。台风把她家的房子吹倒了。无奈之下,她选择了辍学打工,重建家园。2015 年 1 月,新房子入住没几天,赖燕珍 79 岁的父亲突然去世,给她留下了需要长年照顾的脑瘫弟弟和 3 万多元债务……

燕珍的事迹开始广为人知,也得到很多爱心人士的帮助。她先后获得"茂名好人""广东好人""感动茂名十大人物"和"中国好人"。

救助者和受助者同时出现在一个榜单中,当年资助时,赖燕珍还不为人知,而如今二十出头的她和年近八旬的老会长王颂汤已经同是"中国好人"。

奉献一份人文关怀

王颂汤一直强调"要向社会奉献一份完全纯洁的人文关怀,保卫慈善事业的纯洁性"。促进会成立时,他制订了向社会的各项公开承诺,如创会领导不领取工资、津贴等任何报酬;保证助学捐款全用于资助,放弃按法规计提管理费;给捐赠人公开信"在任何时候,可以在事先不通知我们的情况下,前来查询、审核和指导,我们将提供全部资料和工作方便"。没有"三公"开支、职务消费、理事会基金,他两次婉拒有关方面出资邀请去英国、加拿大交流。

他提出"只有公开透明,才会公正操作,才有公平结果"。每月在网站上公布财务报表、捐赠清单、资助款使用明细表和资助款汇付一览表,具体到每人次的时间、金额等。成立后主动审计并公布,感动了某会计师事务所员工,也纷纷捐款响应支持。

他提出"好事做好"的指导思想,"依法办会、诚信办会、透明办会、节约办会"的办会原则,防止"法律风险、财务风险、道德风险"的防范机制,"做现代慈善理念的传播者、现代慈善行为的服务者、现代慈善事业的探索者"的自我定位,使恤孤助学促进会得以持续健康发展,得到政府和社会广泛肯定,先后获得"中华慈善奖""南粤慈善奖""2011 年度广东扶贫济困优秀团队",重症贫童救助项目获"2012 年度广东扶贫济困优秀项目",志愿者团队获"2013 年度扶贫济困优秀团队",访贫助学系列行项目获"2013 年度扶贫济困优秀项目",爱童行专项基金获"2014 年度扶贫济困优秀项目"等。

王颂汤本人获中华慈善总会"2014 年第二届中华慈善突出贡献(个人)奖",又是广州市公益慈善联合会和广州市慈善会评选的五位"善·暖羊城——2014 年度广州优秀慈善人物"之一,后又获腾讯大粤网、腾讯公益、广东广播电视台主办的"2015 时尚公益盛典""年度温暖人物"奖。在中国第五届和第六届中国公益节上,王老获"2015 年度公益人物奖"和"2016 年度公益人物奖"。

王颂汤在慈善路上风雨兼程地走了十多年。他说"建设幸福社会的路线图,是让现在不幸福的人减少不幸福,首先是要让最不幸福的人不要绝望,给他们机会和希望"。他认为,追求公平正义的使命,就是履行党的"为人民服务"宗旨和入党誓言。他说自己虽然老了,但还要继续为公益事业奉献!

他在西北奉献了一辈子

生于江南,情定西北

陆卯生,1935年12月生,金泽镇下塘街人。中国共产党党员。1955年7月毕业于燃料工业部苏州建筑工程学校,后考入上海同济大学,1961年12月毕业分配于华东电力设计院工作。1966年10月转西安市西北电力设计院工作。于1998年退休。

陆卯生是教授级高级工程师,著名烟囱专家。他从事的专业与特长有:土建结构设计、烟囱工程设计与咨询、电视塔结构设计与计算机软件编制。他是土木工程学会高耸结构委员会委员、土木工程学陕西省结构委员会委员。

陆卯生擅长电力工程土建设计,曾参与南昌、南通、永昌、侯马和红雁池等电厂工程设计及秦岭电厂212米四管式烟囱、石横电厂240米筒式烟囱、北京374米电视塔等高耸结构建筑物的设计。主编《砖烟囱标准图集》,撰著《钢筋混凝土烟囱计算》。

青年陆卯生

陆卯生曾于1978年获陕西省"质量标兵"称号,1979年、1984年连获电力工业部劳动模范称号,全国电力劳动模范、陕西省劳动模范,1984年获国家人事部颁发的"中青年有突出贡献专家"称号,并享受国务院政府特殊津贴。

无问西东,建设西部

1956年,为了加快发展西北电力建设事业,原工业燃料部决定成立西安电力设计分院。

687名技术人员和管理干部,积极响应党和国家建设大西北的号召,义无反顾地告别黄浦江畔的繁华上海,奔赴渭水之滨的古城西安,在黄土地上拉开了创建西北电力设计院的序幕。

这些拓荒者中,有的是刚走出校门的天之骄子,有的是一家三代老少举家西迁。他们意气风发、斗志昂扬地投身到建设祖国大西北的热潮中。

"与繁华的上海相比,这个省会宛如农村。当时心想,这正是需要人们去建设的地方。"

陆卯生就是这个时候来到西安的。这个上海人活成了地道的"老陕"。

即便环境艰苦,但陆卯生和同仁们以苦为乐,干出了不凡业绩。他们设计出了我国第一座单筒式高烟囱,第一座套筒式和多管式烟囱,第一个建议采用钛板复合钢板作湿烟囱防腐层等多项"第一工程",奠定了西北院的烟囱设计技术的国际前沿、国内领先地位。

陆卯生设计的中央广播电视塔

芳华那年,出差新疆

如今,他已经进入耄耋之年,每每回顾他芳华岁月在西安市华东电力设计院工作的经历,许多往事的记忆已很模糊。风华正茂的年纪,刚大学毕业的他,就来到院里工作。但第一次出差的经历,却仍记忆犹新。那是 1958 年 8 月,他为红雁池电厂的设计任务,和两位同事从西安一起出差去新疆,一路的颠簸就像昨天发生的那样。因为,现在人们出差,可以选择飞机、高铁、火车、汽车、轮船等各种交通工具出差,时间短,舒适度高,但与他们当年相比,真是天上地下的差别。

2017 年 12 月 19 日出版的《中电工程》杂志,刊用了陆老的一篇题为《芳华那年:记六十年前的新疆出差》的回忆文章,讲述了他第一次出差的经历,条件之艰苦,在当下简直无法想象。他犹记得第一天乘火车先往兰州,随身携带了三箱子的设计资料。那时西安公交车很少,只有一路公共汽车可乘。在车少人多的情况下,他好不容易才挤上车去,弄得浑身是汗。当晚就在火车上度过,直到第二天上午才到了兰州。

当天傍晚,他们又乘火车离开兰州。这次虽也是卧铺票,不过只是硬卧,且当时车上只有双层大床,旅客两人合用一床。列车上还没有卧具,大家都是和衣而睡。新筑铁路的路况还很差,车速又慢,历时十多个小时,火车才到达兰新铁路的临时终点乌梢岭。

接下来的路程都是乘汽车。到乌鲁木齐没有长途直达车,需要分段购票。当时公路路况很差,都是沙土路,道路弯弯曲曲,路面坑坑洼洼,一路上也没有见到一座桥梁。他们乘坐的是解放牌卡车,无篷也无座位。由于有行李,每次转车都很麻烦。他们一路坐的汽车,每车只能坐 32 人,分 4 排,每排 8 人。通常是先把旅客行李分左、中、右三排放好,然后 4 排人上车坐到行李上。经过这番折腾,到了目的地,带去的三个资料箱已全部被坐压得不成样子了。

旅途中,因为等车,他们在哈密休息了两天。当时的哈密,城市很小,如同沿海地区的一个普通小镇。城区全是狭窄的土路,骆驼是最常见的交通工具,居民住房多数是土坯房。东西很便宜。他们住的是一家新建的旅店,全是平房,新房新被褥,有集体浴室,一间房住四人,在当时算是五星级了。

那时的长途汽车,每天开、停车和中间休息时间点都由司机随意掌握,一般两个小时左右停车一次。一到停车时间,男、女旅客分别在卡车两侧下车,各自找地方方便。由于到处都是沙土路,一路上沙尘跟着汽车跑,远远向前方望去,公路上不见汽车,只见一堆堆沙尘飞驰。每次下车休息,旅客首先得清理身上灰尘,坐在汽车后面几排座位的人尤其如此。同时由于路况不好,开车后车子左右前后地不停摇晃,坐在车箱壁两侧的旅客,身体不停地与车箱壁碰撞,久而久之,与身体接触的部位很疼痛;而坐在车箱中部的两排旅客,因左右、前后摇晃中身体得不到支持也感到很累。就这样,满满一整车的人,都坐在大小高低不一,形状软硬各异的各色随身行李上颠簸,个个都弄得疲惫不堪。

沿途中,有新疆生产建设兵团设置的许多食宿站。这些食宿站都位于荒无人烟的戈壁滩上,住宿条件十分简陋。一般是由几座大帐篷和一个地窝子组成,都没有电力供应。说是地窝子,其实是一个宽、深各约三米、长约一百多米地槽,顶部用木檩、芦苇席和泥土覆盖着,就形成了一个狭长而相对实用的空间。在地窝子的入口和里面用马灯照明,底部铺芦苇席,沿长度方向每隔一米左右在戈壁土上写上编号作床位号,晚上旅客就睡在里面,不分男女老少,没有被褥,大家都只能和衣而睡。食宿站不供应洗漱用水,有饭,没有菜,据说菜是专供司机的。普通旅客只能吃清水面条,没有酱醋,佐料就只有大小不一的灰白色粗盐粒。就这样,历经九天的长途跋涉,他们才到达了出差的目的地。

现在回想一下,这是一次吃苦的经历,也是一次终生难忘的经历。对比当下幸福的生活,他发自内心地感谢国家的繁荣昌盛。同时,他也感到自豪,因为当今的幸福生活,是他们这一代用青春和汗水换来的。

他衷心地希望年轻的一代,在当今奔小康的路上,能继续发扬吃苦耐劳的精神,为中电工程的转型发展奉献自己的聪明才智,为祖国更美好的明天奉献青春和力量!

为评弹而活着的盛小云

盛小云,原名陈红卫,出生评弹世家,父亲陈瑞安是青浦金泽人,苏州弹词演员。她习弹词拜的师父是擅说《落金扇》和《游龙传》的唐竹平。母亲盛玉影是浙江平湖人,也是苏州弹词演员,学弹唱跟的老师是大名鼎鼎的苏州弹词名家周玉泉,擅演的主要书目是据周振玉说演本改编的《白罗山》。可见,盛小云应是苏州弹词的门里子弟和世家出身。

那个年代,许多优秀的传统艺术都被禁演,评弹也被称为"靡靡之音"而受到重创。盛小云出生10个月,就随父母下放到苏北射阳农村,在那片盐碱地上度过童年。在苏北的田间地头,一晃就是9年。这9年里,虽然生活困难,但小红卫(原名)却表现出了令父母惊讶的艺术天赋。广播里放的曲子,露天电影里的唱段,小红卫听一遍就能哼出来,那时候全家唯一的娱乐就是听京剧、唱京剧,一部部地听样板戏,从《红灯记》到《杜鹃山》,小红卫都能模仿得像模像样。

1978年,读小学二年级的陈红卫跟随父母回到了苏州,也是从这个时候开始,她才知道,父母亲原来是从事评弹这个职业的。此时,刚复苏的评弹演出异常兴旺,小红卫也开始出入书场,觉得说书"蛮嚓格,好白相"(苏州话蛮滑稽,挺好玩的意思)。小学寒暑假演长篇,小红卫就泡杯茶,坐在书场里听,长书一听就是半个月。盛小云那个时候最喜欢吕也康的《三国》,就这样慢慢地就喜欢上了评弹。

盛小云在演出

跟着父母"跑码头"

1979年,陈红卫10岁。江浙沪地区举办了十年浩劫之后的第一次大会书。盛小云的父亲因为长期脱离舞台,只能在评弹团做后勤,负责接待。目不暇接的长篇、短篇,让小红卫大开了眼界。常年漂泊在外演出的父母最牵挂的就是盛小云,因为三个姐姐都已出嫁,小红卫一人在家根本没人照顾。因而陈红卫上初一时,父母终于和她一起做了个决定:学评弹。

初学评弹的日子,宠爱她的父母一下子变得严厉起来。她请了三个月假,跟随父母去跑码头,一边走一边学。是不是这块料,能不能吃这碗饭,就看这三个月了。她嗓子亮、乐感好,唱是没有问题的,而评弹却是门综合的技艺,说噱弹唱,一样也不能偏废。她刻苦地学,练口齿,练手指,这三个月成为她一生的转折点。三个月后,她退了学,正式上台演出。父母为盛小云安排的登台演出是开篇《莺莺操琴》。盛小云清晰地记得,那是在常熟农村的一个小书场里。父母先上台打招呼:今天我女儿奉送一个开篇,学了三个月不到,大家听听看行不行。盛小云当时 12 岁,评弹演员坐下来脚要踏到踏脚,可是她个子小,根本就踏不到,只好用脚稍微勾到一点。

待开篇唱完,台下掌声四起。乡下码头,一般不拍手,开篇完了,就唱正本,大家听完就走了。这次掌声送给一个小姑娘,确实是个不小的鼓励。她伸了伸舌头,做了个鬼脸,鞠了个躬就下来了。下得台来,她妈妈说,你倒一点都不惊慌的嘛。盛小云答道,其实脚都在发抖,只是外表看起来镇定自若而已。自这次破口之后,盛小云决定正式学习评弹。这也是盛小云从艺的开始,她的名字也改成了"盛小云"。

学唱新开篇,听父母说书,一开始母亲教,上了台说书之后,就和母亲拼档,母亲说上半回,盛小云说下半回。慢慢地整个长篇都能说下来。功力一点点积累起来。盛小云和父亲拼档演出时候,母亲跟着出码头,料理父女俩日常生活起居的同时,也坐在观众席里听书。一下台,母亲就指出当天演出中需要注意的问题,这样的日子一过就是整整十年。所以盛小云说:"母亲是我最好的启蒙老师,在演出的过程中她总是给我提意见:抬头、挺胸。"也正因为母亲的严苛要求,挺拔的姿态,俊秀的台风成了盛小云的标志。盛小云跟着父母一边跑码头演出,一边上夜校补习文化课程,两地赶,来回跑。

1983 年,盛小云考入苏州评弹学校。进了评弹学校,形体课、声乐课,全方位、系统地训练,盛小云是先有了实践,再学习理论。盛小云说:"跟着父母学了两年之后,再回到学校从起点学起,之前的一些弊病在三年中都得到了纠正。"比如,进评弹学校前,盛小云的琵琶都是由母亲一手调教的,母亲是"四轮指",因为小拇指短一截,抢起来比较费劲,所以干脆就不用。师承下来,盛小云也用四个指头弹琵琶。进了评弹学校,这就是不规范的。实际上四轮指对弹琵琶也是很不利的,因为滚不圆。通过评弹学校正规的指法训练,盛小云开始练习"六轮指",弹奏时每个手指分配的力度都很均匀,从而改掉了这个缺点。现在盛小云一手干脆、清晰的琵琶都是在评弹学校里练就的。

遇到两位好老师

遇到良师是幸福的。1986 年,盛小云以优异的成绩毕业,进入苏州市评弹团。评校毕业正式进团后,盛小云和父亲搭档,跑的第一个码头在常熟乡下。坐车到王庄镇,再乘拖拉机到了乡下,说《白罗山》。冬天,小小的书场里放着些长凳,一开始只有七八十人。后来,人越来越多,不断有农民举着长凳挤进来,见缝插针坐下去,一直坐到门外的老虎灶旁,坐到了近 200 人。

第三个码头在张家港。城里有两家书场,只有 5 分钟的距离。另一个书场里的是当时正当盛年的两位演员。碰到这样的敌档,如果说得差点,可能观众会跑光,那就只能卷铺盖走人了。演出前一天夜里,盛小云做噩梦了,梦见来了 7 个观众。提心吊胆上了台,听众却一天比一天多,最后天天客满。两个胜仗打下来,盛小云心里有了底,再也不慌了。她和父亲拼档,母亲在台下听。每场听完,总给她提意见。和学艺时一样,依然是一家三口。

遇到良师是幸福的。更何况,除了父母以外,盛小云曾遇到过两位好老师。

一位老师是邢晏芝。从评弹学校毕业的第二年,她就去拜邢晏芝为师,因为她想学邢晏芝的弹唱。邢晏芝是苏州评弹学校的副校长,人称"祁俞调",她在弹词流派俞调的基础上,又融入了"祁调"的某些音乐元素,既有传统的韵味,又有与时俱进的时代特征。拜师后,邢晏芝在弹唱方面教了盛小云很多。

盛小云的另一位老师是著名弹词演员蒋云仙。其实小的时候,盛小云就是蒋云仙的"粉丝"。她最喜欢听收音机里蒋云仙说的《啼笑因缘》,书中所塑造的飞扬跋扈的山东刘将军和聪明机智的常熟王妈常常引得盛小云满心疑惑地问母亲:"里面有几个人在说书?"母亲说,只有一个人啊! 真是神奇,盛小云心中无限向往。

1989 年,盛小云作为江苏的唯一代表,参加在北京举办的第二届中国艺术节,跟赵本山同台。1992 年,盛小云如愿以偿地跟着蒋云仙学习《啼笑因缘》。她和蒋云仙拼档合作,吃住行都在一起,学方言,学表演,也学做人。

1998 年 3 月 4 日,盛小云赴台湾演出,演出的茶楼开门不到 10 分钟便客满,轰动台湾。盛小云被当地媒体称为"道地的苏州美女",她的吴侬软语被称为"中国最美的声音"。2002 年,她的艺术职称晋升为国家一级演员。

2005 年 5 月,纪念陈云诞辰一百周年评弹演唱会在纽约华埠举行,约一百名侨界人士出席;同年,盛小云举办的台湾演唱取得圆满成功。当晚,在台北另一个顶级剧场"国家大剧院"音乐厅,柏林爱乐"贝多芬之夜"也正在演出,形成同城对垒的局面。盛小云演唱会票房却未受任何影响,销售一空,台湾观众的热情也完全可以和柏林爱乐媲美。

与《色戒》擦肩而过

　　清纯淡雅又不失柔媚之气的盛小云,曾被李安一眼看中,欲邀请她出演《色戒》中一位"太太"的角色,可最后却落空了。虽然没有出演《色戒》中的"太太",但李安还是交给盛小云一个任务,那就是帮他培训汤唯,因为李安看过盛小云的专辑后,她的一颦一笑,一个眼神,一个手势,简直就是李安心中完美的"王佳芝"。李安把汤唯交给盛小云之后,在短短的四天时间里,盛小云教会汤唯演唱《天涯歌女》以及穿旗袍时的仪态。而汤唯也学得很刻苦,很快就"出师了"。其实,在盛小云心里,只有评弹才是她的一切,她那不变的热爱和梦想,全都属于评弹和舞台。

三尺舞台难解今生评弹缘

　　2007 年 11 月,她当选为中国曲协副主席。2009 年 1 月 29 日,盛小云、金丽生应邀赴荷兰阿姆斯特丹举行中国地方曲艺专场演出。两位艺术家带去了传统弹词开篇《莺莺操琴》和长篇弹词选回《武松·大郎做亲》,演出用英文与荷兰文两种语言打出字幕,45 分钟的演出过程中座无虚席。2010 年 5 月 28 日至 30 日,为期三天的首届"巴黎中国曲艺节"在巴黎中国文化中心和联合国教科文礼堂隆重举行。这是中国首次在国外整体介绍中国传统曲艺艺术,也是首次在国外举办全部都是曲艺节目的专场演出。5 月 29 日,盛小云演出了苏州评弹《啼笑因缘·遇凤》。5 月 30 日下午,首届巴黎中国曲艺节颁奖典礼在联合国教科文组织一号会议大厅隆重举行,盛小云获得了"卢浮"银奖第一名。

　　2013 年 2 月 10 日(大年初一)晚上,盛小云在文化部主办的春节联欢晚会上,演绎台湾名诗人余光中的名作《乡愁》,她用评弹来演绎诗歌《乡愁》。在演唱中,盛小云说最难的不是唱腔技巧,而是感情把握。这首明白晓畅如话的诗,表面平淡,其实时空跨度大,感情细腻曲折又波澜起伏,由一己的丧母之痛叠加到家国骨肉难团聚的民族之愁,震撼人心。她说唱到后面,不知不觉眼眶湿润了。

　　2016 年 12 月,她当选为中国文学艺术界联合会第十届全委会委员。

　　盛小云,以她出色的个人天赋、扎实的专业功底、勤奋的个人努力和优秀的舞台表现,在走出校门整整 20 个年头的时间里,连续 16 年不间断地持续收获着属于自己的成功与荣耀。

　　在 20 多年的磨砺和打拼之中,盛小云渐渐形成了自身在艺术上的一些特色。总体来看,她秀外慧中,踏实努力,说表清雅,弹唱娴熟,嗓音条件尤其优越。她的说表,语言细腻而又简洁洗练,节奏铿锵而又从容舒缓。她的演唱,声音清丽而不单薄,行腔高亢而不滞重;甜美之中富韵味,舒展之中见挺拔。她擅唱"丽调""俞调"和"蒋调",所唱"祁俞调"更是深得其师神韵。用她自己的话来说:"如果今生没有了评弹,我会变得很空,它已经融入了我的血液、我的灵魂,这一辈子我是为了评弹而活着"。

他是金泽的儿子

　　居悌,1942 年生于青浦金泽镇,1947—1953 年在青浦金泽北栅小学、金泽中心小学学习(小学);1953—1956 年在浙江嘉善二中学习(初中);1956—1959 年在浙江嘉兴二中学习(高中)。1964 年中国科学技术大学毕业。1968 年中国科学院研究生毕业。1968—1970 年辽宁省盘锦垦区 3125 部队农场劳动。1978—1981 年南京邮电学院第二次研究生。1986 年因在国际上较早实现晶体管模型参数的计算机提取,被美国科学院邀请赴美讲学。1987 到 1998 年任邮电高校计算机专业教学指导委员会主任。1988 年破格晋升教授。1992 年享受国家政府特殊津贴。1994 年在完成的国家自然科学基金资助项目中首次提出局部穷举法理论。1997 年被载入世界名人录。

　　1983 年前,居悌在航天部骊山微电子技术研究所工作。在此其间,他参加过我国第一台空间计算机(156 工程)的研制,是该所很多国家重点工程的主要参加者。1983 年后到南京邮电大学任教,1985 年负责创建了该校的计算机系,并任系主任到1993 年止。1987 年到 1998 年任邮电高校计算机专业教学指导委员会主任。2001年任全国计算机继续教育研究会江苏委员会名誉理事长。2005 年为江苏信息职业技术学院特聘教授,任该校软件学院院长兼计算机系主任,省特色专业软件技术专业负责人。

居悌教授

居悌长期从事微电子学、数据采集与处理和计算机应用等领域的研究,主持了多项国家和省部级重点科研项目,并获国家科学大会奖、国防科工委科技奖、航天部科技奖、江苏省科技进步奖和江苏省优秀软件奖等奖项的一等奖;在国际上较早提出并实现双极晶体管模型参数的自动化提取,并因此在 1986 年受美国科学院邀请赴美交流讲学;在 1994 年完成的国家自然科学基金项目中,首次提出局部穷举法理论,并成功地应用于可加密 PLD 芯片的全破译,为集成电路的黑箱分析理论奠定基础;出版专著 6 部,文集 1 部,发表论文 120 多篇;为国家指导和培养研究生 80 多名。

良好的家教是立命之本

居悌的父亲张子蒙,字射六,入赘居氏后,改姓居,名力亚。1903 年 2 月 26 日,生于吴江周庄一个书香门第。祖上是官府人家,周庄的张厅,便是他们祖上的居所,前后七进,"船自家中过"。可到居悌祖父,家道中落。力亚 12 岁当学徒,四年满师。师门重文,力亚学得一手好字,16 岁就受聘账房先生,开始他艰难、坎坷的生活历程。

从 1920 年工作开始,到 1951 年的 31 年里,力亚的工作单位变换七个,失业三次。力亚喜爱舞文墨,爱书不爱财,从老家搬来的,全是线装书。力亚最常读的,是老庄的书籍和明清小说。去世前,常捧手中的,是《阅微草堂笔记》和《袁子才尺牍》。幼时,居悌最爱听父亲讲故事。很多是书中的故事。有些也是他父亲自己杜撰的。他最喜欢听的,就是父亲杜撰的故事。居悌曾对他朋友说过,在周庄乡下,还有一座与张厅同样的宅屋,解放前全烧毁。故居悌留有一方印章"张氏居悌",就是纪念祖姓用的。

他父亲居力亚虽然生不逢时,家道中落,但从小受到良好的家教。居力亚亦是一位慈祥的父亲,对他的几个孩子,从不大声呵斥,更不会打骂。他爱儿女,从不用语言。他的爱,在他的心中,在他默默地为你整理的行李中,在他精心烹调的每一顿饭菜中,在他远望你离去的背影时、闪动在眼睛里的泪花中,在他孤独寂寞时的等待和盼望中。每次给居悌写信,总是以"悌爱"开头。等居悌结婚后,总称呼"居悌",让居悌感受到了一个父亲对爱被分享、爱被遗忘的忧伤。父亲的爱,厚重如山,清淡似水。

1970 年 2 月,居悌从东北"劳改"回来,落了一身的病。力亚常常陪他,坐着小火轮,到处寻访名医,当时力亚已经奔 70 岁的老人了。当力亚离世 30 年后,居悌心中的怀念、心中的愧疚,仍在应验了古人皋鱼游学归来时的感受:树欲静而风不止,子欲养而亲不待。

居悌的母亲居惠珍(1908 年 5 月 16 日—1998 年 4 月 2 日),是居悌人生第一位老师。"居"姓在金泽亦是大族人家。自小母亲就教导他要为人低调、自尊自爱,逆境不卑、顺境不亢,贫贱不露、富贵不显。穷困,不羡慕富贵,饥渴,不偷窥饕餮。即使最艰苦之时,子女穿戴,必缝补整齐,浆洗干净,形卑如猫,势贵似虎。母亲常提倡,耳鬓厮磨者,或至亲长幼之间,亦须相敬如宾,不可动粗随便。母亲待居悌,从不粗声令喝,总是和蔼相商。母亲常常叮嘱,交友要慎,不可交恶好之徒,恶好必恶交,须长流似水,甘淡如泉。母亲的教诲,让居悌受益匪浅。后母亲老了,对他仍没有其他要求,只是盼他能常陪她聊聊天。所以,每年寒暑假,放假第一天,居悌必赶回母亲身边,雷打不动,以示孝顺。母亲说话,幽默风趣。居悌与母亲聊天,常感觉是一种享受,非常有趣。虽年已耄耋,然母亲思维之清晰,逻辑之有序,令所有子女敬佩,不敢有半点敷衍、一句假话。1997 年那个严冬,整整三个月,母亲一直生活在混沌之中,世界逐步离她而去。"忠孝不能两全",宽慰了多少不孝之子。目睹母亲即将离世,居悌唯一能做的,就是每个周末,奔走于宁沪铁路,无论风雪严寒。1998 年 4 月 2 日,居悌的母亲,因病去世,享年 90 岁。

母亲离世后,居悌一度情绪跌落,精神抑郁,身心两亏,疾病频发,自责内疚,难以摆脱,以至终日朦朦,彻夜惺惺,此状延续,一年有余。都说时间能平复一切,包括快乐与痛苦;时间能考验一切,包括生命之脆弱与坚韧。

居悌常常记得 1991 年,他陪母亲在西柳湾儿童乐园照了张相,时年 83 岁。这张照片成了母亲最喜欢的一张照片,也时时勾起居悌对母亲许多美好的回忆:"当时,没有出租车,也买不到自行车挂斗,且囊中羞涩,竟没有陪母亲远游。一有空闲,就陪母亲去儿童乐园。母亲挤不动公交车,倒也喜欢走着去,和我边走边聊,十分开心。中途有家银行,是我们的休息站。如今,出租车有了,时间有了,钱也有了,可是母亲没有了,这是做儿女的悲哀啊!"

和睦的家庭演译"情同手足"

在金泽上塘街,从放生桥到混堂桥,除茶馆和偶有一些小商店,基本上是住宅区。过普济桥堍往北百米处,有一陆姓住宅,其后门就在四金刚殿旁,通大寺基。居悌在长街的老家,因年久失修,每逢台风,提心吊胆。所以,在 1956 年,他父母将家搬到陆姓住宅,一直住到 1958 年年底,因住房实在太小,于 1959 年初,又搬到北胜浜的"三层楼",时为金泽镇最高的建筑。

陆姓住宅,临街是门面房,里面有一个天井,一排北厢房,是住户们的厨房。最里面,是一幢坐东朝西的二层小楼。居悌一家住楼下南间和楼上北间;房东住楼下北间,楼下中间,是公用客厅。当时居悌在外读书,每当寒暑假,回来与小朋友们相聚,大寺基、四金刚殿和大银杏树,是大家最爱聚会的地方,其乐融融,至今仍历历在目。

当时,居悌和大哥、大姐、二姐,都在外地工作和学习,离多聚少。但恰恰就在那个时候,那个地方,那个天井里,留下了唯一的一张全家福。如今半个多世纪过去了,每当凝视这张珍贵的照片,思绪总在居悌心底翻滚,伤感从胸中涌动。真可谓:岁月不居,时节如流,生命苦短,亲人难留。居悌家共有兄妹五人,大姐居愉、大哥居恺、二姐居怡、小妹,他居中。

居悌的大哥居恺(1932年生),长他10岁,为人忠厚耿直,做事勤奋刻苦。因家父家道中落,自幼贫困,虽求学心切,然事与愿违,学途坎坷,终因谋生计,未能如愿,耿耿于怀。家有兄妹六人,学业均不得以圆满,长者困于贫穷,幼者碍于"文革",唯独居悌居中者幸免,得益于命运之夹缝,受惠于兄姐之关爱。

居恺一个勤奋、刻苦、好学的人。他是长子,家庭贫困,供不起他上学。他把求学未了的情结,全部寄托在他弟弟的身上。从初中开始,居恺定时给居悌寄生活费。大学第一学期,居悌享受国家助学金。当时,只有家庭确实困难的同学,才可以享受助学金。所以,享受助学金的同学,生活上必须非常检点,克勤克俭。为了不让居悌有思想包袱,一心攻读,大哥年底来信,要求居悌从下学期起,主动放弃助学金。居恺说,我们大家手头紧一点,但是你的心头就会松一点。居恺曾经对居悌说过,"只要你好好读书,你能读到什么程度,我就供到你什么程度"。

在后来的四年半时间里,居恺每月寄15元钱给居悌。其中12.5元是每个月的伙食费;2.5元是零花钱。在那个困难时期,每人每月定量供应糕点半斤、糖半斤和一块肥皂,全在这两块五里支出。生活上需要精打细算,包括草稿纸,都不能浪费。草稿纸,居悌是用印刷厂剪裁下来的废边角料,五分钱一斤。太窄的,就用牛皮筋扎住一头,每个纸条的一面,写上英文单词,背面写上译文,携带方便,随时可以背诵。

1995年11月30日,居恺因病早逝,享年只有63岁。居悌和大姐得知居恺病危的消息时,从上海飞往福州,陪伴居恺生命中最后的一个月。弥留之间,居恺最动情、最伤感、也令大家最难忘的一句话是:"可惜,我们兄弟相处时间实在太少了。"每每想起这句话,大家心中都是无限忧伤。

居悌的大姐居愉(1934年生),长他8岁。1959年,居悌考取中国科学技术大学,那一年,金泽小镇上还有三个人考上了大学:陈美英(北京邮电学院)、顾永康(北京铁道学院)、陈德云(西安地质学院)。这一届同学,真的为金泽大大地露了一把脸。

进京前,他母亲亲手为居悌纳了两双布鞋,又买了几双棉纱袜子,并把袜底剖开,再缝上很厚的袜垫。请裁缝为居悌做了两条天蓝色卡其布长裤,并用居恺的一件半新黑哔叽上衣,改成一件学生装。另外,还做了一件可脱胆的列宁装外套,一件棉布大衣。父亲亲手为他整理箱子,一样一东西,耐心交代,还把他最喜欢吃的"状元糕"和炒米粉,也装在箱子里。大哥居恺,从福建给他寄来了一把德国阿里斯顿的名牌计算尺。大姐亲手给他结了一件漂亮的毛背心,送他一个时髦的皮木手提箱。二姐和二姐夫送他一支"幸福"金笔，这是他第一次拥有金笔。大姐居愉陪他到上海，住在一个叫"妇婴旅馆"的小旅馆里。晚上，大姐把他送上了去北京的火车，那是一种没有编号的学生车。旅途中，学生车要避让所有正规的列车，开开停停，到北京至少需要54个小时、两天三夜的时间。后来大姐告诉他，当知道路途需要那么长时间后，晚上回到旅馆，心痛得大哭了一场。

博客成就"居悌教授"讲台

退休后的居悌，忙于写文章、画画、打太极。2009年4月，他在金陵开设了"居悌教授"博客：童年的故乡、中学时代、大学时代、关中往事、盘锦之梦、金陵苔痕、自书自画、随笔杂谈、太极心得……上千篇博文，篇篇精彩。从此他每天一篇博文，连篇累牍，常年不歇，累计已达3000多篇，正如他在博文"居悌教授"序言中说的"无事寂寂，古稀之年；有事惺惺，养吾心田；论文论著，往日勤笔；自娱自乐，今朝忙键。博文取名"自说自话"，是对心中的自我说话。说自己过去的回忆，现在的生活，将来的憧憬；说自己幼稚的经验，失败的教训，肤浅的感悟。远离喧嚣，让心宁静，走进里面，对心中的自我说话，将痛苦酿成蜜，把快乐化为水。您听到了我的说话，就是来到了我的心间"。

居悌这代人，与共和国休戚相关，使命感特强，接受的是为国尽忠的教育，所以读书刻苦，工作拼命，历经磨难，为国贡献无怨无悔。扎实的学问功底，丰富的经历加上理性的思考，写下的文字，句句珠玑。更值得赞赏的，居悌用自己的专业知识，查阅大量资料后，绘制了古淀山湖水系图、古代金泽水系图、古时金泽镇图，为我们留下宝贵财富。

打开"居悌教授"博客，你可看到，虽然他身处南京闹市，但每天"自说自话""自书自画"，笔耕不辍，画作不断。仔细欣赏他的画，他可不是为画而画，更不是用话而话、用这些画话来消磨和打发时间。"一日一幅画，一画一菩提。学习了！"，这是我在浏览了他博客上大部博文后的"感悟"。其中，他在"自书自画"中有"归根曰静"和"静曰复命"二幅画作。这两句话，出自老子的《道德经》之语："致虚极，守静笃。万物并作，吾以观其复。夫物芸芸，各复归其根。归其根曰静，是谓复命。"

春秋时期的老子李耳所撰的《道德经》博大精深，是中国历史上首部完整的哲学著作，是道家哲学思想的重要来源。老子的在《道德经》中关于修身立命、治国安邦，以及为人处世的哲学思想，经典深邃，虽然只有五千字。学习《道德经》可不是一件轻而易举之事，我们一般人只能从字里行间学习一点为人处世的道理。而居悌却能在读懂读通《道德经》后，化音为形，画出自己的心声。

每个人的工作和生活不可能没有困难和辛劳，只是不同时代所经受的不一样。学会在纷繁复杂和烦恼困惑，甚至挫折痛苦中保持一颗平静心、平常心，是很有必要的,利己利人。

读了"居悌教授"的博客,学习了老子《道德经》的点滴。当然这些做人做事的道理,相信人人都知晓,不过说易行难。"敏于行讷于言;敏于行慎于言",是当今社会人们应遵循的准则。做到这一点会使社会和谐,家庭和睦,朋友和顺,邻里和美。这一点无论是老年人、中年人、年轻人,都需如此。

居悌教授退休前执教南京邮电大学,曾任系主任,享受国家津贴的计算机专家,参与国家第一颗卫星"东方红"的研发及后的航天事业。年逾古稀,精铄神朗。因为,居悌一直自称是金泽的儿子。我信了!

(依据居悌博文《自说自话》编写)

附:居悌主要论著

《有源网络计算机辅助设计》(科学出版社,1986年)

《网络设计的计算机方法》(人民邮电出版社,1993年)

《可编程逻辑器件的开发和应用》(人民邮电出版社,1994年)

《16位微型机接口技术》(河北科学技术出版社,1995年)

《电脑应用快易通》(东南大学出版社,2002年)

《因特网技术应用基础》(人民邮电出版社,2007年)

《自说自话》(北京图书馆出版社,2010年)

与金泽结缘的名人大家

唐寰澄和金泽汴水虹桥

唐寰澄,1926 年出生于朱泾镇西林街 298 号唐氏宅院。他自幼聪慧好学,攻读勤奋,1948 年以优异成绩毕业于上海国立交通大学土木工程系。他博览群书,才思敏捷,开拓创新,不仅在桥梁结构的设计上造诣很深,而且为了促进科学技术进步,他广泛地总结、宣扬、普及桥梁方面的有用经验,著作颇丰,饮誉海内外。

当代桥梁专家唐寰澄

金－泽普庆桥

和金泽汴水虹桥结缘

在金泽古镇里,横卧着一座《清明上河图》里的汴水虹桥——普庆桥,从中可以领略古人的匠心和当代桥梁大师的风采。

1987 年,唐寰澄先生在《中国古代桥梁》一文中,对汴水虹桥的承重结构进行了分析。

唐寰澄先生为汴水虹桥做的 DSI 超静定次数分析,他还用火柴棍仿搭了这一桥式,桥式精美、稳固,宛若工艺品一般。唐寰澄先生他将这一发现和计算资料公开发表,国内外业内人士无不予以肯定。

1999 年,为了向世界介绍中国拱桥,由美国 WGBH 电视台 NOVA 科教片出资,桥梁学家唐寰澄先生任顾问,在桥乡金泽,用北宋当年的施工方法,忠实于《清明上河图》原结构,重建了一座汴河拱桥,命名为"普庆桥",这在当时引起了轰动。

1999 年 10 月底,普庆桥顺利落成,按照中国造桥习俗,桥造好后,要举行"开采"仪式。在仪式举行之前,先请人从他乡牵来 2 头千斤大水牛,各从两岸向桥中央相会,乡民沿河夹岸聚集,目睹此千年一遇的奇境盛况,也拉开了庆祝桥功的序幕。第一个上桥的是头功人物朱丽叶,只见她缓缓信步而上,驻足桥顶,叉手微笑,一副得意之态。接着,以唐老为首的顾问组人员带头、乡民尾随集体过桥。人们蜂拥桥上,观赏眺望,构成了一幅现代金泽版的《清明上河图》。

庆祝活动期间,文艺节目表演不断,杂技、民间歌舞、打莲湘、舞龙、水上丝竹,尽兴表演,热闹非凡,一派和平动人的景象。到了晚上,几乎全镇居民和颐浩寺僧徒都聚集在桥上和桥边。唐老曾经参加过不少著名大桥通车典礼,他感叹:这一次桥虽不大,却有如此生动、亲热的民间气氛,乃平生最为激动的。

普庆虹桥虽圆满建成,但唐老仍惦记着它。2003 年 3 月和 9 月,又二度专赴金泽,他建议镇里妥善维护好虹桥,若方法恰当,此桥至少可用半个世纪。2005 年 4 月,按唐老意见,在虹桥维修时采用了钢管拱替换木拱的施工方案。金泽普庆虹桥的建成,不仅在中国桥梁史上记下了精彩的一笔,也是中美两国人民友谊的象征。

2009 年 9 月,中国木拱桥传统营造技艺被列入联合国《急需保护的非物质文化遗产名录》。木拱桥具有结构轻盈、制作简单和形式优美等优点,且能在结构安全、经济、美观中力求找到平衡点,在小跨度景观桥梁中占有绝对的优势。因此,近些年来,越来越多的景观桥梁仍旧选择木拱桥。

桥头堡美术方案荣获首奖

当人们开始认识唐寰澄以后,对他的生平和业绩随之引起了广泛的关注。

1954 年,国家在各建筑设计院和各大学建筑设计系中征集长江大桥的桥头堡美术方案,全国上报了 25 个方案,由茅以升先生和建筑学会杨廷宝等建筑专家评定出一、二、三等,上报中央。唐寰澄的桥头堡设计,借鉴了清代黄鹤楼"攒尖顶亭式"的建筑风格,表现了中国传统建筑的朴素之美。著名建筑学家梁思成在清华大学对其学生说:"这次方案,建筑界败于年轻的结构工程师之手,在建筑思想上值得进行检讨。"最后,周恩来总理批准唐寰澄的方案为首奖,作为采用方案,评价该方案:"实用、经济、美观"。此后,唐寰澄还参与了武汉长江大桥深水基础结构的设计,为中国第一座长江大桥的建成作出了不可磨灭的贡献。

此后,他还参加过重庆、枝城、九江等处的长江大桥及济南黄河大桥的施工技术指导工作,设计了武汉中铁大桥局办公大楼、桂林雉山公路桥等。人民大会堂的设计,就借鉴了武汉的大桥局办公大楼。他的设计方案显示了中华文明的辉煌,具有传统文化特征,简朴、庄重,舍弃繁复的装饰,非常美观。唐寰澄桥头堡方案适应当时时代,既美观又经济、实用,经得起历史的考验。现在来看,他设计的桥头堡依然是一个经典。

我国最早关注桥梁美学的人

唐寰澄是中华人民共和国成立后我国最早关注桥梁美学的人。他将桥梁美学上升到哲学高度,提出桥梁美学法则,提倡桥梁的和谐美,讲究比例、时尚、对称和韵律。

1978 年,83 岁的中国桥梁先驱茅以升因年事已高,提名唐寰澄任《中国古桥技术史》副主编,总撰全书。该书于 1982 年完成。1983 年,唐寰澄再受茅以升之托,续写桥梁建筑专家罗英未完成的《中国石拱桥研究》,该书于 1993 年出版。

唐寰澄一生爱桥、建桥、写桥。他不仅是个桥梁设计专家,同时也是一位难得的桥梁美学专家和桥梁史学家。20 世纪 80 年代,唐寰澄就意识到在我国渤海湾、琼州海峡和台湾海峡建设跨海交通工程的迫切性,便上谏中央,请求立案研究,并亲自参加工程技术设计。当时年逾七旬的他,辗转各地考察,历经十年心血,著成《世界著名海峡交通工程》一书,已与世人见面。

“老骥伏枥,志在千里”。唐寰澄虽已进入耄耋之年,然而思维能力不减当年。他说:“我国三大海峡交通工程的最后完成,估计自己是看不到了,但幸逢中华盛世,将在有生之年不遗余力地推动我炎黄子孙共同愿望的实现。”2008 年,他获得桥梁大奖最高奖——“茅以升科学技术奖”。

2006 年,唐寰澄患脑栓塞并中风,半身瘫痪,身体每况愈下,但他依然关心国内桥梁建设,坚持参与重要桥梁设计方案的研讨。他曾经说:“只要我有一口气,就还想参与桥梁建设。”唐寰澄老伴江国梅曾说过,”唐寰澄曾表态过,死后骨灰撒进长江,一是不想占用国家土地,二是他对长江、长江大桥有很深的感情”。

2014 年 9 月 4 日 3 时 50 分,著名桥梁专家唐寰澄,因肺栓塞在武汉第四医院去世,享年 88 岁。

附:汴水虹桥历史印记

北宋建都在河南开封。开封市内有一条汴河,气势磅礴,贯穿全市,这座桥就架在汴河之上,故称汴水虹桥,如长虹卧波,古朴典雅。由于汴河是开封市的水路枢纽,北宋建都开封,故开封也称汴京。开封是历史文化名城,也是中国优秀旅游城市(系八大古都之一),尤其是在北宋建都的 160 余年中,开封发展到了鼎盛时期,成为全国乃至世界上最繁华的大都会。北宋时期的都城东京,不仅以宏伟的皇家宫殿著称于世,以美丽的皇家园林流芳千古,以曲折环绕的河流带来水乡特色,而众多的桥梁星罗棋布于京城之间,为这座北方城市增添了几多生机、几多神韵。

北宋皇帝每逢节日,在臣子的护驾下,常游览汴河和汴水虹桥。人们把虹桥打扮得花枝招展。如九月九日重阳节,桥上用青竹搭架,将松树、柏树的枝叶扎在上面,还将各色花朵插在上面,既郁郁葱葱,又艳丽多姿,将虹桥化妆成仙桥一般。正月十五日元宵节,桥上挂灯结彩,灯火辉煌,有龙灯、兔灯,有牛灯、马灯,桥上桥下尽是灯,汴河两岸成了灯的世界。到了晚上,人们扶老携幼,都要到虹桥上来。欢笑声融入灯的海洋,普天同乐。

虹桥为单孔木拱桥,桥长 16.8 米,宽 4 米,是古代桥梁的杰作。造桥采用无支架施工法,没有榫头,不用钉子,全部用捆绑式结扎起来,连成一片。桥的两旁有木拱,桥的坡变平坦,拾级而上,行走平稳,拱梁的两端,分别雕刻狮、虎头像,既增加木桥的外表美,又反映中国的建桥特色和民族风格。

北宋画家张择端名作《清明上河图》中央位置的汴水之上,有一座形若彩虹的木制拱桥。因使用短的构造材料,却形成了大的跨度而被视为中国在世界桥梁史上的独特创造,与河北赵县的安济桥(赵州桥)、泉州的万安桥、梅州市梅县区的广济桥并称中国四大古桥。可是其中三座桥梁至今仍保存于世,而汴水虹桥却随着北宋覆亡后与干涸淤死的汴河河道一起,湮灭在历史的尘埃中。

虹桥,首创于山东青州。宋仁宗明道年间,青州漳水上所有架柱的桥常被夏洪冲毁。一位曾当过狱卒的智者,发明了以木材构筑大跨径、无桥柱的飞桥,数十年不坏。庆历年间(1041—1048 年),北宋著名桥工匠师陈希亮仿照山东青州飞桥形状,在汴水上建了一座无柱飞桥,由于桥的中间部分高高拱起,远远望去,形如彩虹,因而称为虹桥。

虹桥设计技艺高超,不仅达到了我国木桥构造的最高点,而且在世界桥梁史上也写下了较为浓重的一笔。美国电视公司为拍摄这座桥,请《中国桥梁史》主编唐寰澄先生从史书中考证出来,于 1999 年 9 月,在桥乡金泽造普庆桥,再现了当年的桥姿风采。

一个艺术家的乡村实践

　　位于金泽镇的仓库建筑"四民会馆"，是胡项城实现他乡土文化复兴实验的乌托邦。这是一间会客室，颜色明亮淡雅，且大胆使用了彩色拼接地板，一些家具使用了粉绿色，在复古中传递出了现代欧陆情调。这是"四民会馆"具有教学和演出活动复合功能的厂房空间，让人联想到传统的乡村戏台。

　　在这里，胡项城与当地居民一起举办过中秋、端午庆典活动，他还在这里实际操办了儿子的婚礼，设置了传统的新房。这是传统婚礼礼俗用品。他认为，只有更新和恢复了传统礼仪和节日礼俗，才能激活传统工艺。

胡项城

乡土文化的复兴基地

　　上海青浦区金泽镇，自宋朝以来各朝各代修建的古桥，至今保留完好，堪称江南第一。但作为水资源保护地，金泽镇因工业发展受约束，而成为青浦区经济较为滞后的地区。如何可持续性地开发这片6万多平方米的"桥乡"，是迎祥文化产业园面临的首要问题。为"下塘街 1 号"(四民会馆之乡村实践项目)的探索性开发给出了一种可行的方案。

"迎祥"是金泽古镇一座元代老桥的名字。胡项城等人正在进行的乡土文化修复的实践基地就在这座桥所在的河边上。这一带曾经是金泽当地乡办企业的破败仓库和厂区,现在已经被开辟为"迎祥文化创意园区"。整个园区在镇中占地 5 万平方米,有的已改建为传统的乡土建筑,有些将改建或重建成具有地域特征的现代建筑。计划中入驻的单位有乡土文化研习所、金泽工艺馆(筹)、公益新天地、婚礼礼堂、书院、有机农业研究、当代艺术调研机构等。

这是一个进行中的长期项目,由上海艺术家胡项城和多学科的专家、群众及政府等共同参与,来自香港的张颂仁、张颂义是其最主要的合作伙伴。与很多以传统为名义的"个人秀"蜻蜓点水式的走过场不同,胡项城与他的团队希望能切切实实与村民生活发生关系,也给城市人提供一个体验"回归本真"的生活空间。他们的团队给当地村民捐赠古戏台,帮助村里搞乐队,带着上海的大学生到村里和村民一起过传统节日,给年青人办传统婚礼,研发传统服饰的现代设计,邀请有志于乡土文化的 NGO 进驻……试图通过一系列依托于乡土建筑与空间而发生的传统行为、礼仪和文化活动,探索一种中国传统文化与乡村体验融合的可能性,为可持续地激发当下乡村的内在活力提供一个可供参考的案例。

胡项城 1986 年出国,在日本、非洲等地游历十余年,20 世纪 90 年代初还参与了上海双年展的创办和筹备工作,在异国他乡出钱出力,帮助联络国际策展人、接触当代艺术的最前沿。2000 年后回国,却令人意外地,一头扎进重建乡村文明的试验中。

这些举止好像是"社会活动家"所做的事,但为什么却会在作为艺术家的胡项城身上发生?我们试图提炼几个关键词:教育、民艺、创作。或许可以从中了解他何以每周数次奔走于上海市区和金泽之间,并乐此不疲地坚持了许多年。

"下塘街 1 号",是一个传统乡村建筑群的统称,它的选址是原镇企业的仓库,占地面积 3700 平方米。在这片明清乡村风格建筑群中,有超过 300 年以上历史的明朝房子,也有倒闭的乡镇企业留下的破旧厂房。如今它们按照传统与现代糅合的建筑方式得到修复、重建,重现了青砖木梁、小桥流水的江南水乡景象,昔日"桥乡"终于重新复活在众人眼前。

老建筑在这儿复活

"下塘街 1 号"项目的负责人是艺术家胡项城,他 1977 年毕业中国上海戏剧学院舞台美术系,毕业留校任教。1978 年在西藏大学艺术系任教达二年,感受到西藏的精神和物质世界不可分的另类境界。1986 年,他旅居日本,从事当代艺术、民间工艺学、造型学的研究。90 年代初,胡项城参与了上海双年展的创立;不久,就开始了为期三年的南部非洲艺术创作和游历考察活动。在海外多年的旅居生活,让他愈发感到中国传统文化的宝贵。几次回国,他都感叹"我们的传统消失得太快"。2000年,他回到中国,和张颂仁、张颂义一起在上海郊区的金泽、青浦、朱家角等地进行了十余年的古镇传统建筑的修复工作。他说,过去传统文化被保存得较全面的大部分在村镇,因为根在乡村,但如今村庄里传统建筑正在减少,所以他选择先从保留老建筑入手。

在"下塘街1号"建筑群中,有一座明朝老房子,已有300年历史。修复这个建筑,胡项城和他的团队在细节处理上十分讲究,屋檐、房梁、架构,都按照老规矩来做。大梁等重要部件沿用旧物,部分门窗翻新材料是从江苏一个旧木材市场买的明式残件。整个院落有两个天井,按清末苏州地区香山派风格修建。

也有一些建筑经过改造呈现出新貌。在设计过程中,他也亲自参与进来,与工匠们有商有量,身体力行。房子的结构全部由传统工艺来完成,而这个无形的空间却又有一种现代的力量。下塘街1号的一个礼堂,就是从废弃的工厂车间改造而来。它保留了传统的外观,但是内部根据现代生活的需要做了最舒适的调整,有空调、地暖,还有设施前卫的洗手间。

在这片建筑群里,除了有民居,还设有礼堂、茶肆、酒廊等,甚至还有戏台。胡项城和他的团队,想让传统能够在这些房子里"活"过来,还原出江南乡村传统的生活场景。目前,这里已经举办过多次古琴雅集类的活动,还有慕名而来的年轻人,在这里按古时江南乡村民俗举办过颇有仪式感的婚礼。

很多正在建设的屋子地板上,摆满了他从民间收集来的各种器物:大到形制齐全的雕花门窗匾额、陶器;小到服饰上的配件、蚊帐、挂钩等。胡项城正在研究它们,努力寻找着有价值的元素,希望能将它们随老房子一起复活,重新回到江南乡村的现实生活中来。

四民会馆内景

传统民俗在这儿再现

"下塘街1号"项目与其他古镇保护项目不同,胡项城希望不仅要留住老房子,还要把乡村的生活方式传承下去。在这里,"家园"不是单纯的建筑,它是由无形的仪式、行为和物质构成。"我们的节日"是胡项城和他的团队发起的旨在激活传统节日的计划,村民们在按照传统方式新建的戏台上表演节目,演奏丝竹乐器。从2011年开始,附近几个村子的村民已经在这里一起度过元宵节、端午节等节日。

对于传统民俗的保护,目前一些地方建立的民俗博物馆,只实现了部分功能,仅仅停留在图像资料这一层,而胡项城着眼于培养这些传统民俗的载体。比如,这里代代传唱的民乐乐器,能拉会唱的老艺人已经不多,年轻人也没有学习研究传统乐器的兴趣。胡项城和他的团队为附近的村镇居民、中小学生免费发放了20套传统民乐乐器,帮助他们建立了20个乡村民乐队,让艺术回归于生活。拉拉小曲唱唱戏,乡村民乐队丰富了当地人的日常生活。平时,会所还会经常不定时地邀请乡村民乐队,来表演一些传统节目,既能帮助他们增加一点副业收入,又能帮助他们提高自信心。

从传统手工艺的传承和整理,到华夏民族节日的复兴,胡项城的文化复兴"雄心"不止于此,他希望以"下塘街1号"为出发点,重新建立完整的东方人的生活系统,一个有礼、有度、有情、有义的生活世界。

从消失的传统出发来创作

过去的十几年中,胡项城将绝大部分精力都投入到乡村建设中去了,与政府、商人和农民们打交道,试图以自己的力量重建老房子、保护传统民居修造技艺、恢复以宗族为基础的生活方式、建立有机农场……而他这些年艺术创作的全部出发点和目的,也大多与传统的逐渐消逝有关。

这个被称为"四民会馆"的仓库非常大,要说空旷也是很空旷,然而每一个角落都有他用于创作的素材,最多的是旧式建筑上拆下来的木残件,看上去也堆得挺满的。这些废弃的木头被他用在了不同系列的作品中。有些是旧报纸上的水彩画,画的是没有门窗的孤独的民居,外面被细长木棍框起来,使看画的人像站在同样的民居中看窗外的风景。还有一些是把木棍和雕花部件重新钉在一起,做成类似平面装置的东西,再在木头上作画。每个系列都有大大小小几十件,成品、半成品和素材一起随意放在地上,成为环境的一部分。

这些看似"杂乱"的物件都是胡项城为当时即将举办的两个展览"赶制"的作品。后来,它们中的一部分,构成了在喜玛拉雅美术馆举办的《这不是零》装置艺术展。在这次展览中,最引人注目的是堆置在中心露天广场的同名大型装置——一个圆形脚手架、三个向下的箭头、一个"拆"字迷宫和一台压路机。脚手架的圆形围挡当中，立着一个木匠祖师鲁班的彩灯像，周围像是在金泽粮仓里一样，堆满了建筑残件，脚手架上方悬着一个用破旧门窗组成的巨大圆环，构成"零"的形状。从美术馆向下望，一个同样由大量木建筑残件装饰的迷宫，呈现巨大的"拆"字形。走进迷宫，发光的黄色警示灯营造出走在建筑工地的感觉。压路机的机身上，也还是那些雕花的废旧木材。作品的意思再明白不过，是胡项城对正在消失的传统建筑及在此基础上形成的传统家园的挽留。他把如此大量的素材堆砌在一起，就是为了让参观者意识到，比这更多的建筑已经不复存在了。他急迫的心情可想而知。

　　从在周庄以高于当时市价数倍的价格买下老房子、为朱家角西镇做策划设计到重建青浦小西门传统建筑群，金泽镇是胡项城乡村实践的第四个试点了。实际上，若以物质成果论，他无疑做成了很多事情，比如金泽镇下塘街1号，就是他一手打造的整套传统乡村生活的"基础设施"，包括民居、民俗、酒坊、祠堂、戏台等等。施工的时候没有图纸，全靠他指挥，建筑材料大多是从旧货市场淘的，工匠是从周边地区请的，新材料也都进行了做旧处理，与原本留存的金泽古镇融为一体。胡项城的初衷，是把它做成一个农民们可以自由使用的公共领域，大家能够闲时喝酒、看戏，节庆时在大食堂里一起吃饭，黄道吉日在祠堂嫁娶，从而在一定程度上复兴乡村生活系统。这是他一直在做的"美梦"，他与众人都希望这"美梦"有"醒"的一天，更希望他的"美梦"能成"真"！

四民会馆内装饰一角

古镇里的现代乡绅

尔冬强,是摄影家也是艺术家,一个属于上海,也属于世界的著名摄影艺术家。一个用自己独立的眼光,从客观的角度看周边世界、周边生活的摄影家;一个独立做自己想做的事的艺术家。尽管和尔冬强同住在一个城区,但要见到他也并不容易。一年中,他至少有三分之二的时间在路上。正是这一直在路上的生活,让尔冬强的脑子里充满着各种奇思妙想。去年年底,他在艺苑真赏社的"海上博雅讲坛"和上海博物馆,各举办了一场讲座,面对面听他说自己的行踪、计划和梦想,那一刻,仿佛你也被短暂带离了地面,那是飞翔的感觉。

过去几年,他一直以整理"视觉文献"而闻名,现在他已从研究视觉文献转到了研究口述历史,促动他转变的因素是什么呢?用他自己的话说:"历史在飞速往前奔,我也在奔,但我是拼命往回奔,往历史深处奔。以前整理的都是物理景观,老房子、老家具、旧的器物等,这些看得见的东西,当然也是解读历史变化的一种凭据,但是在这个过程中我发现,还有大量不可见的东西埋藏在民间,它和精神层面的历史解读有关。一代人不在了,这些东西也就没有了,这些还活着的人,是集体记忆的容器,盛放了中国变化的各种个体记忆。他们的记忆,是历史书上所没有的,因为这些人都很普通,但历史的进程在每一个身体上都会留下痕迹。""我在青浦金泽有个视觉文献中心,里面设了一个名人堂,有200多个清代、民国以来名的人照片,当年他们都是了不得的人物。我觉得,应该把他们的价值从历史黑洞里打捞出来。"

尔冬强先生

多次搬迁，与古镇结缘

熟悉尔冬强老师的人都知道，著名的文化休闲区"田子坊"，它的起源是由于陈逸飞、尔冬强。陈逸飞走后，尔冬强也被动迁了。现在他三分之一时间在龙吴路工作室，三分之一时间在他的丝绸之路，还有三分之一时间在金泽艺术文献中心。十多年前，他在金泽，将一个闲置的旧宅院改造成了艺术文献中心，使老建筑有了新的用途。

尔冬强长期关注历史建筑的保护，用镜头记录着这个城市的变迁，几十年来从未间断，很多照片已经成为这个城市珍贵的瞬间。在电视上我看到"尔冬强"在采访中说："当今社会有钱就任性，实际没钱也可以任性。"我认为这是文化人的任性，文化人的坚守。他们的参与和保护性改造相比于大规模革命性改造，无疑是安全和稳妥的。由于他们的存在，使乡村小镇和城市建立了联系，同时也为这些老房子找到了合适的用途，尤其是不以旅游和商业为唯一目的用途，古镇有了真实的现代生活，不是简单地被观瞻、被消费。

1992年，他在青浦徐泾创办了民俗博物馆，很快成为上海一景。在那儿，除了家舍特有的稻香气息，还混合着一股浓烈的三十年代旧上海的气息。起居室的壁炉及各种摆设，饭厅卧室工作室的雕花门，床桌椅等各式旧家具，都给建筑烙下了三十年代上海的鲜明印记。但见墙上挂着古朴老式的各种挂钟及三十年代明星挂历，低柜上放着老式手摇电唱机老式电话机，以及各种各样古朴老式的照相机、古玩等。从那间"中国厅"宽大的玻璃窗看出去，可以看到天井里一株高大茂盛舒枝展叶的芭蕉树，从另一间幽静的"听雨轩"往外瞧，可以看到后院一大蓬姿态秀美的竹子、小河，以及河对岸的果园。而拾级而上，登上那观晨曦眺夕阳位置，就可看到一大片碧绿的稻田、开阔的天空和不远处的鱼塘。

2003年，徐泾农舍又被拆迁，他又把工作室搬到了金泽，继读他未竞的事业。有人说，尔冬强的心底开着一家古玩铺。但从他更深的心井里抽出的，则是古老中国积淀了几千年的浓稠的文化乡愁。"当时我想如果是有一批这样用心对待古镇的人，也许金泽古镇可以走出一条与其他古镇完全不同的保护道路，可以用针灸疗法的方式进行渐进式的改造，也就用不着政府突变式、疾风暴雨式的大改造了。

口述历史，让记忆留存

1990年代中期，尔冬强在上海绍兴路开了一家"汉源书店"。在那里，他结识了许多来自世界各地的"中国通"，他们中的许多人出生在中国或在上海生活过。在书店里，他认识了上海美国学校校友泰迪（韩立森）。泰迪那富有传奇色彩的人生故事，深深地打动了他，他下定决心要为这一群可爱的人编一本口述历史的图文画册。他要为他们做问卷记录，让他们叙述个人历史、家庭故事，并提供家庭相册。透过这些，让人们看到过去150年里这些活跃在中国大地的西方人的身影，他们中有传教士、医生、教师、商人、军人和领事官员,其中许多侨民在华已有四五代人的历史。在采访中,他遇到了许多有趣的故事。比如有对夫妻把孩子留在上海美国学校,两口子跑到太行山打游击去了,他们的经历类似白求恩。当年曾有一大批白求恩这样的人物,但现在大多被遗忘了。

尔冬强江南口述史莲湖工作坊

做口述历史他常有种紧迫感,尔冬强有个很少外泄的计划,就是一年做一本口述历史的书。这几年,他一直在这样被追着做。2009 年 4 月,他在古镇朱家角的北大街上租借了原先的老茶馆"俱乐部茶楼",开辟了一爿"尔冬强影廊"。他组建了一个工作团队,用八个月的时间里采访了 150 位朱家角民众,涉及三百六十行,大部分用 MP3 录了音,这本取名为《尔冬强和 108 个茶客》的口述史书,最终定稿选择了120 个人的口述故事,他为其中百余位被访者拍摄了人物肖像。在氤氲着沧桑历史的老屋里,与茶客品茗长谈。这些茶客,有米老板、油漆匠、卖油徒,有些行业,已经逐渐消失,关于这些行业的口述历史资料,已显得弥足珍贵。因为其中已有很多人故世了,他的记忆也被彻底带走了。

为了口述历史著作《尔冬强和 108 个台湾老兵》,2011 年,他一年中去了两次台湾,但采访还远远没有结束。"台湾不缺口述历史著作,我在那里买了一本厚厚的口述历史目录,几乎每一个条目都有人在做。我在仔细研究之后,觉得还有我自己的空间和角度。"

不久前,尔冬强的江南口述史,又有了新的"战场",他在正深入开展着乡村文化的挖掘与留存的金泽莲湖村建了个"口述史工作坊",担负起了保存乡村历史记忆的责任。尔冬强在做记者时曾采访过莲湖地区,故曾留下过比较深刻的印象。他在采访过程中发现了很多鲜活的事物,以及更多有趣的文化现象。莲湖村的原村干部朱秋林,就是参与口述历史的村民之一。作为这片土地的亲历者和建设者,朱秋林深刻感受到了莲湖村这些年来的变化。原来村庄里像蜘蛛网一样的电线不见了,污水纳管项目启动,自来水升级,环境也优美了许多,如今的莲湖村让人更有幸福感了。

作为首批上海市乡村振兴示范村试点村,莲湖村在历经规划设计和建设后,乡村面貌焕然一新。尔冬强通过村民们的口述,一点一滴地了解小桥流水间的风土人情与今昔变幻。莲湖村带给尔冬强最大的感触就是绿水青山。这里有不少湖荡,南边的太浦河直接连接太湖。一到周末,大量的游客过来看青西郊野公园、百年老宅,吃当地的农家菜,这是一个临近上海的世外桃源。莲湖村西谢庄有 105 号、106 号和 109 号三幢百年农家老屋,这是莲湖村历史上最古老的民宅建筑。如今,为了留住乡村记忆,这些整体格局保存完整的老屋得以重新修缮,以旧修旧,将江南水乡粉墙黛瓦的传统格调延续留存。

口述历史性访谈,是研究历史、民俗、民间文化的一种方式。通过讲述,过去时段中的人物、事物和事件得以逐一还原,鲜活有趣的记忆也在此凝固为值得珍藏的瞬间。河湖纵横交错、田园风光迤逦、民宅错落有致,莲湖村仿佛一幅中国水墨画,呈现着典型的江南水乡风貌,也将良好的生态环境展露无遗。经历着岁月的洗刷,传承着文化的沉淀,以莲湖村为代表的魅力水乡,保存着泥土的天然肌理,更焕发着时代的新气象。这个紧邻城市的世外桃源已然成就一曲青山绿水间的田园牧歌。

视觉文献,记录时代变迁

"视觉文献中心"藏身古镇金泽,一座两落四进的江南老宅。工作即生活,相比于市区住房,主人更爱这片清静。老屋紧邻市河,尔冬强花了 1 年多时间修旧如旧,竹林、莲花池、古戏台、明清匾额……一应俱全。池塘边的参天古树迎风低语,为保留它的专属天地,尔冬强夫妇特意在改造时缩小客厅。

"视觉文献中心"里收藏着尔冬强的全部快乐。在他全部的 22 个房间里,每间房都涉及一个课题,生活即工作,陶醉其间,流连忘返:丝绸之路、上海装饰艺术、斯坦因、邬达克、中国通商口岸史……累计多达 2 万余件展品。他奔走于世界各地搜集资料,房间堆满书籍和图片。"有的历史见证人年事已高,我必须和时间赛跑。"尔冬强曾多次说过。

在尔冬强的视觉文献系列里,他偏爱上海。在参观他的文献档案研究室时,看到走廊上悬挂着满墙的"中国近代名人堂"镜框。有蔡元培、黄炎培、许世英等历史名人。在老宅中,有一副复制的楹联,引起了我的关注:"春申门下三千士,小杜城南五尺天",这是当过黎元洪总统秘书长的饶汉祥撰写,赠送给杜月笙先生的,当年悬挂于杜先生在上海华格臬路住宅大厅内。"我这一生,有时觉得很幸运,我用 30 多年时间在记录城市的变迁;有时我又觉得很不幸,周遭充斥着都市喧嚣,目睹了太多的老房在消失,连同老上海人的传统生活,一起湮灭。"

30 多年来,尔冬强始终坚持"为失了忆的上海作证",为留存古镇记忆的视觉文献必将走得更远。

穿梭往来于古今的金泽工艺社

金泽工艺社,坐落在金泽古镇。占地70余亩,在几个废旧工厂的基础上,历经10多年的改造、建设,已经拥有包括若干个仿古建筑与陈设风格的故居、会所,几万平米的器物陈列室,纺织、琉璃、漆器、紫砂陶艺、古方染织、陶瓷、糕点等供设计师与会员"学而时习之"的工坊,藏传佛教觉囊派唐卡画教授、学习、创作与展室,以及容纳几百人的学习、游览与食宿设施……古风犹存的水乡古镇,旨在传承中国传统工艺设计的金泽工艺社,在相互选择中结缘于历史与未来的虹桥上。

金泽工艺社是上海四民置业有限公司的一个工艺传承及文物保护项目,馆内设有文物保护库,收集和保存中国传统工艺品,并有设备齐全的工作坊和典籍丰富的图书馆,为来自世界各地的设计师和工匠提供灵感的泉源和从事创作的理想环境。这里活跃着一群引领金泽穿梭于古今往来的热心人士,已经陆续举办了各类活动,包括工作坊、驻场艺术家、研讨会和展览等。

金泽工艺坊庭院

多彩的工艺体验

金泽工艺社,常年举办各种工艺体验活动。你能够寻找到旧时光的回忆,感受到"开心"的心情。2018年10月12日,金泽工艺社帮助各界人士,从历史和文化的视野去了解纺织和服装行业的衍生过程,鼓励多元化的讨论,如持续发展、工艺和文化产业等。金泽工艺社从丰富的纺织藏品中,每天挑选不同的刺绣精品作观赏讨论,也欢迎大家带各式绣品来分享及带来问题让老师解答。白天上课,晚上大家可继续自由练习,或聚在一起研讨,从作品及图书中学习。

植物印染中天然的染料,最为引人关注。早在新石器时代,人们已会在应用矿物颜料的同时,也开始使用天然的植物染料。人们发现,漫山遍野花果的根、茎、叶、皮都可以用温水浸渍来提取染液。这种使用天然的植物染料给纺织品上色的方法，称为"草木染"。这也适合亲子游的活动。用植物作染料做成的衣服；这对于金泽原住民来说，家中箱底的那匹蓝印花布（土布），就是这么弄出来的，既是那么熟悉，又已那么遥远。课程结束后，学员们还能有足够的自信和能力，并按本身的条件和方式，继续发展与纺织相关的兴趣和事业。

如何鉴赏世界上最古老的作物，也是金泽工艺社"穿梭古今"的体验项目。如葫芦，是我们都不陌生的一种植物，做菜味美，做工具实用，做工艺品更美观，如今也有作为文玩而为大家收藏。金泽工艺社提供葫芦研讨，讲述从产地到种类再到用途——特别是种植、加工、制作技法等，通过一段时间的体系化讲解，帮助大家了解这种艺术品。除此之外，金泽工艺社也有很多藏品，会不定时开放展出。

2016 年，四川省阿坝州壤塘县政府带领"非遗"文化走出高原，与上海市青浦区共同在金泽工艺社建立了"壤巴拉非遗传习（上海）基地"，促进"非遗"的传承与文化的交流。经过一年多的努力，觉囊唐卡、梵乐、雕刻、藏医药等 9 项"非遗"传习项目陆续办展，来自清华、中央美院、中国音乐学院、上海博物馆等 20 多所高校和文化机构的学者、艺术家参与科研和授课。古老传承与现代文化碰撞、高原村落与沿海都市相接，呈现出多元文化融合的独特魅力。

金泽工艺坊内景

2017 年 12 月 16 日，川西北高原上的 59 位青年唐卡画师来到金泽工艺社，他们将举办自己的毕业作品展，展现他们在"壤巴拉觉囊唐卡传习所"八年刻苦修学的成果。他（她）们的作品已经在北京大学首届宗教文化艺术展、上海刘海粟美术馆、2015 博鳌亚洲论坛峰会、浙江大学西溪美术馆、中国人民大学汉藏佛学研讨会、清华大学宗教与艺术论坛、中国唐卡艺术论坛、中国成都国际非物质文化遗产节等诸多有影响力的学术和艺术交流活动中展示。学者和艺术家对这些青少年画师扎实的美术功底、独特的古韵禅风十分赞叹，同时也引发了更为深入的好奇和探究。

丰富的藏品展示

金泽工艺社收藏有众多的文物及民艺作品,又在社中建立了数十个民艺工坊,尝试着在当下的生活状态中,如何活用传统文化,并获得了社会的广泛认可。

2017 年 6 月 30 日,由中国美术学院民艺博物馆、金泽工艺社主办的"民艺中国器物系列展"于中国美术学院民艺博物馆开幕。展览由"铸铁为器——山西晋城铁壶展""食寓吉祥——中国民间糕饼模展""盈满箱箧——中国近现代箱具展"三个展览组成,共展出 80 余件铁壶和铁炉、80 余件中国近现代箱具和 200 件中国民间糕饼模。展览利用古代文献及图像资料与具体实物相结合,系统梳理中国人过去一百多年以来的日常生活方式。

开幕式后,参加开幕式的嘉宾与参观者一起参加了"食寓吉祥——糕点制作品尝·茶会"体验活动。烹茶、做糕、收纳,老底子中国人的温暖日常。在现场与专业制作糕点的师傅一起亲手做糕、吃糕,立体式感受中国的传统民艺与民俗文化。比起常规式的参观,互动式参观体验更难让人以忘怀。用金泽工艺社总经理张喜良的话说:这次展出的展品,均来自太湖东岸的金泽工艺社。

金泽工艺坊内景

多元的文化显现

金泽古镇,宁静而质朴,小桥水道,纵横交错,白墙墨顶。临河贴水,如人在画里,穿梭往来于古今。成立于2012年的金泽工艺社,传承了古镇的特有风格,更保留传统江南水乡风貌,在水乡文化的基础之上更提供了艺术、文化、学术集一身的文明环境。他们立志于保护中国手工艺文化,积极打造文明、艺术及学术人文环境,创建了独特的学术文化团体,为传统工艺爱好者提供一个促进理论研习和技术交流的平台。

2016年1月7日,金泽工艺社举办了"手艺的精神"文化论坛暨传统手工艺藏品与现代手工艺创作展。论坛特邀藏传佛教觉囊派法主嘉央乐住仁波切、中国美术学院副院长高士明教授、苏州大学艺术学院张朋川教授、上海博物馆范明三研究员四位先生作为"手艺的精神"论坛嘉宾们,就手艺与信仰、传统手工艺与当代艺术文化发展的话题发表各自的观点。此次展出的传统手工艺品,有贵州苗族彩色传统蜡染背带、蜡染祭鼓幡、鸭绒传统枫树脂染被面、以及难得一见的蜡染刺绣妇女百褶裙;有长居香港的Barbara夫人捐赠的东亚及东南亚各国的150多顶帽子;有被誉为"织中之圣"的缂丝被;还有香港著名服装设计师彭杜巧奴(Hannah)先生,将中国民间传统的竹草编织、草木印染,以及缂丝、刺绣、手绘等东方的裁剪技艺与时尚理念。

2018年2月24日,金泽工艺社邀请复旦大学副教授、知名主持人蒋昌建先生做"中国与世界"主题演讲。到工艺社交流学习的200多名师生聆听了演讲。在连续四个小时的交流中,蒋老师分享了研读国际关系的思路和要点,从理论框架到时事焦点,从宏观格局到微观事件,将复杂的学术课题转化为精炼的沙盘推演,清晰而有趣地勾勒出中国在当代世界中独特而重要的角色和使命,也祝愿未来世界和平,中国继续把握难得的稳定发展机遇,向世界分享文化和经济成果。精彩的"言传"令在座师生获益良多。

金泽工艺坊展厅

　　这些年来,世界各地的许多学者、工匠、艺术家、设计师、教师、学生或各文化兴趣团体,都在金泽工艺社进行过传统工艺的研究和应用。而能够汇聚如此之多文化资源的,便是这位巧妙地将大名镶嵌进词句"冰巧玉容香桂袖"的金泽工艺社的掌门人梅冰巧。

　　2018 年 11 月 6 日,我们终于见到了梅女士,蓦然间仍焕发着青春的仪容,更加显发出她源自心底的年轻面貌来。都说人的精致体现的是精神的精致,也正是有这样富集文化底蕴精致的人,才能够成就金泽工艺社这样的精美的文化大业。

毕生奉献青浦的好医生

李镇当(1932年6月—2019年4月1日),出生于江苏省溧阳县城关镇一个中学教员之家。他父亲是教员兼任学校教务长,李镇当从小耳濡目染了父亲的对工作兢兢业业的态度,养成了他具有认真、负责、细致、刻苦的良好品质。他曾经考入上海财经大学,但是他觉得医学可以治病救人,更符合自己的理想,于是他毅然选择退学。在1951年,他以优异的成绩考入湖南湘雅医学院医疗系,1956年毕业。他在这所医学院接受了严谨的医学教育,在当时淘汰率很高的情况下,他以优异的成绩毕业,并被分配到上海中山医院工作。1961年支农来到本县朱家角人民医院,1963年任朱家角人民医院外科主治医师,1978年晋升为副主任医师,1982年调入青浦县人民医院,任外科主任,1983年任副院长兼外科主任,1985年晋升为主任医师。兼任青浦医学会常务理事、外科分会会长,并先后担任县政协第四届至第七届委员。1992年退休。享年87岁。

在中山医院期间,他刻苦学习,精益求精,他的手术利索获得了同行和导师的称赞。

罗柱流、李镇当(中)、黄其晶"三架马车"

毕生奉献青浦的血防事业

青浦是全国十大血吸虫病重疫区之首,也是全国最早消灭血吸虫病地区。当年仅有30多万人口的县城,竟然有15余万的血吸虫病感染者,特别是青浦任屯村的居民,感染率高达97%。由于常年累月的血吸虫感染,不少是晚期血吸虫病患者。任屯村患病村民病情严重的照片,使人触目惊心,令人震撼。防治血吸虫病,事关人民生命健康和民族兴旺。1949年后,党和政府对防治血吸虫病非常重视。

李镇当原是中山医院外科的一名医生,60 年代初期,作为"种子医生",响应中央"一定要消灭血吸虫病"的号召,他来到青浦,为消灭血吸虫病和外科工作作出了卓越贡献。

1957 年,毛主席在上海召见上海第一医学院教授苏德隆,探讨消灭血吸虫病的有关问题。卫生部、血防局正式提出,要求苏德隆教授负责青浦地区开展血吸虫病工作防治试点。苏德隆教授是我国防治血吸虫病的先驱。他在青浦建立血防试验田,中央血防办也在青浦建立血防试点,研究防治对策。在整个防治过程中,苏德隆教授深感青浦地区技术力量薄弱、缺少高质量的防治人才。建议上医应和青浦建立合作平台,人员相互支援。因此在 50 年代末 60 年代初,从上海中山医院、华山医院派遣一批医疗技术力量,充实青浦医疗卫生工作。李镇当、罗柱流等这批精英就是这样落户青浦。

青浦任屯村疫情照片

结缘《枯木逢春》剧组

《枯木逢春》是一部反映江南水乡村民和血吸虫病抗争的故事,影片中的苦妹子牵动了亿万群众的心,当时在全国引起了轰动。水乡人民都希望有像李镇当这样的医生到疫区去为他们解除病痛,获得新生。

1959 年,李镇当跟随孟承伟教授来到青浦朱家角人民医院,为晚期血吸虫病患者施行脾切除术。在朱家角人民医院遇见了正在拍摄电影《枯木逢春》的女主角尤嘉,她正在朱家角人民医院观察体验晚期血吸虫病患者的生活状况,也遇见了电影中苦妹子的原型、青浦任屯村的杨爱珍。当时杨爱珍正在接受治疗。这位本来年轻貌美的农村女子,因为患有血吸虫病,变成了腹大如鼓、骨瘦如柴的患者。通过综合治疗,症状逐渐有所改善。待腹水消退后,再进行外科手术。此时她希望有一个医术高明的好主刀医生为她进行切脾手术,后来在查房过程中,孟承伟教授决定由李镇当主刀,杨爱珍内心是多么高兴和激动。在手术室的无影灯下,演员尤嘉全程观摩了李镇当的手术过程,为演好这部血防影片积累丰富的经验。手术成功后,杨爱珍获得了新生,成为两个孩子的母亲,从此她和李镇当主任结下了深厚的友情,这种良好的医患关系也给李镇当带来了无限的快乐。

李镇当下乡一年后,需要回到中山医院。由于青浦晚期血吸虫病病人众多,水乡人民强烈要求把李镇当留下,继续为他们服务。当时中山医院把李镇当作为医院的医疗骨干,由于他在青浦朱家角经过几百例手术治疗的实践,他的切脾手术已达到炉火纯青的地步,赢得了大家的称赞和关注。这时的青浦朱家角人民医院始终没有忘记李镇当,多次到中山医院指名要求李镇当到青浦朱家角人民医院工作。上医领导经过深思熟虑、权衡利弊,最终同意将李镇当派到青浦朱家角人民医院,满足了青浦人民的愿望。

李镇当来朱家角之后,水乡人民欣喜若狂。朱家角人民医院重新组建外科病房,调整人员结构,给李镇当配上了最好的助手,李镇当从此在水乡名声四起。他的精湛的技术和认真负责和蔼可亲的态度赢得了朱家角医院"神刀"的美誉。大量的患者纷纷要求他主刀,他和他的团队,在短短两年内,把朱家角的医疗水平提高到相当高的程度。

外科切脾手术组为血防立功

李镇当不仅在青浦获得了很高的声誉,连浙江嘉善地区人民医院也邀请李镇当团队去当地指导,帮助他们开展晚期血吸虫病手术治疗。在1963年,李镇当带领青浦朱家角人民医院的一批医务人员,到西塘人民医院,为当地切脾手术示范,提高当地的医疗水准,并为当地60多名患者做了切除脾脏的手术,也引起了极大的反响。

正当李镇当要大展宏图的时候,"文化大革命"开始。苏德隆教授在青浦朱家角镇被造反派押送回上医隔离审查,上医的青浦教育基地也撤走,血防工作停滞了3年。李镇当也被造反派打成"蓝衣社特务",进行隔离审查。后在县卫生局领导的关怀和支持下,血防小组重新组成,他又经常奋斗在血防战线上。

1970年,上海派出大批医疗队来到青浦农村,特别是中山医院卫生工作队。曾在不同时期,和当地的赤脚医生结合,一起开展了晚期血吸虫病的调查,共查出了一万多名晚期血吸虫病患者,并给于分类处理,对其中的1526例患者进行手术治疗。李镇当在这些手术中,起了重要的作用。他们团队提出了防治结合、内外科合作治疗晚期血吸虫病新理念,大大降低了晚期血吸虫病的死亡率。

在医疗业务不断发展的同时,业务性总结、技术交流蔚然成风,他们不断地总结经验,发表了许多论文。李镇当先后发表了"脾切除和大网膜腹膜后固定术治疗血吸虫病性门脉高压症""青浦县外科治疗542例晚期血吸虫病的资料分析"等12篇学术论文,这标志着医院的医疗水平正在向更高层次提升。对当时全国晚期血吸虫

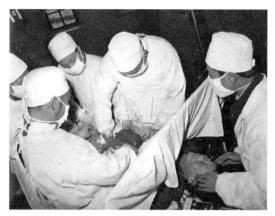

朱家角医院外科医生正在为患者手术

病人切脾手术治疗,亦起了指导作用。

1982年,李镇当主任从朱家角人民医院调到了青浦人民医院,在外科担任了外科主任,1983年又担任了青浦人民医院副院长兼外科主任,兼任青浦医学会常务理事,外科分会会长。在任职期间,他对青浦外科做了全面规划,扩大外科床位,增加手术项目。从此,青浦人民医院的外科工作又呈现一派崭新的面貌。他还主编了《急腹症》和《外科出诊》两本书,由上海人民出版社出版,对帮助和提高农村中级医师水平起了很好的作用。

把救治病人看成幸福的事情

退休以后,李镇当仍然不断进行医学探索,把救治病人看成自己最幸福的事情。他积极参加青浦高知协会免费医疗咨询,每周四下午都来现场进行咨询。许多患者慕名前来咨询,他对患者的疑问都做了详细的讲解,给与患者医疗上的指导和心灵上的安慰。

他对病人极其负责,解释病情耐心细致,对重危病人能及时抢救,对重大手术后康复出院的病人,经常利用自己的时间,上门随访,了解并巡访术后恢复状况,并指导注意事项。李镇当主任没有高知的架子,对于手术室护士亲切关心。病人术前紧张,他都会耐心开导,使病人消除顾虑。当其他医生术中碰到困难或发生紧急情况时,他都会及时赶到,解决难题,转危为安。

李镇当晚年长期患病住院治疗,中山医院青浦分院的领导和医务人员给了他无微不至的关心和爱护,让他感受到了医院的温暖。上海原人大副主任中山医院教授吴肇光和原外科主任吴光汉来医院病房探望,当年接受李镇当手术治疗的苦妹子杨爱珍,也多次来医院探望卧病在床的李镇当。水乡人民都深深地惦念李镇当,对这位曾经为青浦消灭血吸虫病并作出卓越贡献的医务工作者表示敬意。

从"大观园"走出的书艺怪人

  李仲安,1922 年生于江苏东山陆巷村,幼年丧父,由母亲和祖母合力扶养。祖母李唐氏是明代书法家唐伯虎的后裔,极重视书法教育。李仲安 4 岁开始由祖母传授书法,并在私塾读书,9 岁时已写得一手好字。后迫于生计,到上海大昌祥绸布店当学徒,后又移居于青浦商榻数十年,晚年定居青浦镇,2003 年病逝,享年 82 岁。

九怪并不怪,情定大观园

  李仲安,卓号李九怪、九怪山人。在上海书法界,年近八旬的李仲安老人可谓大名鼎鼎。但是,真正见过李仲安本人的却寥寥无几。这倒并非李仲安老人架子大,而是因为他不喜欢场面上的应酬之事,平时将所有的心思放在了书法创作上。后来,李仲安又索性把家搬到青浦大观园,避开滚滚红尘,面对一汪青湖,静心"修炼"他的书法艺术。

李仲安绘画作品

　　李仲安早在 9 岁便写得一手好字。尽管李仲安是从中国的书法传统中滚过来的,有着深厚的传统功底。不过,他最信奉的是"笔墨当随时代",殚思竭虑,想的是自创新的书艺。李仲安经多年摸索终于悟出了自成一格的九怪书艺。

　　所谓九怪书艺,便是以自由笔墨书写自由生命。其书法似书似画,又似笔酣墨畅的舞蹈。几分原始怪拙,几分现代幽默,古韵今趣相呼应。李仲安善于驾驭各种书法样式,楷草隶篆,门门精熟,且能融会贯通,写出新意。

　　1949 年后,由于历史原因,李仲安在商榻供销社下伸店(国营供销社属下的乡村小店)、旅馆、食品站工作。尽管生活艰难,工作环境多变,但一直执着苦练书法。李仲安早年临帖王羲之、柳公权、颜真卿和赵孟頫、黄庭坚、褚遂良等大家,后对"扬州八怪"书艺深研,并将楷、草、隶、篆和象形、甲骨、石鼓等文体融为一体,形成一种独特的书法。其字形奇特,大小不一、参差不齐,但错落有致、意幻如画、极富情趣,给人以高雅的艺术感。

　　20 世纪 80 年代初,青浦大观园景区开发已初具规模。景区领导偶然发现李仲安写得一手好字,是位难得的书法人才,就特聘其到大观园秋爽斋开辟书画室,后称"九怪山人书屋"。这使李仲安得到潜心研究和弘扬书法艺术机遇。是年李仲安已近古稀之年。

李仲安自题"来山李九怪"

古文百字图，自称"李九怪"

李仲安得益于祖传书法墨宝"古文百字图"的影响，在书屋精心编写了百龙、百虎、百兔、百马、百寿……等百字图，深受中外书法爱好者的青睐。当年日本首相访华，来到上海青浦大观园。首相也是中国书法爱好者，他在大观园画廊品味了李仲安的书法作品后说："中国有著名的扬州八怪，而您容纳并超越了他们，你是九怪啊！"受到这句话的启发，李仲安从此就以"李九怪"为笔名，自称"九怪山人"。他独创的字体被书法界称为九怪书法，深受国内外书法人士的喜爱。

从 1984 年到 2002 年，李仲安走出青浦，走出上海，曾应邀在国内多个省市、香港举办个人书画展，获得多种奖项。同时，他的书法又走出国门，到日本、新加坡、韩国、泰国等地区举办书法展。2001 年 9 月李仲安出席由文化部举办的"中华魂"书法展，获得中国历代书画名字名家赛金奖。同年，获得 21 世纪中日书法名匠金牌奖，并在《人民日报海外版》《文汇报》等各大报登载、介绍。2002 年参加国际第六届审美书画大展获金杯奖，参加了中、日、韩、巴四国巡回展。在这段时间，李仲安先后出版了《李仲安书法》《九怪山人古文百字图书法集》《九怪书法》和《九怪山人书法集》四册专辑。李仲安毕生追求中华书法之精髓，宏扬中华书法之精华，不愧为当代青浦著名书画家。

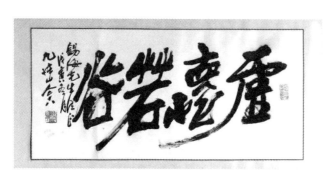

李仲安书法作品

沪上"李九怪"，代有传承人

1953 年 5 月，李仲安的儿子李欣欣，出生于风景秀丽的淀山湖畔。江南水乡秀丽环境的哺育和浸染，赐予了其喜爱艺术的天赋。他从小在父母亲的艺术熏陶下，喜欢上了画画和书法艺术。古代王羲之、颜真卿、欧阳询、米芾、苏东坡、褚遂良等大家的字帖，都常临不离手。从 1974 年起开始临习现代书法名家周慧珺的行书。

　　20 世纪七十年代,李欣欣在下乡插队的空余时间,练习素描和油画。80 年代,李欣欣在青浦县工会开办的美术进修班学习,受到了系统性的培训。90 年代,他跟随父亲在大观园书画院进行研究和实践。在其父亲李仲安的传授下,加上自己的喜爱和勤奋,他对书法有了一定的造诣。

　　2013 年退休后,李欣欣受到上海书法名家王宜明先生的指导及各位书法家的指点,对书法的章法有了更深的研究和发展。他全身地心投入到书法研究中,多次参加上海各书法院笔会,并取得可喜的成效,他将其父九怪书法的完善和发扬走上了新的高度,特别是把父传授的古文百字图(百龟,百龙,百寿,百福,百羊,百马,百猴,百蛇,百鸡,百禄等)进行修改和创新,每幅作品字字呈祥,妙合自然,意幻无穷,其书抑扬顿挫,布局错落有序,其势散而不乱,整体行云流水,使古朴的文字散发出了新时代的韵味,深受广大爱好者和收藏家的青睐。

　　在 2013 年 7 月,他的两幅书法被选中刊登在《人民日报海外版》上。8 月,他有五十幅书法作品,在上海国际书画院展示,12 月,他在青浦曲水园举办了个人书画展。他的书艺在各种新闻媒体上进行报道,且载入了中国民间名人录。李欣欣还多次在《新民晚报》《东方城乡报》《青浦报》上刊登过作品和介绍,青浦电视台也曾多次专访过。

李仲安书法"事在人为"

他是青浦"送瘟神"的带头人

苏德隆(1906—1985 年),原上海第一医学院一级教授、著名的血吸虫病防治专家。

半个世纪前的中国,有一种病肆虐无忌,长江南北,哀声不断,悲歌四起:"东邻白发叹凄凉,西舍儿童失爹娘。"当时的青浦县是全国 10 个血吸虫病严重流行县之一,有一个叫作任屯村的地方,在这场瘟疫中,几近死绝了户。一户鲁姓农民,从 1947 年至全国解放,仅两年时间,就先后摆了 13 张灵台。全村有 50 多间房屋,因无人居住而倒塌。田地因无人耕作而荒芜近半。躺在家里的,瘦骨嶙峋,却挺着个鼓鼓囊囊的大肚子,肚皮上面的丝丝经脉,无处哀诉。

中华人民共和国成立后,党和政府十分关心肆虐已久的血吸虫病防治工作,一批又一批的医务工作者投入到这场生死搏斗中来,与瘟神开展了一场惊心动魄的战斗。随着岁月的流逝,如今血吸虫病已经不再是一种大病,也渐渐地被人们淡忘了,但是有些东西,却留在了岁月的履历上,形成一个个永恒的印记,把我们带到那激流勇进的过去,带向每一个辉映着他们身影的时空,也带向无数个时刻待命的奉献者。

苏德隆教授在工作中

他是青浦"送瘟神"的带头人

20 世纪在青浦,几乎人人知道血吸虫的"帮凶"是钉螺,因此,也几乎村村都知道指导青浦消灭钉螺的是苏德隆。青浦患过血吸虫病的人都感恩他,从事灭螺工作的县、镇、村三级血防员都敬仰他。苏教授第一个把人民解放军在青浦河港训练时感染了血吸虫病的情况写信给三野九兵团司令宋时轮将军,又是第一批踏上血吸虫病流行特别严重的青浦土地的上医大教授,指导青浦人民奋斗三十多年送走瘟神。因此,青浦人民说,苏教授是血防大师,是青浦送瘟神的奠基人。

中华人民共和国成立后,深受血吸虫病危害的青浦百姓,迫切要求治疗"肚胞病",但是不清楚血吸虫病是怎样得来的,更不清楚血吸虫病还有个"帮凶"是钉螺。

1951年4月7日,松江专区血吸虫病防治委员会和青浦卫生部门,在朱家角等镇先后主办两期由社会医务人员参加的防治血吸虫病专业人员进修班。苏教授应邀讲课。他在两期进修班里与学员同吃同住。在课堂上,他讲解什么是血吸虫病,血吸虫病对劳动人民的危害,钉螺与血吸虫的关系,钉螺的形态和生态,还特别详细讲解钉螺生存的基本条件,在不同环境的分布,钉螺的繁殖、生长和活动规律,以及感染钉螺的分布等知识。为了让大家更深刻地理解,他带领学员在青浦各乡镇,实地教学生识螺查螺。

消灭钉螺是消灭血吸虫病的根本措施。但是当时没有成熟的灭螺方法和药物。苏教授和他的学生在"试验田""教学基地"以极大的精力研究既省钱又有效的灭螺课题。20世纪50年代中后期,青浦的血防工作任务十分繁重,既要抢治一批早、中期血吸虫病病人,让他们恢复劳动力,更要防止治愈后的人群不重复感染,这就要求及时彻底地消灭它的唯一中间宿主——钉螺。面对青浦地区面广量大的钉螺面积,苏教授以科学的态度,一切从试验着手,探索灭螺办法。1956年起,苏教授先后运用一些对钉螺有毒的化学药物和农业化肥,如亚砷酸钙、茶子饼、工业废料电石粉、石灰氮等进行各种药物灭螺的试验,效果都比较好。

1958年4月至8月,开展的三次亚砷酸钙灭螺运动,灭螺效果在85%左右。同年采用茶子饼杀灭垱沟及稻田钉螺,灭螺效果在77%以上。在采用药物灭螺中,苏教授还推广了"浸杀法""喷洒法""铲土沿边浸杀法"和"土埋、药物相结合的综合灭螺法"等灭螺方法。

苏教授不仅推广各种药物灭螺措施,同时还积极推广各种土埋灭螺的方法。由于苏教授以严格的科学态度实践和总结各种药物土埋灭螺的经验和以及各种环境的灭螺措施,从而大大加速了青浦县消灭钉螺的步伐。

随着血防工作的深入,灭尽钉螺的难度越来越大。苏教授提出:消灭钉螺要毁其居、灭其族、限活动、制流入,消灭是可以的。他这样说也这样做。

1965年,苏教授和他的学生吃住在朱家角镇,与当地干部、居民和血防人员一起攻难关。他深入现场调查螺情,区别情况设计方案,本着他自己提出的"十二字"原则,提出了各种灭螺措施。一是通过平整、土埋、喷洒相结合的方法,消灭砖屑里面的钉螺,二是与改造城镇相结合,整修破损的石驳,并要用水泥嵌缝,封死孳生在内的钉螺;三是对一些暴露的木桩群,先泼喷灭螺药,后采用装有矿渣的草包叠封,以杀灭钉螺;用提高水位浸杀法的措施,杀死阴沟洞里的钉螺。针对不同地形,采取不同措施进行灭螺,为城镇彻底消灭钉螺打下了很好的基础。苏教授在灭螺运动中,既是指导者,又是参与者。他不顾年岁已大,爬上爬下,检查质量;不顾自己有病,手拎泥桶,帮助嵌缝;不顾刮风下雨,亲临现场,鼓励大家。当地的干部、居民感动地说,一个大教授,为了百姓的健康,东奔西走,我们要永远牢记他,感谢他!

苏德隆教授正在为血吸虫病者治疗

他为友人推介了一个令世人关注的村庄

任屯,是青浦区金泽镇莲盛社区的一个行政村。

七十几年前的 1950 年,青浦有识之士张医生(环城人)随队访问任屯村,为村中腹大如鼓的"肚胞病人"在村庙、古树前摄了一张集体照,送给上级政府,后来,人民日报登戴了这张照片和相关报道,受到了世人的极大关注。日本一位流行病学专家看到照片和报导后,即预言:这个村庄再过 20 年后,在地球上就会消失了。日本专家的预言,激起了医学科技人员的责任心。他们说,血吸虫病,只要重视防治,坚定不移,定会战胜。在有识之士的建议下,成立不久的人民政府,即派出了医疗队进驻任屯村,同群众一起开展防治。

任屯,明代中期这里还是一片芦苇荡,朝廷屯兵于此,故称"任囤",后来成了村落,村名演变成"任屯"。拥有 9.82 公顷土地面积,四周环河,似个小岛,村民进出走木桥,有河,有水,有桥,一个美丽的水乡。清代早期,一些村民患上了"肚胞病"之后,这个"瘟神"传染了全村,谁都不知道是怎么感染的。村民们只迷茫地知道:"稻田不好出稗草,风水不好出肚胞。"

为改变风水,大家只是求神拜佛,在村庙中,在菩萨前,人们不知烧了多少香,叩了多少头,而村上的"肚胞病"人却越来越多,死亡的人也越来越多。1949 年冬,任屯村人写信给毛主席,恳求共产党救救他们。建立政权不久的人民政府及时派医疗队进村开展调查和救治病人。后曾任青浦县卫生局局长的童骥,亲历了这件事。1951 年,尚在上海第一医学院就读三年级的他,得知学校将组织医疗队赴青浦治疗血吸虫病,就报名参加了。在寒假期间,他和同学们在老师带领下,乘船从上海至青浦任屯村,一路见到的是青山绿水,可是在任屯村河岸上,迎接他们的是一群发育不良、面黄肌瘦的病人,令人心酸。他们住下后,立即对病人检查治疗,先用针剂 20 天疗法,他们与病人同吃同住,悉心照料。一个月后,病人的身体逐渐康复,面孔有了血色,大便也由拉血转为正常,大家非常高兴,任屯村民看到了健康的希望,同样,医务人员也增添了防治血吸虫病的信心。

任屯村,到底有多少病人?疫情究竟如何?医务人员进行全村调查、全民查病,调查得出的数字令人惊讶。1930 年时,全村共有村民 960 人,到 1950 年的 20 年中,血吸虫病像魔鬼一样吞噬了 499 人,剩下的 461 人,97% 患上了血吸虫病。全家都死于血虫病的有 121 户,被"瘟神"害得只剩一人的有 28 户,真是万户萧疏鬼唱歌。

经过二十多年的艰苦努力,任屯村终于在全县第一个消灭了钉螺,全村 400 多个血吸虫病人,经过中西医结合的反复治疗,全部治愈了。送走了"瘟神"的任屯村,发生了巨大变化。东风拂遍任屯村,万木争春人物新,新的任屯村迎来了一批批中外来访者。

1980 年 11 月,苏教授多次陪同美国、加拿大、泰国、日本等国家的友人来青浦参观,到任屯村访问。20 世纪 50 年代初期预言任屯村 20 年后将在地球上消失的日本长崎的一位流行病学专家等一行也到了任屯村参观。苏德隆教授陪同他们来到任屯,参观了"任屯血防陈列馆",访问了任屯新村。苏教授对他说,任屯村 1976 年消灭了血吸虫病。日本朋友笑了,这是一副"满意"却带有"央意"的表情,他二十多年前作了正确的"预言",但却没有预料到"结果"。任屯,这个村庄二十多年后反而兴旺了。日本专家频频点头,赞扬中国"送瘟神"的成就。

嘉礼堂里的奇人

瘦骨嶙峋的张颂仁,是中国先锋艺术大名鼎鼎的推手。他是香港汉雅轩画廊的主人,也是中国当代艺术与世界收藏市场的重要中间人。不过,这个先锋推手却一直坚持过一种复古的生活。他创办嘉礼堂,在上海青浦的金泽做复原中国古代乡村的项目,自己则穿着中式衣服,整天游走在嘈杂的现代社会生活中。

张颂仁在嘉礼堂

一个讲"礼数"的人

20 世纪 70 年代,出国留学几乎是所有青年人必走的道路,作为移民香港的第二代,张颂仁,在这个没有归属感的弹丸之地,大家都想选择离开,去一个更安稳而更明确的地方。张颂仁选择了美国,考入著名的威廉姆斯大学攻读数学和哲学。在美国,他攻读的专业是数学和哲学,不过他赶上了一个崇尚自由精神的年代,最终转行进入了艺术领域。

到了 90 年代,他通过在欧美自费举办关于中国前卫艺术的跨地域展览,把中国艺术和西方艺术摆在同一个平台上,力图为国人解除"自己不及西方"的"心魔"。而许多参展艺术家的名字在日后逐渐享誉国际,这些展览也正式开启了中国当代艺术进入西方世界及国际艺术市场的潮流。

新千年以来,张颂仁把工作重心转到了"恢复中华文化魅力"的长期工程上,其中包括了从物质和日常空间上,换句话说,从仪礼和器物上,增进当代人与传统文化交流的尝试。

1994 年,张颂仁去参加圣保罗艺术展。那一年,世界开始关注中国当代艺术。在寸土寸金的香港中环,张颂仁的汉雅轩逼仄窄小,但却是中国当代艺术公认的策展源地,忠实记录着中国先锋艺术家的轨迹。

让人惊奇的是,这个青年"在满足自己对西方世界的一切好奇之后,有了一颗复古的心"。回到香港,他找来曾经的私塾先生的课听,在书院里学国学。28 年前,他结婚的时候,就开始穿中式衣服,用毛笔写字,睡老式的架子床,用自己熟悉的裁缝师傅。他还曾在苏州租下一个老的园林,用传统的方式为母亲贺寿。那是文征明的孙子文正昆的院子,有一些翻建,但格局还在,现在对公众开放。张颂仁当天从下午五点钟把它包了下来。用传统的方法来玩寿礼:磕头,弹冠,堂倌把来的客人的礼送进来,要唱谁来送礼。在一个传统建筑中做这些事,就可以放进很多传统的节目,如江南丝竹、评弹、昆曲。而在张颂仁的家里,每年孩子开学的那天,他都会在纸条上写下"孔夫子",让自己的两个儿子行礼。

他和他的朋友,还在青浦金泽盖了一片真正看得见"传统"的房子,在这里做一个民间乡村生活的实验。"整片建筑表达着胡先生对江南建筑造型的想法,做得很有趣。"很多年前,张颂仁和朋友就希望能够恢复一些传统节庆活动,因此在这里,他们做过寿筵、婚礼、元宵节灯会、古琴雅集……希望一方面恢复传统形式,一方面通过建筑空间的关系把现代生活带回传统氛围里面去。

对于一个一直在现代都会中生活的人来说,张颂仁并不掩饰对美好农村生活的想象,而他希望把这种想象的特质在人群中传递。"在金泽的房子里,时空会感觉更深远,因此大家可以有更多的想象,想象农村、想象古代……要不然我们的想象很狭窄,老是在想象当代全球化的意义是什么样的,老是在揣摩西方的思维是什么样的。"

一个有"野心"的人

上海西郊的金泽,一般的导游手册里都很难找到。作为"嘉礼堂"最早的组成项目,张颂仁在这里完全从零开始,运用传统的建造工艺,建立起一整座传统的村落。

2000 年,当时的金泽并不具有商业价值。但张颂仁却乐于与一群艺术家合作。张颂仁请他弟弟设计了部分建筑,弟弟的太太在那儿做纺织品和染料的研究,而他的朋友胡项成先生则在那里做生态种植的实验。项目的核心仍然是"礼"。

嘉礼堂内景

张颂仁的"野心"是"想看到中国物质文化的复兴"。比如,张颂仁做了一个关于漆的展览。"漆不能乱用,那是特定的植物,现在的漆是腰果漆,不是原来的那个漆,不能用这个字。我想通过展览展示真正的漆的美。你让别人投向你,一是恐吓,一是做美好的东西。我希望礼学应该是大美呈现。"

最有意思的是,金泽项目给附近的几个小村子送去了户外的戏台、乐器,希望能借此恢复民间娱乐。张颂仁认为,传统的东西大都在乡下,他找来老师,教村民们玩乐器、舞龙。在张颂仁看来,现代生活规范中"玩就是一种天性",而现代人已忘记了该怎么玩,只好拿消费来填补。他希望能真正影响到当地人的生活,去恢复他们的生活情趣。

在金泽,张颂仁所有的设想还没有完全展开,一切都还需要时间和酝酿。在金泽,张颂仁曾经做过元宵庆典,大家猜灯谜,吃汤圆。很多民间的农村舞蹈队都来,唱船歌,一个老人会唱12月的农耕歌,穿着裙子一样的衣服。张颂仁还想在金泽恢复中秋和端午的仪式,计划请上海的一些民俗学家来帮忙。周围也有很多可以供吸收的养分。

张颂仁说,那些为金泽项目建造房屋的工匠们,他们的学习和生活方式就保留了很多传统的东西,比如学师的一套规矩,盖房的一套规矩。"他们都很认同我在金泽做的事。其实对传统的向往,不一定要有多大学问,关键是要有尊重之心"。张颂仁讲话时,额头两侧花白的长卷发,把瘦削而坚定的脸遮住了大半,只有少许敏锐的目光从眼镜后透出来。

一个崇尚"嘉礼"的人

金泽的村落,是张颂仁试图恢复儒家之"礼"的试验场,嘉礼堂所从事的学术研究则是支撑这个试验场的基础。

2011 年年初,嘉礼堂在广州设立了一个办公室。办公室里有曾经旅居海外的学者,也有刚刚本科毕业的年轻人,他们负责把张颂仁的那些略显狂热的思想,一步一步落实成为实在的研究项目。这年年底,嘉礼堂开始着重与清华大学人文学院中国礼学研究中心合作,成立了以"释菜"作为开学礼的礼乐文化研习班。研习班带有公益性质,由一些热心团体支持和赞助。课程包括学理、要则、常礼三部分,核心就是一个字:礼。"嘉礼堂希望在传统礼制的基础上作一些还原、梳理的工作,并最终有所变通,使其在形式上适应现代社会生活"。张颂仁如是说。

自 2012 年 4 月起,嘉礼堂与清华大学中国礼学研究中心合作,共同举办了"首届礼学国际学术研讨会"以来,礼学国际学术研讨会已经成功举办四届。2018 年 8 月 25 日,第四届礼学国际学术研讨会在金泽举行。来自国内外的 60 多位专家学者汇聚一堂,围绕当代中国礼学研究进行了深入探讨。与会代表来自经学、哲学、文学、历史、考古、艺术等多个领域,共发表论文 54 篇,分别从礼学的经典、历史、思想、名物、仪节等不同角度进行了深入探讨。会议不设分主题,以礼学研究为总纲,邀请资深学者带来自己最新研究成果,共同探讨礼学道义,并为青年学者提供一个高层次、宽领域的学术交流平台,推动礼学事业的复兴与发展。活动期间举行了《仪礼》复原成果专场讨论。会议结束后,与会学者集体参观了社内数万平方米的纺织、陶瓷、漆器、射礼、唐卡等陈列室。

2012 年 9 月 23 日,《成都商报》记者曾对张颂仁作过一次采访:"都说您是当代艺术的推手,接受的是西方教育,思想是很先锋的,为什么却那么喜欢复古的生活方式?"张颂仁回答说:"恢复传统是一件很前卫的事。在中国,我们的文明核心其实在乡村,乡村应该是中国文化的财富。——在这个我们需要想像历史的时代,我们需要很坚定自己的历史。"

金泽历史上的名人小传

【名人传略】

牟　巘　字巘子(1225—1315年)原籍四川,徙居湖州后转居金泽,为宋代端明学士之子。才学渊博,擢进士第,官大理少卿。宋亡后,隐居金泽颐浩寺。金泽碑铭多出其手,皆都散失,著有《颐浩寺记》,镌刻成碑,至今尚存。

费辅之　字成忠,金泽人。居东栅,当时巨族,为颐浩寺首创奠基人。性友爱,好施善,富有学识,著有《费元成集》。宋景定初(1260年)始,于宋宰相吕颐浩别墅处兴建佛寺。自此后人继以扩建成寺。

林　青　金泽人。好学多智,待人谦恭。家多藏书。善奖后进。于元至正年间(1343—1353年),在金泽创建义塾,时称"林青义塾",地点在金泽有字好(迎祥桥西,今已湮)。聘名师主讲,多所造就,如姚比玉、陶知昌等人,皆其造就。士至宣尉使(官名,元代始置掌军民事务),多有惠政。在至正年间(1343—1346年)撰书《万安亭桥记》碑。林家桥(俗名关爷桥)传说为林青所建。

顾　名　字予洪,儒士,金泽人,世居姚麟村。富于钻研,能诗善著。时因帖经难记,姚勤于搜求经文,编成歌诀,与子女终日联吟在井臼布机旁为乐。文人吴梅村、龙西堂等,皆慕其好学。他又学问切实,能使人开导思路。尤有篆刻绝技,琢一寸小石上,可容纳上千字数。每石刻一篆文,又取古人格言,刻作帧轴训世,受益于读者,时争为宝。著有《强者诗集》《花果百咏》《及不及髩》和《九连环传奇》等书。

张灸曾　清太学生,金泽人。学识渊博,在结诗社论文中称"金溪五老"之首。著有《金泽后八景》诗、《竹虱集》《希姓汇捕》等佳作。

董　正　字望周,邑痒生(？—1915年)金泽斜河田(现建国村)人。清末居金泽长街南"许芝村"小筑。擅词章,作品平易深刻,细腻贴切,无士大夫书卷气息,摒弃吟风弄月流弊,尤以描绘乡土一草一木为长,具有独特的风格,时称金泽诗人。清末宣统三年(1911年)正月,在金泽乡自治选举中,当选为乡佐,廉洁奉公,有口皆碑。不意于民国四年(1915年)病故。有萃塔陆明坤来金征集董著佳作三百余首,经过整编,雇工刻制木板,印打成册,称《自贻集》,又称《自怡集》。至1950年冬,斜河田董氏参堂后廊内木架书橱还藏有《自贻集》木质残版二十余块。惜于"文革"时毁没。

倪　泌　字宾肃,西岑镇人,清乾隆五十五年(1790年)恩科贡生。著有《翠岑老人文集》。

倪 倬 字汉甫,号云庄,西岑镇人。清嘉庆五年(1800年)恩科举人,官长洲教谕。著有《读左琐言》六卷、《农雅》六卷、《我我书屋吟稿》八卷、《存善堂文集》十卷、《读书拾》四十卷及《四书典要》等。

倪 皋 倪倬子,字敳,号九方,西岑镇人,清道光二年(1822年)举人,官溧阳训导,著有《青黯节孝姓氏录》五卷。

黄元音 字律甫,王田村人,清同治三年(1864年)恩科贡生。

唐昱德 号复虞,西岑镇人,清同治九年(1870年)举人。

倪世仪 西岑镇人,早年毕业于保定武备学堂。民国期间,曾任青浦县章练塘警察所所长,民国二十一年(1932年)组建西坪乡自卫团。

葛志坚 西岑镇人,系国民党黄埔陆军军官学校第六期学生,因病辍学。1949年前曾任江苏省水上警察先锋队一等巡官。

卫正业 高许人,清万历年由府学贡,任金坛县教谕(教谕即清代时的教职之称,为正八品官)。

倪赤文 田山庄人,清乾隆年间,县诸生,资性通敏,读书一目十行,立品端方,通内经脉,要经微论。为时名医。广陵丁大守闻其名,延治其子病。诸医在坐,赤文布衣单笠至,如诊视曰:易治也。今置暗室一宵,痘发而愈,蓄纵蚊允其毒也。诸医服,赤文酬金不收,取盆兰二本归。又有贵公子病烦满口胡语,赤文诊视曰:香触其脑所致,嗅以粪,即瘥。其治法神效,多类此。远近称其为仙医也。著有《疟疾伤风心法》惜其书己矣。

朱宝善 清代东岑人,少读书,知大义。兄宝三为人枉杀时,宝善年十八九。仇家易其弱子苦柳之冤不得曰。宝善同关赴京,诉诸部,得昭雪,坐是资产荡然,力行节俭,复其业,析产己子与兄子均,人服其义。

钱能华 钱盛村人,小名陈生贵。四岁能写一手好字,善墨笔字,能一笔写成"虎"、"龙""鸡""鹅",人人称奇。有钱人前往钱家买字,每个字二至三个铜钱。其父甚悦,天天帮子磨墨,能华写字总一挥而就且好看、有气派,卖字至七岁,待钱无数。

【能工巧匠】

凌赋云 清末民初人,世代漆匠。父名焕山,在金泽北栅开设漆匠店,店名"凌元兴"。漆艺高超,民初病死。赋云继父业,自幼曾苦练颜、柳书法,两者混成一格,既挺秀,又浑厚。从业后,精研操作,擅长在嫁妆上作堆花、描金、镂边等绝技,还能书写商店的横竖招牌及寺庙内的匾额、硬对(楹帖)。复制中偶有败笔,亦能随即修改。民国十四年,因兄弟相继去世,迁回原籍莘塔开业,并承接商业墙壁广告。1946

年,金泽允济堂药店请他为药橱匾额,漆写堆金式数百字的《内经论》。残迹尚存原金泽棉花仓库。时万昌生南货店请他在东狱庙墙上绘书"金泽土产松子元糕,梅花糖豆"巨幅广告,功底尤深,名盛一方。

王阿福 铁匠,生于江苏吴江。因家贫而从小来金泽北栅"王源兴"铁店学打铁。因肯于钻研、技艺渐精、经长期摸索和改进、锻打出与众不同的操刀而盛名。操刀简称双刀,又名牛角刀,形似一对牛角而得名,是农业捞水草积肥不可缺少的生产工具,是锻铁工中的一件难活,因技术要求高,少有人能打。技术不高者,即便能打,使用也不顺手。而王阿福锻造的操刀,使用时既"吃肉"(铲水草多)又省力。抗战胜利后,他自己开店经营,店名"王顺兴"。所产操刀常销售一空。农民们都称其为阿福大师傅,闻名于本区及毗邻的江浙两省的农村中。

夏福元 金泽人,从业泥工。自小智性灵敏,刻苦耐劳。青年时已成建筑班头,创建工场,承包建造房屋,配料精确,估工合理,工效高,并能带头操作。尤以打灶头有一手绝技。旧时家家有灶头。茶馆有"老虎灶"。豆腐业、南北货有工场火灶。在"火弄""金门""烟道"几道关键工序上的作业,难度大,技术性高。但只要经他操作,既发火、省柴,又工期短。因此他名声远扬,常被青浦、朱家角、练塘及邻近各镇(江苏、浙江)等地大酱园、糟坊、茶馆等请去作灶。有的旧灶虽非他所作,经他改进后,灶"病"全除。有的干脆常年聘他为师傅,维修灶头。他工作认真,经常冒风顶雨,后患了哮喘病,51岁就离世。徒弟张锦明,是金泽江湾村人,承师傅作灶技巧,声誉亦传百里。1949年后,曾任金泽镇镇长(1952—1956年10月)

夏祝泉 田山庄人,13岁学泥工,对技术精益求精,是远近闻名的泥工师傅。他善砌灶头和制作屋脊装饰,砌成的灶,小巧、发火,省柴,灶墙上的图案逼真。制作屋脊花篮灵巧好看,新屋锦上添花。

许金根 田山庄人,1935年出生,善做木工。13岁学木工手艺。几十年来,勤学苦练,学到一套好手艺,是远近闻名的细木师傅。他做的家俱,用料省、化工少、光洁度好、相头紧、式样好且入时。许金根还能做犁、耙、车等老式农具。

【革命英烈】

陆学乾 青浦县金泽镇人,家住上塘街涤新里(白虬湾),家境贫困,勤学有志。1937年金泽小学毕业后去上海求学,进上海哈同花园附近的"立德中学"读书,白天读中文,夜习英文。"七·七"卢沟桥事变后,在中国共产党"抗日救国"的号召下,接受革命真理,激起爱国热情,经常在街头巷尾、学校等场所开展抗日救亡宣传。其时上海租界已成孤岛,日伪十分猖撅,暗杀事件不断发生。在白色恐怖笼罩下,他不畏艰险,机智沉着地完成上级交给的各项任务。高中二年级时,学乾经人介绍投身革命。1941年12月与同学乘轮去苏北高邮地区,参加抗日工作,在新四军谭震林部队 6 师 18 旅当文教战士。

李林珍 商榻石米村 10 队人,1969 年 3 月应征入伍,在浙江省宁波空军某部服役。1970 年 9 月,光荣加入中国共产党。1971 年,经考试被空军某航校录取,毕业后在空军某部任直升机飞行员。他学习认真,努力钻研业务技术,每次都出色地完成各项飞行任务。不久被提升为某部 5 分队飞行中队长,曾三次受到部队嘉奖。

顾坤生 商榻陈东村 5 队人,1972 年 12 月应征入伍,在南京军区工程兵某部一营一连当战士,同年加入中国共产主义青年团。他工作积极,不怕艰苦,团结同志,部队每次施工,他总是挑最艰苦、最危险的工作干。1973 年 2 月 24 日,顾坤生在安徽省含山县一次国防施工中不幸殉职,年仅 19 岁。事后部队党委追认他为革命烈士,安葬于含山县清溪公社碗山大队。

倪正德 西岑镇人,早年毕业于清江浦军官学校。1938 年"九一八"事变后,日军攻占上海,青浦失守,倪受中共地下党组织的派遣,在西岑乡莲湖万圩"永静庵"组织了"江南抗日义勇军",任副司令。是年秋,在安庄阻击日寇运输船队,首战告捷,打响了青西地区抗日战争第一枪。冬,从青浦回西岑途中,经拦路港,被叛徒劫持,遇难于莲湖。

朱庚生 西岑镇人,1939 年参加革命,同年加入中国共产党。1940 年下半年调往浙东,曾任新四军浙东海防大队指导员。1942 在与敌人遭遇战中牺牲于浙江舟山。

唐剑光 西岑镇人,1940 年参加革命,同年加入中国共产党。参加革命初期,在本县练塘从事党的地下工作。后调去嘉兴,搞党的宣传工作,不久,又调任新四军浙东第六支队指导员。1949 年 4 月 16 日,在浙东丽水县与敌人战斗中牺牲。

范全生 西岑镇人,1941 年参加革命,同年加入中国共产党。后受组织安排,去浙东平湖县以开店经商为掩护,开展地下工作。1943 年任新四军浙东游击纵队指导员。1945 年在浙江嵊县战斗中牺牲。

张阿凡(张凡生) 西岑张联村人,1950 年参加中国人民志愿军,赴朝鲜参战,编入志愿军六十七军二〇一师六〇二团,任战士。1951 年,在朝鲜战场失踪,1961 年 11 月追认为烈士。

徐勋 莲盛乡田山庄人,他 2 岁丧父,由祖母和继母抚养,8 岁就读于本村的务本小学。高小毕业后,江入苏省立苏州工业专门学校,攻土木工程专业。1924 年入上海东亚同文书院,学习日语。在沪与陈云、陆铨生、吴志喜等同志接触,进行革命活动。1926 年 4 月徐勋与陈云、高尔柏等联名倡议成立"青浦旅沪学友会",以联络感情、相互砥砺、团结青年、改造故乡为宗旨,开展革命工作。他经常奔走于上海、青浦、朱家角、金泽、练塘、小蒸之间,将大批进步书刊如《创造月刊》《少年漂泊者》等介绍到青西地区,使生活于穷乡僻壤的知识青年接受革命启蒙教育。1927 年 2

月,上海工人第二次武装起义时,徐勖负责在上海老北门一带搞宣传活动。他曾巧妙地利用电车站边靠街楼,将传单放在电车顶上,车辆开动,传单随风散发,反动军警瞠目结舌,不知所措,扩大了宣传教育的效果。3月间徐勖回到青浦,参加了吴志喜、陆铨生领导的农民运动,在金泽、练塘、小蒸等地创办了平民学校、妇女夜校,发动和组织民众,宣传革命真理。他深知农民疾苦,用稻田必须拔除稗草的生动比喻,阐明农民必须起来斗争,铲除封建地主与土豪劣绅才能翻身的道理。3月28日,他们领导青西农民狠斗了霸占荡田的恶霸,并率领农民会员捣毁了青浦城内五个恶霸地主的宅院,使青浦农民运动搞得风生水起。

9月20日,原国民党青浦县党部被青浦县清党委员会捣毁,中共青浦县委书记夏采曦同志等人被非法逮捕。徐勖得讯后,即在练塘召集第五区分部执委联席紧急会议,发表宣言,四处奔走,设法营救。9月23日,徐勖在练塘成年妇女补习学校时,被青浦县清党委员会匣子炮队反动分子包围。他临危不惧,乘机脱险,跳墙突围。当时地方恶霸豪绅对徐勖等搞农运的革命同志恨之入骨,密谋用巨款勾结反动军警伺机残杀。9月24日下午,徐勖以第五区党部营救专使的身份,在练塘乘新镇班脚划船去青浦途中,船至拦路港长三口时,突有匪船一艘靠近,拦劫乘客。此时坐在徐勖旁边的反动军队陈排长突然探囊取枪,佯与匪徒交战,在乘客涉水潜逸时,徐勖惨遭杀害,弹自肩入,由腰间出,时年仅21岁。徐勖牺牲后,乡亲们无比悲痛。10月15日在青浦中山公园开追悼大会,由中共青浦县委书记夏采曦主持。11月5日,在练塘镇城隍庙又开了400余人的追悼大会。中共青浦县委吴志喜宣读悼文,夏采曦等同志发表演说,悼徐勖,誓为烈士复仇。在遗像上方悬挂着"精神不死"的匾额,革命者将永远继承先烈遗志奋勇前进。

俞访连 原名木金,莲盛乡高许村人,出身于贫苦农家。父母曾在朱家角镇当佣工,以后在家乡租种几亩薄田,虽终年劳作,也难维持生活。俞访连幼年丧父,靠母亲节衣缩食抚养长大,曾在本村初小读了四年书。1922年经人介绍,俞访连到青浦县城一家饭店当学徒。他态度和蔼,服务周到,每有空闲就专心读书,受到顾客的青睐。两年后,俞访连被介绍到上海牛庄路粹华卡片公司当学徒。这时正值大革命时期,俞访连得到革命的熏陶。1925年"五·卅"运动中,他参加了南京路上的游行示威。在上海工人三次武装起义的斗争中,俞访连常常深夜在工场里印刷传单等宣

传品,交徐勋等在小北门一带散发。从 1926 年起,他就团结了不少进步青年,引导他们学习马克思主义,传播革命思想。莲盛乡的陈羽逵兄弟和西岑的倪兆渔都是在他的引导下走上革命道路的。此时,他参加了中国共产党。1927 年"四一二"以后,白色恐怖严重,他冒着生命危险将陈云同志留下的一大箱马列书籍转移到青浦莲盛田山庄徐勋家和西岑倪兆渔家,后来这些书籍转到陈羽逵家妥为收藏。大革命失败后,俞访连转到上海山东路美新卡片公司,当门市部的交际主任,秘密担任党的机要联络员,美新也就成了革命组织的联络点。他将中共江苏省委的文件及宣传品发给青浦的革命同志;青浦同志去联系汇报都先由他接待,然后约定时间与陈云同志接触。1928 年 1 月,小蒸、枫泾等地区农民暴动被镇压,形势严峻,好多革命者到上海,俞访连就设法为他们解决食宿。他曾介绍陆铨生去印刷所做缮写工作。俞访连对被捕入狱的革命者,更是倍加关心。他虽然经济收入不高,但总是想方设法为狱中同志送钱、送药、送书、送衣。1937 年抗日战争爆发,俞访连与倪兆渔等一起从事抗日斗争。陆铨生出狱到了上海,由俞访连介绍到沙千里主持的救亡协会工作。俞访连一心为党工作,日夜操劳,由于生活节俭,长期营养不良,积劳成疾患了肺结核。11 月上海失陷,他还带病安排一些同志回家乡从事武装抗日斗争。翌年,他的肺病发展到了晚期,病故于上海,终年 32 岁。俞访连逝世后,他的遗体由妹妹俞惠英运回高许村安葬。1984 年,他的家属居住所在地江西省人民政府批准,追认俞访连为革命烈士。

王东明 原名苍鹤,乳名福寿,莲盛乡钱盛村人,中国共产党党员。幼年时因父王瑞和在上海《时报》馆当工友,全家迁居上海,在商务印书馆职工子弟小学读书,毕业后进馆当排字工人,参加党的外围活动。"一二八"淞沪抗战时,在上海参加工人义勇军,与十九路军并肩抗日。秋天,经倪兆渔介绍在黄渡小学任教,与顾达珍交接,代其保管党的文件和革命书籍,因向学生进行反帝反封建教育而被学校解聘。后在七宝小学任教。1935 年秋,为开展革命工作,到观音堂小学任教,9 月加入中国共产党,曾任支部书记。1936 年,他领导和发动七宝地区小学要求增薪斗争。8 月下旬,在乘轮船至青浦时被捕,在押解的路上将身边藏有已去延安同志的照片吞入腹中。后经多方营救,两星期后获释。11 月,经上级决定,去延安工作。西安事变后参加红军,先在总政治部宣传部工作,改编为八路军时,随军总部到了前方,曾被评为模范干部,升为教育科长、秘书处长等职。两年后,提升为第十八集团军总政治部宣传部副部长,参加过百团大战。王东明患有严重肺病,仍带病在前方工作。1947 年 4 月参加全军宣传教育工作会后住进医院,12 月 2 日病逝于山西白求恩医院,年仅 31 岁。陆定一曾于延安《解放日报》发表悼念文章。1949 年,移葬于河北邯郸市晋冀鲁豫烈士陵园。

丁锡山 奉贤县邻家桥人。中共特别党员。丁锡山原系国民党失意军官。

1947 年春,出于对时局的不满,与我党接触。经中共华中海上工作委员会秘书陈学勤、虞天石的策反,于 8 月 17 日晚率领部下二十余人起义。当他们抵达苏北时,受到华中工委负责同志陈丕显、姬鹏飞、管文蔚等的热烈欢迎和盛情接待。1948 年初,丁锡山提出入党申请,由汤景延、吕炳奎介绍,经华中工委批准,吸收为特别党员。从此,他把毕生的精力贡献给了人民的解放事业。不久组织上决定将丁部扩充为师级建制,定名为"中国人民解放军苏浙边区游击纵队"。全队 65 人,编为 5 个班,待命南下,丁任纵队司令。

2 月 9 日,苏浙边区游击纵队接受了"深入敌后,开展游击,发展部队,迎接大军过江"的任务,由苏北合德斗龙港出海南下,于 12 日零时左右抵达奉贤县钱家桥海面,在石桥头登陆。由于纵队先遣队中叛徒的出卖,因而纵队南来的情报被敌人掌握。国民党军纠集了青年军和陆军二个旅,以及奉贤、松江、青浦、嘉定、昆山等六县地方自卫团的兵力,在奉、淞、金、青地区层层设防,严密监视着纵队的动向。纵队从 13 日登陆后,接连遭到敌人的拦截阻击,几经转战突围,于 2 月 17 日越过沪杭铁路经松江卖花桥、塘桥、辰山、天马山进入青浦县境,准备取道淀山湖,撤往太湖地区。次日上午,纵队全队 56 人乘船过泖河,驶入拦路港,抵安庄时,即与青浦自卫团遭遇,陷入敌围。为了避免损失和照顾人民群众的利益,纵队冒着细雨离开村庄,在拦路港西岸登陆,且战且走,转移至尤浜村,在南尤浜草芒圩上利用自然地形构筑简易工事,准备坚持到天黑再行突围。可是敌人越集越多,四面包围,纵队腹背受敌,孤独无援,敌我力量悬殊。纵队全体指战员坚守阵地,激战八个小时,阵地被敌人突破,丁锡山等 13 位同志壮烈牺牲。

1983 年 3 月,由青浦民政局和乡政府共同投资五千元,在尤浜村草芒圩建"丁锡山烈士墓",占地面积 440 平方米,墓地座北向南,建有 7.6 米高的纪念碑,正面书有"革命烈士永垂不朽"八个大字。纪念碑后面立有一块墓碑,正面书有"丁锡山烈士墓",背石刻有丁锡山烈士的简历。墓南进口处立有门头,门头两侧分别为"发扬革命传统,争取更大光荣"的对联。纪念碑前有一块水泥地,可供人瞻仰,四周种有松柏和水杉树。该墓于 2000 年 4 月迁移至青浦(小蒸)西乡烈士墓。

王跃荣 莲盛乡钱盛村人,1965 年 10 月加入中国共产主义青年团,1968 年响应中央军委关于征兵命令的号召,于 3 月 18 日光荣地加入了中国人民解放军海军4164 部队。在部队期间,他认真学习马列著作,刻苦锻炼,曾先后两次受到连队的嘉奖,1968 年被评为"五好战士"。1969 年 5 月 8 日在河北省沙河县机场 2 号工地,不幸因公牺牲,时年 23 岁。为了表示对王跃荣烈士的怀念,当地群众在钱盛村南的银杏树旁立了墓碑,墓碑内安放着烈士的骨灰盒,墓碑上写着"革命烈士永垂不朽"。

【当代人物】

陈其祖 1938年4月生于金泽镇下塘街。中国共产党党员。1959年上海同济大学毕业,分配到安徽省建筑设计院工作,历任技术员、助理工程师、工程师、主任工程师、高级工程师、总工程师、正高级工程师等职称。1992年10月获国务院颁发的政府特殊津贴。1999年被国家人事部建设部批准为特许一级注册结构工程师。工程设计获奖项目获1984年安徽省优秀设计,1986年省科技进步四等奖。1986年安徽省优秀设计一等奖,1989年建设部表扬奖。1987年省优秀设计二等奖,1988年省科技进步三等奖。安徽省体育馆索一析架组合屋盖设计获1990年省科技进步二等奖。合肥九狮商厦获1990年省优秀设计二等奖。合肥百货大楼加固、改造、扩建工程获1993年省优秀建筑设计二等奖。

许三才 1939年9月生于金泽镇长街。中国共产党党员。高级工程师。1964年毕业于哈尔滨工业大学精密仪器专业,先在兵器工业部258厂工作,搞军用光学瞄准仪器制造和图书资料的中国化(原资料是苏联的)。1979年任厂技术科科长。1980年任军器研究所所长,组织领导夜视瞄准镜的设计和改造。1984年9月调无锡市照相排字机厂(电影机械厂)任总工程师,主持设计电脑照相排字机、四开胶印刷机等机电一体化民用产品,获无锡市经委科技进步奖。1990年无锡市劳动模范。1991年江苏省劳动模范。无锡市第十一届人大代表。现已退休。

浦庆余 男,1939年生于金泽镇长街,正教授级高级工程师,中国地质科学院研究员。中国地质学会秘书处处长。1962年南京大学毕业,分配在中国地质部(地矿部)工作,在两院士指导下从事中国地壳运动研究,发现了元谋猿人的两颗牙齿化石。研究确定元谋猿人生活距今170万年前,北京周口店的中国猿人还要早100多万年,是中华民族的祖先。其研究成果已为国际学术界公认,并被多种中国通史、考古通论和第四纪地质学教学和专著引用,获全国科学大会奖。

王大志 1927年5月生于江苏省苏州市,长期工作在金泽税务所。中国共产党党员。1949年毕业于上海同济大学商学院工商管理系。1950年参加税务工作,先后在上海市税务局徐汇、卢湾分局,青浦县财政科、税务局等地工作。1963年调金泽税务所工作,历任税务专管员、副所长、所长。1987年退休。1988年3月职称评定为青浦县第一个高级经济师。青浦县第八、九两届人大代表。

唐建国 1963年8月生于金泽镇金泽村,高中文化。1982年冬季应征入伍,1986年退伍,进镇办厂工作。1990年,在改革形势的鼓舞下,他毅然辞去厂里的工作,从事肉用鸡养殖,成为了远近闻名的企业家。1996年先后荣获"大江十大养鸡、养猪状元"和上海市团委、上海市农村党委授予的"十路百家青年人才"称号,1999年被评为"上海市农产品百家优秀营销及组织大户",2000年荣获中共上海市委组织部、市郊区工作委员会、市科学技术学会授予的"上海市农村致富能手"等荣誉称号,2003 年被评为上海市劳动模范。

夏大凯 1945 年 11 月生,上海市人,祖籍江苏丹徒。1969 年奉调在金泽的兵工厂工作(上海市缝纫机二厂)。1972 年落户金泽镇,长期从事宣传工作。通过刻苦专研、自学成才,在金石、书画、集邮、收藏、盆景制作等方面都卓有建树。1987—1990 的三年多时间里,以优异的成绩完成了"无锡书法艺校"及"上海普艺美校"两个研究班的学业,在专业理论方面得到了完善,在艺术上得到了提升。多年来,在国内外大展中多次获奖,成绩斐然,作品、简介入百编百余部经典,并被国内外众多艺术团体、研究院聘为院士、教授、艺术顾问、名誉校长、院长、主席等职。

蒋林华 出生在淀山湖畔商榻镇港楼村一户普通家庭,在全国八运会上海赛区国际 OP 级帆船赛上,蒋林华表现出水乡"骄子"的风采,与来自全国 10 个省市自治区的 27 名参赛选手的 9 轮角逐,以 10 个积分的成绩,轻松地取得了冠军。为上海代表团夺得了八运会的首枚金牌,同时为家乡人民争了光。

1994 年到 1995 年度,在上海市体育系统"三好集体、个人"的光荣册上,他榜上有名,被评为"三好运动员",这也是在帆船运动中唯一的一个。1995 年 8 月 16 日,在厦门鼓浪屿首次出征参加全国国际 OP 级帆船锦标赛上与队友张潘冲、朱仁杰、沈晓英、陆春凤(五位均为青浦籍)合作组成的上海队,获得队赛第一名、个人获得男子第六名。1996 年 9 月 23 日至 28 日,蒋林华到巴基斯坦,参加了亚洲地区举办的国际 OP 级帆船赛中,获得了冠军,为我国夺取了该项目在亚洲赛中的第一枚金牌,为祖国争得了荣誉。

资料选自:《金泽志》(2003 年 12 月版)
《商榻志》(2004 年 03 月版)
《西岑志》(2004 年 02 月版)

絮忆篇

金泽老街即景

金泽老街

金泽老街是沿市河两岸而建的老街,东面是上塘街,西面是下塘街,一条金溪路和金溪路桥将金泽老街分为北区和南区。

南区主要有浦庆桥、普济桥、如意桥(祖师桥)、放生桥、迎祥桥、陈家仓库和陈家码头、成善坊、金泽工艺社、总管庙和颐浩禅寺。很可惜的是陈家仓库、成善坊和工艺社都不对外开放。上塘街的最南端还有一块篆刻家钱君陶题写的"金泽古桥甲天下"的石碑。

北区有天皇阁桥、塔汇桥、万安桥、林老桥(关爷桥),而塔汇桥正是古时金泽老街的中心,很多商号都开在塔汇桥的周围。金泽老街不仅桥多,寺庙阁庵也多,古时"庙庙有桥、桥桥有庙"的谚语,描绘的就是这个场景。不过,随着时代的变迁,很多的寺庙古桥都被毁了,而保存下来的寺庙古桥也就这么几座了。

关于金泽老街的官方叙述,还是参阅《金泽志》(2003 年 12 月版)为妥:金泽镇已有一千多年的历史,至今仍保存着古镇的格局。市河金泽塘自北而南,北圣浜自东往西在塔汇桥与市河交汇过天王桥接润添塘。市河蜿蜒曲折,流淌不息;南北长约 1.5 公里、东西长约 1 公里的老街尚有一些明清建筑,有着丰富的文化底蕴。

长街 据泽人许益民回忆:"长街长街",其实街名叫下塘街,为什么叫"长街"?据记载,在民国十七年(1928 年)时,金泽只有南大街、北大街和长街三条街,后将三条街合并成二条街,取名上塘街和下塘街,长街属下塘街,因人们习惯将这一段叫长街。

长街,位于天王阁桥之北至万安桥塘为止,是一条长达 200 多米、宽近 2 米的石板街。街上原来保留着多幢明清大宅建筑,历经战乱,现尚存不多,其中许氏家宅保存最为完好,宅院建筑结构平面布局,沿着纵轴线由东而西顺序排列。

东有市河,建有河埠与广场,广场靠街建有小屋数间,是堆物和男佣居室。过街便是正门,六进建筑。第一进是墙门屋。第二进天井,天井门的上方砌有水磨方砖,砖上雕刻禽兽、花卉,栩栩如生。过天井是茶厅。第三进是仪门,翘角屋脊,檐下有"春华秋实"四个大字,旁有备弄,以便女眷进出。第四进又是天井,过天井是大厅,大厅方砖铺地,高约 7 米,深 10 米,宽 6 米,大梁偏圆,月梁庄重,方形椽子,内桩圆粗,底垫石鼓,整个大厅略呈正方形,大厅正中有"行素堂"三字的大匾,气魄宏大,供庆典礼仪式或接待贵客之用。第五进内天井,左右两边为内厢房,是堆放用具和女佣居室。第六进是堂楼,属内室建筑,装饰精美,底层木地板,堂楼上下门窗精细,是主人的书房、居室及女眷学习针线的地方。堂楼后是后河,有小桥,过桥是花园和祖坟地。整个居室,从前河(市河)到后河,纵深60余米,大小居室100余间。现仍为许氏后裔居住。

许宅北面是陈宅,同样也是六进建筑,但结构有所不同,小街后是石库门,门前一对石狮。大宅在清朝做过典当。陈家祖辈曾做官,晚辈中人才辈出。另有其他几户大宅,可惜都毁于战火。

上塘街 上塘街是本镇的商业街,沿河上、下滩鳞次栉比地开张着各行各业商店。多数房屋平矮,大商号才有楼房。镇上名店、老店、名菜、特色土产都集中此街上,由于街道仅宽3米左右,所以平时也人流众多,每逢香汛时节,街上热闹非凡,商贾生意兴隆,财源滚滚。过去曾有"一年生活靠两汛"(两汛即一年两期庙会)之说。近年来,随着改革开放,市场经济的发展,金泽另辟金溪新街为商业街。老街依旧,但热闹、繁荣已不复存在,目前只剩几爿小商店了。

下塘街 下塘街位于金泽港西。原来也保留着多家明、清大宅,如陆宅。陆家祖辈在清光绪年间进士及第,在圣堂桥堍有五进宅地,1949年后先作为区政府,后为民宅,几经拆建,老宅已面目全非。靠北陈宅,也是五进建筑。主人外逃避斗。政府把宅院改为粮仓、卫生院。外部结构还保持过去式样,而内部厅、堂、楼阁等或拆、或改、或作民居。下塘街在清朝中叶开始,居民以纺纱织布为业者不少,到清末民初出现铁、木、竹等小手工业工场,制造风车、牛车、砻、木犁、纺车、锭子、铁器等。整条街上大小作坊达数十家。后逐渐走上合作道路,下塘街成了居民街。

北圣浜街 北圣浜街依河东西走向,南、北二条街隔"浜"相望。"浜"其实是一条市河,是一条黄金水道。轮船、航船码头都建在沿河南北两岸,每天人流、物流进出,非常繁荣热闹。

金泽是"鱼米之乡"盛产大米和鱼、虾、蟹等水产。粮船、渔船大都停靠在南北两岸,早、晚两市渔人的叫卖声"鱼要哇!鱼!"高亢清脆,十分动听。

北圣浜街另一特点是米行特别多,一家挨一家。一到秋收后,农民卖粮船,米贩运粮船,塞满市河。轧米的机器声、船工的喧闹声,使北圣浜显现一派古镇亮丽的景观。

自公路通车后,水运逐渐由陆运替代。北圣浜街显得沉静而苍老,但北圣浜街几百年来所起的作用,将给后人留下永远难忘的印象。

南北圣浜原城隍庙,门前一对石狮、石鼓、石元宝、许氏宗祠、张氏贞节牌坊等都为金泽之古,惜乎"文革"中毁圮。

商榻老街 商榻,现在已是金泽镇管辖下的一个社区。商榻的得名就是商人下榻休息的地方。古时,商人来往于苏州和松江两地,走水路需要两天的时间,往往下榻住宿在这里,因此商榻也就叫开了。另一个说法是,以前商榻有二座气势宏伟的宝塔,叫双塔,后来逐渐更名为商榻了。

在商榻老街,有一栋很有特色的建筑:单檐庑殿顶房屋。这样的建筑,在古时,不是什么人都能随便建造的,要么是有身份的官员,要么作为庙宇等重要建筑,才能建造使用。

顺便说一下,关于房屋顶的等级。在古代,屋顶的等级分为七级,分别是:重檐庑殿顶、重檐歇山顶、单檐庑殿顶、单檐歇山顶、悬山顶、硬山顶、卷棚顶,而攒尖顶则不在等级之内,而我们看到的这栋已经废弃的单檐庑殿顶的建筑,还真不知道是派什么用途的。

现在的商榻老街,已处于周庄、锦溪和朱家角古镇的包围之中,已逐渐没落,但是从保存下来的鲍氏民宅、孙氏民宅和薛家民宅里,我们似乎还能看到商榻老街昔日的繁华辉煌。

"永胜堂"里的民国味道

在金泽镇上塘街103号,门框的左面墙上挂有一块铜牌,上面写着:"金泽王氏民宅,不可移动文物,青浦文物管理委员会"。从街上外观这套住宅,看不出古屋与一般的民宅有什么区别。在门口的正面街路中间,有一块正方形的石板,石板上有一幅石雕阳刻的图案——笔、金锭和如意,图案清晰,构图饱满,造型生动,线条流畅、栩栩如生。据介绍,莲花与笔的构图,是笔定如意的意思。

古宅的正门不大,门虚掩着,推门进入仪门、入天井,看那正堂门前有二根四米多高的木柱、四扇三米多高的花格木门窗,三级由四米长的石条构筑成的石阶梯,略显主人的气派。门的左边廊下,石阶上放着有一块主人祖上练毛笔字用的金砖桌,足有60厘米见方,下面有一个用杉木制作的木支架,紧靠外侧的一只脚由于日晒雨溅,已有些许朽枯,证明这方京砖已有些年代。在天井的南边墙脚边,还有一个用石头雕的下水窨井。天井的北边墙根处,长有十几株竹子,给老宅平添了些许生机。

站在正堂门前的石阶上,向天井门的上方看去,有一个约十几厘米的洞眼。据主人王先生介绍,那是1938年2月3日正月初四,日本鬼子第一次在金泽大屠杀时留下的炮弹弹片洞。到那年4月14日,日本鬼子第二次大屠杀时,还炸掉了颐浩禅寺。再细看古宅老屋的墙面,大都已斑驳脱落,看来老宅急需采取修膳和保护了。

进入坐东朝西的正堂,地上铺的是全是小金砖(39cm见方),入室便见到悬挂在正面墙上的"永胜堂"堂匾,下面是一张八仙桌,桌上放着为招待客人的茶点,左边墙上挂有主人父亲精心绘制的1938年前金泽古镇区域的全景图。见证了当年古镇的盛景了。

推开厢门,便是大户人家常用的木扶梯。在二楼第一个房间,是房主人母亲居住的,楼板全是木板的。明清风格的缕空雕花红木板床,给人古色古香的感觉。房内家什用品大多是民国时期的,有20世纪30年代的女式细藤条提包、坐桶、橱、柜、梳妆台、椿凳、立桶、脚盆、箱子、竹制的果子桶、饭盒、三格的笼头蒸、蜡烛灯。在那个房间,我们还看到了房主人他母亲年轻时的玉照。她端庄秀丽,一头垂丝,前刘海一丝不乱,皮肤白皙而细腻,眼眸清澈,鼻子挺拔,嘴唇微抿,弯出一抹浅浅的笑意。一袭青花旗袍凸现出修长秀美的身材,绝对是一位大家闺秀式的美女。

在其他几间房里,亦都尽显古韵特色,其中有一张民国时期的雕花床,很有味道。20世纪四五十年代的老照片,夹在床两边的玻璃里,因为密封好,照片还非常清晰。房间里还有两只书橱,其中有一只满是书籍的壁式书橱,大多是20世纪五六十年代出版的书籍,其中还有房主人父亲王建金撰写的几大本《金泽镇镇志》手写本。我们从另外一个木楼梯走下了楼,仍走到了"永胜堂"。

我们坐回永胜堂,品茗阿婆茶、吃吃豆腐干,说说永胜堂里的故事,煞是有趣。

(节选自单金龙的《永胜堂里的民国味道》)

金泽榨油坊

在金泽镇的下塘街一转弯处,有一间不大门面的榨油坊,满屋油香溢满半条老街。循着油香,我找到了那家油坊。不大的空间里,炒籽机、榨籽机、滤油机都在隆隆作响。作坊王老板正在滤油机旁忙碌,菜籽渐渐碾得粉碎。几个农户守着碾盘机,王老板一边加菜籽,一边和我们神聊。一年的坎坷、疲惫、失意、挫折便随那碾轮碾得粉碎。碾碎的菜籽细沫再塞入槽内待打。老板娘正在榨油机旁接油,源源卷出的菜饼,冒着热气,飘着油香。

榨油,水乡人称之为"打油"。一切准备就绪,打油师傅王哥发一声喊:"打油啰!"油就在这狠命的挤压之中汩汩流出来了。近水楼台先得月,水乡人吃不起生猛海鲜,却吃得起新鲜蔬果、家禽家畜、炸米糕……油可是个好东西,有了油,水乡人就有办法魔术般变化出种种好吃的美味佳肴来。你喜欢"吞爆鱼"吗? 好,鲜活水产正好在急水港里现捕现抓,有草鱼、鲤鱼、川条鱼……多鲜活呐! 他爱吃煎米糕也不难,方糕、圆糕有的是,拿来"蒸"就是了。浓郁的香气弥漫在静谧的夜空,也引得满屋子人口舌生津,垂涎欲滴。有人甚至不顾糕条刚从滚烫的油锅里捞起,便贪婪得拈起一颗丢进嘴里,烫得张口吐舌直呵气,笑煞众人。

水乡人将这种吃食称之为"吃油吞糕"。吃点心,不单单为吃,更着意的是那一种吃的过程及营造的那份氛围。摆上一两盘油炸米糕、三五杯绿茶,大伙围坐一起,畅所欲言,无话不谈,此时农家的客堂间便成了一个滋生希望、憧憬幸福的地方。

那晶莹透亮的菜油源源不断流入了油桶,家家的油壶便盛满了上苍的厚爱、水乡的恩赐,盛满了一个个实实在在而又令人无限憧憬、遐想的好日子。

金泽榨油坊,一幅多姿多彩的新农村风情画卷。

想起金泽那些土特产

　　金泽是水乡泽国,江河湖水密布,碧波如镜,岸柳含烟,舟行如梭,曲径如带的淀山湖 35 公里环湖周长有一半在金泽区域内,象一条绿色的绸带在金泽的全身从"头"到"脚"飘去,加上境内的大江小河象蛛网交叉纵横,俗话说"开门就见河,出门就动橹",是典型的"鱼米之乡"。那最引人口谗的美味佳肴当然也数金泽水产了。这里盛产的鱼、鳗、虾、鳖、蟹、鳝,由于水质好,水产品肉嫩鲜美、远近闻名。

　　好客的金泽人历来客人一到,先茶后饭,用河鲜珍品招待客人。现代人吃菜一讲营养,二讲保健,金泽的许多特产都具备这二大功能。金泽区域内有 10200 亩水面,有水产资源 62 种,其中数甲鱼、鲈鱼、大闸蟹、鳗鱼、银鱼、黄鳝等最为珍贵。这些活鲜活跳的水中特产,肉质纯纤细腻,美味可口,都具有很高的营养价值。金泽特有的土特产除了水产外,还有状元糕、赵家豆腐干,口感特别,咀嚼有味。

赵家豆腐干

　　金泽的赵家豆腐干可谓远近闻名,曾参加了在北京举行的"中国国际农业博览会",其"以肉质紧密细腻、咬口柔韧相兼、回味鲜香长久"受到客商的好评。而此前,它在"上海市绿色食品展览会"上也供不应求,深受广大消费者的青睐。

　　据传,早在清朝末年,青浦金泽镇的赵瑞生,开了爿豆制品作坊,从事豆制品生产。民国期间,赵家豆腐干已名扬江浙一带。时至今日,历经四代,赵家的豆制品尤其是豆腐干已成为青浦的土特产品。

赵家豆腐干

赵家豆腐店创办于 1894 年,至今已有 126 年历史。在"以粮为纲"的年代里,赵家豆腐干曾一度中断生产,其中也走过了一段十分艰辛的道路。自 1980 年采用深加工恢复生产以来,不断扩大规模,百年产品重放光彩,为青浦乃至上海的土特产品开发作出了贡献。1996 年,已知天命的赵善徕成为第三代掌门人后,研古方、尝百味,历尽艰难,终于打拼出了名闻遐迩的品牌——"瑞兰"牌赵家豆腐制品系列产品。为进一步发展赵家豆腐干这一传统特产,在当地政府的积极扶持下,业主赵善徕不断改进生产工艺和技术,把传统工艺和现代生产技术结合起来,在配方上更科学更合理,使赵家豆腐干成为肉质细腻、形态饱满整齐、咬口舒适有劲、回味鲜香长久、无任何化学添加剂的绿色食品。由于它拆袋即可食用,既方便又卫生,因此又被人们视为赠送亲朋好友的上佳礼品。年生产能力已达 2000 万块。

具有百年生产历史的金泽镇"赵家豆腐干",2000 年被评为"沪郊百宝"之一。经全国"中华老字号"企业协会严格审核,于 2008 年 6 月获得了第二批国家级"中华老字号"品牌产品证书。

西岑莼菜

莼菜是一种多年生水生植物,作为一种绿色品种,已越来越受到人们的喜爱。西岑的莼菜是从杭州引进并种植成功。西岑莼菜吃口好,质优价廉,因此深受广大市民们的欢迎。

商榻咸菜苋

青浦区农村民间腌制的咸菜苋,起源于淀山湖西畔的商榻。商榻"阿婆茶"闻名四方,而咸菜苋,便是"阿婆茶"过茶的必备家常食品,呷一口香茗,吃一根菜苋。茶客们津津乐陶,情趣甚浓。

商榻菜苋不嫩,也不老。摘下三苋、四苋的菜苋腌制的咸菜苋,更为适中。家家户户腌制 10 – 20 甏,每小甏可容纳 10 – 15 斤。按照人们不同口味,有的用花椒、茴香,有的用桔子皮,农妇们各显身手。于是,就传有"百家菜苋百家香"的说法,取名为"索鳗鲤菜",可见其味之美了。商榻咸菜苋成为走亲访友的土特产礼物。

随着科学日益发达,商榻人对腌制咸菜苋也讲究新工艺了。咸菜苋盛放甏罐中开甏后容易变质,如今都把菜苋腌在盐水瓶中,用橡皮塞枕密封后,其质、味不变,保持碧绿的颜色,最多的一户人家要腌 100 多瓶。随着商品意识的增强,如今在农贸市场上,经常看到农民把一瓶瓶咸菜苋成为当地土特产商品交易了。成交的主顾大多是到乡下来观光的城里人

塘鲤鱼

又称菜花鱼,是金泽又一特产。农历四五月间,油菜花盛开之时,塘鲤鱼满腹卵,就要钻进村民河滩的石缝里,或躲进人们为它准备的竹竿洞,很容易捕捉。塘鲤鱼可以红烧,也可以鲜竹笋制成菜花鱼汤,是一道时令名菜。商榻有几百年历史的塘鲤鱼炖蛋,又鲜又嫩,既经济又实惠,是民间一大特菜,深受广大村民喜爱。

塘鲤鱼

商榻银鱼

因身色如银,故得此名,俗称尼鱼,是商榻水域中又一特产。银鱼身长 7 至 10 厘米,肉质细洁,光滑洁白透明,一到清明前后就上市,可炒可蒸,也可与鸡蛋一起制作银鱼炒蛋,或者银鱼汤,是一道方便美肴。银鱼富有多种维生素,能增进人们食欲。银鱼全身无骨无刺,更受老人小孩的喜爱。

六百年前中国的桥面连续简支梁桥

在人们的印象里,那些古镇上的老桥,无论是弯弯的拱桥,还是平平直直的板梁桥,都是用石头打造的。而金泽古镇上有座迎祥桥,却与众不同,别具一格。许多游人游赏之余,细细观察,发现这座桥除了桥墩是石头,桥面采用青砖,梁用的是木头,也就是由砖、木、石三种材料组合而成。此桥位于镇南栅,东西向,跨市河。桥建于元至元年间(1335—1340 年),为六墩五孔梁架式桥。桥长 34.25 米,宽 2.45 米,高6 米;中孔跨径 6.4 米,左右二孔各 5 米,再二孔各 4.3 米。4 根长青石并列成石壁式桥墩,墩顶架以长条石盖梁,盖梁上有 5 个凹口,架 5 根圆形楠木梁,木梁上密铺枋板,枋板上铺砌青砖桥面,桥面两个外侧覆贴水磨筊底砖作博风板。

有人会问,木梁易腐,而迎祥桥自建造至今已六百多年了,为何还能保存得如此完好?这就是稀奇之处。此桥用三种材料组合而成,结构独特,堪称罕见,早已受到文物、桥梁界的关注。1959 年公布为青浦县第一批文物保护单位,它的倩影还登上《人民画报》,向世界展示。

我小时候在金泽读书,镇上桥多,每天上桥下桥,也不足为奇,只是每每过桥,总是轻轻的小心翼翼的,像行走在一位驼背老人的肩上。因为金泽人历来对桥怀有一种敬畏感,潜移默化,也让我们小一辈人敬重那些古老的桥。当然,那时根本不会知道这座迎祥桥的珍贵之处。直到参加了工作,而且恰恰从事与桥搭界的行业,才开始关注起它的前世今生,甚至探究起它的"长寿"奥秘。

迎祥桥造型优美。它的桥面纵向、横向略显弧形坡势,呈双曲拱形,远看,宛如长虹卧波,故有"月印川流,水天一色"之誉。它的桥面体纤薄轻巧,给人以一种赏心悦目的审美效果。桥旁昔时有"小天竺"之称的万寿庵,香火极旺。迎祥桥、万寿庵构成一道美丽的风景,"迎祥夜月"为《金泽古八景》之一,引无数文人墨客前来赏景吟咏。清代诗人陈自镐《南桥夜月》诗云:"虹影环空烟渚宽,高悬蛟月壮霄观。波摇天半蟾宫冷,珠落江心蛟窟寒。清雾翳林风飘荡,惊湖触柱水回盘。凭虚应有乘槎客,欲上星河云外看。"

这样精致的桥梁究竟是如何建造的,民间也有不少神秘的传说。传说当年建造迎祥桥的工匠是个和尚,这个和尚本事高强,可在造桥过程中遇到了难题,就是在施工柱基时屡屡失败,和尚一筹莫展。此时,正好有个东瀛高僧来金泽,传授一个"秘"法,要将儿童和牲畜连同桥柱一起沉入水中奠基。和尚道:"佛家教以修善慈心,岂可杀生害命。使不得,使不得。"后来,和尚派人从浙江运来独块巨石沉入河底以稳固地基,成功构建了一个庞大坚固的桥墩。接着,和尚带了徒弟四处寻觅架梁木材。徒弟发现木场上有一堆圆木,根根粗大质地光润,以为是好料,便欣喜地请师傅辨识。谁知,和尚瞟了一眼便转身就走。徒弟不解,问道:"我跟师傅学手艺到今日,还没有看到过这样好的木材,你为啥看都不看?"和尚说道:"那不过是中看不中用之材,用它做船会沉掉,做棺会很快腐烂,做门窗会淌脂液,做柱子和梁会遭虫蛀。"徒弟听罢,自觉惭愧。一日,徒弟见颐浩寺后院藏了一堆木头,一打听,得知是修大雄宝殿用剩下来的楠木,随即禀告师傅。师傅上前一看,顿时面露喜色,颔首称道:这才是千年不朽之上佳良材。数了一数,合计25根,正好与5孔之桥相吻。和尚拍案而起:"真是天助我也!"待木梁架好,和尚又犯起愁来:因为再好的木材长期裸露在外,迟早也会腐烂。大雄宝殿木梁为何千年不朽,是因为盖有栋(屋脊)宇(屋檐),挡住了风雨。同样道理,若要桥上木梁免遭日晒雨淋,也应取法于"上栋下宇,以待风雨"。他踱步思索,不觉来到寺前的鹤颈街,街面青砖墁地。一阵雨下来,雨水往街面两侧迅速排泄,雨停,街面很快干了。此时,和尚眼睛一亮,心头大喜,暗暗忖道:这岂不是高人指点,桥上何不也来个青砖铺地。于是,和尚连忙召集工匠,在木梁上先铺上枋板,然后在枋板上用糯米砂浆连续铺砌青砖。铺砌后的砖面,天衣无缝,滴水不漏,使木梁一直保持干燥。就这样,迎祥桥奇迹般地保存了几百年。迎祥桥的建造与其他许多古名桥一样,可惜没有留下任何当初资料,这就留给后人许多有趣的谜。不过,像民间留传下来的"上栋下宇,以待风雨",确实有它的科学性、合理性,体现了古代工匠的智慧。

　　20世纪80年代后期,日本的一个公路考察团访问上海,团里有个日本金泽籍专家,趁隙到青浦金泽参观。那时改革开放不久,外国人来小镇还是蛮新鲜的,再说又是异国"同乡",更带有点趣味。金泽古镇既保持着乡土气息,又有一种爽朗明快的现代色彩。可这位专家无心留恋街面市容,却兴致勃勃地踏遍了镇上现存的宋元明清历代古桥。他游兴未尽,赞叹不已,而对迎祥桥特别感兴趣,称之为稀罕、不可思议。耳听一番赞词,不禁让我生出一种自豪感。不过,静下心来,又引起了我的思考:迎祥桥为何特别引人注目?它有哪些独到之处?于是,我也开始了解起日本"同乡"的桥。日本造桥也有悠久的历史。据古文书《金泽濑户桥栋别钱注文案—嘉元三年四月二十八日》记载,关东地区著名的六浦濑户桥最初营建是在嘉元三年(1305年),这个时间正好是中国的元代,与迎祥桥建造时间相近。为营建此桥,人们不仅进行过募金劝进与课税等活动,当时伴随着架桥还有以儿童为牺牲、即作为人性或作为桥柱沉入水中的巫祝之事。这样可怕的造桥方式,令人发指,简直不敢想象。我想,这也许是日本专家为何赞美迎祥桥的一个原因吧。

　　回过来再说迎祥桥。许多年来,上海桥梁专家一直对它的特殊结构、建筑原理进行探究,于1983年发布了初步研究成果。发现此桥不仅在材料组合上特殊,还有一个有趣的地方,即它的上部结构承载能力符合现代桥梁设计的计算方法,更有趣的是还具有现代公路桥梁桥面连续简支梁形式特殊功能。也就是说,桥上的楠木梁简支地搁在桥墩上,桥面上密铺的青砖用糯米砂浆砌筑形成连续桥面。砖桥面受压,将外力传递到强韧的木梁上,由木梁承受弯拉,这样,砖与木发挥各自特长,共同承受外力作用,其承载能力大大提高,而且桥面上没有伸缩缝。这说明古代桥工技艺的匠心独具。这种桥面连续简支梁桥在国外最初是由英国人于 1965 年在基里的巴阿巴河建成第一座桥,我国则在 1980 年开始先后在上海、浙江等地始建。那么可以说,这种结构形式的桥早在 600 多年前已经在金泽存在。故有人称迎祥桥是桥面连续简支梁桥的鼻祖。这一成果引起了桥梁界、文物界不少专家极大的关注,也引起了人们广泛的兴趣。

20 世纪 90 年代中期,著名桥梁专家唐寰澄先生正在编著《中国科学技术史(桥梁卷)》,我向他介绍了迎祥桥,希望将这座别致的古桥编入桥梁史。唐先生得知后专门从武汉赶到金泽,我陪同他一起去实地考察。那天,他不顾自己年高体弱,一头钻进桥洞下面仔细察看,还一遍遍抚摩着木梁,像是获得了重大发现似地喊道:"楠木,楠木,果真是楠木!用贵重的楠木作梁,确是罕见。此桥要不是采用楠木,恐怕也保存不到现在了。古人为什么要用楠木造桥? 这里又有不少东西值得去研究。"

千禧之年,这部煌煌巨著出版了。书中载道:迎祥桥在金泽南市梢。昔有万寿庵、庵侧有桥,建于元至元间,明天顺间重建,清乾隆三十三年重修。桥五孔,每墩为并列三石板柱,柱顶横搁长石梁。主梁为 5 根径 25—30 厘米楠木梁,其外梁外侧,全长竖贴水磨方砖博风以防雨。梁上密铺横枋板,用糯米汁石灰三和土胶整侧砌青砖作桥面。构造防水严密,木历久不朽。宋·杨亿称南津桥"用楩楠之木"。现楠木古桥极为少见。经 1994 年实地观察,乾隆迄今二百二十六年,楠木色泽尚新,香味犹浓,实是桢楠。惜桥柱加宽不当,文物降级,似可更张,恢复原貌使文物可升级保护。

迎祥桥的"前世"似乎可以告一段落,而它的"今生"还在继续。愿它在我们的关爱下"健康长寿",并由我们托付给未来岁月。

(本文作者谢天祥 编者略有删节)

迎祥桥之一

迎祥桥之二

普庆虹桥落成记

八百多年前,在中国开封汴京有座朱栏木拱虹桥;800 年后,在中国上海金泽古镇也出现了一座与汴京虹桥相似的虹桥。这座新虹桥以宋代张择端《清明上河图》上的虹桥为蓝本,重现古虹桥的风貌。此桥建于 20 世纪 90 年代末,桥位于宋代石拱普济桥旁,两座宋桥,一老一新,一石拱一木拱,并肩而立,相映成趣,吸引着许多中外游客慕名而来观赏。

建此桥者不是中国人,而是美国友人。外国人为何到中国来投资建造中国木桥?原来,美国有家公共电视台,为了向世界宣传中国古代文明,特意来中国投资造桥。在造桥过程中,全程拍摄科教片,桥建成拍摄完成后,原地保留,无偿赠送给当地政府,为金泽古镇增添了一处旅游景点。这实在是一件极有意义的事情。

新建成的普庆桥

缘起

美国马萨诸塞州波士顿 WGBH 公共电视台 NOVA 系列片研究员朱丽叶从《中国古代桥梁》一书中发现所介绍的中国开封汴水贯木拱虹桥,觉得很有世界意义,拟予以摄录。NOVA 为非赢利的科教电视节目,其有一档专题节目为"消失了的皇朝秘密",报道世界奇迹如埃及金字塔等世遗建筑。他们认为中国的古代桥梁亦是奇迹,于是朱丽叶辗转打听联系到《中国古代桥梁》著者——我国桥梁专家唐寰澄先生,提议由美方出资在中国某地仿造一座虹桥,并恳请唐先生担任技术总顾问。朱丽叶说:"我们想'虹桥'背后定有更多有趣的故事,它包罗有更高精的技艺和存在着更伟大的结构上的挑战。这座虹桥之所以引起我们的兴趣是其工程上的难题和优雅的外表。以此桥为引之，我们可以了解中国比西方世界更早知道如何了解和掌握工程原理。"

1998 年，制片人迈克和助理毛小姐专程来中国上海，商定由上海东方明珠文化公司协助解决摄制事宜，上海同济大学设计院杨士金教授为总设计师。

我与唐先生多年结交，唐老颇信任我，便把此事及时告诉了我。我俩私下达成默契：无论如何要把这个美好的项目落户在上海。在选择桥址，考察江、浙、沪、皖诸古镇时，他特意也让我同行。我们前往周庄、角直、同里以及朱家角、金泽等古镇转了一圈后，最终经唐老提议，选定了我的第二故乡——金泽古镇。

金泽是大上海脚下的一方净土，是中国东南地区长江三角洲上典型的古镇之一，镇上沿市河保持着许多中国江南民居，且保存着宋、元、明、清历朝典型的多座古桥。唐老在主编《中国古桥技术史》巨著时，我曾多次陪同他考察了金泽古桥，让他留下了深刻的印象。他觉得拟建北宋汴京风格的虹桥傍在南宋普济桥附近，其周遭环境沉浸在古宋的气氛之中，非常适宜。唐老还让我推荐一家有古建筑施工经验的施工单位承担该项目的施工。

建设中的普庆桥

建造

1999 年国庆 50 周年之际，中美双方建设、设计、施工单位有关人员汇集于金泽，精心研讨制定虹桥建造的方法。根据选址处古镇街道和市河现状，虹桥设计长16.28 米，拱跨 13.2 米，矢高 3.13 米，宽 4 米，因为造桥仅为拍摄科教片所用，桥上只通行人，建成后赠送移交给地方政府，所以设计承载能力没有过多考虑其耐久性。为了复原古代造桥工艺，木拱之间联结节点既采用了篾索捆绑，亦用了中国古建筑中素有但特制较长的铁穿转脚钉。拱木采用圆松,用桐油浸涂以抗腐。桥台立于小木椿群之上,桥面采用反弯曲线,突出它的造型美。桥拱横木两端用特制宜兴陶龙头装饰。

为了还原宋代虹桥原始工艺,在安装时舍弃了现代技术和机械,采用以人力为主的土法上马:在河两岸竖立把杆支撑,用回拉绳法安装拱骨,桥下水面搭设浮桥作为临时脚手,然后在河面上拼接拱杆、安装交叉纵梁、钉桥面板、铺设踏步、安装栏杆。前后施工一个月,至10月底,虹桥基本落成。

画龙要点睛。虹桥要否油漆?漆成何色?也引起了中美专家的兴趣。整座木桥因为统一涂刷桐油呈淡黄色,按照中国古代隋唐、宋朝木桥栏杆风格,一般都漆成朱红色或亮红色,唐代苏州有"红栏三百九十桥",青浦本邑名人王昶也有"红栏桥外画船多"之句,故唐老主张此桥栏杆漆成朱色,更吸引动人。美国友人迈克风趣地说:"我也赞成,为了吸引动人,把栏杆漆成朱红色,不过假如娶妻,我希望和谐协调,少些打扮。"唐老继言:"你别忘了,你的女朋友、新娘子起先至少对你来说是貌美动人的,成婚之后自然希望多些和谐协调,少些打扮了。"这番有趣的对话,成了中美专家之间文化交流的一段精彩插曲。

普庆桥建造中

桥梁专家现场视导

庆典

按照中国造桥习俗,桥造好后,要举行"开采"仪式。在仪式举行之前,先请人从他乡牵来2头千斤大水牛,各从两岸向桥中央相会,乡民沿河夹岸聚集,目睹此千年一遇的奇境盛况,也拉开了庆祝桥功的序幕。

第一个上桥的是头功人物朱丽叶,只见她缓缓信步而上,驻足桥顶,叉手微笑,一副得意之态。接着,以唐老为首的顾问组人员带头、乡民尾随集体过桥。没有一个人这辈子见过这样的木拱桥,人们蜂拥桥上,观赏眺望,此情此景,构成了一幅现代金泽版的《清明上河图》。

庆祝活动节目不断,杂技、民间歌舞、打莲湘、舞龙、水上丝竹,尽兴表演,热闹非凡,一派和平动人的景象。到了晚上,又掀起了一波高潮。当烟火升腾,万人空巷,但见人影幢幢,几乎全镇居民和颐浩寺僧徒都聚集在桥上和桥边。唐老曾经参加过不少著名大桥通车典礼,他感叹:这一次桥虽不大,庆祝没有高官剪彩讲话,没有一本正经的仪式,却有如此生动、亲热的民间气氛,乃平生最为激动的。这样的场面,也让千里之外大洋彼岸有着不同文化的美国友人感受着浓浓的中国民间文化的氛围。真是千年盛事,普天同庆。两国专家共同为虹桥取名"普庆"。

普庆桥落成时的情景

尾声

中国木拱桥科教片已在全世界发行,让世界人民在欣赏中国木拱桥巧构奇筑的同时,也了解到中国金泽古镇的风土人情。

普庆虹桥虽圆满建成,但唐老仍惦记着它。2003 年 3 月和 9 月,又二度专赴金泽,他建议镇里妥善维护好虹桥,若方法恰当,此桥至少可用半个世纪。2005 年 4月,按唐老意见,用钢管替换木拱并予以修好。

桥是连接沟通的象征,是人类科技进步的结晶。金泽普庆虹桥的建成,不仅在中国桥梁史上记下了精彩的一笔,也是中美两国人民友谊的象征。

(本文作者谢天祥,图片由作者提供,编者略有删节)

青浦的"包产到户"从这里起步

在青浦,最早实行包产到户的是商榻乡南车大队第二生产队,后逐步影响到了整个上海郊区。

那是 1981 年秋天的一个下午,商榻乡南车大队第二生产队田头来了一位胖墩墩的领导。他一边详细察看田里的作物,一边向大队、生产队干部和社员询问包产到户(当时叫"联产到劳")的情况。他一不吃饭,二不开会,聊了一会就乘机帆船回去了。群众都在好奇地打听,他是谁? 原来,他是上海市分管农业的副市长陈宗烈。

他特地来到上海市远郊,这个俗称"西伯利亚"的小村庄,了解这里自发推行家庭联产承包责任制的情况。这时群众心里都是七上八下,急着问队干部:"市领导对我们的做法是举手还是举刀?"时任大队干部告诉大家:"市领导没有举手,也没有举刀,这不是明摆着市里已经表态了呀!"陈副市长在回去的时候对县、社领导同志说:"让他们试试也好。"

1979 年初,大队党支部决定派干部到又乱又散的第二生产队蹲点,进行调查和指导。了解到该队有些田离村二里路远,社员工间休息也要回家干家务,一拖就是一个多小时,弄得队长要再次喊出工。周边的生产队都称这个队是:出工炖(等)蛋,上工皮(疲)蛋,收工滚蛋,评工炒(吵)蛋。这一年,队里 110 亩后季稻移栽规定到 7 月底要完成,因为农事都是"不种八月秋",但有些社员怕热怕累不愿出工,拖到 8 月中旬还是靠兄弟队支援后才完成。驻队干部看到这个队毛病相当严重:队长派工不服从,一到田头乱哄哄,捏牢铁锗磨洋工。怎样才能改变这种情况呢? 他心里真有点火急火燎。

回想这几年实行联产到组、联产到劳,由于利益不实际,产品归队上交难,评工

今日南新村(南车大队)

记分吃大锅饭,手续繁,方法难,群众真有点反感。到底怎么办? 这时,驻队干部听到外省有些农民兄弟都在暗底里搞分田到户,顿时心里一亮。

1979 年 8 月,公社里组织大队干部学习 1978 年 5 月《光明日报》发表的文章:《实践是检验真理的唯一标准》。在支委会上联系实际展开了讨论,统一了认识。驻队干部对大家说:"分田包产到户好不好,一要看群众生产积极性高不高,二要看增产幅度大不大,我们何不试一试,让大家用实践来检验一下。"

1978 年 5 月 11 日《光明日报》发表特约
评论员文章"实践是检验真理的
唯一标准"

消息传出,一些诚实勤劳的农民说:"这是个好办法。"有些干活怕苦怕累的人却说:"别人家都不搞,唯独我们队里想出花头,瞎起劲。"还有个社员竟跑到公社派驻该村小分队的住处,大吵大闹,并威胁说,我要与大队干部拼命。大队党支部没有退缩,并加紧做着包产到户的准备工作。

1980 年秋,水稻登场,他们就开始丈量土地,把一部分田按口粮分摊,多余土地按劳动力分下去,一百多亩全部包产到户。许多农民看到自己分摊到的田,高兴地说:"这么一包,田与我们更贴肉了,群众生产积极性可大大提高了。"队里有个叫王林荣的小青年,承包前干活不像样,专门"讲张",群众称他是"文不像先生,武不像铁匠,是只三脚猫"。分田到户后,他不但干活勤快了,而且样样农活做得精耕细作,作物长势好,群众都称赞他是"文武双全的种田状元"。包产到户第一年,三麦、油菜分别增产 21%、30%,早稻亩产达 736 斤,比上一年 617 斤每亩增产 119 斤,超历史水平,后季稻每亩增产 80 多斤。

1980 年上半年商榻南车二队自发的联产承包制获丰收　　　　　丰收场景

1982 年 2 月,陈宗烈副市长在市农村工作会议上指出:要加强调查研究,推行多种形式的联产承包责任制。接下来,南汇、嘉定等县领导及其他郊县的部分社队干部都陆续到南车二队参观考察。1982 年,南车大队的主要干部多次在县里召开的各种会议上作介绍,从而推进了农村改革新高潮,南车二队包产到户的经验,在市郊大地上遍地开花。

看到第一步改革取得成功之后,大队党支部并没有松劲,认为农民不但要有饭吃,还要有钱用。农村要发展建设,钱从哪里来? 在三中全会改革进取精神的鼓舞下,把精力转向农村第二步改革,提出了创建队办企业的思路。

大队干部不辞辛苦,跑项目,找供销,买设备,请师傅,上海市区、乡下来回跑,终于也办起五金厂。五金厂经营得红红火火,年年利润稳步上升,不但解决了 40 多个劳动力的转业,还用逐年积累的利润为集体办了许多实事:新建了一座三楼三底的村办公楼、建造五座水泥桥、筑起了环村水泥路……

南车二队的群众,在 20 年的"包产到户"实践中,从没有停止过前进。全队 20 多个劳动力基本上都进了镇、村两级企业,当上了新型的工业农民。特别可喜的是,村里还出了历史上第一个大学生。全队 18 户农户中,有木匠 1 户,养鱼 3 户,开厂 2 户,开店 1 户,搞运输 2 户,还有养猪、养鸡,整个生产队已从原来单一的小农业向农、渔、牧、副业和工、商、运、建各业的大农业发展,从自给自足的农产品向商品化发展。随之,这个队的农民生活亦有了令人惊奇的提高:20 年前队里最穷的周阿川一家 7 口人,住在二间又破又矮的平房,后造起三间新型的楼房,儿子做鱼生意,买起摩托车,一年收入好几万。沈高林多年前造的楼房重新拆掉,造起了又高又大的新楼房。沈国荣、王木根两户还买起客货小汽车。

农村的巨大变化和农民生活的提高,靠的是农村政策一个"稳"字和农业的一个"包"字,党的十五大曾提出:家庭联产承包责任制长期不变,将进一步稳定农业,稳定农心。包产到户先驱者李云河说得好:中国要稳住,农村是基础;农村要稳住,农业是基础;农业要稳住,农户是基础;农户要稳住,包字是基础。

(依据微信公众号"青浦档案"2018 年 11 月 25 日文章《青浦的"小岗村"——包产到户从这里起步》整理)

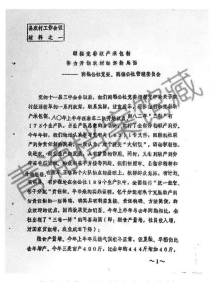

商榻联产承包制的交流材料

卷

八

新景篇

金泽新荣耀

中国历史文化名镇

2014 年 3 月 17 日,住房和城乡建设部、国家文物局公布了第六批中国历史文化名镇(村)名单,金泽镇成功入选第六批中国历史文化名镇。

金泽镇是上海地区有名的桥乡,有"江南桥乡数金泽"的美称。著名书法、篆刻家钱君陶先生曾为之题写"金泽古桥甲天下"。据记载,金泽原有"六观、一塔、十三坊、四十二虹桥",且有"庙庙有桥,桥桥有庙"之谚。近些年来,随着国家级"非遗"项目田山歌、市级"非遗"项目宣卷、烙画、阿婆茶的成功申报,使金泽浓郁的文化特色变得更加丰富多样。

中国历史文化名镇,是由中华人民国建设部和国家文物局共同评定的,保存文物特别丰富且具有重大历史价值或纪念意义、能较完整地反映一些历史时期的传统风貌和地方特色的镇。金泽镇将以成功入选第六批中国历史文化名镇为契机,将特色的桥庙文化、丰富多样的遗产建筑及厚重的历史人文传承展现出来,对历史遗产和历史文化进行深入挖掘和利用,提炼金泽的价值特色和文化内涵,并在规划建设中予以保持继承和发挥,将金泽的历史文化遗产寓于发展之中。

中国历史文化名镇

中国最美村镇

2015 年 10 月 31 日,第三届《中国梦·村镇梦》市长论坛暨"寻梦 2015 中国最美村镇"颁奖典礼在贵州省贵阳市举行,金泽镇一举摘得该项大奖,也是上海地区唯一获此殊荣的城镇。

国家首批运动休闲特色小镇

2017 年 6 月 11 日,中国体育总局以体群字〔2017〕73 号文件形式公布了《全国首批运动休闲特色小镇》,上海有 4 个镇被认定为国家首批运动休闲特色小镇:青浦区金泽帆船运动休闲特色小镇、崇明区陈家镇体育旅游特色小镇、奉贤区海湾镇运动休闲特色小镇、崇明区绿华镇国际马拉松特色小镇。

运动休闲特色小镇,是以运动休闲为主题打造的具有独特体育文化内涵、良好体育产业基础,运动休闲、文化、健康、旅游、养老、教育培训等多种功能于一体的空间区域、全民健身发展平台和体育产业基地。建设运动休闲特色小镇,有利于培育体育产业市场、吸引长效投资,促进镇域运动休闲、旅游、健康等现代服务业良性互动发展,推动产业集聚并形成辐射带动效应,为城镇经济社会发展增添新动能。

国家首批运动休闲特色小镇的创建,能够有效促进以乡镇为重点的基本公共体育服务均等化,促进乡镇全民健身事业和健康事业实现深度融合与协调发展。可以预见,未来这些小镇将会迎来飞速发展。

金泽成功入选国家级"美丽乡村"暨农村综合改革标准化试点

2017 年 7 月 31 日,国家标准化委员会下发通知,在全国范围内确定了新一批"美丽乡村"暨农村综合改革标准化试点项目,其中青浦区金泽镇"美丽乡村"暨农村综合改革标准化试点作为上海市首个,也是目前唯一一个项目,成功获批入选。

金泽镇入列长江三角洲区域一体化发展示范区先行启动区

2019 年 12 月 1 日,国家发展改革委印发《长江三角洲区域一体化发展规划纲要》和长三角生态绿色一体化发展示范区总体方案。方案指出,选择青浦区金泽镇、朱家角镇,吴江区黎里镇,嘉善县西塘镇、姚庄镇作为一体化示范区的先行启动区,面积约 660 平方公里,着力构建"十字走廊引领、空间复合渗透、人文创新融合、立体网络支撑"的功能布局,严格控制开发强度,蓝绿空间占比不低于 75%,规划建设用地不超过现有总规模。

2019 年 12 月 6 日,国新办召开新闻发布会,国家发展和改革委员会介绍了《长江三角洲区域一体化发展规划纲要》的有关情况。它是指导长三角地区当前和今后一个时期一体化发展的纲领性文件。

金泽镇荣获"上海市首批河长制标准化街镇"

2020年8月6日,上海市首批"市级河长制标准化街镇"创建成果揭晓,金泽镇荣登"榜单",市河长办授予金泽镇"河长制标准化街镇"。

金泽镇河道纵横,水域广阔,大小河湖353条。自2019年启动"市级河长制标准化街镇创建"工作以来,在镇党委、政府的大力支持和区级相关部门的悉心指导下,提前至2018年全面完成全镇46条劣Ⅴ类水体消除工作并且顺利通过了2019年的复核,国考、市考断面水质持续稳定达标,水环境状况满意率测评满意度超过90%。按照创建标准和要求,金泽镇成功完成了全市首批河长制标准化街镇建设的创建工作。

金泽镇获河长制标准化街镇奖牌

这标志着金泽镇的河长制工作迈出更坚实的一步,与此同时,也夯实了河长制工作不断向纵深发展、水环境治理工作不断向精细化、精准化方向推进的基石。

金泽镇荣获上海市首批河长制标准化街镇,既是鼓舞,更是鞭策。下一步,金泽镇将会以这次创建成果为新的起点,在进一步提升河长制工作水平的基础之上,全面启动"生态清洁小流域"建设项目,以"十四五"期间,市水环境治理理念为导向,结合金泽镇实际,用足用好河长制平台,全面推进金泽镇"河湖通畅、生态健康、清洁美丽、人水和谐"的生态清洁小流域建设,给百姓提供更美好的生态宜居环境。

真正的长三角"地标"中心

沪郊青浦区的金泽古镇,是上海唯一既接壤江苏、又紧靠浙江的古镇,堪称上海长三角一体化的"地标"中心,是上海的"最长三角"之镇,也是著名的江南水乡。距离20多公里内出名的古镇就有西塘古镇、周庄古镇、同里古镇、甪直古镇、锦溪古镇等。故金泽镇亦被称为上海的西大门。

2019年12月1日,国家发展改革委印发《长江三角洲区域一体化发展规划纲要》和长三角生态绿色一体化发展示范区总体方案。方案指出,选择青浦区金泽镇、朱家角镇,吴江区黎里镇,嘉善县西塘镇、姚庄镇作为一体化示范区的先行启动区。

金泽镇水陆交通便捷,是苏浙沪的重要交通枢纽。上海市第一条国家公路318国道和G50高速公路贯穿全镇,国家主航道太浦河、急水港是通往江苏、浙江、安徽等省的重要航道,也是黄浦江的黄金水道。金泽镇还是有名的桥梁之乡,著名的书画家钱君陶先生曾为金泽镇题词"金泽古桥甲天下",由此便可见金泽的桥梁一定有它的独到之处。很多桥梁都是经过时间洗礼的,像宋元时期建设的迎祥桥、如意桥,当初桥梁建设时候周边的建筑早已经拆了又建,建了又拆,但是只有这些桥依然保持着当年的风采。

上海与江苏分界碑

金泽镇,风格和中国传统古镇相似,但却也有着自己独特之处。据传,从古时候起金泽镇就是"佛教圣地",卓越的佛教领袖赵朴初先生就曾在这里为建于宋朝的颐浩禅寺题词,让这座寺庙的名声响彻整个江南。

淀山湖的大部分在金泽镇域内,是上海市最大的淡水湖,该湖面积达到 62 平方公里,相当于 11.5 个西湖,国家 4A 级景区。经国家认证的水利风景区。这片湖被称为"东方日内瓦湖",是上海重要的水产供应基地。湖面上适合开展各种水上运动,同时还是上海赛艇、龙舟、帆船等水上运动的训练中心。金泽镇交通便利,尤其是水运,这让金泽镇成为江浙沪地区最重要的交通枢纽,一条从魔都上海延伸出来的公路 318 国道(沪青平公路)贯穿整个小镇,镇内国家级主航道太浦河、急水港都是长三角各省市重要的航道。

沪、苏、浙位于中国的东部长三角之地,是中国最发达地区之一。那么,这个三地交界点在哪里呢?

在上海沪青平道路上,苏州市在 318 国道上分界的地方立了一个牌坊,上面可以看出,沪、苏、浙确实存在三地交界点。"上海·江苏"界碑旁有一个白墙黛瓦、檐角飞翘的地标,上面"吴根越角"几个大字透着浓浓的江南气息。这个"吴越"原指故地之边陲,后多泛指江浙一带。唐代杜牧有诗《昔事文皇帝三十二韵》解释道:"黟山侵越角,封壤尽吴根。"元代陈樵的诗作《北山别业三十八咏·越观》提及:"吴根越角两茫茫,石伞峰头俛大荒。"清代钱谦益《西湖杂感》诗序:"登登版筑,地断吴根;攘攘烟尘,天分越角。"近代柳亚子在《次韵和谢老》中的表述更为直接:"吴根越角兵犹动,沅芷湘兰意早倾"——足见这里蕴含着浓浓的文化气息。

"吴根越角"几个字透着浓浓的江南气息

在沪、苏、浙界线交点的示意图上,金泽、黎里、西塘汇聚成一个小小的三角,这里就是长三角的"地标"中心。在牌坊上(见图)可以看到标注的交界地是三角形位置,坐标编号是:N31.01.180E120.53.844。这是江苏省苏州市吴江区黎里镇、浙江省嘉兴市嘉善县西塘镇和上海市青浦区金泽镇三个地方,位于金泽镇新池村。这个交界点,是江苏省苏州市吴江区汾湖镇尖田村,浙江省嘉兴市嘉善县丁栅镇钱家甸和上海市青浦区金泽镇新池村南旺。这里距古镇金泽只有2公里多一点路程。

这个被誉为长三角"地标"中心的地块,早已与周边镇村广泛开展了"一体化"联谊。

据金泽镇新池村村民周建林说,"长三角"早已在他的日常生活中实现了"一体化"。在新池村,村民几乎都能在紧邻的苏浙地区找出几个亲戚来。2019年2月14日,金泽镇新池村党支部一行赴江苏吴江区汾湖高新区(黎里镇)秋田村交流学习,贯彻习近平总书记关于推进长三角地区更高质量一体化发展和三省一市主要领导上海座谈会精神,以省界邻村互动交流为起点,推动一体化发展工作。

沪、苏、浙界线交点示意图上,金泽、
黎里、西塘汇聚成一个小三角

金泽新景之美

金泽水库成上海西南五区饮水"宝葫芦"

据《解放日报》《文汇报》报道：从 2016 年 12 月 29 日起，上海西南五区（青浦、金山、松江、闵行、奉贤）约 670 万居民有了一个供水的"宝葫芦"——金泽水库。

经过近 10 年论证、1 年前期准备、2 年建设，工程总投资 88 亿元、日供水规模达 351 万立方米的黄浦江上游水源地工程金泽水库正式通水。自此，上海四大饮用水水源地建设画上圆满句号，现阶段全市供水水源格局基本形成，也宣告上海原水全部实现由水库集中取水，河道分散取水时代一去不复返了。

金泽水库生态廊道

金泽水库的三重滤卡和五重保障

黄浦江上游水源地工程由金泽水库、连通管、闵奉支线、松浦泵站改造及郊区支线等子工程组成。取道上海西隅，从沪苏浙交界处，沿着太浦河北岸，自西向东顺流而下，不久一座桥梁进入视线，这便是黄浦江上游水源地工程的"心脏"——储存原水的金泽水库在太浦河上的取水口。

站在桥梁上俯瞰，金泽水库的第一道"安检"严阵以待：一条十几米的拦污排浮于水面，下面带有紧密的栅栏，另一条白色的拦油网紧贴其后。从这里开始，稍显浑浊的太浦河水将过关斩将,净化为符合饮用水标准的清泉。

第一关拦下或吸附了水中的大部分异物。"漏网之鱼"将面对更严格的第二关——回转式格栅清污机,这里被挡下的水中异物将被机器自动收集后统一处理。随后,摆脱了"负担"的河水流过闸门,顺着地势流入宽阔的第三关——引水河河道,水流速度自然变慢,仅剩的泥沙也随之沉降。记者在河面上看到,一块块透明的"草坪"漂浮着,这是让有益水生物"起居"的挺水植物带,它们壮大后可吸附水中富营养物质,降低蓝藻、绿萍的发生概率。引水河两岸,各安放了 15 台微纳米充氧设备,起到混合增氧、强化净化的作用,为国内水库建设中首创。

三关过后,清澈河水流入形似葫芦的水库,由李家荡库区和乌家荡库区两部分组成。位于上部的李家荡库区,利用沉水植物带的吸附和降解能力,进一步净化水质;位于下部的乌家荡库区,主要用来储水。两岸设有生态石笼,可富集具有净水功能的生物,促进库区的生态多样性。至此,太浦河水在金泽水库内的探秘才告一段落,净化为原水,通过金泽泵站,流入原水输水管道,向水厂奔去。

水库内外除了有明显的关卡,还有一道隐形的防线——人工和监测设备,对水质 24 小时的监控,从东太湖到水闸 45 公里的太浦河水质尽在掌控之中。从水库出来,绵延上海西南地区 41.8 公里的输水管线沿线,也遍布各类监测点。

除充分保障水质外,金泽水库还布置了五重保障,应对不能供水的突发状况。第一重,金泽水库设置约 525 万立方米的应急备用库容,可保障西南五区至少两天的应急供水。第二重,"一条输水干线、二个取水点、三座增压泵站"的原水连通格局,能实现正向和反向互联互通输水,提升西南五区供水保障能力。第三重,上海与上游地区建立流域保障机制,可通过太湖调水尽快保障供水。第四重,黄浦江上游水源地与青草沙水源地建有联络,在原水上可互相支持、互为补充。第五重,保留西南五区原有的 5 个就近取水口,作为备用取水口。

金泽水库因地制宜创建"绿色"水库

金泽水库在建设过程中,将土方开挖与当地复垦工作相结合,库区内经过处理的优质土壤在周边重新"安家",从而复垦了良田 3000 多亩。开挖库区产生的土壤,创造性地用来让周边耕地"起死回生",这是黄浦江上游水源地工程秉持绿色理念的一个缩影。

金泽水库是上海首座只靠闸门升降而非水泵抽取,就能让水自然入库的原水水库,从而节约了大量能源。同时,金泽水库和其连通管工程是上海首批建筑信息管理(BIM)应用试点项目,实现了工程建设的数字化、可视化、精细化,让工程建设在实战前可预先模拟,设计出更佳方案,从而有效地降低了金泽水库的投入和损耗。

通过就地取材、因地制宜,最大程度降低了项目实施对周边环境的影响,是金泽水库规划设计和建设中的创新理念。比如,负责储水的李家荡库区和乌家荡库区,原本就是两个湖荡。建设者在这两个湖荡的基础上深挖,稍加改造,就形成如今的"葫芦",其现有的水面积为1.92平方公里,只是在原有湖荡的面积上增加三成多点。

漫步"储水库"外围,只见到河堤上砌有淡灰色的透水砖,几乎与河岸融为一体,仿佛原来就是这样。其实,这是借鉴水库附近青浦乡村的原有生态风貌,透水砖模仿的就是他们建筑里的青砖,不会有突兀的感觉。此外,横卧于李家荡库区和乌家荡库区之间的导流堤酷似一座水草丰茂的小岛,水生植物经过筛选,也保留了不少土生土长的品种,这些都是对原生态的尊重。

目前,金泽水库通过库区水动力条件优化、水生态系统构建、水质提升措施等,已形成物种丰富、结构完整、功能稳定的水库生态系统。这是金泽水库的又一个摸索。可以预见,在河网密布、地势低平的长三角流域,随着公众对环境友好的追求越来越高,这种生态水库将有广阔的发展前景。

金泽水库打造饮用水源的"联网"模板

金泽水库的规划供水规模为351万立方米/天,占上海原水供应总规模的三成左右,是上海目前第二大水源地。它是上海四大饮用水水源地建设的关门"战役",其重大意义在于,成功代言了上海"两江并举、集中取水、水库供水、一网调度"的原水供应理念。

过去,原水供应的联动理念,往往是就近取水、单一点取水。而黄浦江上游水源地工程建成后,集中将原有青浦、金山、松江、闵行和奉贤等西南五区取水口,归并于金泽水库和松浦大桥取水口,改分散取水为集中供水,并实现金泽泵站与松浦泵站正向和反向互联互通输水,西南五区供水保障能力提升一个档次。同时,黄浦江上游水源地还与青草沙水源地衔接,互为备用,不仅保障西南五区供水安全,还能作为全上海居民饮水安全的"保险库"。

尽管成功打造了四大饮用水水源地,但保障市民的饮水健康,上海一直在路上。为保障水源地到水龙头全过程的安全,上海还将启动以长江原水为水源的中心城区水厂深度处理工程建设,提升饮用水质量。此外,上海还将加强对饮用水水源保护区内运输船舶等流动风险源和周边风险企业的监管。全市饮用水水源保护区内禁止高污染风险货物或剧毒品的船舶航行、停泊、作业,全面落实太浦河危险品船舶禁运,持续减少太浦河的船舶航运量。

2019年年初,青浦区、吴江区和嘉善县环保部门齐聚青浦,签订合同,建立适合三地的综合生态综合管理机制。随着长三角一体化发展战略越来越深入,金泽水库作为支点之一,为了水库的安全稳定运行,享受长三角一体化的便利,也推动了水库的建设。区域化生态,依托太湖水资源共享模式和原水源联动保护,金泽水库必将牢牢把据城市安全运行的底线,成为城市建设和运营管理的主力军,深化精细规范的企业管理。打造生态环保前沿阵地,积极参与长三角一体化建设,让上海人民安心喝水。

金泽水库取水处

金泽水库将在浙江建科学基地

据 2020 年 8 月 26 日《劳动报》报道,第一届长三角生态绿色一体化发展示范区开发者大会在沪召开,从"大都市圈发展和空间规划"分论坛上获悉,长三角正着力建设"从源头到龙头"的高品质饮用水供应系统。其中,上海的金泽水库将在浙江区域建设一处大规模的水源科学实证基地,打造国内领先、国际一流的城市规划、建设、运营和管理技术研发的国际级水生态环境研发中心。

据介绍,在水环境治理方面,以金泽水库为核心,建立"一河三湖"水环境生态保障,从"末端治理"转向"全流域治理",正在开展水资源、水环境、水生态、水安全、水文化和水管理"六水共治"的专业研究,为长三角一体化提供系统集成。在此基础上,进一步融合海绵城市、生态补水、景观营造等综合措施,更好的锚固长三角水生态基底。

目前,上海城投公司正在研究建设金泽水源科学实证基地。以此打造国内领先、国际一流的城市规划、建设、运营和管理技术研发的国际级水生态环境研发中心,以政学产研多方参与机制,形成一套完备的水生态体系和科创体系,打响江南水乡国际品牌。金泽水库的科学实证基地,位于太浦河的北岸,而它实际的行政范围隶属于浙江省嘉善县的北蔡村。其主要建设内容就是一个生态湿地科普公园为主体的、长三角一体化示范区的水源科创示范基地。建设该基地的目的,除了通过科技研究和技术上的创新,以此提升江浙沪地区河网的水环境治理技术,同时,也进一步提升水源地水质的保障能力,此外,也有利于改善河网生态。

此举不打破原先的行政区级,也不改变原先的行政历史,而是通过创新一些一体化的机制来联动三地来共同研发,以此打造生态新高地。

青西郊野公园

2013 年上海市政府工作报告中明确启动的郊野公园建设,是上海促进城乡和谐发展、适应社会经济发展需求、提升生态文明水平的重大举措。

郊野公园不是一般意义上的公园。2017 年 6 月 1 日,市政府公布的《关于本市郊野公园建设管理的意见》提出,上海以郊区基本农田、生态片林、水系湿地、自然村落、历史风貌等现有生态人文资源为基础建设郊野公园体系。规划在郊区选址布局,建设一批具有较大规模、自然条件较好、公共交通便利的郊野公园,进一步优化郊区农村生活、生产、生态格局,逐步形成与城市发展相适应的大都市游憩空间环境,成为大上海的后花园、市民休闲游乐的好去处。全市初步规划了 21 座郊野公园,总用地面积约 400 平方公里。

在规划的 21 座郊野公园中,按照规划布局和近期实施可行性,近期建设青浦区青西郊野公园、松江区松南郊野公园、闵行区浦江郊野公园、崇明县长兴岛郊野公园、嘉定区嘉北郊野公园作为率先试点,5 座郊野公园总面积约 103 平方公里,2016 年起陆续建成开放。

青西郊野公园位于青浦区大莲湖畔,毗邻西岑镇和青浦新城,规划面积 20.2 平方公里,规划轨道交通 17 号线东方绿舟站可方便到达。规划定位为远郊湿地型郊野公园,围绕大莲湖湿地景观、现状保留完整的江南水网"湖、滩、荡、堤、圩、岛"的肌理格局,满足都市人回归田园水乡、追寻江南记忆的梦想。

青西郊野公园

打造市郊田野上的"小香格里拉"

蓝天白云,水清岸绿,已成为人们内心理性追求、走近自然向往之所。地处金泽镇莲盛地区的青西郊野湿地公园,它首先所彰显的,就是"绿"的天地,以绿色的生源、岸景风情、水声动感的环境,作为彰显水文化、原生态的基调。从某种意义上说,既是自然生态、美丽乡村的延伸,也是人们休闲的"绿洲"、鸟儿栖息的"鸟的天堂。"

青西郊野湿地公园,凭借丰富水资源、水乡得天独厚的环境。利用原有自然生态资源,着力打造三大功能片区:即以"湖、滩、荡、堤、圩、岛"等水环境为主要特色的水漾湿地生态区、江南人家体验区和水上森林生态区。利用区域内优越水资源环境,占到湿地公园总面积的40%。其中"水上森林"的池杉,约占地83亩。以金泽镇大莲湖为核心,以美丽乡村建设相结合,湿地园区逐将建成种植区、采摘区、养殖区、垂钓区、居住区、环湖小道、田间道路。就是说,利用原有的湿地、湖泊、树林、鱼塘、农田、河道及自然乡村居民区,串连成庞大的一个绿色人文区域。

在地理位置上,青西郊野湿地公园,就坐落在青浦区西片,千年桥乡金泽镇旁边,跟毗邻的淀山湖遥相呼应。区域范围涉及附近大莲湖,周边的莲湖村、东天村、西岑村、河祝村等多个现有行政村。按设计规划布局,青西郊野公园总面积为22.35平方公里。

在整体布局上,青西郊野湿地公园,突出"生态湿地水文化"主题,展示乡村独特的自然野趣为特色。以绿化景,以特色的池杉为衬托,形成"水上森林"。即杉林鹭影、芳洲晓渡、莲溪庄园、鱼稻田园、枕水安居、芦雪迷踪、绿岛翔鸥、莲心禅韵。一个个自然景点,充满诗情画意。周围绿野浣溪,美丽乡村,小桥流水人家。随之湿地内,水泽荷塘点缀,野生的鸟儿,将在这里筑巢繁衍。与此同时,这里自然村落,美丽乡村错落有致,以田园风光见长。

青西郊野公园里的水杉林地之一

青西郊野湿地公园集生态、湿地、自然、休憩等特色于一体。整合农田水河林网资源,体现相互交融的生态理念,展示乡村得天独厚的迷人风光。遵循"保护优先、科学修复、适度开发、合理利用"原则,坚持"生态、生产、生活"融合发展的理念,以打造"江南水文化生态园"为主题,形成"一湖、三湾、两港、十村、十二岛、二十四桥、三十六溪"。与此同时,湿地公园以多元化为特色,结合太湖流域水源地修复,综合保护开发示范基地,以营造生态旅游示范基地为目标,同时集现代农业、养殖业、生态湿地、时尚休闲为一体。

漫步于郊野湿地公园,这里水光潋滟,婆娑的树木郁郁葱葱,宁静的园区,鸟语花香,优越的生态环境,正在渐渐凸显。这里没有陡峭的丘陵,或山势,只有平畴的绿野,村庄、岸景与水泽,彼此起伏相连,树木翁郁,绿意峥嵘。亭子、长廊、曲榭点缀其中,自然野趣与水文化相得益彰。虽然没有山野那种苍苍莽莽的气势,一下子走下来,也着实让人不轻松。站在高处远眺郊野湿地公园面积之广,走近"青西郊野湿地公园",能感受水乡的秀美,乡村旖旎的风光。以乡村基调为原景,凸显自然的灵性,张扬绿地,那种广袤与神韵,便是自然人文生态环境。

打造沪上现代版的"世外桃源"

"土地平旷,屋舍俨然,有良田美池桑竹之属。"人们读陶渊明先生的《桃花源记》,无不对其笔下的世外桃源深深向往。上海西郊充满田园野趣的青西郊野公园,就是一片现代版的世外桃源。青西郊野公园,以大莲湖为中心,形成生态保育功能区、水乡农田示范区和渔村休闲体验区三大源呢!

青西郊野公园以"湖、滩、荡、堤、圩、岛"等水环境为主要特色,总体规划遵循"保护优先、科学修复、适度开发、合理利用"原则,设计了湿地荷塘、芦雪迷踪、水漾湿地、杉林鹭影、青韵野径、桃花渡等20处景点,既凸显江南水乡特色,又展现原生态自然风貌。

整个公园没有围栏,包括莲湖村在内的自然村落、原住民居都被完好保留。村民除了耕种养鱼,有些家庭将自家房屋改造成民宿,有些经营农家乐,还可以去乡村集市售卖农产,增收创收。这里水系发达,公园内将近40%的区域被水覆盖,其中位于公园正中间的天然湖泊大莲湖,总体水域面积达1平方公里,与淀山湖相通。

坐在游览车上,绕大莲湖一圈,大概5公里,这里也是组团骑行或跑步健身的绝佳之地。目之所及,湖面碧波浩渺,岸边杨柳依依,鱼塘整齐排布,田野里农趣十足的雕塑也是随处可见。更让人意想不到的是,公园内石凳、垃圾桶等设施,全部是用建筑垃圾通过3D打印技术一体成型,十分环保。占地60余亩的"水上森林",是青西郊野公园最具特色的地方。

1982年,由当时上海农业局下属林业站出资,尝试粮林间作湿地造林,苗木以池杉、落羽杉、中山杉为主。如今这5000余棵水杉都已长成合抱之围,它们整齐排列,在粼粼波光映衬下,形成了令人惊艳的"水上森林"奇观。阳光透过树梢,斑驳的倒影落在静谧的湖面上。初冬时节,金黄的树叶在枝头尽情撒野,与水岸边翠绿的水草形成极大反差。冬日里,蓝天下,成片的水杉林,开始泛黄的芦苇荡,绿草点缀其中,让人欢喜,连空气都是甜的。

走进杉林区域,成排绿树和粗大树干的水中倒影,是摄影爱好者们镜头下的宠儿。静心停留片刻,会发现这片被蓬勃生长的金钱草和芦苇占据了大片水面的湿地内,还"潜藏"着诸多生物:成群的白鹭不时从林间飞起,偶尔可见一两只野鸭在水上悠游,鱼儿跃出水面泛出的水晕和不时传来的蛙鸣声,都在告诉人们这片生机盎然的湿地的主角们的存在。这片杉林的特别之处还在于,一年四季的风景都不一样:早春时节的杉林一片新绿,盛夏时节葱茏翠绿,深秋时杉树叶红黄相间,冬季雪后又是一片白雪皑皑的景观。

青西郊野公园内还有一处特别的自然景观,是水域广阔的大莲湖。在这里,游客泛舟湖上休憩。湖边的步道和农田里,一年四季也种植着应季花卉和农作物,一派田园风光。

久居"城市水泥森林",习惯了嘈杂拥挤,突然被这片高耸入云的水杉林包围,瞬间似有一种被美晕的窒息感。秋天的色彩让人无力抵抗,没有词能形容出此情此景,朋友圈里简单一句"仿佛在看纪录片",就足以勾起不少朋友遐想神往。这一片堪称全上海独一无二的水上杉林奇观,吸引了100多种鸟类常年栖息。漫步在水上森林的科普长廊上,人和大自然和谐相处,野趣横生,奇妙无比。毫不夸张地说,"世外桃源"青西郊野公园,或许是沪上目前已开园的郊野公园中最"野"的一座。

青西郊野公园里水杉林地之二

打造以公园为依托,带动乡村振兴"样板"

2013 年 8 月 14 日,青西郊野公园开发建设指挥部召开第二次全体会议。会上,上海市规划设计院专家向与会人员详细介绍了青西郊野公园规划综合方案。据了解,青西郊野公园区域总面积达 22.35 平方公里,共涉及 11 个行政村,户籍人口 13958 人。目前已顺利完成了国际方案征集工作,综合规划方案已基本形成。在综合规划方案中,以"生态优先、自然融合"为特点,利用自然的湖、滩、荡、堤、圩所形成的自然肌理,通过开发建设,形成由一湖、三湾、两港、十村、十二岛、二十四桥、三十六溪组成的水上森林生态区、江南人家体验区、水样湿地生态区等三个功能片区,体现润泽、聚湖、成湾、浮岛的景观特点。

时任青浦区委副书记、区长赵惠琴出席讲话,提出要充分发挥建设用地的叠加效应,一步一个脚印地把每一阶段的青西郊野公园开发建设工作做好,特别要把各种规划做好,为建设和长效管理打下牢固的基础。在开发的时序和范围上,要按照 2015 年开园的目标,锁定每一期和每一阶段郊野公园开发建设的时间和开发的实际范围,做好市政基础设施,理顺各阶段开发顺序,稳步推进,一步一个脚印把每一期都开发好。要深入研究开发模式和投融资方案,未雨绸缪,为资金的落实打下基础。要把村庄归整规划、市政设施规划、环境综合整治规划、农村设施布局规划等各种前期规划做优,为青西郊野公园开发建设后的长效管理打下牢固的基础。

运营集团青西项目团队自 2016 年 3 月份入驻以来,就用双脚丈量了园区里 4.6 平方公里的每一个角落。在项目规划、运营定位上,一开始就确立了以"生态建设"为基础的理念,并坚持贯彻到行动中,在田、林、湖、荡、堤、圩的地理肌理上构筑生态和谐、野趣横生的游憩场景,把生态文明做到极致,控制增量,盘活存量,让每一块土地发挥最大的生态价值,让每一处景致都体现人与自然的和谐共生。

为了实现"保护优先、科学修复、适度开发、合理利用"的最大化原则,运营集团青西项目组在交通方面,坚持梳塞扩容,破解"最后一公里"的交通瓶颈问题;在基础配建方面,坚持控增集减,合理利用;在游憩产品打造方面,坚持生态优先,适度开发;在运营管控方面,坚持科学规范,管控有度……在其他方面,也做了大量的前期准备与后期努力工作。

同时,运营集团青西项目组系统编制了适合青西郊野公园的运营体系文件,涵盖标准化运营、安全生产责任、运营质量保证、园区巡检制度、第三方检查评分、场地使用协议等多项内容,并且顺利通过了突发事件应急预案专家评审。专家评审团对景域运营集团青西项目组团队的工作表现给予了高度肯定。

仅在 2017 年,青西郊野公园就相继获得"干部教育培训现场教学基地""科普体验实验基地""青浦区社区科普大学教学点"等荣誉。在筹建过程中,运营集团还充分协调不同业务板块,各司其职,在安全运营的基础上,除做好信息系统、导视系统、岗位培训外,不断强化景民关系,构建"乡村集市",提供就业岗位,增强村民主人翁感,搭建农产品售卖平台,增加村民经济收入,真正实现"景民和谐共生",让村民充分享受景区红利,进而实现乡村振兴。

2018年4月,上海市委书记李强考察了青西郊野公园。李强指出,青浦生态资源丰富、区位优势独特,要努力把生态优势转化为发展优势,把生态环境转化为宜居环境,持续用力做好生态建设、特色产业、乡村振兴三篇大文章,为全市改革发展作出更大贡献。青西郊野公园,农田、湿地、湖泊、河流、森林共存,形成多样化的生态系统,初始定位与发展方向完全符合市委提出的"三篇大文章"的要求。

在青西郊野公园核心区域内,有着260多户居民的莲湖村,现在成了不少附近村庄羡慕的对象,因为莲湖村成了上海唯——个身在公园内的村庄。

对于这些保留在公园里的村民,公园方是负责任的,也一直想方设法地来增加他们的收入。一个是增加村民补偿性收入。在土地的收入之外,又增加了500元/亩的流转费。另一个是增加了村民的工资性收入。从一开始,园内的保安、保洁、电瓶车驾驶员,包括锄草、养护这些零工,基本上都从当地招收,给当地村民增加就业机会。再一个就是考虑增加村民的经营性收入。公园方在莲湖村的入口处建了一个乡村集市,每逢节假日或者黄金周,村民们就可以把自己的一些农副产品拿到这里来卖。最后一个,让村民们将自己空出来的房子,做成民宿出租,也能增加他们的收入。公园的开发确实给当地的村民带去了实惠。

总之,郊野公园一直在不断地调整和改进各个方面的因素,用力做好生态建设、特色产业、乡村振兴三大文章,打造青浦的一张亮丽名片。

夕阳下的青西郊野公园外景

华为青浦研发基地

2019年1月17日,华为青浦研发基地顺利揭牌。这是青浦区与华为真诚合作、携手共进的重要里程碑,也标志着华为青浦研发中心项目正式迈入开工建设的高速发展阶段。

华为青浦研发基地

从东莞到青浦,打造"上海之门"

2018年,华为总部基地从深圳迁入东莞松山湖,斥资100亿元,在为员工们打造了一个复刻版欧洲小镇的同时,也给东莞的房地产升值、就业岗位增加、税收增长、上下游产业的发展等带来诸多重大利好,极大地提升了地区的经济发展和经济品质。2019年,华为新研发中心正式落户上海,占位青浦区科创走廊建设的发展主轴,总投资71亿元,接近华为东莞总部投资规模,年产值预计达100亿元,将打造成全中国乃至全世界范围内具有领先地位的研发中心。这是华为积极融入国家长三角一体化高质量发展战略,深度参与上海建设有全球影响力科技创新中心的重要布局,也为青浦打造"上海之门"画上了浓墨重彩的一笔。

这是一个等同于Facebook硅谷总部的世界级科创中心。同样作为全球研发中心的领先者,华为青浦研发基地和美国Facebook总部园区有很多异曲同工之处。首先,规模超乎想象。美国Facebook总部位于加利福尼亚州,园区总占地约23万平方米,可供2000名员工同时工作。华为青浦园区总占地约100公顷,1期开发142万平方米,2期94万平方米,可容纳办公人数达1.5万人。其次,空间功能＞建筑本身。越是成功的企业,越注重拓展多样化工作空间。秉持生活与工作融为一体的理念,考虑未来几十年的研发需求,打造一个集服务、住房、交通和办公为一体的混合型多功能社区。华为青浦园区"9大园3大岛"规划,从办公需求到生活功能的全面考量。再次,加强区域内外连通。华为此类科创园区,早已超脱企业自身的存在意义,更是一座城市的地标性空间,是促进城市发展的一剂强心剂。

华为青浦研发基地预计将化3-5年左右时间建设发展,作为长三角一体化中心点的青西地区,将形成东有大虹桥、西有长三角一体化的一城两翼新格局。未来有规划17号线西延至基地北侧,同时有规划金泽4路穿越基地南侧,联系上海市区与金泽镇。

青浦研发基地,将成城市新地标

从华为青浦研发基地公告知悉,华为项目总用地面积近100公顷,总投资近100亿元,决心打造成全中国乃至全世界范围内具有领先地位的研发中心。一期占地面积为94.7万平方米,办公区总占地面积达4000亩,共可容纳办公人数达1.5万人。该基地采用"9大园3大岛"组团规划,打造服务、住房、交通和办公等多功能混合型社区,可比肩苹果、谷歌、脸书、亚马逊等其他国家顶尖企业总部园区。

上海的5G产业发展和应用创新三年行动计划已在推进过程中。华为青浦研发基地推动长三角5G发展。作为三大运营商首批试点城市,上海于近日印发了《上海市人民政府关于加快推进本市5G网络建设和应用的实施意见》(以下简称《意见》),其中提到,到2021年,上海要累计建设3万个5G基站,总投资超过300亿元,培育100家5G创新企业。《意见》还提出,将制定5G应用创新和产业发展三年行动计划。到2021年,上海市5G发展将实现"十百千"的目标:聚焦10大垂直领域,形成100项行业应用标杆,培育1000个创新应用项目。5G产业将实现"三个千亿"的目标,即5G制造业、软件和信息服务业、应用产业规模均达到1000亿元。此

华为人才公寓项目效果图

外,长三角一体化上升为国家战略后,落在长三角示范区的华为青浦研发基地,也被看作是推动上海乃至长三角5G产业发展的一个重要布局。

与之配套的是2019年2月发布的《青浦、吴江、嘉善2019年一体化发展工作方案》,提出三地将推动华为青浦基地和人才公寓基地年内开工,促进亨通光电、京东方等华为核心供应企业共同打造万亿级信息产业集群。如果说未来华为将终端、无线、海思等产业重点全部放到青浦园区,我国整个通信行业版图也会随之产生一些变化。5G产业链除了华为、中兴、诺基亚贝尔这些通信公司,主要包括了基站射频、光通信器件两部分。结合华为上海研究所集聚的无线和终端等主力,青浦研发基地未来应该更多带动的是长三角研发的通力协作,比如说华为5G终端要用京东方的面板,基站要用光通信器件,就可以和周边的亨通光电、京东方一起研发。

青浦研发基地,动迁项目正式开工

2019年8月17日,位于金泽镇西岑社区的华为研发中心动迁基地项目开工典礼顺利举行。该项目位于金泽镇西岑社区,东至税务所,南至规划道路,西至农田,北至岑卜路,项目用地面积约9.56万平方米,容积率1.6,总建筑面积约25.32万平方米,其中地上15.95万平方米,地下9.37万平方米,包括30幢9-11层住宅楼,可提供房源共1526套。

华为青浦研发基地动迁基地项目位于青浦区金泽镇,东至张联村江,西南至规划路,北至岑卜路。整个动迁基地共分03-01、03-05、04-01、06-03四个地块。项目总投资200611.55万元,总用地面积95668.3平方米,总建筑面积253363平方米(其中地上建筑面积157593平方米,地下建筑面积93770平方米),容积率1.6,绿化率达35%,机动车停车位1573辆,非机动车停车位1530辆。项目包括27栋9-11层住宅,3栋9层住宅及沿街商业、社区配套、绿化等附属设施工程。

负责建设项目的上海淀山湖新城,为住宅项目作了合理布局和商业规划。根据地形排布住宅,在基地西南角设置市民中心,沿着规划四路布置商业,住宅和商业区

华为研发中心动迁基地

划分明确、互不干扰、整体满足五分钟可达市民中心，塑造出宜居、活力的社区。通过市民中心和商业街，把基地周边的人流引入，给整个社区带来生机、活力和商机，满足周边百姓对商业设施的需求。通过连接不同社区的生态运动带、社区活力带以及滨水休闲带，将社区打造为运动健康宜人的新型社区，串联不同的主题院落，丰富社区人文社区建设。

2019年10月9日，上海市委书记李强在青浦区调研长三角生态绿色一体化发展示范区建设推进情况座谈会前，来到位于青浦区金泽镇的华为青浦研发中心施工现场察看。作为华为重点研发基地，这里将聚焦终端芯片、无线网络和物联网研发等业务，预计导入3万名科技研发人才，并依托金泽现有生态肌理打造世界一流科技园区。李强对项目规划、产业定位、人才集聚以及服务配套等作了具体了解。他说，华为青浦研发中心地处示范区，优势明显、大有可为。希望进一步发挥自身特色优势，对接示范区目标定位，加快推进研发中心规划建设，尽早显现创新溢出和产业带动效应。上海将全力打造国际一流营商环境，为企业发展提供更好服务、创造更好条件。

据2019年11月29日《新民晚报》报道：伴随着华为研发中心的落地，美丽的蓝色珠链即将诞生一颗最耀眼的明珠。华为相中金泽的故事，也为当地人津津乐道。

一体化示范区总体方案中明确写道：华为研发基地落户青浦西岑社区，充分说明"有风景的地方就会有创新经济"。一体化示范区将加快探索生态友好型高质量发展新模式，以水为脉，保护水生态、提升水品质、做好水文章，以西岑科创中心、汾湖高新区和高铁科创新城等为发展组团，形成蓝色创新珠链，为长三角践行绿水青山就是金山银山理念探索路径和提供示范。

生态价值新高地、绿色创新发展新高地、绿色宜居新高地……当好风景转化为好经济，这条自然生态的蓝色珠链，正延伸成为示范区创新发展的美丽底色。

上海大观园

上海大观园,位于上海青浦区青商公路 701 号,坐落于淀山湖西侧,距离上海市区 65 公里,占地 135 亩,建筑面积约 8000 平方米。原称淀山湖风景游览区,1991 年改称上海大观园,占地也扩大到 1500 亩,是上海市精神文明建设的重点单位,经过多次的整修扩建,是一个集观光、旅游、休闲的综合性游乐园。

上海大观园是根据中国清代名著《红楼梦》的描写设计而成的大型仿古园林。园林建筑群由上海园林院梁友松主持规划设计。总体布局以大观楼为主体,由"省亲别墅"石牌坊、石灯笼、沁芳湖、体仁沐德、曲径通幽、宫门、"太虚幻境"浮雕照壁、木牌坊等形成全园中轴线。西侧设置怡红院、拢翠庵、梨香院、石舫。东侧设置潇湘馆、蘅芜院、蓼风轩、稻香村等 20 多组建筑景点。

上海大观园曾荣获国家建筑鲁班奖、上海长埠 40 周年十佳建筑、十佳休闲新景点,中华人民共和国成立 50 周年上海优秀建筑、上海十大旅游特色园林、上海市七大文明公园、国家建设部全国风景名胜区先进集体等荣誉称号。

上海大观园正门

景区沿革发展

1958 年,上海市园林管理处曾在淀山湖南岸的淀峰、西岑征地 100. 4 万平方米辟建苗圃,后因国家经济困难,1961—1962 年间苗圃撤销,退地还农。1978 年 10 月 23 日,上海市园林管理局提出辟建淀山湖风景区的规划设想。同月 25 日,上海市委第三书记彭冲实地踏勘,确定选址在杨舍。同年 11 月 17 日,经市计划委员会批准,同意全面规划,分期建设,逐步建成一个比较完整的游览风景区。第一期先行建设的是关王庙及杨舍两处游览小区。

自 1979 年 1 月开始,在淀山湖畔淀峰大队、杨舍大队分两期征地,第一期 30.82 万平方米,第二期 59.32 万平方米,共 90.14 万平方米,全部征地工作于 1979 年 12 月 27 日完成。1980 年初,开始边改造地形边开展绿化及道路、桥涵、驳岸等基础工程的施工。北京市有关部门为支持上海建造大观园,将石狮调拨给上海。1981 年下半年,"怡红院"首先破土动工,于 1984 年 5 月建成,27 日即开放接待游人。随后,边建设边开放。在游览区范围内的青商公路和白石矶大桥,由市政工程局于 1986 年改建完成。

大观园仿古建筑群前后施工 7 年,于 1988 年 10 月 15 日全部竣工。全区于 1988 年 10 月 20 日全部对外开放,初名上海淀山湖风景区,1985 年 1 月更名上海淀山湖大观园游览区,1991 年定名为上海大观园。

1991 年 9 月,市旅游事业管理局、市园林管理局、市红楼梦学会、青浦县人民政府在大观园举办了 91 上海红楼旅游文化艺术周。在活动期间,邀请国内和海外著名红学家参加红楼文化的研讨,举行红楼文化艺术物品展览,展出《红楼梦》各种版本、各种译本及红楼人物画,供应有关红楼梦的艺术品、纪念品、小商品和红楼菜肴、点心、小吃,演出红楼戏曲,表演"元妃省亲"等。1992 年 10 月,再次举办"上海红楼文化艺术节"。现在已成为大观园的传统节目。2000 年被国家旅游局评为国家 AAAA 级旅游景区。

上海大观园内景

景区资源布局

大观园共有树木、竹 34 万余株,250 余种,数量以竹最多,有 9 万株左右。主要树种为香樟、水杉、池杉、竹子、银杏、梅、桃、桂花和花灌木,还有上海比较少见的树种如白皮松、山核桃、黄连木、厚朴、木莲、深凤尾竹山含笑、杜仲、猕猴桃、卫矛、喷雪、香柏、黄云柏、桂竹香等。其中百年以上古树49株,有罗汉松、紫薇、桧柏、银杏、桂花、胡颓子、朴树和瓜子黄杨。竹的品种有方竹、凤尾竹、碧玉嵌黄金、黄金镶碧玉等。

大观园景区中各景点的植物配置,系按小说的意境和人物性格设计。怡红院内种植西府海棠、芭蕉和罗汉松,突出了"怡红快绿"的特点。潇湘馆种植各种竹子,点出"凤尾森森,龙吟细细"的意境和潇湘妃子孤高自许的性格。拢翠庵放生池后植龙爪槐2株,因其树态如华盖,封建制度规定凡五品官以上人家方可植此树种,暗示妙玉出身的高贵。院内栽种松、竹、梅、青枫、石榴、腊梅等,用梅孤竹傲点出妙玉形象。稻香村进门就是一片园地,种植的都是瓜果蔬菜,以示主人李纨淡泊俭朴的性格。园内栽植了大量大树古木。

大观园内陈列的红木家具、青铜古器、玉器、瓷器,古老、名贵、逼真。这些物品绝大多数是在筹建过程中从民间收购的,少数从旧货店收购后经过维修整新或从古玩店收集,个别物件设计定制。陈列在各院馆中的各类历代贵重物件计500件。

在设计上与北京大观园明显不同的是上海大观园利用江南水乡的特点,在园中布置了大面积人工湖泊。以大门—体仁沐德—大观楼为中轴,有10多组建筑、20多个景点,建筑面积共7837平方米。设计曲径通幽大假山作入口屏障,以挖湖取土堆掇1座高16米的小山为大观楼的背景,构成大观楼背山面水的壮丽气势。全园以大湖为中心,以池塘、沁芳溪沟通各景点,构成有主有支、有动有静的水系。湖边设亭、榭,湖中设曲桥、石舫、石灯,溪上设桥亭,形成山重水复、流水人家的江南园林风光。大观园运用园必封、必隔,在封隔中求得气势流动和内聚中心的中国传统建筑观念,建造一个封闭、向心的内涵丰富的小天地,增加景物层次,使建筑与环境融合为一,使《红楼梦》中的大观园景观再现。

大观园戏台

主要景点撷拾

大门广场 广场前矗立一座高 8 米的牌楼,上悬"太虚幻境"匾。大观园正门前广场中的大型照壁宽 18 米,高 6 米,南面是花岗石雕《女娲补天》,北面是大理石雕《金陵十二钗》及警幻仙子、贾宝玉等 14 个人像。正门是五开间的门庭,中间有三道供出入,上悬"大观园"金字匾额,门前雄踞一对清乾隆年间的高 2.5 米的青石狮子。门庭内是朱红大门和梁柱,金色铜质门环,砖雕挂落,工艺精细。旁边还有两道边门,门上端有砖雕匾额,东边是"凝晖钟瑞",西边是"万象争辉"。

太虚幻境 太虚幻境是大观园的第二处景点,是一座高约 8 米、三门单檐的牌楼。柱础是雕刻着莲花的须弥座,上面则是中国古代木结构特色的斗拱。牌楼上方正中额书"太虚幻境"四个大字。"太虚"意味天空,"幻境"是指梦幻之仙境。

女娲遗石 女娲遗石是 18 米宽 10 米高的巨型照壁。照壁中间是花岗岩浮雕,两侧是青砖雕翼墙,它在园林中起烘托和障景的作用。壁上的文字雕刻有画龙点睛之妙。本照壁中间的巨幅花岗岩浮雕由四组画面构成,高度概括了《红楼梦》故事的诞生过程。照壁最上层,名为"女娲补天",乃女娲氏之卧像。她的秀发化为河流,身躯化为山岳,俨然是神化中的大地之母。其左面是月宫玉蟾,蟒蛇缠星,右面是后羿射日之时遗留下的太阳。

群芳争艳 群芳争艳是照壁,背面是大型汉白玉浮雕——金陵十二钗人物。浮雕画面居中的是警幻仙子,一手托着薄命司册,一手微微抬起,指着身边的黛玉和宝玉,欲言又止。浮雕左起第一位是尼姑妙玉,青灯古刹,无暇白玉,却偏遭诬陷。左二是李纨,清静守节稻乡村。左三是"凤辣子"王熙凤。左四是活泼娇憨、快言快语、大有丈夫气的史湘云。左五的巧姐是王熙凤之女。左六是贾珍之媳秦可卿。浮雕右起第一位是雍容华贵的皇家贵妃贾元春。右二是贾惜春,她手展大观园图画,若有所思,最终看破红尘。右三是贾探春,她空怀雄才伟略。右四是手举巾帕、以泪洗面的贾迎春,她误嫁小人,受尽折磨。右五是以扇遮颔、斜睨贾宝玉的薛宝钗。宝玉对面是林黛玉,她侧转身,却又回首顾盼,含情脉脉。

沁芳亭 沁芳亭在小说里也建于桥上,故称亭桥。这里靠近园门,为出入的要道,为观全园景致极佳之处。"沁芳桥"是宝、黛常常幽会之处,《红楼梦》中大观园里很多动人的故事发生在这里。

体仁沐德 体仁沐德位于曲径通幽之后,是元妃省亲时下轿小憩处,建筑面积682 平方米。厅内悬匾"体仁沐德"四字,意为体念沐浴皇上仁爱恩德。

怡红快绿 怡红院坐落于大观园西南角,这里是贾宝玉的住所。贾宝玉,别号绛洞花主、富贵闲人、怡红公子,绰号"无事忙"。院门额题"怡红快绿"。贾宝玉原本取意院中种有海棠和芭蕉,题"红香绿玉",后贾元春省亲时,改作"怡红快绿"。

春波华舫 滴翠亭东有一石舫,名"春波华舫",适宜观水色。舫上楹联有:"长桥卧波新亭延月,荷香醉客柳色迷人。"

拢翠庵　拢翠庵是贾府的家庵,也是曹雪芹专为妙玉设计的,灵巧端秀、清净典雅,可以说是《红楼梦》中一片"净土",是妙玉修行参禅的地方。妙玉出身于读书官宦人家,文墨极通,模样儿极好。因儿时多病,被父母送入空门,带发修行,又随师父入长安,师父去世后,被贾府请来。

梨香院　梨香院是梨园弟子们的住处,原是荣国公晚年休息的地方。薛蟠、宝钗和其母薛姨妈进京后,被安排在此居住。后来,梨香院成为龄官等十二官习武、练武、休息的地方。

大观楼　大观楼是贾元春省亲时,游罢大观园各处院落之后,与家人相聚的地方。贾元春省亲,是值贾府兴盛的顶峰。高 15 米重檐歇山顶的大观楼是这组建筑群的中心,是典型的皇家苑囿。

稻香村　稻香村是寡妇李纨的住处。村庄内窗棂木榻,廊柱屋梁皆木质本色,无一上彩。正屋的南面,一近一远盖有小草亭和小茅屋,院内还设有桔槔辘轳,颇具泥土气。

潇湘馆　潇湘馆位于园的东南部,建筑面积 543 平方米。此地原有潇湘馆内林黛玉书房一片竹林,再增植一些名竹和树木,使全组建筑都掩映在丛林茂竹之中。从月洞门入内,墙上刻有"降珠草庐"四个金字,旁种松、竹、梅。正门门庭题匾"潇湘馆"。通过石桥小溪,即为本组建筑的主屋"有凤来仪"。东间为林黛玉卧室,西间是紫鹃、雪雁用房。主屋前东西两侧有"龙吟亭""篁影亭"。"秀玉轩"在西北部,一统三小间用落地花罩所隔,是黛玉吟诗、下棋、会客所在。"梨花春雨"是林黛玉操琴读书地方,设有红木仿竹形的整套家具,中置湘妃榻一只,西室陈列黛玉葬花用具。东部是一片竹林,林中小径迂回。竹园后有假山平台,小溪源头由此流至园内。

蘅芜院　蘅芜院位于潇湘馆西侧,建筑面积 699 平方米。前院有鸳鸯厅,中间隔屏门板,前后相等。厅后一座玲珑大假山,山道迂回曲折,山顶有一个六角亭和一株古罗汉松,山洞中瀑布倾泻而下,沿溪流傍水榭而流入荷花池。院内四周藤萝攀绕,西侧植有一株 700 多年的桧柏。边厢内陈列一顶大红花轿,象征薛宝钗出阁时所用。山后主楼"衡芷清芬"为薛宝钗卧室,楼呈八角型,四面廊,经穿山游廊,过假山而直达前院。

秋爽斋　是探春住处,三开间建筑高阔疏朗。室中按照《红楼梦》中的描述,当中一间置红木大理石书桌,桌上放着各式砚台和笔筒,西侧墙上挂有一幅仿米芾《烟雨图》,左右挂的是一副仿颜真卿笔体的对联:"烟霞闲骨格,泉石野生涯"。东间是探春的卧室,一只红木大床,窗前一只六角红木台子,墙边放着一只红木半橱。

紫菱洲　紫菱洲为贾赦之女贾迎春的居所,因她在海棠诗社中号"菱洲"。这是两座相同式样的建筑,中间以七曲桥连接,两端各有三曲桥。涨水时,曲桥平卧。

金泽的"稻米基地"

人们常用古桥、流水、肥地来形容金泽,地理位置更是举世公认的"淀湖水稻带"。

水资源充沛,水质清澈;土地肥厚,有机质含量高;草荡湿地,光热资源充足;土质多为偏碱性黑土,无污染。得天独厚的生态环境和独一无二的生长条件,才会有金泽出产的好大米,青香软粳、蔡伯伯鸭稻为你端上饭桌!

"米香不怕巷子深",每一颗稻米的养成,都离不开合作社的科学育植和农民的细心栽培。一滴水、一粒土,都是影响稻米口感的因素之一。在此,推介几个金泽镇在青浦薄稻米品鉴会上夺得奖项的稻米生产基地。

上海宏祥水稻种植专业合作社

基地分布在金泽镇爱国村内,总面积达 1070.85 亩,其中水稻面积 1010.85 亩。合作社主要推广的品种为杨麦 20 号、水稻"花优 14 号"、"青香软粳"、杭州茭白系列。坚持统一配种,统一浸种、催芽,集中育秧。依靠科学与创新从根源上杜绝了直播,实现了优质稻的增产增收。在镇政府、镇农业中心指导下,合作社制定了一套具体可行的土地监测办法及化肥、农药比例的配置、使用原则。以种子种植搭配安排有较为规范的技术标准和科学的操作流程。

上海桥乡稻米专业合作社

成立于 2007 年,位于风景秀丽的淀山湖畔,组织社员实施规模化经营、标准化生产。2018 年规模经营种植水稻 1470 余亩,主要培育青香软粳。该品种株高 95 - 100 厘米,穗形中等,分蘖力较强,结实率 90% 以上,亩有效穗 22 - 25 万左右,每穗总粒数 110 - 120 粒左右,千粒重 27 - 28 克左右,出米率高达 75% 以上。全生育期 150 天左右。米带香味,米饭光亮、滑爽、较软,并富有弹性,食味佳,特别是冷饭不回生,米煮饭涨性差。一般亩产水平在 600 公斤左右。合作社全面种植粮食作物,水稻亩产达到 580 公斤,年销售粮食约 1200 吨。

上海馨祥农机专业合作社

创建于 2014 年 9 月,位于上海西郊的淀山湖畔,是一个集农机手培训农机维修农机耕作、机插秧、机直播、农机收割、农机配件销售及种植管理为一体的私营专业合作社。主要是以农业服务、种植为主体,以实现稻谷不落地的新型农业为目标,服务于金泽镇,特别是商榻地区的 10 个村以及种植大户,服务面积覆盖 12000 亩左右。2018 年,本合作社自己种植的 2258 亩良田申请了绿色食品认证。

上海西翼农业专业合作社

成立于 2012 年 4 月,位于青浦区金泽镇商榻社区东星村,合作社占地 300 亩,以种植水稻为主,集农田、果林和鱼塘为一体。合作社主打产品为无农药鸭稻米、南粳 46 的稻谷品种。采用鸭稻共生的生态种植模式。一年稻一批鸭,动物和植物同生共作。种植过程中不使用农药和化肥,在确保小鸭子健康成长的同时,也培育出高品质的无农药稻谷,曾获得第五届青浦"薄稻米"品鉴会银奖的殊荣。目前合作社旗下的"蔡伯伯鸭稻米"已申请商标注册,今后和"西翼大米"将作为品牌一起推广。

2016 年 9 月,上海西翼农业专业合作社取得无公害农产品产地认证;鸭稻米荣获第五届青浦"薄稻米"品鉴会银奖的殊荣。在此基础上,2017 年 3 月经农业部农产品质量安全中心审定获得无公害农产品认证,同年"西翼"还在国家商标总局通过了注册,成为合作社的商标。

西翼农业专业合作社利用流转土地 540 亩的机会,雇有当地农民 33 人,包括 21 名残疾人,以水稻种植为主,集农田、果林和鱼塘为一体。以提供垂钓、农产品采摘、旅游观光等各类和农业相关的休闲娱乐活动,由此还带动周边 50 多户农户增收。

2017 年,依托现有鱼塘开工建造了渔乐田园区域,以一条自西向东的竹林和锈板围合的时光隧道,串起五个休闲花园,可开展垂钓、烧烤、拓展、亲子等休闲娱乐活动。同年,合作社被认定为"上海市扶残涉农"经济组织。2018 年 5 月,合作社正式挂牌成立了金泽镇阳光职业康复援助基地和金泽镇阳光之家学员园外训练点,为金泽镇的残疾人员提供更好的服务,被青浦区残联评为 2018 年"扶残涉农经济组织"先进单位,还给广大市民提供一个淀山湖畔、农田间的户外休闲场所。

近年,莲湖村在区现代农业园区指导下,引进了蛙稻米种养方式,初见成效。

金泽"元荡桥"连接青浦与吴江

2019 年,《长江三角洲区域一体化发展规划纲要》发布。按照规划,到 2025 年,长三角地区将要办成六件大事,即基本形成城乡区域协调发展格局,基本建立科创产业融合发展体系,基本实现基础设施互联互通,显著提升生态环境共保联治能力,明显提高公共服务便利共享水平,建立更加有效一体化体制机制。

金泽镇共有 108 平方公里,是青浦唯一与江苏省和浙江省交界的镇。据统计,上海一公里以上面积的自然湖泊共有 21 个,金泽就占了 19 个,丰富的水系资源造就了金泽桥乡的由来。站在元荡湖边,一道隔离网划开沪苏边界。偶有水鸟掠过,无拘无束往返于这条界线上。

长三角江南水乡,河流湖泊曲折婉转,因此断头路都是自然形成的。被元荡湖相隔的沪苏两地,近在咫尺,开车却要兜个圈,从 G50 高速多走 20 公里才能绕到目的地。

随着上海、青浦和江苏、吴江的交流愈发频繁,架桥铺路有了现实意义。同时,沪苏境内的两条在建主要道路——东航路和康力大道,相向延伸,交汇点正位于元荡湖。尽快打破这处交通瓶颈,成为两地共识。

位于青浦金泽镇杨湾村的"元荡桥"项目,是青浦区东航路(沪青平公路—江苏省界)新改建工程中的二标段核心项目,桥一头是江苏苏州吴江区,另一头是上海青浦区。虽然只有 180 米,却是连接青浦金泽镇和吴江莘塔镇的重要节点。经过半年多时间的奋战,元荡桥已于 2020 年 11 月 18 号全面通车。现在从青浦金泽到苏州吴江区只需 5 分钟,而原先绕行需 40 分钟。这也是推进示范区内道路互联互通、促进区域经济社会发展再上新台阶的重大民生工程。

元荡桥跨越元荡(湖)与苏州市吴江区康力大道对接

这座正在建设中的元荡桥,虽然距离不长,连起来的难度却很大。元荡桥横跨在沪苏交界处,一半在江苏,一半在上海。两地的规划对不起来,设计对不起来,防洪标准对不起来,审批也各有各的要求。为了破解这样的难题,在长三角区域一体化规划中提出建设长三角生态绿色一体化发展示范区,将示范区作为先手棋和突破口。

作为示范区第一个跨界工程,为了建好元荡桥,新成立的一体化示范区执委会为上海、江苏各部门开了十几次会议。跨湖湾,建一座并不算很长的元荡桥,工程难度并不大,但因是一座跨省桥梁,沪苏两地的水务、航运、规土、城建等多个部门对这座桥都有发言权,标准不一,审批环节繁复。疑问难点一条条梳理,创新方向也一步步清晰。最终,一套跨区域联合审批的制度方案和材料统一"一口受理"的办事标准基本形成,实现了创新突破。

最终,在设计上由江苏委托上海设计,在建设上也由江苏委托上海招标建设,在标准不同时选取较高标准,只用"一张图"。在江苏省水利厅和上海市水务局大力支持下,本着便民、高效及实事求是的行政审批原则,为支持推动示范区一体化发展和优化营商环境,沪苏两地水行政主管部门敢于打破行政边界,敢于打破条条框框,探索一条前所未有新路子。面对江苏、上海两地涉水建设技术标准不一致、申报流程不一致等问题,上海市水务局与苏州市水务局一道共同研究,按照就高不就低的原则统一技术标准,制定新的统一审批、统一监管、统一验收新模式。新模式由一方水行政主管部门牵头,实行一口受理、一口发放决定书,许可决定书中盖两地水行政主管部门公章予以认可。审批过程中,由牵头一方组织共同踏勘、方案审查。审批完成后,双方共同履行监管职责,最后统一组织涉水验收。

2020年3月6日,元荡桥项目正式开工。包括桥梁、附属工程,总长245米,二级公路建设标准,设计时速60公里。180米长的元荡桥,共有35根桩,两天一根,两组人同时作业,40天左右可以完工……看着拉着钢筋的卡车陆续进场,金泽人的心里算得清楚,"后面变化会越来越快,如果过一个月后再来的话,应该可以看到元荡

元荡湖生态带

湖上已经架好新桥了。"

2020 年 7 月 13 日,上海市水务局、苏州市水务局联合以长三角生态绿色一体化发展示范区跨域项目水务准予行政许可 SFQSX20200001 号决定书同意建设单位实施青浦区东航路(江苏省界—沪青平公路)—吴江区 X352 沪莘线(康力大道)新改建工程元荡桥项目建设,元荡桥涉水联合许可的获批极大简化手续,缩短办理时间,提升审批效率,营造了更好的营商环境,为长三角生态绿色一体化示范区后续项目审批、监管、验收探索出一条新路子,打造出一个新标杆,建立起一个可推广、可复制新机制。

其实,早在 2019 年 11 月 4 日,一体化示范区内,上海青浦、江苏吴江和浙江嘉善"两区一县"5 条跨区域公交示范线路正式开通运行,实现部分区域公交与上海地铁 17 号线无缝衔接,成了"大家看得到、有感受度的一体化"。朱家角古镇、东方绿舟、黎里古镇、西塘古镇等隔着省界的数个旅游点,也由公交线串联起来。

元荡桥的建设不单单缩短了空间距离。该项目所在地杨湾村,位于青浦最西端,经此一役,角色势必重新定位:从青浦的"边缘地",晋级为沪苏合作的"桥头堡",广泛增进两地交流,必将带来更多的发展机遇。

"元荡侨"工程项目还有另一个名字——X352 沪莘线,接通康力大道后,将直通有苏州新南环之称的吴江大道,按照规划,东航路向东将连通岑卜路、沈砖公路,途径西岑华为研发中心;再远期,它将和朱枫公路相接,直达朱家角,而这里,连起的便是上海四通八达的轨道交通网络。

附:与金泽有关的水陆交通

元荡 原名鼋荡,因形似鼋而得名,又名沅荡、阮荡。位于上海市青浦区金泽镇和江苏省苏州市吴江区黎里镇交界处。原系淀山湖湖湾,后因芦滩封淤,始成一独立湖泊,面积 12.9 平方千米,最大水深 2.5m,平均水深 1.38m,水位 2.55 米,蓄水量

元荡

约 0.18 亿立方米。

太浦河 因沟通太湖和黄浦江,故名。太浦河西起江苏省苏州市吴江区太湖边时家港,东至上海市青浦区南大港接西泖河入黄浦江,贯穿江苏、浙江、上海两省一市,全长 57.6 公里。其中江苏吴江区境内长 40.5 公里,浙江嘉善县境内 1.46 公里,均是湖荡水面,上海市内 15.24 千米。具有流域防洪、排涝、供水和航运等综合功能。

1958 年前后,太浦河江苏段在利用天然湖荡的基础上,由江苏省当地村民人工开挖连接而成。但由于种种历史原因,同期浙江段、上海段均未全面开工动工。所以太浦河全线在 20 世纪 90 年代以前并未实际发挥泄洪、航运功能。

1991 年入梅后,太湖流域连续普降大雨,太湖水位节节上升,苏州、无锡、常州等城市告急。由于当时太湖流域综合治理规划尚未实施,太湖洪水没有出路。面对严峻形势,为降低太湖水位,国家防总指挥部采取果断措施下令炸开上海青浦境内钱盛荡坝,太湖洪水第一次通过太浦河直接流入黄浦江,使太湖洪水位迅速下降。

大灾之后,国家开始了历史上空前的治理太湖水利建设高潮。太浦河工程被列为治太十项骨干工程之一,上海、江苏、浙江三省市全面开工,全线开挖、疏通太浦河,从根本上提高了太湖地区的抗洪能力。

汾湖 位于江苏省苏州市吴江区芦墟社区西,与浙江省嘉善县交界处,东西长 6 千米,南北宽 3 千米,一半属浙江、一半属江苏。汾湖古称分湖,是春秋战国时期的吴越分界湖。总面积 9700 亩。2006 年 10 月,撤销黎里镇、芦墟镇建制,两镇所辖区域合并新建汾湖镇,与汾湖高新区实行"区镇合一、以区为主"的管理模式。2013 年 5 月 28 日,为保护吴文化古镇地名,汾湖镇更名,恢复为黎里镇。

318 国道 起点为上海市人民广场,途经江苏省、浙江省、安徽省、湖北省、重庆

元荡湖生态带夜景

市、四川省、西藏自治区,终点为西藏自治区聂拉木县樟木镇,中尼国界口岸友谊桥,全长5476千米,是中国目前最长的国道。

318国道几乎是沿着北纬30度线前行,横跨中国东中西部,揽括了平原、丘陵、盆地、高原景观,在道路的南北不出200公里的范围内,有众多大家所熟悉的旅游景点,包含了江浙水乡文化、天府盆地文化、西藏人文景观。其中成都到拉萨段又称为川藏公路,拥有从成都平原到青藏高原的高山峡谷一路的惊、险、绝、美、雄、壮的景观,因而被中国国家地理杂志在2006年第10期评为"中国人的景观大道"。

从20世纪90年代开始,越来越多地旅行爱好者开始用各种各样的方式对这条国道进行着自己的考察。

元荡湖生态带俯瞰

乡村振兴建设

一个长在公园里的乡村

　　莲湖村位于青浦区金泽镇西岑社区,淀山湖东南部,紧靠318国道的沪青平高速公路,村东有直通淀山湖的拦路港,村西有历史悠久的大莲湖。莲湖村东至新港村,北至朱家角安庄村,南至莲西公路,西至莲盛社区,区域面积为425公顷,耕地面积为248公顷。

　　莲湖村,是青西郊野公园核心范围内唯一的原生村落,在2014、2015年连续创建区级、市级美丽乡村示范村。2018年被评为全国生态文化村,同年被列入上海市首批9个乡村振兴示范村之一,也是上海青浦区入选的唯一试点村。莲湖村由2个自然村组成,分别是谢庄村和朱舍村,其中西北部大部分村域位于青西郊野公园核心区内。

　　莲湖村以"大莲湖"为名,6000亩湖水盛开莲花,盛产莲藕、鲜菱、鱼虾。4.25平方公里的村庄拥有沿湖60%堤岸风景线,兼具诗意与野趣。村内河道纵横、生态环境独特。拥有典型水乡乡村的自然风光和生活百态。这里烟波浩渺、白墙黛瓦,阡陌交通、井然有序,田野稻谷飘香,果实累累。信步于蜿蜒的沿湖走廊,两岸绿意葱茏,水面波光潋滟,舟楫点点,鸥鹭翩翩。每年春天,莲湖村大片大片的油菜花迎风开放,渲染出满眼的明媚。大片的花田风起浪涌,疏落的花束随风摇曳,最是闲适不过了。

上海市首批乡村振兴示范村莲湖村

依托园区重特质

在振兴乡村建设过程中,莲湖村以青西郊野大莲湖生态湿地为依托,紧紧围绕"提高功能建设、改善生态环境、着眼长远发展、增加农民实惠"的主题,根据本地民俗文化、乡村风情和得天独厚的地理条件,充分挖掘自己的特色,努力打造上海市民度假休闲观光的旅游胜地。经过近两年时间的建设,目前,一个天蓝、地绿、水清、路畅、村美、人和的生态宜居村落,正在水乡农村悄然崛起。

从区域位置来看,莲湖村位于青西郊野公园内,毗邻江苏苏州、浙江嘉兴,周边旅游资源丰富,交通便利,可以充分承接上海、苏州等城市消费、旅游的溢出效应。在产业结构改造上,位于莲湖村附近的华为研发基地,距离莲湖村直线距离仅为3.6公里,华为研发基地周边将来必定会聚集上下游产业链企业。

从可持续发展来看,青西郊野公园生态优良,是上海市唯一一个以湿地为特色的郊野公园,拥有"水上森林、杉林鹭影"等特色景观,生态禀赋好,重游率高。公园内蛙稻米、红柚园已经形成一定产业规模,另外还有大片的鱼塘养殖业。大莲湖的万圩寺遗址,是具备"莲"特色的宗教禅文化。因此,莲湖村具有明显的江南水乡民俗、渔耕、餐饮、莲俗等文化。

莲湖村村景

莲湖村乡村振兴示范村锁定的项目,有"一站二中心"、智慧村庄及公众号运行、生活污水纳入市政管网、百年老宅修缮、双桥景观改造、村内公共空间景观提升、莲谢路两侧景观绿化提升、电力扩容、给水管扩容、村内架空线入地、村庄及庭院风貌提升工程、村民综合服务中心、老年日间照料中心、有机垃圾处理站及码头、朱舍综合服务用房等15个项目。主要包括环境整治、道路改造、水系整治、农宅整修等8个方面。建设过程中,莲湖村不断破解难题,创新工作模式,着力打造农旅结合的特色村。使莲湖村的环境面貌大为改观,村民的素质明显提高,农业产业形态有了全新的变化,呈现出农业、农民和农村"三农"联动,生产、生活和生态"三生"相融的良好态势。以郊野公园为中心,莲湖村配套打造"千亩荷塘"景色,形成了集郊野公园、千亩荷塘景色,蛙稻米、红柚等特色产业的"美丽乡村+生态社区+特色产业"田园综合体初见规模,年内引客入村。

党建引领重实干

在这里,党建引领主推乡村振兴,高位推动乡村振兴示范村建设,有着实实在在的"一个平台,三项机制"。一年平台是:青浦区成立了乡村振兴示范村建设指挥部。坚持组织领导先行、规划策划先行、部门架构先行。三项机制是:挂图作战机制,建立莲湖村项目和任务清单,推进实施进度。会议推进机制,每周定期在创建村一线召开指挥部全体会议。督查稽查机制,不定期组织综合巡查和稽查,推进项目高质量完成。金泽镇还同步成立了莲湖村乡村振兴示范村建设攻坚指挥部,抽调优秀干部驻村办公,全面配强了村支部班子力量,做深做细群众工作,确保创建工作有序推进。几年间,莲湖村党支部结合基层党建网、城市管理网、综合治理网"三网融合"工作的推进,组建"党支部—自然村—党小组—党员"的四级党建网格,形成"1+3+X"党建服务圈(莲湖村党建服务站+3个自然村的党群服务点+包括党员家庭、睦邻点等在内的若干个党群为民服务点)。

2019年7月1日,金泽镇区域化党建联席会议在莲湖村发起开展"砥砺奋进担当作为"主题党日活动暨"四季相约"党员志愿公益活动。200余人汇聚于此,助力莲湖开展农村人居环境整治村庄清洁行动,共同参与莲湖乡村振兴。19个党支部在莲湖7个网格的基础上,包干了18个路段。200余名党群志愿者们和"莲湖红马甲"一起在各自点位,帮助莲湖村清理了宅前屋后的乱堆物、建设遗留的建筑垃圾、隐蔽的卫生死角等,让美丽的莲湖村更加干净整洁。

多措并举重发展

在这里,优质企业来了,结对莲湖村,民营企业家担任名誉村主任,帮助发展村集体经济。配套产业利用优质旅游资源,让"游客在园中,消费在村中"。旅游配套服务产业火了。

欣耕工坊、上师大院士站、茶文化等一系列商旅文展示、体验馆、农产品产销对接、成片荷塘景色、蛙稻米高标准种植、扩建红柚基地、新建蓝莓生产基地、扩大铁皮石斛等种植和扶持茭白叶编织项目等一批新产业的新业态已初步形成,逐步实现了农民增收。

在这里,人才来了,"我为莲湖'乡村振兴'献一计"等活动广邀人才建言献策。"田间课堂"和"首席技师工作室",带动莲湖村农民整体技能水平提升,打通了从创新源头到田间地头的程序链,助力乡村振兴。2019年4月3日,青浦区第二届青年英才结对签约活动在莲湖村举行,部分市、区领军人才、区拔尖人才和对口领域的青年英才签订了"带教"协议。人才们结合各自的工作领域和专业特长,从公共设施建设、农业技术推广、村庄环境美化、文化宣传引领、乡土文化课程开发等方面,为乡村振兴计划和莲湖村的建设建言献策。

在这里,文化来了,百姓舞台、文化广场、市民益智健身,莲湖乡贤文化和传统典故散发独特文化魅力。星级文明户、最美家庭、最美莲湖人……村内设有莲湖村综合服务中心、老年活动室、卫生室等,公共服务设施一应俱全,睦邻友好。除了具有水乡地区的自然生态与建筑风貌特色,传统民俗文化也很丰富,田山歌、打莲湘、提花篮、荡湖船、茭白叶编织,莲湖村挖掘本土资源,保护传统民俗。在去年首届"中国农民丰收节",莲湖村入选全国"100个特色村庄",吸引游客走进村落,感受自然,品味乡土文化。以前外面的人不愿意来,原有村民也纷纷跑出去。通过美丽乡村建设,生态环境改善,留住了原村民,引来了下乡客。

生态建设重保育

在莲湖,自然资源生态保育已是村里工作的重中之重。他们早已进行农村垃圾全程分类。日常宣传引导和监督两手抓,累计完成垃圾分类宣传培训672户,完成绿色账户开卡注册458户。健全生活垃圾收运体系和一体化养护保洁管理,完成1座垃圾四分类点位建设。

在莲湖,如今已完成农田林网建设21.5亩,林地抚育面积达到175亩,林地生态功能逐渐增强,建立了野生动物栖息地长效管理,促进了野生动物多样性保育。

在莲湖,让村民们感觉美的,不仅有生活环境,还有公共服务。尤其是村民活动中心建起来后,村民的满意度和幸福指数一下子就提升了。科普教育、村民集会和下乡的演出团队也有了表演场所,千余平米内,还有老人日间照料中心、助餐点、卫生室、老年活动室等多元功能叠加。最令老百姓满意的是供销便民超市的运营,统一标准、统一供货,让老百姓能买到放心的东西,享受规范的服务,感受和城里一样的购物环境。

烟雨江南,梦里水乡。河湖纵横交错、田园风光迤逦、民宅错落有致、乡村风貌古朴典雅……画卷一般的莲湖村,成就了一个真实可触摸的印象江南。4.25平方公里土地,678户莲湖人家,沿河而居,1748名莲湖人栖居在此。3200亩耕地,优质水稻、绿色蔬果和莲藕农作物在水色中,任由幸福的笑脸绽放。

乡村文化丰富园区内涵

园区和村配合,重现挖掘水乡文化、民俗文化、渔耕文化、地域文化、饮食文化、莲文化、禅文化,通过村庄风貌"乡土味"营造、景观小品、文创产品、传统舞蹈表演、村史展馆等形式予以展现、传承和强化。

莲湖村不断强化村民的社会责任意识、规则意识、集体意识和主人翁意识，征集完善《村规民约》、家风家训，形成村民自治的内在约束机制。目前，村里已建立了一支约200人的村振兴志愿服务队伍，开展游客咨询、环境治理、巡查调解、助老助残、河道清理等志愿服务，累计参与志愿服务约1700余人次。

莲湖经验促乡村振兴

2019年6月18日，青浦区乡村振兴示范村建设指挥部在莲湖村召开第十四次全体会议。区委书记赵惠琴主持并讲话，她要求有关部门要认真总结提炼莲湖村乡村振兴示范村推进工作开展以来的成功经验和做法，以点带片、以片促面，引领和带动全区乡村振兴工作有效开展。朱家角张马村、重固徐姚村、练塘东庄村的示范村建设要在规划设计、项目遴选、产业植入上下功夫，彰显青浦乡村振兴示范村建设工作的特色和亮点。

2019年10月9日，上海市委书记李强在青浦区调研长三角生态绿色一体化发展示范区建设推进情况座谈会前，来到金泽镇莲湖村巡看，村内河湖纵横交错、民宅错落有致、村貌古朴典雅。李强等走进村子，一路察看乡村生态绿色风貌。莲湖村按照"莲湖水韵，归园田居"定位，优化滨水休闲空间、公共活动空间、庭院休憩空间，村民们在家门口就能享受便捷的公共服务和丰富的文化活动。市领导每到一处都与村民们亲切交流。李强叮嘱有关负责同志，要统筹城、镇、村建设，示范区最大的空间在乡村，像莲湖村这样的美丽乡村，要进一步提升空间品质，完善公共配套设施，注重产业培育升级，全力打造一流滨水人居之地。

资料选自
《青浦区金泽镇莲湖村村庄规划》
《美起来活起来这才是真正的烟雨江南》(2019年7月2日《人民网》)
《莲湖村，一个长在公园里的乡村》(2019年4月14日《绿色青浦》)
《绘就"五美三宜"乡村振兴新画卷》(2019年7月2日《解放日报》)

这里的村民表情幸福快乐

　　这是一块方圆只有 0.34 平方公里的弹丸之地,村内耕地面积只有 333 亩;这是一块坐落在淀山湖北侧最东首的弧岛,东、南、北三面被淀山湖怀抱。这里现有的 186 户原住民,509 位蔡浜人,其祖辈都蜗居在近似于荒岛的地方,以打鱼垦荒度日,满是忧愁苦脑的表情。其后代生活在酷似花园的地方,日子过得和谐美满,在创新发展中绽出一个个畅欢幸福的表情。

　　这就是青浦区金泽镇蔡浜村。近年来,这里先后荣获"全国美丽乡村""全国文明村""全国人口计生基层群众自治示范村"、上海市"文明村""卫生村""生态村""整洁示范村""平安小区""健康村""村务公开民主管理示范村""美丽乡村示范村"及青浦区"五好党支部"等多项赞誉的地方,村民们的生活也像芝麻开花节节高。

全国美丽乡村蔡浜村

蔡浜人曾把愿景藏在"心"里

　　蔡浜村,坐落在淀山湖北侧的最东首,三面环水,似游龙探入湖中,环境优美,是整个淀山湖区域内唯一座落于湖中的自然村,素有湖中蓬莱蔡浜岛之称。站在岛上,遥望水天一色的淀山湖,心中满是愁怅。

　　1949 年前,这个村是远近闻名的穷村,面朝淀山湖,背靠贫脊地,生存的希望全部寄托在"水"上。俗话讲:靠"水"吃"水",昔日蔡浜人将水当成了生活的全部。编制虾笼、捉鱼摸蟹成为他们的主要经济来源,开垦十年九涝的贫瘠地,成为全家老少的裹腹担保,但在那朝不保夕的日子里,求个温饱已是奢望。故曾有歌谣唱道,"蔡浜落在湖当中,有田田难种,男的外出做长工,女的屋里劈篾做虾笼,越做越是穷……"人们的心底,满是忧愁苦脑的表情。

1949年后,这个村,从物的生态到人的生存都有了可喜的变化。从极为有限的资料里,我们查到了几则传说和故事,对于我们叙述今日蔡浜人的变化,或许会有些许帮助。

传说中,青浦虾笼的编制都起源于蔡浜,时间可追溯到清朝光绪年间。虾笼编制时,先将竹子劈成竹篾,然后编成"骨轮""大腰"和配件,再组合成形似"L"的虾笼。人们靠编制虾笼,卖给湖边人家。后来编制虾笼,竟成了商榻地区农村妇女中的一项传统副业。在20世纪四五十年代,整个商榻地区约有7000名中老年妇女从事编制虾笼,产品曾畅销江、浙、鲁等省,年销售高达4万筒左右。在蔡浜,至今仍能见到这种传统制作。

商榻地区民间有喝"阿婆茶"的习俗,据说也起源于蔡浜。相传很早以前,蔡浜村上一家有个聪明的小男孩,一岁就会叫人。有一次,三个老阿妈来串门,妈妈忙着泡茶,老阿妈坐定吃茶,妈妈关照小囡叫三个好婆坐,小孩乖乖地用奶声逐个叫了三声"阿婆茶"。妈妈笑着说:"快坐,我们吃阿婆茶"。由此商榻人爱吃阿婆茶的习俗就一直沿用到现在。在蔡浜,至今仍能见到家家都在喝"阿婆茶"。

这里传颂着半个世纪前,宋庆龄视察蔡浜的情景。那是1963年10月2日,时任国家副主席、年逾七旬的宋庆龄,为指导规划建设淀山湖风景区,在市、县领导的陪同下,专程到蔡浜村实地考察。这是国家领导人第一次到蔡浜,给村民们带来了莫大的荣耀和激励。蔡浜村的老书记陆建祥(已故)就在家屋客室里,向宋副主席汇报了蔡浜村在上海解放前后的变化、农业生产发展情况、农民分得自留田后的反应及村里的设想,并带领参观了村外齐穗的稻田。据陪同的县委书记丁明新事后说"今天宋副主席来,是看看蔡浜村的农民生活和农业生产情况,她对蔡浜村的地理位置特别感兴趣,评价很高"。大家听了都很高兴。此时的蔡浜人表情,对靠"水"吃"水"增强了信心;对生活和未来,也有了希望。

蔡浜人现把愿景捏在"手"里

自新农村建设和美丽乡村建设开始以来,聪慧的蔡浜人,在区、镇领导的关心指导下,将一个个愿景牢牢地捏在"手"上,围绕"美在生态、富在产业、根在文化"的建设主线,切实在改善人居环境、深化农村生态品质、促进农村产业发展、挖掘乡村文化内涵,着力建设生态宜居、村民富裕、乡风文明的社会主义新农村上,陆续向社会亮出。显得那么从容,那么自豪。

蔡浜人亮出的第一招：让生态环境更优美

蔡浜人，在实践中懂得，要想生活甜如蜜，必须先要环境美。村里制订了"田园美、村庄美、生活美"的创建目标，以"绿化、净化、美化、亮化"为治理核心内容，深入开展了农村环境卫生综合治理工作，以解决身边环境脏乱差问题为抓手，整体提升人居环境质量。

但要改变人们长期以来形成的不良行为可不是件易事，需要不懈的宣传与引导。为此，村干部带头，通过横幅、画廊、黑板报等形式，积极加以宣传引导，村里向每户村民下发了"告全体村民书"，希望村民自觉树立公共环境意识，摒弃不文明、不卫生习惯，规范自身行为，培养良好风尚，营造了浓厚的创建氛围。

同时，运用文艺表演的形式，寓教于乐，潜移默化地引导广大群众变"要我创建"为"我要创建"，自觉参与整治活动。此外，村里还组建了由党员、干部和环保志愿者组成的督导组，对公共绿化带、重点路段和卫生死角进行全覆盖清理，彻底改变村里的环境卫生脏差面貌。为避免环境治理出现反弹，蔡浜村还建立了河道保洁、陆域保洁和绿化养护 3 支专业队伍，采取"一支队伍管到底"的模式进行网格化管理，将责任落实到每个网格管理人员。按照定工作范围、定工作标准、定工作时间、定工作报酬的"四定"要求，制定卫生保洁制度，配备垃圾清运车辆，指定村内垃圾存放点，倡导广大村民自觉树立公共环境意识，努力摒弃不文明、不卫生习惯。规范自己的行为，提升自身的道德，培养良好的风尚，养成文明健康的生活方式。

在环境整治的同时，对农作物秸秆资源如何处理也是个大问题，它涉及农业生态系统中土壤肥力、水土保持、环境安全以及再生资源有效利用等诸多可持续发展问题。以往，农户在收获"三麦"等农作物后，或将秸秆丢入河中，或焚烧、随意堆放，这样既浪费了资源，又污染了空气和水源，影响了环境卫生。从 2013 年起，蔡浜人就积极推进垃圾资源化利用，落户在蔡浜的上海五分谱蔬菜草莓种植合作社，充分发挥生态链作用，通过利用田野上随意丢弃的农作物秸秆制作发酵基质，作为有机肥料变废为宝，彻底改变了传统的种植模式，在取得良好的经济效益的同时，也有效地解决了农业生产中的空气污染、面源污染和水源污染问题，不仅有效地降低了成本，还从根本上解决了秸秆对空气和水质造成的环境卫生污染。

在创建美丽乡村建设中，紧跟环境综合整治后就要绿化、美化。近年来，蔡浜人充分依托现有林业资源，大力开展植树绿化活动，把村里所有能够栽树的空闲地、抛荒地整理后全部栽满栽严，打响"做靓生态"的绿色品牌，着力打造"美丽蔡浜、生态蔡浜、魅力蔡浜"。他们在淀山湖畔沿湖种上了一排排水杉树，绿化面积近 6000 平方米，长度达到 500 米，成为淀山湖水利生态大道蔡浜段的一道新景观。每年的植树节期间，蔡浜人都会开展植树绿化活动。先后在村庄主要道路、村宅周边种植了大量桂花、红枫、樱花、海棠、黄杨球等观赏类树木,并在每家每户庭院内开展栽种果树活动,为该村的绿色生态环境增添了新亮点。

美丽乡村创建活动开展以来,为提高农民收入,村里还依托当地优美的自然风光和一流的生态环境,尝试着逐步发展农家乐项目,以吸引更多的游客到蔡浜来观光旅游,最终实现农业增效、农民增收的目的。村里还种植"青浦红柚"1500多株,每家每户在庭院里建设"小果园、小菜园、小花园","小三园"建设集旅游、观光、美化、增收为一体,非常符合村民的意愿。全村基本上实现了"春有花、夏有荫、秋有果、冬有绿"。在空气清新、充满田园诗意的蔡浜,许多慕名而来的市民,或租房居住,或赏花种菜,或垂钓捉鱼,或走走乡间小路,看看田园风光,享受原汁原味的农家风情。

蔡浜村文化广场

蔡浜人亮出的第二招:让公共服务更完善

在创建美丽乡村建设中,蔡浜村党支部,高度关注"群众的呼声、群众的愿望、群众的疾苦",诚心诚意为群众办实事、解难事、做好事,着力构建"党员干部转作风、村民群众得实惠"的有效机制,使"知民情、解民忧"活动深入扎实开展。党支部一班人充分利用当地村民爱喝阿婆茶的风俗,主动沉入老百姓当中,和村民一起喝茶聊天谈家常,广泛了解民情。村中有两条主干道原先没有路灯,每天晚上漆黑一片,给村民的夜间出行带来诸多不安全因素。群众利益无小事。为有效解决村民晚上的"行路难"问题,党支部多次与结对帮扶单位市绿化局取得联系,得到了结对帮扶单位在资金上的大力扶持,总投资23万元,全程约1400米的两条主干道全部安装上了照明路灯,不仅照亮了夜行的路,更照亮了老百姓的心。村里的老年活动室始建于20世纪70年代,面积狭小且设施简陋,长期以来老年村民对此颇有怨言。在一次与老年人喝阿婆茶的过程中,党支部书记吴建芳了解到了这一老年群众的呼声后,为改建老年活动室四处奔走,想方设法筹措资金。仅2个多月时间,就筹措投资60万元、兴建了建筑面积280平方米的老年活动中心及1200平方米的村民休闲文化广场,安排了篮球、门球、健身器材等各种设施。在这里,硬件设施完善,电视室、棋牌室、图书阅览室、文体活动室等一应俱全,村上的老年人个个显得心情舒畅,纷纷称赞党支部又为老年人办了一件好事、实事。为确保绿化植树活动的有效开展,蔡浜村投入7.8万元,在村主干道两边种植的190棵黄山栾树,实现"树木认领",全村每户村民均认领了一棵树木,并在树叉上挂上写有认领家庭户主名字的牌子,以便村民们的相互监督。村里还对这些树木全部进行了登记、编号、建档,明确责任人员,落实管护措施。活动彻底改变了以往"绿化年年搞、就是成活少"的局面。如今,当你漫步行走在通往村部的主干道上时,所有的黄山栾树已是郁郁葱葱,花开满枝,成为蔡浜村里的一个绿色新亮点。

蔡浜人亮出的第三招:让村民生活更丰富

美丽乡村建设,离不开乡土文脉的保护和传承,根据村民的意愿,蔡浜人充分利用非物质文化遗产项目阿婆茶在蔡浜的文化资源,成立了2支由村里阿婆阿婶和小学生组成的阿婆茶业余文艺演出队,根据发生在身边的新人新事新貌,编排成文艺节目进行表演。每年5月都会在村文化广场上,举办大型的阿婆茶主题文化活动,邀请社会各界人士和村里的老百姓一起喝喝阿婆茶,享受乡土文化。此外,村里还常年开放文艺室、健身房、图书室、阿婆茶室,开展群众喜闻乐见的文体活动项目,使之成为蔡浜村一道亮丽的文化风景线。

美丽的环湖生态环境和整洁的村容村貌,吸引了众多上海、区的一些团队和相关部门来村里举办活动。2018年5月31日,上海东航在蔡浜举办了"爱在东航、环湖半程健康跑"活动,9月25日,区文明办在蔡浜举办了"我们的节日、中秋"的活

蔡浜村村民正在编织虾笼

动,接着,村里又和I20青年创客团队一起举办了"淀山湖丰收节"活动——这一系列的活动,丰富了村民的业余生活,开阔了他们的眼界,让他们感受到了美丽乡村建设带来的成果。

村里还制定了内容细化、指标量化的《蔡浜村美丽乡村建设综合考核奖考核标准及奖励办法》,内容涉及不乱倒垃圾、不乱扔杂物、不乱垛柴堆、不私搭乱建、不养殖畜禽、不乱埋乱葬、不毁坏绿化等九个条款。在具体实施过程中,村里成立监督考核小组,对照考核标准,每月对每户家庭开展一次考核评比,并将评比结果在村委会宣传画廊进行公示,以此相互监督,相互制约,奖励先进,鞭策后进。村里还以同样方式,广泛开展了"清洁户、清洁示范户评比活动",制定了内容细化、指标量化的《美丽乡村建设综合考核奖考核标准及奖励办法》。每月对每户家庭开展一次考核评比,并将评比结果在村委会宣传画廊进行公示,以此奖励先进、鞭策后进,使村里的"清洁户"或"清洁示范户"达标户家庭,从原来的20%左右增加到现在的95%以上,培养了村民良好的卫生习惯。每年,还开展"好婆婆、好媳妇"文明家庭等系列创评活动,几年来已评出了27户文明家庭,

2016年,蔡浜还开展了家训家规上墙活动,根据村民自己制定的符合自家实际的家训家规,请区书法家协会为村民们统一书写好、装裱好,送到村民手里,上墙到村民家里,促进了村民素质的提高和文明乡风的形成。蔡浜村优美的环境和淳朴的民风,已经吸引了一批退休的上海老人来村租房定居,还有一些创客团队也希望到村来租房创办创客中心,目前已有杉树团队在蔡浜村租了8户村民的房子,蔡伯伯团队等项目亦已落户蔡浜。

蔡浜人亮出的第四招:让组织管理更有力

蔡浜村这几年来取得的这些新面貌、新变化,得益于上海市市容绿化局多年来的结对帮扶大力支持。蔡浜村是一个人多田少的小村。长期以来,由于受保护淀山湖水资源的制约,该村的经济发展速度缓慢,经济基础十分薄弱,在一定程度上限制了基础设施建设、公益事业发展和村容村貌整治等许多实事工程建设的步伐。2007年,市市容绿化局与蔡浜村签订了结对帮扶协议,帮扶内容涵盖资助集体经济、帮扶困难农户、整治村容村貌、更新环卫设施、提供发展信息等七个方面,为蔡浜村建设社会主义新农村,提供了极为有利的条件,也让村里的干部群众看到了发展的出路和希望。

2015年8月10日,市委副书记、市长杨雄赴青浦区调研。走进蔡浜村,他一路细细察看。整洁的道路、白墙黑瓦的房子、绿意盎然的菜园,充满着江南水乡风情。当他走进村民陶三弟家,薛连英阿婆热情地邀请市领导品尝她自制的酱瓜。杨雄市长称赞说:"味道很好!"村干部告诉杨雄市长,蔡浜村里正积极打造"阿婆茶"特色

休闲文化。现在,村里环境已越来越好,越来越多的市民都喜欢来这里休闲。

蔡浜人已把幸福写在"脸"上

走进今日蔡浜村,一排排农房整齐有序,宅前屋后绿树绿化,村内石板小道四通八达;村民活动中心健身器材配备齐全;村边环淀山湖休闲小道蜿蜒曲折,供村民和游人休闲运动健身。在蔡浜,良好的村俗民风、融洽的干群关系,都是在党支部的精心谋划、悉心推进下,逐渐地营造了起来。村民们的脸上满是幸福的微笑。

2009年,蔡浜村开始实施"奖学帮困基金"项目:通过动员本村私营业主、相关社会团体和单位、个人感恩故土、回报桑梓,携手共建和谐家园,共募集到12万元基金,并制定了《蔡浜村奖学帮困基金项目章程》《蔡浜村奖学帮困基金项目实施办法》。实施办法规定,凡本年度考取全日制本科以上的本村学子一次性奖励800元,当年度患病治疗费用在1万元以上的村民给予400元至1500元不等的困难补助。累计奖励考上大学学生及帮助困难家庭学生35名,帮助患病村民42名,缓解了他们的燃眉之急。每年敬老节向全村60岁以上的老人按年龄段发放100元到500元的慰问金,并张榜公示。真心为村民,小钱办大事。在重阳节茶话会上,全村60岁以上的老人团团围坐在一起,吃着水果、喝着热茶,听着村干部的介绍,拿着村里发的慰问金,个个心里暖洋洋的;春节将临,村干部分头为60周岁以上的老人送去了大米、食油等慰问品,祝老人们福泰安康,寿比南山;盛夏高温,村两委班子成员冒暑来到60周岁以上的老年人家中,挨家挨户送上100元高温费,送去阵阵清风。尽管这笔钱还不足以解决这些村民的全部困难,但其效应是明显的,至少,它表明了村干部助学帮困的态度,广大村民也从中感受到干部重视民生的拳拳之心。84岁的独居老人张阿婆坐在自家庭院里说的一番话,说出了众多蔡浜人的心情:"眼前这种日子真是好来,国家好,村里领导也好,油米送来,铜钿也有了,开心来! 现在又帮倷每家人家种上了橘子树!"

2010年10月,蔡浜村开始实施"手牵手帮扶活动":指定每月20日为活动日,村里的党员们分头为15位高龄独居、大病、残疾老人以及孤老开展打扫、谈心等志愿帮扶。每月的20日,村干部们不是在帮助高龄、独居老人家里干家务、聊家常,就是在患大病或遇到难题的村民家里听民声、送温暖。独居老人陈怀妹,有次不小心摔了一跤,村干部十分挂念。于是,"手牵手帮扶活动"的4名小组成员相约来到老人家里,一番问长问短之后,大家帮着料理起家务来。看着村干部像子女一样忙里忙外,老人十分感动,也十分开心。如今,该项活动已持续6年多,帮扶活动得到百姓的交口称赞,从而进一步融洽了党群关系,有力地推动了村里的各项工作顺利开展。

在蔡浜,类似"手牵手帮扶活动"这样的"帮扶"措施共有9项,正是这些大大小小、涉及村民生活方方面面的"帮扶"内容,构成了该村富有特色、卓有成效的帮扶机制,促使村容村貌转好了,干群感情变浓了,村务工作也顺了。

为了巩固已经获得的创建成果,蔡浜村 2017 年又特意制定了《"文明·美丽"长效管理综合考核奖》,公布考核奖考核的 10 条标准及奖励办法,请全体村民仔细对照、认真遵守。凡考核达标 10 条的,每小户每月奖励 80 元,每大户每月奖励 100 元。如有村民违反规定 1 条的则扣考核奖 20 元,违反 2 条的扣 40 元,违反 3 条及以上的不享受奖金。奖金在年底根据考核情况汇总后统一发放。这些看似简单却颇接地气的规定,既有利于村民们相互监督,又有效地促进了村里的文明、美丽建设。

在蔡浜村书记办公室里,老蔡浜人在诉说对美丽乡村建设的建议。69 岁的陶杏根,快人快语:"现在的蔡浜,比起以前,至少有五个大的变化:交通方便了,公共汽车通到了村里;环境优美了,村里象公园;河水清爽了,过去的臭河浜,如今都清澈见底了;村民就业不难了,村里自办的小工厂有六七个,半数以上员工是本村人;小汽车开到了家门口,全村有小汽车 104 辆。"无需更多叙述,早已把大家关注的焦点,作了极好的诠释。乡村振兴,已让蔡浜人尝到了甜头,看到了希望。

东西村里有"东西"

美观大方的沿河栏杆,排列整齐的木制栅栏,韵味十足的农家小院,姹紫嫣红的小菜园、小果园、小花园,走进金泽镇东西村,一股浓浓的新农村气息扑面而来。

金泽镇东西村位于金泽古镇东首,东临金泽水库、北依自然湖泊大葑漾、西靠梅花岛,三面环水,水系四通八达,河水碧波荡漾,环境优美怡人。空气质量整体处于二级以上良好水平。全村区域面积2.18平方公里,耕地面积384亩,有5个村民小组,215户,510人。主导产业为种植业和水产养殖业。

2014年,东西村开始美丽乡村建设。按照"以水为根,以绿为主,以文为魂"的发展思路,规划引领、因地制宜、整合好项目,有序推进美丽乡村建设。如今,东西村河道旁建起了美观大方的栏杆,宅前屋后花园争艳、果园飘香,孩童在篮球场上快乐的嬉戏逐闹……

市级美丽乡村东西村

"以水绿文"为东西村绘好环境蓝图

在美丽乡村建设中,东西村根据本村具有完整湿地形态的特点,以尊重自然美、保持原生态建设为思路,紧紧围绕辖区内自然美景大葑漾、梅花岛、东白荡的特点,重点推进水环境治理,使丰富的水资源环境得到有效保护。在绿化建设上,东西村分别在水陆交融的景区种植各类树木,初步形成层次分明、树种多样、效果明显的绿色景观带,使整个区域连成一片,呈现出一派水清岸绿、候鸟栖息的原生态湿地美景。

水是生命的源泉。东西村三面环水,水资源丰富。在东西村,到处可见依水而建的村居民房,清澈的河流从房前流过,探头往河中央看去,几条小鱼儿在河底的石头之间来回游动,顽皮的孩子用瓦片在河上打着水漂,平静的河面泛起了圈圈涟漪。

美丽乡村建设为东西村带来了机遇。村内专门设立了一处污水处理站,集中进行生活污水处理。村内用水由镇统一提供,既实现了供水集约化,也满足了村民的各项生活用水需求,保障了村民的饮水安全。

漫步在东西村的村间小道上,你会发现绿色无处不在。田地间种植着绿色蔬菜,柏油马路边耸立着葱葱郁郁的树木,河道岸边绿草如茵,宅前屋后都被绿化带紧紧包围,抬头远望,候鸟栖息的原生态湿地美景一览无遗,整个村庄都在绿色的笼罩下,显得活力满满,生机无限。村内的宣传栏上张贴着"提高环境保护意识,爱护我们美丽家园"的海报,时刻提醒着村民要保护家园环境。东西村严格按照垃圾分类要求开展分类投放工作,在垃圾房处张贴着分类投放的标志,时常会出现穿着红衣、带着红帽的志愿者给村民讲解垃圾分类的要求,为整个东西村营造了垃圾分类投放的好氛围。

在东西村内,干净整洁的民房体现着东西村的地方文化和居民风格。民房内,穿着素布的阿婆们坐在小板凳上,聊天喝茶。在一幢幢民房间,有一座凉亭映入眼帘,凉亭内村民剥着毛豆,拉着家常。跟着村民来到农家书屋,书屋内到处都有学生的身影,惬意的午后,从琳琅满目的书架上找到自己喜欢的书籍,看看书,缓解平时学习的压力,也是一种享受。夜幕降临,遇上文艺下乡活动的日子,家家户户搬着小板凳,热热闹闹地围观文艺表演,美好的一天随着文艺活动的结束而落幕。

东西村凉亭小景

大调研助推东西村做好水文章

2018年3月6日,上海市委农办大调研组第八组赴金泽镇东西村开展大调研,与青浦区农委和金泽镇部分镇村干部、村民代表、水产养殖户一起,就美丽乡村建设和水产养殖工作中遇到的难点和困惑进行了认真的座谈。

在东西村,调研组一行沿着环村道路,一边察看乡村风貌,一边就休闲农业、乡村旅游、民宿发展等问题与镇村干部进行交流。第一村民组的费如仲老人的发言,道出了许多东西村村民的心声:"这几年,我们村发生了翻天覆地的变化,石驳岸修筑一新,宅前屋后小花园、小菜地一应俱全,这些都得归功于美丽乡村的建设。"

面对近年来在美丽乡村建设过程中遇到的一些瓶颈问题。东西村村支书谈全荣感慨道:人为破坏现象时有发生,长效管理机制还需要进一步加强落实。农村房屋空置率比较高,一些村民私自将房屋出租给民宿经营者,给村里的安全管理带来隐患,希望政府尽快出台涉及民宿发展的相关扶持政策。随着土地减量化工作的持续推进和水资源保护区域的影响,村民的就业压力逐步显现,希望能吸引到有资质的专业团队来共同开发乡村旅游项目,从而解决村民就业,带动村民增收。

市农委城镇规划处处长应建敏对此进行了现场回应。他说,对于东西村而言,能获评美丽乡村示范村只是一个荣誉,可持续发展才是关键。面对青西地区比较优越的生态环境,建议金泽镇能引进专业团队参与美丽乡村的前期整体规划,保护传承好乡村文化和历史文脉。而对于大家比较关注的民宿发展,市里正在起草具体的实施意见,对于民宿发展中存在比较突出的消防安全等问题,相关部门将会出台有关指导意见。

东西村是金泽镇占有一定水产养殖面积的自然村,特色水产养殖面积达140亩。但是,近年来,随着生产环境、市场需求的变化,传统优势行业的水产养殖也面临着产业转型和技术革新瓶颈。村级经济薄弱,鱼塘正常维护得不到保障,加上养殖户租赁时间短,导致部分鱼塘年久失修,塘埂破损严重;养殖水面比较分散,无法形成规模化养殖,鱼塘产出少经济效益较差;水产养殖政府补贴政策较少,缺少了经济杠杆的约束,给职能部门在农产品质量监管上带来了不少压力……座谈会上,大家建议政府加大对鱼塘基础设施的投入,从而提高鱼塘产出率;希望能按照粮食规模化经营的标准,对水产养殖给予政策补贴,调动养殖户积极性;建议安装分时电表,按分时收取电费,从而减轻养殖户的生产成本。

市农委水产办相关人员表示,养殖户所反映的这些意见和建议他们都会带回去逐项进行分析和回应。而对于金泽镇水产提质增效也提出了建议:充分发挥水资源优势,探索生态养殖模式,提升水产品质量;保护金泽水库环境,加大水产养殖排污设施设备投入;逐步实现水产养殖的规模化、标准化和品牌化,提升核心竞争力。

2019年2月20日,市供水处第二党支部、青浦区供水排水党支部、青浦区金泽镇水务管理所党支部、金泽镇东西村党支部、城投原水公司松泽联合党支部举行联建签约仪式。此次支部结对共建旨在通过党建联建,推进党建品牌创建工作;通过走访慰问活动,为困难群众送上组织的关怀和温暖;优先对东西村节水器具进行改造;加强搭建金泽水源地保护联动平台。会上,五个共建支部签订了共建协议。

在这些年的产业定位中,东西村充分利用自身资源优势和即金泽水源湖等有利条件,逐步开发出一批乡土气息浓郁的旅游项目,如以吃农家饭、住农家屋、观自

东西村圩田港

然景、赏民俗情、享田园乐为特色的民俗游,以采摘、垂钓、休闲、参与、体验和手摇船等为特色的观光游,等等。2018 年 1 月 6 日,经过村申报、街镇推荐、区审核、市美丽乡村建设工作领导小组审议通过,金泽镇东西村、重固镇徐姚村、练塘镇徐练村三个村,同时被评为上海市美丽乡村示范村。东西村是金泽镇继蔡浜村、莲湖村后,成功创建的第三个上海市美丽乡村示范村。

如今的东西村早已焕然一新,成为一个富有水乡田园气息的现代新农村。

参考资料

《金泽镇东西村被评为上海市美丽乡村示范村》(2014 年 10 月 11 日"青浦区政府网站"文章)

《青浦区金泽镇东西村里有"东西"》(2018 年 3 月 13 日《东方城乡报》)

《精准服务聚合力党建引领促发展》(2019 年 7 月 10 日"新浪网"文章)

这里是全国生态文化村

岑卜村,位于青浦区金泽镇西岑社区,村东以西旺港支航道南北贯通出口淀山湖,与淀湖村为界,村南大葑漾主航道与其擦肩而过,村西毗邻金泽镇金姚村,村北紧挨 318 国道,濒临上海最大的自然湖泊——淀山湖,G50 高速公路横空飞越。一条 3 公里长的岑卜支路、西岑至永新的白色水泥马路穿村而过,蔡卜路南北贯通沪清平公路,水陆交通便捷。随着时代的发展,社会的进步,村民的生活发生了巨大的改变。

岑卜村地理位置独特,交通便捷,区域总面积 3548 亩,区域内河港纵横,星罗棋布。整个村庄四面环河,绿树成荫,自然环境绚丽。全村人口 1039 人,总户数 356 户,8 个村民小组,支部党员 69 名。这里郁郁葱葱的树木,清清澈澈的小河,农味十足的庭院,优美舒适的环境,一派新农村的新气象。

随着建设新农村的开展,村里的道路从过去的烂泥路变成了崭新的水泥路,道路的硬化让村间道路条条相通,从而使村容村貌亦发生了明显的变化。道路的两旁有了绿化。居民的房屋进行了统一的白化,过去参差不齐,各式各样的小屋已不复存在。过去居民生活污水统统下河,现在每家每户都安装了生化分散污水处理器和小三格化粪池,河水变得更加清澈。过去很多村民喜欢在河里洗衣服、洗碗,现在家家户户通了自来水,一切都不复过去。

岑卜村,根据自身得天独厚的区位优势和资源优势,坚持因地制宜、适地适树的原则,在村庄周边开展植树绿化建设,栽种、移植了柳树、香樟、桂花、银杏、桃树、石榴、柑橘等花卉果木,形成 100 多亩苗木观赏区、100 多亩果园观赏区和 250 亩花卉观赏区。全村累计种植苗木果树近 8000 株,成活率达到 90% 以上,各种花草

全国生态文明村金泽镇岑卜村

3000 平方。如今,这些绿化区与村北原先的 1000 亩森林连成一片,形成一条条"绿色通道",为都市居民来这里观光休闲提供了极佳场所。

坚持生态文化,打造新多营村

岑卜村坚持生态立村的战略,重点依托区域的生态环境,大力开展植树造林、美化家园工程,广泛动员和鼓励全村干部群众人人动手,植树绿化:"栽下一颗苗木,播撒一片绿色,留下一处美景,贡献一份力量"。不断放大生态优势,打响生态、绿色品牌。伴随着绿色的不断延伸,村里的环境越来越好,空气更加清新干净,绿化建设给岑卜村带来的生态效益更是无法用数据直接衡量。这些年,岑卜村在生态旅游、生态经济发展方面,着重开展了一系列工作:

一是和上海绿地集团合作,投入近千万元,建成水韵农庄,并推出住农家屋、尝农家菜、游农家园、观农家景、品农家情、享农家乐为特色的观光旅游系列项目。

二是和上海稼仓菌菇培植有限公司合作,成立种植合作社。村里以土地转让入股形式,提供实验观赏区 25 亩、生产基地 50 亩、生态蔬菜种植基地 25 亩,56 户村民成为"股农",每位股农每年增加 1000 至 5000 元不等的额外收入。

三是和上海西园绿化工程公司合作,建立中国生态园林村旅游科研示范基地和园林无公害畜禽养殖培育基地。

四是利用现有 700 亩鱼塘,发展青虾、浜鱼、河蟹等特种水产养殖,并开辟休闲垂钓区。

五是整修观光湖道,搭建亲水平台和临水茶楼。

六是开辟 200 亩体验农业认养区项目,通过互联网发布信息、媒体宣传等举措,使流转土地的农户经济效益比过去增加了近 10 倍。

七是建立 5 个手工编结点,以废弃的稻草、茭白叶编结成各种工艺品推向市场,共有 50 名中老年妇女加入编结行列,每年创收 30 余万元。

如今,原汁原味的自然环境、田园景观和绿色生态的农业休闲旅游,已经成为岑卜村的"阳光产业"。

坚持生态旅游,打造新乐活村

岑卜村紧紧围绕本地的人文、地域、生态等特色优势资源,着眼于生态、生产、生活,认真规划好农村"生态"的大环境,着力提升农业"生产"的高效益,使农民的"生活"得到明显改善,有力地促进了农村增绿、农业增效、农民增收。

2006 年,岑卜村建立了现实版的"开心农场"——"农事体验园"。参与体验园认种活动的游客可以在休闲时光来到这里,亲自下田、亲手种菜,享受野趣,体验播种与收获的乐趣。游客不必担心不能时常来到这里打理蔬菜,体验园配备了专业的管理人员打理田地。这里也是孩子的天堂,在这里他们可以自由的玩乐、可以认识蔬菜、可以体验"汗滴禾下土,粒粒皆辛苦"的真谛。当游客在园中劳作累了,也可以选择在园内的凉亭或者井边小憩一会,欣赏"小蒡漾"自然美丽的风景。而这一切,游客所需要支付的仅仅是一年1200元一分地(66个平方)的价格,我们还为每位认种的游客制作了精美的证书。认种期内,游客可以随时随地随心情来这里体农情、赏农景。据了解,目前岑卜村体验农业认养区面积已有100多亩。

2009年,岑卜村就开始筹划构建"生态文化乐活社区",将农民住房依其意愿租赁使用,让原先空置或多余的农宅出租盈利。此举使农村的老旧房屋发挥了应有价值,盘活了农民的闲置房产,给村民们带来了长期的租金收益。当年,岑卜村还荣获全国第一批"国家生态文化村"荣耀。

经过多年来的运作,不少来自市区的租客已经陆续落户岑卜村,成为乐活社区这个新家园里的新村民。这些新村民与当地原住村民朝夕相处,和谐共荣,生活得幸福快乐,优哉游哉。2012年5月,德国环保专家加布里艾尔·蒂尔斯等一行四人,专程到岑卜村考察参观生态文化乐活社区,详细了解新村民们在农村的生活情况及当地农业旅游情况。

在民间民俗文化方面,岑卜村在传承传统文化的基础上,不断引进新内容,使古老民俗与现代文化相得益彰。村里先后成立了夕阳红丝竹乐社和戏曲歌舞表演队,为村民们和游客进行义务演出,欣赏到那种原汁原味的原生态文化。

岑卜村村民在蔬菜地里劳作

岑卜村入口

坚持生态服务,打造喜爱乡村

凭借得天独厚的地域环境和自然风光,岑卜人致力于把岑卜村打造成为广大市民心目中"最喜爱的乡村"之一。为此,在保持和完善已有较为成功的农事旅游项目的基础上,充分依托自然资源,进一步丰富乡村休闲旅游项目和内容,以最大程度地满足市民的需求。

农家乐也是岑卜村农事旅游的重点项目之一。在村委会的大力发动下,村里已有部分村民发展了农家乐,另外还有绿地集团投资的大型农庄。农庄集餐饮、娱乐、住宿、会议为一体,别具江南水乡韵味,白墙黑瓦,庭院深深。聘请了专业的厨师团队和服务团队,配有多间独立包房、大堂,游客也可以选择在亲水平台上享受露天餐饮。这里不仅有精美的菜品、尊贵的服务,还有舒适干净的住宿、宽敞的棋牌室、游乐厅、标准的大会议室。

为了方便游客,农庄还开设了农副特产超市,提供包装精美的周边特产。游客可以在柜台登记,租借免费的自行车,进行岑卜环保之旅,骑着自行车穿梭在乡间小路上。

近年来,岑卜村不断延伸和拓展农业多元化功能,开发出了许多乡土气息浓郁的旅游项目,如以吃农家饭、住农家屋、观自然景、赏民俗情、享田园乐为特色的民俗游,以采摘、垂钓、休闲、参与、体验、皮划艇、手摇船等为特色的观光游,等等,初步探索出了一条生态、绿色、循环、观光旅游的农业可持续发展之路。如今,岑卜村已经成为青浦区农村颇有影响力的旅游观光点。

如今,从淀山湖旁的318国道,穿过一条林荫小道就是岑卜村。岑卜村的房子基本建在河边,几乎家家户户有个小码头,划个小船即可走家串户。水路曾经是村民外出的主要方式。如果有时间,驾个小船可玩遍周边的村镇。现在到村子里来玩,找个皮划艇划划,老少皆宜。划着艇欣赏水乡风貌,别有一番味道。

待到夕阳西下后,可参与到乡村另一个必有的项目,当然是烧烤啦。参与的乐趣,自由自在。大家为烧烤忙碌着,然后几个人围桌夜话,或结伴夜游。此时,路边的树干上有很多小甲虫在爬行,草丛里不时有硕大的天蛾被惊飞,沿途栅栏上,蜘蛛布下了严密的防线。就在这期间,路旁的田里,柴草垛里,已有黄脉翅萤的点点踪迹,吸引客人的正是它极微弱的、明灭不定的光亮。如此美妙的场景,是近两年生态环境有所改善才出现的。

近年来,岑卜村先后获得市卫生村、市整洁村、市健康村、市文明村、市新农村建设示范村、市生态村和全国生态文化村等美誉。

留住记忆中的乡愁

双祥村,位于青浦区金泽镇商榻社区西,地处沪苏交界处,南靠商周公路(商榻—周庄),西面与江南古镇周庄隔江相望,北依长白荡接昆山锦溪古镇。村区域面积3.31平方公里,其中,水面积1.45平方公里。村区域内河港纵横,被称之为"长在水面上的村庄"。

双祥村境内有祥人浜、朱家坞、张家浜、道上浜四个自然村落。1958年9月,成立人民公社后,形成了祥人浜生产队、朱家坞生产队、张家浜生产队和道上浜生产队。1962年,祥人浜生产队和朱家坞生产队合并为祥坞大队,下辖10个生产队;张家浜生产队和道上浜生产队合并为双浜大队,也有10个生产队。1984年农村体制改革,分别更名为祥坞村、双浜村。2002年,祥坞村和双浜村合并为现在的双祥村。由自然村祥人浜村、朱家坞村、张家浜村、道上浜村组成。

金泽镇双祥村

注重留存和复原文化印记

文化传承是乡村文化振兴的必然要求。在实践中,金泽注重以发展农村经济为支撑,打造"有产业"的新乡村;以生态文明建设为引领,打造"有颜值"的新乡村;以江南文化保护为重点,打造"有乡愁"的新乡村;以鼓励创新创业为核心,打造"有活力"的新乡村。

保护历史文化是乡村振兴的重要使命。金泽镇以坚定的文化自信,保持对优秀传统文化的敬重敬畏,推动江南文化创造性转化、创新性发展,使之成为金泽乡村的鲜明特色、成为乡村振兴的强劲动力、成为农民群众的精神家园。

据《商榻志》载:明末清初时期,双祥村各自然村上建筑庭院楼阁,民房相连,错落有致,弄堂多弯,曲径幽静,长廊小桥,一派江南水乡人家风情。有清代道光元年(1820年)永宁桥一座,为商榻地区唯一保存之古石桥。佛教文化发达,有清雍正年间的普福庵、祖师庙、二爷庙等庙宇。从清顺治年间起,承传有一种摇快船的习俗。每年农历七月半,坚持参加石人庙摇快船水上体育活动,一直到20世纪60年代初,名扬四村八里。双祥村文化思想进步,民国初期就建有三浜小学一所,全国解放初期高中以上文化程度就有10多人,自恢复高考起,农家子女考上大学本科以上的学生有220多名,其中有国外留学生8名,博士生5名,教授夫妻等,被赞誉为学霸村。

双祥村还有着挖泥制坯、烧窑的百年传统历史,起始于清嘉庆年间(1796 – 1820年),素有日出"千砖万瓦村"之说。

民国二十三年(1934年)《青浦县续志》记载,嘉道间,商洋区朱家坞村人有雇工于嘉兴大窑者,归而传其业,教人范土成坯,以制砖瓦,后逐渐遍及商榻各村。1949年后,制坯仍是双祥村一项副业生产,农村经济收入中占一定比例。烧土窑业是与制坯两者相辅相成的,双祥村土窑最多时达30余座。

双祥村的制坯和烧窑,致使高田成低田,低田变荡田,良田变瘦田,严重影响了农业生产和防汛抗灾。土地资源遭受破坏,土地产出率低,危及子孙后代。1997年,双祥村积极响应镇政府切实保护耕地、全面彻底禁止挖泥制坯和烧窑生产号召,到10月底止,得到全面落实。从此制坯烧窑业告终。

1997年底,为了使村民们不致于失去增收的途径,双祥村在结束百年制坯历史后,充分挖掘本村资源,将劳动力转移到开发建设特色农业为主题的生态种养业上来。2004年起,先后有上海幕锦庄企业发展公司等落户双祥村,投资开发集贸易、园林、观光、苗木种销一体的350亩生态林基地。这是实施淀山湖沿湖生态林带建设工程以来,第一个由村级引进的实地型企业绿林建设基地。同时,村民们在科技养殖技术指导下,又开发了长白荡蟹生态养殖,使村民们增收有了新渠道。

为了留住记忆中的美丽乡愁,双祥村在搞好土地流转的基础上,充分利用本村资源,并拟定规划设计,在村部建立一个"千砖万瓦陈列室",传承乡土味道,留下文化根脉,以便永远记住双祥村过往的历史。

注重传承和弘扬农耕文化

乡村振兴需要内外兼修,要重新认识乡村的价值,要重新认识农业现代化与农民农村的关系,深入挖掘优秀传统文化蕴含的思想观念、人文精神、道德规范,结合时代要求继承创新,不断坚定文化自信,让文化展现出永久魅力和时代风采。

在建设美丽乡村过程中,双祥村注重传承和弘扬农耕文化,留住记忆中的乡愁。

把文化园搬到了现场,既可以使农民回味过去、珍惜、保护和传承农耕文化,又可让对农耕文化陌生的城市居民、青少年了解传统的农耕方式和生产习俗,唤醒他们对农耕文化的兴趣和自豪感。走进双祥村,每一处景观、护栏、篱笆、翠竹,都写满了浓浓的乡愁……

据双祥村党支部书记沈应元介绍,"经过前段时间的整治,发现旧砖瓦很多,就以此打造了农耕文化园,利用旧砖头做了菜园子、小花园的围栏,还有就是老百姓家里面的碗盆,像石麻子、石头,做了一个文化园。"笔者在走访时看到,用竹篱笆围起来的农耕文化园,别有一番新意。几块圆圆的腌菜石头,石磨、石缸等被摆放得整齐有序,旁边用旧砖堆砌的展示台上摆放着木盆、锄头、粪桶等农村常用的工具。

据悉,双祥村充分利用现有资源,将村民常年废弃的砖、瓦、缸、甏等进行回收利用,为村民宅前屋后"小三园"砌砖质围栏 1200 多米,利用村民竹园就地取材,编制竹篱笆 800 多米,利用缸、甏等种植庭院景观花卉,既环保,又充分展现了农村特有人文风情。

在开展人居环境整治的过程中,围绕"万水千砖双祥村,百花十人好田园"的文化特色,结合村民喜好种植花草的习惯,充分调动起村民美化庭院的积极性,共同打造"百花村"。

在双祥村看来,乡村振兴首先要把生态环境做好,利用水资源、竹文化等方面,吸引更多的来村投资,带动老百姓的收入。

生态环境优美、乡村内涵丰富、江南水乡风貌突出、村民幸福感日益增强,这些都是美丽乡村建设结下的累累硕果。双祥村将以此次创建为契机,结合"三大整治"工作,让群众真正能够记得住乡愁又望得见山水,切实把"绿水青山"变为"金山银山"。

注重留住记忆中的美丽乡愁

党的十九大提出了振兴乡村战略的 20 字:"产业兴旺、生态宜居、乡风文明、治理有效、生活富裕。"一个"处处青山绿水、家家幸福小康、人人积极向上"的社会主义新农村正在变成美好现实。

2016 年上半年,双祥村启动区级美丽乡村水务整合项目建设,紧扣项目建设工程,实施河道整治项目,已完成小型农田水利建设项目和农村生活污水改造项目,还开展了村内道路、绿化亮化、入村景观和农家"小三园"(小菜园、小花园、小果园)等项目的建设,以清洁家园、美化环境,突出重点、打造亮点,努力构建整洁、美丽、生态、文明、宜居的新家园。如今的双祥村旧貌换新颜,当地百姓的人居环境、生态环境得到明显改善和提高。

如今,一条宽敞整洁的村道、郁郁葱葱的稻田、错落有致的民房、内容丰富的彩绘文化墙,与宅前屋后盛开的鲜花、葱翠的树木连成一片,一幅乡土气息浓郁、人文特色鲜明、人居环境优美的美丽乡村画卷已展现在人们眼前,这是双祥村美丽乡村建设的一个缩影。

双祥村里美丽、整洁的街道

图书在版编目（ＣＩＰ）数据

金泽镇拾遗 ．／吴玉泉著；中共上海市青浦区委员会
党史研究室，上海市青浦区地方志办公室编．—上海：
上海文化出版社，2021.8
　ISBN 978 - 7 - 5535 - 2220 - 3

　Ⅰ．①金…　Ⅱ．①吴…　②中…　③上…　Ⅲ．①乡镇—
文史资料—青浦区 Ⅳ．①K295.15

中国版本图书馆 CIP 数据核字（2021）第 016728 号

出　版　人：姜逸青
责任编辑：郑　梅
装帧设计：王　茵

书　　名　金泽镇拾遗
作　　者　吴玉泉
　　　　　中共上海市青浦区委员会党史研究室 上海市青浦区地方志办公室
出　　版　上海世纪出版集团　上海文化出版社
地　　址　上海市绍兴路7号　200020
发　　行　上海文艺出版社发行中心
　　　　　上海市绍兴路50号　200020　www.ewen.co
印　　刷　上海信老印刷厂
开　　本　787×1092　1/16
印　　张　23　插页8
版　　次　2021年9月第1版　　2021年9月第1次印刷
书　　号　ISBN 978 - 7 - 5535 - 2220 - 3 / K.243
定　　价　88.00元

告 读 者　如发现本书有质量问题请与印刷厂质量科联系　T:021 - 39907735